国家软科学研究计划“《促进科技成果转化法》配套制度研究”（编号2014GXS5K215）研究成果之一；教育部人文社科青年基金项目“创新型集群与知识创业的聚集效应、互动机理及绩效研究”（编号10YJC630043）研究成果之一

打开创业认知黑箱

——创业自我效能、创业意向与激励研究

丁明磊◎著

经济管理出版社
ECONOMY & MANAGEMENT PUBLISHING HOUSE

图书在版编目（CIP）数据

打开创业认知黑箱——创业自我效能、创业意向与激励研究/丁明磊著. —北京：经济管理出版社，2017.8
ISBN 978-7-5096-5269-5

Ⅰ.①打… Ⅱ.①丁… Ⅲ.①创业—研究 Ⅳ.①F241.4

中国版本图书馆 CIP 数据核字（2017）第 183185 号

组稿编辑：申桂萍
责任编辑：申桂萍　赵亚荣
责任印制：黄章平
责任校对：雨　千

出版发行：经济管理出版社
（北京市海淀区北蜂窝 8 号中雅大厦 A 座 11 层　100038）
网　　址：www. E-mp. com. cn
电　　话：(010) 51915602
印　　刷：北京晨旭印刷厂
经　　销：新华书店
开　　本：720mm×1000mm/16
印　　张：21.25
字　　数：357 千字
版　　次：2017 年 8 月第 1 版　　2017 年 8 月第 1 次印刷
书　　号：ISBN 978-7-5096-5269-5
定　　价：68.00 元

摘　要

创业是理解改革开放以来中国经济飞速发展的一个关键概念，关系到中华民族振兴大业。如何制定行之有效的创业政策和措施、发展创业教育、促进创业行动是各级政府机关、教育机构和社会多方面所关注的重要问题，关键之一在于对创业者为何选择创业的心理认知机制以及动力源的洞悉，创业者的行动理由和行为方式也是亟待研究的命题，其中认知观点被认为将会是揭示创业过程最为关键的方面，创业自我效能与创业意向将是联结创业领域特质研究、创业行为和认知研究的关键概念和切入点。本书分为理论篇和政策与实践篇两部分。

理论篇以创业理论为基点，从认知观视角出发，涉及认知心理、社会认知和领导学三个交叉研究领域；从个体层面考察创业自我效能结构及影响因素、创业自我效能与创业意向的影响关系及机制，以及创业自我效能对创业意向影响过程中态度因素（行为控制知觉）和认知因素（认知风格）所起的作用；依据研究命题，在对相关理论和文献研究基础之上提出三类研究假设——变量结构假设、变量差异性假设和变量关系假设；以社会公众和在校大学生为研究对象，分别采用方便抽样和主观抽样，进行了三阶段的问卷调查，包括预试、初试和主试，问卷回收率为71%（在校大学生），共收集有效问卷956份；在调查数据的基础上，运用多种统计分析方法，对假设进行了检验，并就研究结果及其局限性分别结合历史、文化、社会背景进行了解释和讨论。研究证明了创业教育在创业者塑造过程中发挥的重要作用，论证了创业教育是提高全社会创业水平的有效途径，并且就创业教育的关注重点、创业教育的内容结构和方式方法在实证的基础上提出了改进观点。

政策与实践篇在理论研究的基础上，围绕创业期组织文化与领导力、科技成果转化中的激励问题、科技创新创业与开拓就业新空间、科技创新创业与打造经济发展新动能开展了一系列研究。

目　录

理论篇　创业自我效能及其与创业意向关系

理论篇

创业自我效能及其与创业意向关系

第一章 绪 论

本部分在管理者角色研究的基础上，通过引入科特领导力理论，发展了基于创业者角色的创业自我效能三因素模型，简化了研究结构，增强了模型的适用性和解释力，为开展本研究和进一步拓展研究奠定了基础；使用中国地区样本，探讨了对创业自我效能产生影响的三类因素，验证了创业自我效能对创业意向的影响及其作用机制；综合社会认知与行为计划理论，分析了作为态度/动机因素的行为控制知觉对创业自我效能与创业意向的部分中介作用；证明了认知风格对创业自我效能的影响，进一步发现了原创性认知对创业自我效能与创业意向的调节作用，并揭示了认知因素（原创性认知）和态度因素（行为控制知觉）共同作用对创业自我效能与创业意向影响的机制，为进一步深入了解个体创业的心理和认知过程创造了条件并进行了理论准备；最后还为从个体层次的创业者认知研究上升到组织认知研究、探索领导力与文化的形成过程提供了研究思路。

在研究方法方面，本研究发展了 DeNoble（1999a，1999b）的创业自我效能量表，为创业自我效能研究提供了改进测量工具，基于创业者角色的测量简化了创业自我效能量表结构，增强了其实用性和适用性；考虑了调查研究过程中共同方法偏差的影响并进行了程序控制；对创业自我效能到创业意向认知过程中的调节变量和中介变量进行了统计检验，检验手段除了根据研究需要使用层次回归、结构方程模型路径分析外，还采用了温忠麟等总结的中介效应检验程序，在一定程度上简化了统计过程；本书充分考虑了调节变量与中介变量之间的作用，根据温忠麟等的建议分别进行了有中介的调节效应检验和有调节的中介效应检验，揭示了原创性认知的调节作用完全通过行为控制知觉的中介实现的机制。针对从后实证主义知识观和方法论出发研究的局限，提出了借鉴结构主义方法论的研究思路。同时，相关研究及发展的量表将会为政策制定、人力资源开发、创业教育和测评提供工具和方法指导。

第一节　研究背景

一、实践背景

德鲁克（Drucker，1999）在《21世纪的管理挑战》一书中提到："我们生活在一个社会大转型的时代，目前正在发生的变迁比19世纪中叶的第二次工业革命或由大萧条及第二次世界大战所引发的结构改变更为激烈。"在这样的大背景下，创业是国家和地区发展的主要推动力量，同时也是组织在充满高度不确定性和变革环境中生存、竞争、发展的重要因素。如德鲁克（Drucker，1985）认为，创业性企业是支撑美国经济的主要力量，自1980年以来，美国前500强公司减少了500万个工作机会，与此相比较，新创业公司提供了3400万个工作岗位中的大部分；Carter和Gartner等（2003）研究认为，创业对经济增长的贡献占1/4~1/3；英国政府白皮书"Our Competitive Future：Building the Knowledge Driven Economy"这样描述创新与创业："创新与创业是创造经济增长的重心，它们能提高生产力及创造就业机会。"

创业也是理解改革开放以来中国经济飞速发展的一个关键概念。在过去的20年里，中国经济得以持续高速发展，除外资作用之外，从计划经济转向市场经济过程中涌现出了大量的创业型企业，特别是民营企业，本土企业家创业及发展的能力非常值得关注和总结。同时，创业精神和创业活动成为组织竞争优势的重要来源，创业精神正在成为人们的一种思维方式和行为准则。胡锦涛同志在中共十七大报告中提出"加快推进以改善民生为重点的社会建设的六大任务"，其中包括"实施扩大就业的发展战略，促进以创业带动就业……完善支持自主创业、自谋职业政策，加强就业观念教育，使更多劳动者成为创业者"①，将创业与创业教育提高到党和国家的战略层面上来。以创业带动就业，成为2008年两会

① 参见胡锦涛. 高举中国特色社会主义伟大旗帜，为夺取全面建设小康社会新胜利而奋斗——在中国共产党第十七次全国代表大会上的报告［R］. 北京，2007年10月15日.

代表以及社会媒体热议的话题之一。[①]

在这种形势下，创业相关政策的制定以及创业教育的实施被提上了各级政府和教育机构的工作日程。如何制定行之有效的创业政策和措施、发展创业教育、促进创业行动是一个引起社会各方面关注的问题，关键之一在于对创业者为何选择创业的心理认知机制以及动力源的洞悉。

二、理论背景

自20世纪70年代以来，很多西方国家都意识到传统的大型公司已经很难为国家解决大量人口的就业问题。在这种情况下，大量的剩余社会劳动力被一些小型的创业型企业所吸收。这使经济学、政治学、管理学、心理学和社会学的一些学者们逐渐将眼光转移到中小企业创业研究。在过去的30多年中，由于不同领域研究者的贡献，目前创业研究已经成为一个独立的管理学分支[②]，有大量的学者专门从事创业相关问题研究。

西方学者从20世纪80年代开始将认知心理学和社会认知的理论及观点引入到创业研究，Shane、Baron和Krueger等著名创业学者对此给予了充分肯定和重视。创业研究领域主流期刊“Journal of Business Venturing”(《企业创业》)和“Entrepreneurship: Theory & Practice”(《创业理论与实践》)分别在2002年、2004年、2007年围绕创业认知研究进行了专门讨论。在2007年发表的《2007创业认知研究的中心问题》一文中，Mitchell、Busenitz、Bird等七位著名学者一同呼吁加强该方面的研究，促进创业研究领域“thinking-doing”的链接。

创业是一个过程化的概念，创业者的行动理由和行为方式是亟待研究的命题。洞察创业者的认知也就揭开了创业过程的奥秘（Shane and Venkataraman，2000）。认知观点揭示了创业过程最为关键的方面，它回答了创业与领导研究中最基本的“Why”的问题（Baron，2004b；Wofford and Goodwin，1998）。因此，基于中华文化的认知心理，深入探讨创业者创业认知模式形成、发展规律以及对意向、行为的影响，从创业环境、创业认知及其行为的互动关系中来考虑人的认知发展与行为意向及其表现，对理解创业行为和创业过程具有重要意义。

---

① 来源：2008年4月2日CCTV-2“YBC中国青年创业国际计划”节目录像资料。

② 1987年，美国管理学会正式设立创业研究分部。

三、研究动机

现实问题（problem）来源于对社会现象的观察和思考，对创业企业的调研、档案研究以及创业企业家的访谈。研究的动机，即对研究问题（question）的思考主要是从现有的文献与相关研究的省思、案例研究中发展而来。

第二节　研究目标和意义

一、研究目标

本部分研究基于对创业自我效能结构及影响因素的探讨，验证创业自我效能对创业意向的影响关系及机制；发现创业自我效能对创业意向影响过程中态度因素（行为控制知觉）和认知因素（认知风格）所起的作用。研究目标包括四部分：

（1）创业自我效能的结构与影响因素；

（2）创业自我效能与创业意向关系；

（3）行为控制知觉、创业自我效能与创业意向关系；

（4）认知风格、创业自我效能与创业意向关系。

二、研究意义

本研究的意义具体体现在：

（1）理论意义：本研究以创业理论为基点，从认知观视角出发，涉及认知心理、社会认知和领导学三个交叉研究领域；从创业者的创业自我效能出发，识别创业者认知的一般规律，明晰新创企业起源和发展历程中创业者的认知脉络，揭示创业过程动态性和复杂性背后的本质因素，探索微观层次创业行为的差异性和规律性，从而拓展认知和行为科学研究的范畴，并为创业研究奠定理论基础。

（2）现实意义：本项目将针对在校大学生和社会样本进行相关的实证分析，探讨中国文化背景下从创业者自我效能到创业意向的形成过程及认知机制，对创业实践、企业二次创业、组织创新与变革及国有企业改制转型均具有指导和借鉴意义，同时对相关的政策制定者也具有一定的参考意义。此外，本研究基于中国文化的相关研究成果可以为创业教育与培训提供更加切合中国实际和面向未来的理论基础。

第三节 关键概念界定

一、创业与创业者

创业被 Stevenson 等定义为："不拘泥于当前资源条件的限制下对机会的追寻，将不同的资源组合以利用和开发机会并创造价值的过程。[①]" Stevenson 等认为，创业是一种管理方法，可以从六个方面对这种管理手段进行描述：战略导向、把握机会、获取资源、控制资源、管理结构、报酬政策（Stevenson and Harmeling，1990；Stevenson and Gumpert，1985）。德鲁克在《创新与创业精神》一书中指出，创业不仅指小而新的企业组织，也不仅限于经济性的组织，创业是一种行动而非个性特征，创业的基础是概念和理论而非直觉，落脚点在于价值观的改变。创业是可以组织，并且需要组织的系统性的工作。实践也表明，创业活动已从个体拓展到组织层面，逐渐融入到传统意义上的各项管理职能中，而创业精神成为组织每个人的思维和行动指南是组织基业长青的重要因素。创业实质在于机会导向、创造性地整合资源、价值创造、顾客导向、超前行动、创新和变革。[②]

创业者，又称创业家或创业企业家。有关创业者的社会角色与概念，在西方至少有四个世纪的发展历史，然而有关创业者的相关研究，则是直到资本主义出现后才受到重视。亚当·斯密（Adam Smith，1776）是第一位对创业行为展开研究的学者，但他的论著中对创业者没有明确的概念，以致后来和资本家两者混为一谈。至于约翰·斯图亚特·穆勒（John Stuart Mill，1848）则是经济学家中第一位使用"创业者"一词的学者，他认为指导、监督、控制与风险承担是创业者所应具备的特质，而创业者与普通管理者两者的最大区别在于风险的承担，即对风

①② 翻译自"张玉利. 创业研究：如何走出学术殿堂［R］. 南开大学讲义，2007"。

险的认知不同。① 在企业高管中如何分离创业者与管理者，Wortman（1986）、Robinson 等（1991）给出了一个简单的判断准则：成立自己企业的为创业者，没有成立自己企业的为管理者。Gartner（1993）在系统归纳的基础上，界定了一些创业及创业者的关键概念：打算创业并开始积极行动的个体被称为新生创业者（nascent entrepreneur）；创业者从感知机会到成功创办新企业的过程被称为孕育过程或创建过程（gestation process or startup process）；已打算创业的创业者在孕育过程或创建过程中实施的活动被称为孕育活动（gestation activities）。相应地，处于创建过程中的组织形态被称为新兴组织（Gartner，1993）。②

创业者为何创业？什么原因吸引他/她创业？Greenberger 和 Sexton（1988）两位学者提出了五种原因：①在市场上发现机会；②拥有的专长能够发展成一项事业；③相信他们的管理方式比其他人更有效率；④已发展了一个产品或服务，而此产品或服务能够占有一定的细分市场（niche）；⑤他们相信其他机会都是有限的，而创业是唯一的路。Ghosh 和 Kwan（1996）针对新加坡及澳大利亚创业者进行研究，发现他们创业的主要原因有：①个人想要向上成长；②不喜欢为他人工作；③家庭传统；④拥有使用自己的知识及经验的机会；⑤想有更多的自由；⑥较喜欢挑战；⑦被家庭或朋友影响。总结起来，可以归纳为三类因素：①环境因素；②创业者特质因素；③创业者心理及认知因素。

二、创业自我效能

班杜拉认为，人的心理预期或信念——自我效能（self-efficacy）在行为中起着主导作用（Bandura，1977，1989）。他把自我效能定义为人们对自身能否利用所拥有的技能去完成某项工作行为的自信程度，人们关于自己是否有能力控制影响其生活的环境事件的信念，这种信念一般是针对新的、无法预测的、困难的情形。对于自我效能的概念，Stajkovic 和 Luthans（1998）针对组织行为领域给出了更广泛、实用性更强的定义：“自我效能是指个体对自己能力的一种确切的信

---

① 本部分内容参考了“郑美玲. 女性创业家创业经验与生命历程之研究［D］. 嘉义：‘国立’中正大学企业管理研究所硕士学位论文，2001.”和“张玉琳. 组织创业精神导向、市场导向以及组织学习类型对组织绩效之关系探讨［D］. 台北：‘国立’政治大学企业管理研究所博士学位论文，2003.”的文献综述部分。

② 翻译转引自杨俊，张玉利. 国外 PSED 项目研究述评及其对我国创业研究的启示［J］. 外国经济与管理，2007，29（8）：1-9.

念（或自信心），这种能力使自己在某个背景下为了成功地完成某项特定任务，能够调动起必需的动机、认知资源与一系列行动。”自我效能能够对众多目标导向行为进行有效预测（Bandura，1986）。简而言之，自我效能是指人们对自己实现特定领域行为目标所需能力的信心或信念。

创业自我效能（entrepreneurial self-efficacy）是自我效能理论在创业领域的应用，指的是创业情境下个体的自我效能。Chen 等（1998）定义创业自我效能为：创业者对自身能够胜任不同创业角色和任务的信念。

三、创业意向

创业意向（entrepreneurial intention，EI）是潜在创业者是否从事创业活动的一种主观态度，是对人们具有创业者特质的程度以及对创业的态度、能力的一般描述，是对创业行为最好的预测指标（Krueger，2000）。[①] 由于建立一个新企业的决策可以被视为一种深思熟虑的个体行动或者有计划的个体行为，因此个体的创业意向对个体的创业行为具有很强的预测效力（Bird，2003）。

第四节 理论部分结构

根据研究目标，理论研究内容分为七章，除第一章绪论外，本研究的正文主要包括四部分内容：

第一部分（第二章）是文献综述，奠定了理论基础。从认知观出发，联系认知心理、社会认知和领导学相关理论，得出“创业自我效能与创业意向是联结创业领域特质研究、创业行为和认知研究的关键概念和切入点”的重要结论，并引出认知风格、行为控制知觉等重要概念。

第二部分（第三章）是本部分研究的理论建构和研究方法设计。根据本部分研究的性质，在后实证主义知识观和方法论的指导下，根据研究目标与研究内

---

① 转引自“钱永红. 创业意向影响因素研究［J］. 浙江大学学报（人文社会科学版），2007，37（4）：144-152.”的翻译。

容，将研究问题分解和转化为四个研究命题，根据命题在文献研究的基础上提出三类假设——变量结构假设、变量差异性假设和变量关系假设，并对研究方法进行了概述。

第三部分（包括第四、第五、第六章）是主体研究部分。以第四章研究为基础，第五、第六章研究层层推进，相互佐证。第四章发展了基于角色的创业自我效能特征模型，并讨论了创业自我效能的三类影响因素；第五章验证了创业自我效能对创业意向的正向影响以及行为控制知觉所起的部分中介作用；第六章发现了原创性认知通过行为控制知觉对创业自我效能及创业意向的调节作用。每章的最后对研究结果均进行了解释和讨论。

第四部分（第七章）是结论，总结研究结论和创新点，说明研究贡献，提出研究启示和展望。

总体内容及结构安排如图 1-1 所示。

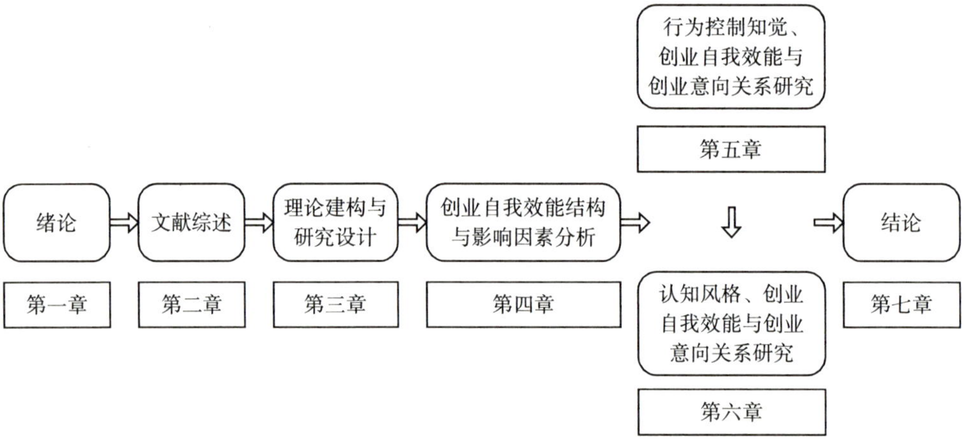

图 1-1　研究内容及结构

第二章　文献综述

第一节　引　言

一、文献综述理论基础与研究架构

创业是在不停运作的关系中展开的。Baum 和 Locke（2004）在总结前人研究的基础上，提出自我效能、目标和愿景是新企业建立和发展的三个核心动力因素。这三个核心要素以自我效能为前提和基础，与创业者领导及认知密切相关。

本章内容将以创业理论和研究为基点，从认知观视角出发，涉及与认知心理、社会认知和领导学交叉的三个研究领域（如图 2-1 所示），围绕自我效能、目标和愿景这三个创业核心动力因素，对以下三方面的相关研究进行了回顾：创业者认知研究、社会认知理论在创业研究领域的应用、创业领导与变革研究。进一步析取出本研究的几个重要概念/构念——创业意向、认知风格、创业自我效能、创业领导力等，作为下一章研究理论架构的基础。本研究的文献探讨架构如图 2-2 所示。

二、文献资料收集与分析步骤

文献收集的立足点为创业研究领域，涉及与认知心理、社会认知和领导学等研究的交叉，主要分为以下几个步骤进行（以英文文献为例）：

（1）关键词确定，如 cognition、perception、self-efficacy、intention 等，entrepreneur、founder、leadership 等，以及 venture、start up 等。这些关键词一部分

来源于研究主题，一部分来源于文献阅读过程中与研究主题密切相关的研究。

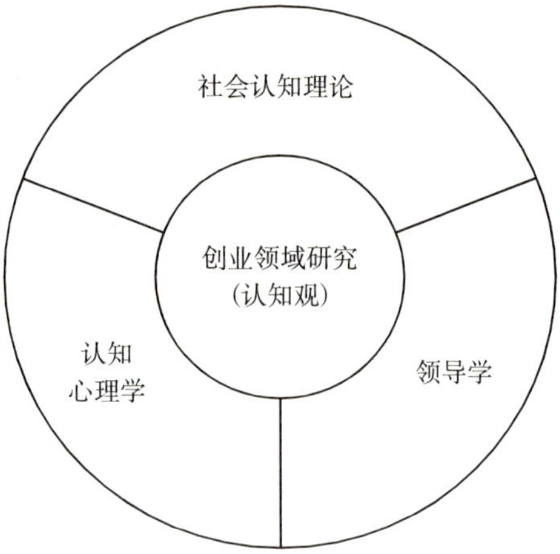

图 2–1　研究主要理论基础

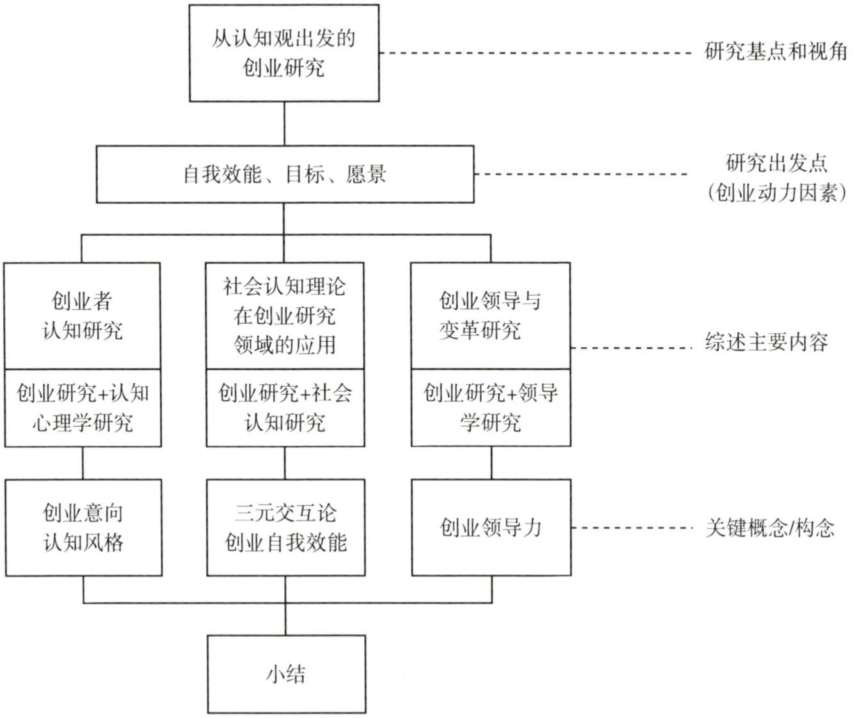

图 2–2　文献研究架构

（2）主要使用了 ASP/BSP、SDOS、Blackwell Synergy、ERIC、PsycINFO、SSCI、PQDD 等数据库，通过使用关键词及关键词组合搜索文章题目及摘要，通过检阅摘要，浏览有关文章或章节，将初步结果进行了汇总。

（3）在 MacMillan（1993）、Shane（1997）、Fried（2003）对创业领域学者和期刊的研究基础上①，将搜索结果主要限制在 27 种学术期刊②内，参照 Forbes（1999）的观点，在文献中去除了“特质研究”（trait studies）及与“风险投资”（venture capitalists）有关的大部分文献，同时去除了绝大部分从组织层面分析的文献。在筛选后的文献中，作者被 Fried（2003）列入 30 名最有影响力的作者名单的，如 Gartner、Busenitz、Bird、Krueger 等，以其人名为关键词进行了二次扩充搜索和筛选。

对一些重点文献，如 Forbes 1999 年发表在“International Journal of Management Review”上的文章“Cognitive Approaches to New Venture Creation”（94 篇参考文献）；Mitchell、Busenitz、Lant 等 2002 年在“Entrepreneurship: Theory and Practice”上发表的“Toward a Theory of Entrepreneurial Cognition: Rethinking the People Side of Entrepreneurship Research”（54 篇参考文献）；Baron 2004 年在“Journal of Business Venturing”上发表的两篇文章“Potential Benefits of the Cognitive Perspective: Expanding Entrepreneurship's Array of Conceptual Tools”（7+4 篇参考文献③）、“The Cognitive Perspective: A Valuable Tool for Answering Entrepreneurship's Basic ‘Why’ Questions”（44 篇参考文献），以及 Michell、Busenitz、Bird 等 2007 年在“Entrepreneurship: Theory and Practice”上发表的文章“The Central Question in Entrepreneurial Cognition Research 2007”（105 篇参考文献）等，搜索其引用的重要参考文献，去除重复项，筛选后补充进来。同时兼顾对著作、学位论文、元分析研究等信息的收集和整理。

（4）设计文献研究视图、草拟相关文献概要，放入文献视图中。

---

① MacMillan（1993）沿用主流学术研究评价方法对刊登创业研究文献的主要期刊进行了评定，其中 19 种期刊被评为中级以上；Shane（1997）在 MacMillan 基础上又评定了在创业研究领域最有影响力的 20 位学者；Fried（2003）在前两人研究的基础上，将期刊扩展为 25 种，学者 30 位。

② 在 Fried（2003）推荐的 25 种期刊外，本研究加入了“Journal of Applied Psychology”和“Leadership Quarterly”，这两个杂志被徐淑英等（2005）认为是 A 类和 B 或 B+类（徐淑英. 全国首届研究生暑期学校专题报告［R］. 西安：西安交通大学，2005.）。

③ 该篇评论文章同时对本专辑的其他四篇文章进行了介绍。

（5）根据文献主题结构进行归类。[①]

遵循这种思路，笔者对中文文献[②]也进行了收集，在此不再赘述，共得到与研究直接相关的英文文献 264 篇，中文文献 304 篇（著作不计）。最早的文献出现在 20 世纪 70 年代，约 3/4 的文献出现在 2000 年以后，最主要的文献出现在 “Journal of Business Venturing”、“Entrepreneurship：Theory and Practice”、“Journal of Small Business Management”、“Journal of Applied Psychology” 这四个学术期刊上，基本保证了本研究专题所需文献的准确性、覆盖面和权威性。

第二节　创业研究——从特质观到认知观

“什么是创业者的原动力” 始终是创业研究充满魅力的一个命题，从个体角度考察新企业的起源与演进是十分重要的（毕海德，2004：415），因为创业过程开始于个体的行为（Shane，2003）。研究者起初从 “特质论” 出发，试图寻找某些稳定的个体特征来区分创业者和非创业者，或是分离出成功创业者的共同特质和动机因素。通过创业者人格、态度与人口统计学特征来考察创业者与非创业者特质的差别，在解释创业行为和创业过程时只能获得有限的结论（Brockhaus，1980），难以用一些稳定的个人特质对创业做出普遍意义上的解释（Gartner，1988；Shaver and Scott，1991；Eckhardt and Shane，2003）。1961~1990 年，有关创业者特质的研究影响日趋式微（Aldrich and Wiedenmayer，1993）。

研究者从特质角度出发的研究没有取得令人满意的成果，而进一步从行为角度出发的研究也受到一部分学者的质疑（Baumol，1993：13）[③]。对于创业者来说，他们如何做决策和领导力的来源一直是一个黑箱（Knight，1921；Hunt et al.，1990）。Rotter（1966）提出了 “内部控制源” 构架，认为创业者会拥有内部控制

---

① 参见附录 A 文献数据表（部分）。

② 中文文献包括香港地区、台湾地区出版物和硕博论文。

③ 一部分学者认为，实践方面可靠的数据比较难以获得（阿玛尔·毕海德，2004）；而 Baumol（1993）认为：“海森伯格原则（即海森伯格的不确定原则，称人类观测事物的精准程度是有限的）适用于企业家行为，如果对某一企业家行为描述得过于细致，那么这种行为就不再富有企业家精神。”

源而非外部的，该命题得到了后来一些实验研究的验证。大部分创业决策受到创业者对环境的感知（perception）和解析（interpretation）的影响（Bird，1988，1992）。而传统的创业理论对于认知因素，例如感知、解析给予了相当的重视。如奈特（Knight，1921）在《风险、不确定性和利润》一书中，讨论了与创业精神有关的"不确定性"（uncertainty）、"风险"（risk）、"机会"（opportunity）概念；熊彼特（Schumpeter，1950）在《资本主义、社会主义和民主主义》中，将创业者视为一些具有高估自己的成功概率倾向的个体；柯兹纳（Kirzner）于1979年在《知觉、机会和利润创业理论研究》一书中，提出创业是一个机会发现过程①，创业者往往对机会保持高度警觉性（alertness），而知识和决策在其中扮演了重要角色。② 这三位学者的经典观点都触及了认知特征在创业中的重要性。而近代的研究也证明了认知因素也是区分创业者与非创业者以及创业者之间差异的重要因素（Manimala，1992；Busenitz and Barney，1994；et al.）。

随着认知心理学的发展和研究领域的扩展，西方学者从20世纪80年代开始将认知心理学和社会认知的理论及观点引入创业研究，其在90年代以后得到了蓬勃发展（Walsh，1995；Huff，1997），使研究者能够从认知角度对创业领域问题进行深入的研究。随着一批心理学研究背景的学者崛起，通过构建更加切合的模型，开发出新的研究工具，发展和引入更具有代表性的概念拓展到创业者能力、动机、认知与行为研究领域，将传统的创业者特质研究推向了一个新的高潮（Baum and Locke，2004）。Shane、Baron、Krueger 等著名创业学者对此给予了充分肯定和重视。创业研究领域主流期刊"Journal of Business Venturing"（《企业创业》）和"Entrepreneurship：Theory and Practice"（《创业理论与实践》）分别在2002年、2004年和2007年围绕创业认知研究进行了专门讨论，创业认知被Mitchell 和 Busenitz 等（2002）最初定义为"人们用来对机会、创业及发展等进行评估、判断和决策的知识结构"③。在2007年发表的《2007创业认知研究的中心问题》（Michell et al.，2007）一文中，Mitchell、Busenitz、Bird 等七位著名学

① 根据 Krueger（2000）的观点，机会的实质是一种认知现象。

② 转引自"Forbes D. P. Cognitive approaches to new venture creation [J]. International Journal of Management Review，1999，1（4）：415-439."和"苗青. 基于认知观的创业过程研究 [J]. 心理科学，2005，28（5）：1274-1276"。

③ 原文为"the knowledge structures that people use to make assessments，judgments，or decisions involving opportunity evaluation，venture creation，and growth"。

者一同呼吁加强该方面的研究，促进创业研究领域“thinking-doing”的链接。

创业是一个过程化的概念，创业者的行动理由和行为方式是亟待研究的命题。洞察创业者的认知也就揭开了创业过程的奥秘（Shane and Venkataraman，2000）。认知观点揭示了创业过程最为关键的方面，它回答了创业与领导研究中最基本的“Why”① 的问题（张玉利等，2007；Baron，2004b；Wofford and Goodwin，1998）。因此，基于中国文化的认知心理，深入探讨创业者创业认知模式形成、发展规律以及对意向、行为的影响，从创业环境、创业认知及其行为的互动关系中来考虑人的认知发展与行为表现，对理解创业行为和创业过程具有重要意义。

第三节　创业者认知研究

一、创业者认知结构与认知过程

创业活动是一种有计划的行为，反映了认知的过程（Krueger，2000）。创业领域中对个体层面认知的研究主要集中在两个方面：决策启发（the decision-making heuristics）（Busenitz and Barney，1994）和环境亲历（enactment of environment）（Katz，1992；Shaver and Scott，1991）。大部分创业决策受到创业者本身认知以及对环境的感知和解析的影响。Schneider 和 Angelmar（1993）将这些研究归纳为认知结构（cognitive structure）和认知过程（cognitive process）两个方面。认知结构代表和装载了知识，研究者由于出发点不同，对认知结构形成了多种类似的表示方法和定义，如脚本（scripts）、图示（schemas）、知识结构、解释系统（interpretive systems）等，认知结构被众多研究者认为是区别创业者和非创业者，以及导致创业者行为差异的关键（Baron，2004a，2004b，1998；

① Baron 提出三个基本“Why”的问题：①Why do some persons but not others choose to become entrepreneurs? ②Why do some persons but not others recognize opportunities for new products or services that can be profitably exploited? ③Why are some entrepreneurs so much more successful than others? 参见附录 B.1 基于认知观的创业问题研究焦点（Baron，2004b）。

Mitchell et al.，2002，2000；Simon et al.，2000）。认知过程被认为是知识接收和应用的方式（Walsh，1995）。一些学者对创业者认知过程中的"认知偏差"和"启发式"进行了研究（Manimala，1992；Simon et al.，2000；et al.）。

认知结构并非静止不变，而是在人与外界环境的适应中通过同化与顺应两种机能从不平衡到新的平衡[①]，因此认知结构具有时间阶段性，而认知过程本身就是一个随时间发展的概念。在创业研究中，认知结构与认知过程都与特定的创业阶段有关。Forbes（1999）在文献研究的基础上将创业从时间上分为前创业（prefounding and founding）和后创业（post-founding）两个阶段。前创业是创业意向形成阶段。每个创业阶段根据众多学者对组织知觉模型（Organizational Sensemaking）（Daft and Weick，1984；Milliken，1990；Thomas et al.，1993）的研究，划分为三个连续过程：扫描（scanning）、解析（interpretation）、创业意向（entrepreneurial intention）或行动（action）[②]，如图 2-3 所示。其中，扫描和解析过程反映了个体所表现出的信息加工方式，即认知风格。

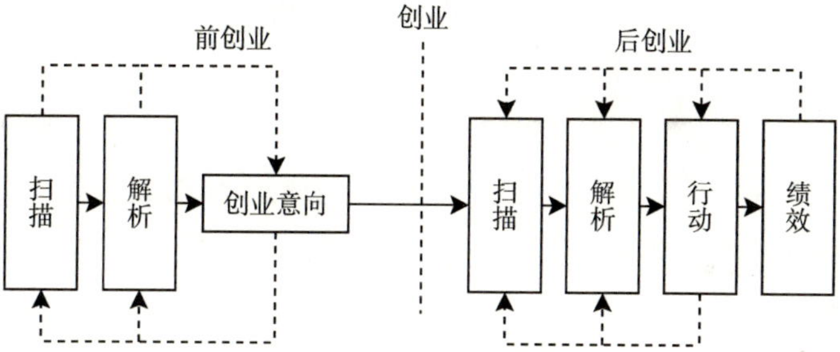

图 2-3　创业认知过程模型

注：在 Forbes（1999）模型基础上作者有改动。

（一）扫描[③]

扫描阶段的研究关注创业者的信息搜索方式、信息结构及信息类型。有关信息扫描的研究是认知研究中比较经典和完善的领域（Aguilar，1967）。

---

① 转引自"姚艳虹等. 基于认知图示的交易型与变革型领导行为差异分析［J］. 科技进步与对策，2005（9）：172-174."。

② 在一般研究中往往对行为（behavior）与行动（action）不加以区分，而心理学家 Tjosvold D. 和 Tjosvold M. 指出："有时心理学家会把研究的范畴局限在行为（behavior）上，并未探讨人们的意图、情绪、想法、观点与立场，因此我们无法清楚了解人的行动（action）。"因此本部分研究的行为，均指带有认知成分的"action"（狄恩·乔斯佛德，玛丽·乔斯佛德，2003：3.）。

③ 本部分及下部分"解析"内容参考了 Forbes（1999）的研究。

关于创业者的信息搜索方式，Specht（1987）发现当感觉到高度复杂和变革环境时，对不确定性容忍度较低的高层管理者会增加扫描强度。Lang 等（1997）发现，创业者扫描强度与他们所感知到的环境威胁与机会程度呈正相关。Pineda 等（1998）发现，创业者在遇到他们认为非常重大的问题时更侧重于搜索和使用外部信息，在面对挑战性环境时，他们的搜索强度将急剧增加。依据 Hambrick（1982）的观点，创业者/高层管理者的信息扫描活动是由个人因素所决定的。该论断得到了 Cooper 等（1995）的支持，他们的研究发现，信息搜寻强度受两个层次个体因素交互作用的影响：①创业前经历；②对当前行业的熟悉程度。信息搜索在创业者熟悉的行业但没有先前经验时达到最强；而在创业者不熟悉的行业且没有先前经验时达到最弱。在具有经验的创业者中，行业熟悉程度与搜索强度呈负相关；但当创业者对成功高度确信时，搜索强度会下降。

一些研究侧重于考察创业者使用信息源的类型，尽管 Busenitz（1996）认为这种分类并不十分准确，但正式与非正式信息源的用法在研究中比较普遍。而且 Specht（1987）、Johnson 和 Kuehn（1987）、Smeltzer 等（1988）、Brush（1992）、Mohan-Neill（1995）的研究证明，创业者更侧重于非正式信息源，如营销资料、人际网络，重视程度强于正式信息源，如政府公告、顾问咨询及高科技信息数据库等。Schafer（1990）发现，不同于既成组织主要依靠书面信息，创业组织口头和书面信息同时侧重。另一些研究者则从柯兹纳（Kirzner，1979）提出的创业警觉性出发，如 Kaish 和 Gilad（1991）的研究发现了创业者在非工作时间里比普通管理者更加积极地扫描信息。他们的研究还发现，创业者与普通管理者相比，较少依赖客观财务数据而更多依靠主观信息。

（二）解析

解析包括当信息搜集后，理解和获得其意义的方式、方法（Thomas et al. 1993：241）。这部分的研究主要集中于创业者决策制定过程（Nisbett and Ross，1980；Shapira，1997）。

一些研究比较了创业者与职业经理人的决策行为。这些研究支持了 Busenitz 和 Lau（1996）的观点：创业认知的特征是不断增加的对决策启发（decision-making heuristics）和图示（schema）的依赖。Smith 等（1988）发现，小的创业型公司中的管理者与大公司职业经理相比在决策行为上比较主观。Busenitz 和 Barney（1997）的研究发现，创业者比职业经理人表现出更多自信并在决策中更加依靠代表启发式（representativeness heuristics）。他们的研究还表明，创业者在决策时加入了更多的主观成分或是“掐指算”，多于对数据的理性分析。Palich和 Bagby（1995）利用范畴化理论（categorization theory）[①] 比较了创业者与管理者的决策过程，他们指出，虽然在冒险倾向上创业者并不比非创业者显著，但创业者将不确定商业环境范畴化的能力要高于非创业者；在动态环境下，创业者可能将某一变革看作是机会，而非创业者则会对此不敏感甚至将其看作是一种威胁。他们的研究结论也支持了熊彼特（Schumpeter，1950）的论断：创业者是机会的理解者而非风险偏好者。

一些学者将创业认知放入特定情境中研究其前因后果，如 Baron（1998）提出，创业认知可以在信息过载、高度不确定性、高新颖性、强烈的情感卷入、高度时间压力和疲惫情况下被引发，创业者面临的环境要比非创业者不规则得多。创业者使用决策捷径有时也是出于成本考虑。Eisenhardt（1989）[②] 通过案例研究揭示了在快速变动环境下那些能够迅速做出决策的人能够处理更多而非更少的信息，并且决策速度与业绩直接相关。

还有一些学者比较了不同文化背景和组织类型创业者的决策。Vincent（1996）考察了创业者在形成决策时决策效标的差异，比较了墨西哥裔和英国裔美国创业者的决策特征差异，发现这种差异与种族文化价值观没有直接联系，而与文化背景下组织的治理结构相关。Manimala（1992）使用了案例调查的方法，根据对138 个决策的档案研究比较了高创新性新企业与低创新性新企业的决策差异，发现在“创新先锋”企业中的决策过程更多是启发式的，并呈现出五种导向：①内省导向，依靠自己的见解而非外部专家意见；②有机增长导向，侧重柔性和增量增长；③整体导向，从组织整体利益出发而非个人的利益；④全员导向，区别于从个人角度出发；⑤愿景导向，反映在对目标持续的承诺而非盲目的机会主义。

---

① 范畴化是人类对事物的分类过程，其目的是从纷繁复杂的现象中找出相似性。Dutton 和 Jackson（1987）将范畴化理论定义为：A theory that proposes that people process information by assigning new data to pre-defined mental categories。

② Eisenhardt（1989）的研究虽然不是直接针对创业者，但所研究的情境与创业者面临的情境非常类似，对本研究具有一定的指导意义。Eisenhardt 本人也是案例研究方面的著名学者之一。

二、创业者认知风格与认知发展

（一）创业者认知风格

认知风格[①]，又称认知方式，从信息处理的角度来说，一般将认知风格理解为个体在认知方面表现出来的相对稳定的组织、处理信息的特征。目前认知风格得到广泛认可的定义是个体在组织和加工信息时所具有的个性化的和一贯的方式（Tennant，1988）。

由于研究者的观察角度和出发点不同，在理论上形成了许多认知风格结构模型。格里格雷克和斯腾伯格（Grigorenko and Sternberg，1995）将诸多认知风格类型加以分析总结，认为可以分别从认知、人格、活动出发对认知风格研究进行归类。以认知为中心的观点，侧重基本认知过程的风格特点，如 Witkin（1964，1997a，1997b，1997c）的场依存—场独立认知风格、Kagan（1964）的冲动型—思虑型认知风格，Kirton（1976，1998）的适应—创新认知风格；以人格为中心的观点侧重于认知风格在人格中的反映和作用，如 Jung（1923）的心理类型论和 Gregorc（1982）的能量理论；以活动为中心的观点是对认知风格的动态认识，如 Kolb（1978）的学习风格。Riding 等（1998，2000）回顾了以往提出的 30 多种认知风格类型理论，通过因素分析法分析每一种认知风格理论的基本描述、评价方法、对行为的影响以及模型间的相关，将已有的认知风格类型归结为两个基本的认知风格维度——整体—分析（wholist-analytic）维度和言语—表象（verbal-imagery）维度，具有代表性的认知风格如表 2-1 所示[②]。Riding（1997）还建构了以认知风格为核心的认知模型，如图 2-4 所示。在这一模型的最底层是由个体的经验和知识、人格资源以及性别等构成的初级资源；第二个层面则是由整体—分析、言语—表象两个维度构成的认知控制。它在个体内部状态和环境交互作用的界面上起着重要的组织和表征作用，即它将内部状态与外部世界提供的信息组织起来，以个体独特的结构和形式进行反映，影响着个体态度及行为。在输入水平，知觉和工作记忆加工系统对输入信息进行分析。在输出水平，主要反映为学习策略。总之，对于知觉经验的解释是在认知控制水平与认知

① “风格“或“方式”关心的是形式或外在表现，而非对象的内容，它是一个中性的词汇，不存在好坏之分。

② 转引自“杨治良，郭力平. 认知风格的研究进展［J］. 心理科学，2001，24（3）：326-329.”。

表 2-1　主要认知风格的研究列表

整体—分析维度		
场依存—场独立	对属于知觉场的一部分的结构或形式进行分析时，个体对整个场的依赖性	Witkin 和 Asch（1948），Witkin（1964）
齐平化—尖锐化	迅速同化并忽略细节差异或强调新信息的细节和变化	Klein（1954），Gardner 等（1959）
冲动—思虑	趋向于迅速反应或深思之后做出反应	Kagan 等（1964），Kagan（1966）
聚合—发散	解决问题过程中精细、集中、逻辑及归纳的思维倾向或广阔、开放、联想的思维倾向	Guilford（1967），Hudson（1966，1968）
整体—序列	在学习以及问题解决中全局整体的方式或序列细节的方式	Pask 和 Scott（1972），Pask（1976）
具体有序/具体随机/抽象有序/抽象随机	学习者采用随机或序列方式，通过具体经验或抽象经验学习	Gregorc（1982）
同化者—探索者	在问题解决或创造过程中，个体偏好寻求熟悉性或新异性	Kaufmann（1989）
适应—变革	按照传统的已有程序进行或重新建构，以新的方式来解决问题	Kirton（1976，1987）
推理—直觉 活跃—沉思	通过推理或直觉方式进行理解的偏好以及在学习活动中主动参与或被动反应	Allinson 和 Hayes（1996）
言语—表象维度	—	—
抽象化—具体化	抽象化的偏好水平和能力	Harvey 等（1961）
言语化—视觉化	按照表征知识和思维过程中使用言语或表象策略的程度	Paivio（1971），Riding 和 Taylor（1976），Richardson（1977）

资料来源：Riding（1998，2000）。

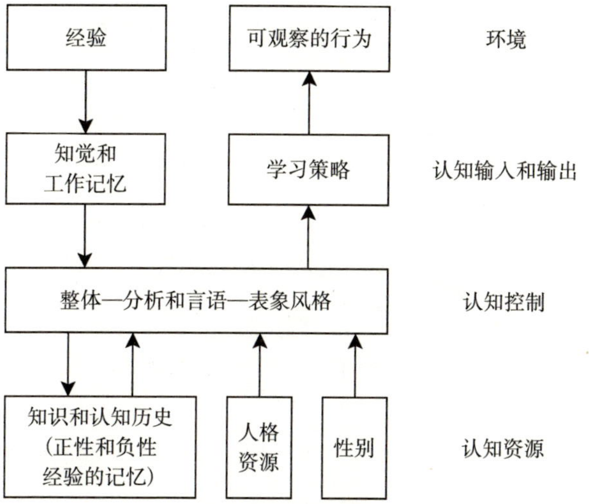

图 2-4　认知模型

资料来源：Riding（1997），转引自杨治良和郭力平（2001）。

历史和初级人格资源的交互作用中得以模式化，并影响着后续的行为。认知风格是认知控制模型的核心。

斯腾伯格（Sternberg，1988，1990，1994a，1994b，1997）在对认知风格研究的基础上提出心理自我控制理论（the theory of mental self-government），该理论认为：①每个人都具有多种认知风格，个体会根据任务和情境选用不同的认知风格，个体能够形成适应性的认知风格；②认知风格的形成和发展是个体社会化的结果，认知风格并不是固定不变的，而是会发展变化的；③由于认知风格是社会化的结果，因此认知风格是可以培养的。学校可以通过各种教育活动如讲座、课堂讨论、小组练习家庭作业等多种形式来促使学生形成各种认知风格。

（二）创业者认知发展

认知风格的变化和培养过程，背后反映的是个体认知的发展，与认知的内容和结构变化有关（Krueger，2007）。创业者认知发展是一种有意识的心理活动过程，认知发展的轨迹离不开学习过程，而已形成的认知发展水平又是进一步学习的必要前提（姚本先，2005）。因此，创业学习及学习风格也是创业研究的热点和重要方向之一（Krueger，2007）。学习风格体现了个体识别新知识、吸收新知识并把新知识运用于创新和创业过程的能力，根据 Riding 等（1997）的认知控制模型，学习风格可以理解为认知风格控制下的一种认知输出。

Rae（2000a，2000b）通过对事件的描述性方法归纳了创业学习的概念模型，如图 2-5 所示，主要构成要素有：①信心/自信；②个体理论、价值观和成就动

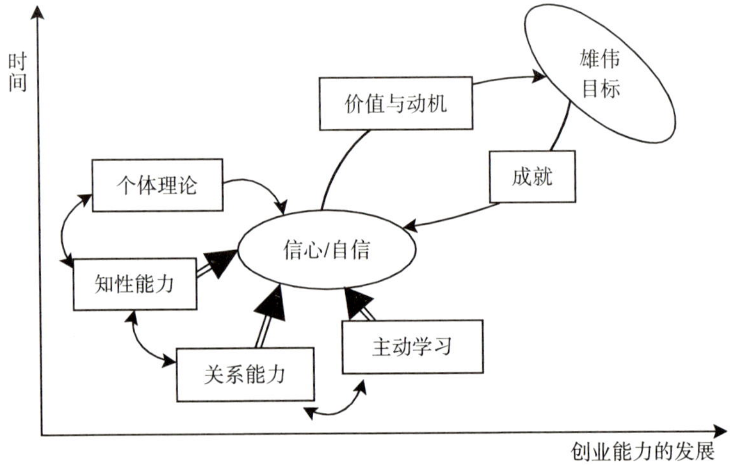

图 2-5 创业学习模型

资料来源：Rae（2000a，2000b），转引自倪宁和王重鸣（2005）。

机；③设置和实现雄伟的目标和愿景；④知性能力，包括知识和技能；⑤建立有益学习的社会关系；⑥积极学习和快速学习的能力，以及对学习过程的反思能力。其模型的核心概念是信心/自信。Rae 的创业学习理论认为，创业学习的研究任务是解释创业信心/自信的形成和发展，重点放在探查各个层次影响创业信心/自信的影响因素。

Wofford 和 Goodwin（1994）认为，认知内容和结构会随着两类情况而发展：经验学习和替代学习。众多研究者[①] 都认为经验学习是创业学习的根本所在，他们强调创业学习应更加聚焦于经验学习。如 Politis（2005）认为，创业学习的一个重要作用就是把过去积累的从业经验（包括创业、管理和行业经历等）转化为目前所需的创业知识。Erikson（2003）提出，研究的焦点应该是影响个体在早期职业阶段放弃其他道路而选择创业的决定因素，并且他认为经验决定着创业胜任力。Honing 等（2005）认为，创业学习更多是通过尝试、估计、评价等方式进行的。Hill 和 Levenhagen（1995）提出了一个创业者的“隐喻与心智模型”，指出“隐喻”（metaphor）[②] 是一种有效手段，旨在不断获取环境中的熟悉元素，通过灵活多变的自我学习实现知识的探索和重构。关于隐喻的研究也可以归纳到经验学习的范畴。Gioia 和 Manz（1985）认为，替代学习为管理研究和实践提供了连接认知领域与行为领域的桥梁，他们认为替代学习建立在认知结构和过程的基础之上。Baum 等（2000）从组织学习的角度研究了经验学习和替代学习在连锁医疗机构选址问题上发挥的不同作用。他们发现，替代学习发生在信息缺乏和不确定性的情况下，通过对竞争者的替代学习来发现机会，并将竞争对手举措纳入自身的经验中。替代学习与经验学习共同发生作用，在一定程度上克服了决策者有限理性。Minniti（2001）将创业学习看作是学习知识、利用知识更好地决策的过程，在创业学习中，创业者不断更新过去的经验知识。

还有一些研究者（Levinthal and March，1993；Denrell，2003；et al.）则认为，创业者更侧重通过替代学习的方式吸取竞争者成功或失败的行动或战略，来克服自身经验的局限。此外 Erikson（2003）提出，创业学习的研究焦点应该是

---

① 相关研究有 Gibb（1987，1997）；Garavan 和 O'Cinneide（1994）；Deaking 和 Freel（1998）；Erikson（2003）（转引自：倪宁和王重鸣（2005））。

② Lakoff 和 Johnson（1980，1999）曾给出了隐喻概念的界定：通过其他事物理解和经历一种事物。即隐喻就是借助过去已熟悉的事物，来认识和理解当前所面临的全新的事物的过程或手段。

影响个体放弃其他道路而选择创业的关键因素。倪宁和王重鸣（2005）对创业学习领域的研究现状进行了评述，指出创业学习下一步的研究应该考虑时间和动机对学习的影响。丁岳枫（2006）的研究也发现，在创业发展的不同阶段，占主导地位的学习类型有所不同。

综合以上理论研究成果，创业者认知风格是创业者认知结构与认知过程的外在表现，是联结创业者特质与认知的理想桥梁之一。创业者的认知风格研究离不开其所处的社会环境和组织环境，随着学习的过程又不断得到发展。目前，有三种认知风格被广泛应用于组织环境中，即直觉—分析维度[①]、整体—分析维度[②]、适应—创新维度[③]（樊建芳，2003）。创业者的认知风格将对其学习风格、行为方式和决策产生影响（Mitchell，2000；Simon，2000；王重鸣和梁立，1998；Wofford and Goodwin，1994，1998）；认知风格还表现在信息加工过程中创业者对信息的偏好上（Busenitz and Barney，1997；Manimala，1992）；创业者认知风格还在一定程度上对新创组织学习以及组织共享心智模式[④]的形成和发展产生影响（彼得·圣吉，1998）。

三、创业者创业意向

（一）理论基础与研究出发点

创业者面临的重要（决策）问题是“要不要创业”，学者称之为创业意向（entrepreneurial intention，EI）。Bird（1988）将创业意向定义为“指引创业者追求某一目标，而投入大量注意力、精力和行动的一种心理状态”[⑤]，并认为个人或社会因素都必须通过形成意向来影响创业行为。她认为，创业意向是指引关键的

---

① 直觉—分析（intuition-analysis）维度认为，大脑两个半球的功能差异是认知风格差异的生理基础。“直觉”是指右脑思维，“分析”则指左脑思维。

② 整体—分析（wholist-analytical）维度描述了个体加工信息的习惯方式：一些个体喜欢把信息加工成各个组成部分（分析型），另一些人则从整体上对信息进行加工（整体型）。

③ 适应—创新（adaptation-innovation）维度认为，具有适应型认知风格的个体的行为特征是准确、可靠、效率高、自我约束、顺从。他们以过去检验过的方式解决问题，不知疲倦，在长期的琐碎工作中保持很高的准确度。具有创新型认知风格的个体的典型特征是思维天马行空，对已接受的解决问题范式不屑一顾。

④ 心智模式是指存在于个人和群体中的描述、分析和处理问题的观点、方法和进行决策的依据和准则（彼得·圣吉（1998））。

⑤ 原文为“intentions as the state of mind that directs an entrepreneur's attention，experience and action toward a particular business goal”。

决策思维，并作为一个观察关系、资源和变化的窗口而存在，由理性分析思维（目标导向行为）和直观整体思维（愿景）决定，如图 2-6 所示。创业者对两种思维的使用受到认知结构和认知风格的影响。

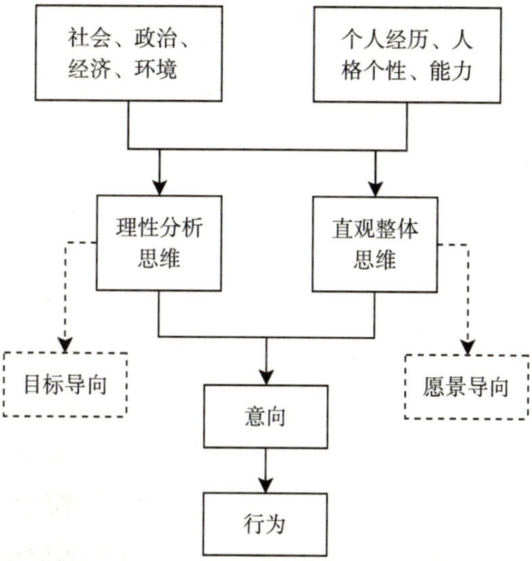

图 2-6　Bird（1988）创业意向模型

资料来源：Bird（1988）。

Fishbein 和 Ajzen（1975）提出以下关系：信念（beliefs）→态度（attitudes）→意向（intentions）→行为（behavior）。即意向能够对行为进行预测。同样，一些特定的态度变量能够对意向进行预测。因此，意向是理解行动（action）的重要渠道（Ajzen，1987，1991）[①]及无偏预测变量（Bagozzi et al.，1989）。这一结论得到了众多研究的支持，Kim 和 Hunter（1993）所做的元分析支持了这一观点，Krueger（2000，2007）针对创业领域的研究进一步得到了肯定。Krueger 及其同事（Krueger，2000；Krueger et al.，2000）认为，创业是具有意向性的，对创业意向及其模型的研究将为探究创业前驱因素对创业行动的影响在理论和实证上提供途径；创业意向针对计划行为（planned behavior），是创业行为唯一的、最好的预测变量，意向模型要比其他如特质模型或情境模型更能对创业行为进行预

① 在 Ajzen（1987）对各类行为的意向研究中，态度变量能够解释 50%的意向变异；意向能够对 30%的行为变异进行解释，而特征因素仅能解释行为变异的 10%。

测；创业意向是针对潜在创业者的，只有具备相当创业意向的潜在创业者才真正有可能从事创业活动。Fayolle 和 Gailly（2004）以及 Kolvereid（1996）的实证研究也分别验证了意向是导致创业行为的关键因素。因此，创业意向研究基本的理论基石和出发点是：个体的信念通过态度变量会对他们的创业意向产生影响。

这一理论出发点，其背后蕴含了 19 世纪末 20 世纪初逐渐成形的实用主义传统。实用主义者关注的中心就是思考着的人、人的理性活动，关注人的理性的、有目的的行为。这种强调显然与实用主义发展的历史背景一致：科学方法受到理性活动的欢迎，理性活动描述了观察资料，进化论方向偏重于研究与自然状态中的行为问题相关的理性。关于信念与行为之间的关系，实用主义最为重要的三位人物皮尔斯（Charles Pierce）、詹姆士（William James）、杜威（John Dewey）有如下观点：皮尔斯认为，信念指导了人类的各种行为（Pierce，1877）；詹姆士的观点是，信念是认识事物的功能（James，1890）；杜威提出，信念决定了行动的观点（Dewey，1931）。他们思想的核心在于：人是运用理智指引他们未来的行动的。

（二）创业意向模型研究

在众多创业意向研究中，最具有代表性的是 Shapero（1982）的“创业事件模型”（modle of entrepreneurial event，SEE）和 Ajzen（1991）的“行为计划理论”(theory of planned behavior，TPB）在创业研究中的应用，以及 Busenitz 和 Lau（1996）的创业认知模型。

1. 创业事件模型（SEE）

创业事件模型的基本构思是：①创业意向源于“希求感”（perceived desirability)、“可行性知觉”(perceived feasibility）和“行动倾向”（propensity to act）；[①] ②从创业意向到付诸行动的过程中，“易位”(displacement）扮演了一个重要角色。易位往往能导致行为的变化，在本质上是一种诱发创业行为的关键事件，如失业下岗、特殊机遇等，如图 2-7 所示。

---

① Shapero 定义希求感为“创业对个人的吸引”；定义可行性知觉为“个人对自身创业能力的感觉(feel)”；定义行动倾向为“个人据决策行动的一种倾向”。

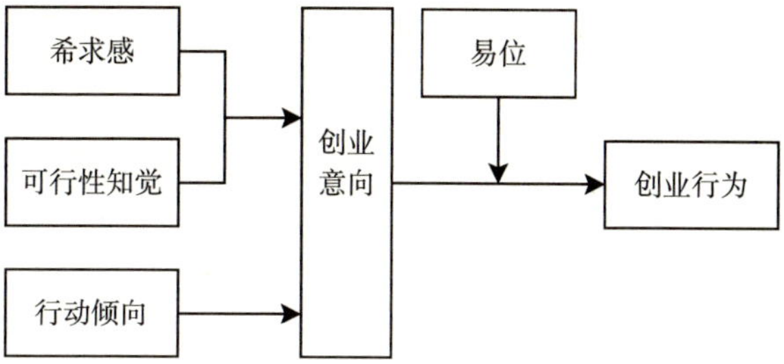

图 2-7 创业事件模型

资料来源：Shapero（1982）。

2. 行为计划理论（TPB）

Ajzen（1991）的行为计划理论脱胎于“信念→态度→意向”基本架构，由多属性态度理论（theory of multi-attribute attitude）及理性行为理论（theory of resoned action）发展而来，被很多研究者应用于解释和探讨个人采取某一特定行为、形成特定意向的理论框架。[①] 该理论模型将影响意向的态度变量分为三类：特定行为态度（attitude toward the behavior，ATB）、规范知觉（perceived norms，PN）和行为控制知觉（perceived behavior control，PBC）。其中，特定行为态度和规范认知反映了“希求感”，行为控制知觉反映了可行性知觉，即对个体行为可控的一种知觉，如图 2-8 所示，具体解释如下[②]：

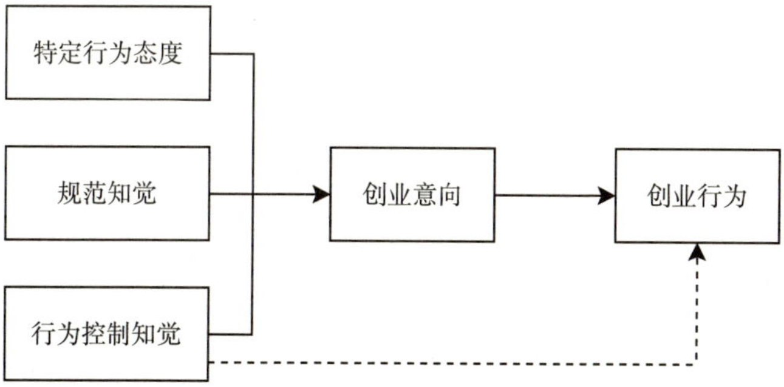

图 2-8 行为计划理论模型

资料来源：Ajzen（1991）。

① 理性行为理论假设行为发生皆能够由个人的意志控制，但实际情况是个人对于行为的意志控制往往受到诸多因素的限制，从而大大降低了理性行为理论对于个人行为的解释力。因此，Ajzen 将理性行为理论延伸，提出行为计划理论。

② 转引自“蔡繐容. 创业家之认知与行为意向之研究：计划行为理论与社会认知理论之应用 [D]. 高雄：“国立”高雄第一科技大学硕士论文，2001.”，有改动。

（1）特定行为态度：个人对于某一特定行为的“态度”是指个人对该项行为所持有的正面或负面的感觉。更明确地说，就是个人对此特定行为进行评价经过概念化后所形成的态度，所以，态度的组成成分经常被视为对此行为结果的显著信念（salient beliefs）的函数。特定行为的态度比一般的态度更能准确预测人的行为，而且衡量态度的问题越明确，则越能以受测者的态度来预测其实际行为。

态度的衡量可由“行为信念”（behavioral belief，B）及“结果的评价”（outcome evaluation，E）的乘积和构成。换句话说，“态度”是“行为信念”及“结果评价”的函数，其函数式如下：

$$ATB = \sum_{i=1}^{t} B_i \times E_i i \tag{2-1}$$

其中，B_i 代表采取某行为后，所导致第 i 项结果的信念；E_i 代表个人对第 i 项结果的评价；t 代表行为信念的数目。

（2）规范知觉：个人对于是否采取某项特定行为所感受到的社会压力，即在预测他人行为时，那些对个人行为决策具有影响力的个人或团体对个人是否采取某项特定行为所发挥的影响作用。

规范知觉的衡量是由“规范信念”（normative belief，NB）和“遵从动机”（motivation to comply，MC）的乘积和构成。规范信念是个人知觉到重要的他人或团体认为是否应该采取某项特定行为的压力；遵从动机是指个人在是否采取某项特定行为时，对于这些重要个人或团体对其所抱有期望的遵从意愿。其函数式如下：

$$PN = \sum_{j=1}^{m} NB_j \times MC_j \tag{2-2}$$

其中，NB_j 代表个人觉得第 j 个参考对象认为他是否应该采取某项特定行为的信念；MC_j 代表个人遵从第 j 个参考对象的动机；m 代表参考对象的数目。

（3）行为控制知觉：行为控制知觉的引入是行为计划理论与理性行为理论最大的不同之处。行为控制知觉指的是个人知觉到采取某一行为容易或困难的程度。行为控制知觉反映个人过去的经验和预期的阻碍，当个人认为自己所拥有的资源与机会越多、所预期的阻碍越少，行为控制知觉就越强。它对行为的影响包括两种方式：①行为控制知觉对意向具有动机的含义（通过意向来影响行为）；②行为控制知觉直接影响行为。

行为控制知觉的测量由“控制信念”（control beliefs，CB）及“促进感”（perceived faciliatation，PF）的乘积和构成。控制信念是指个人对自己所拥有采取某项行为的资源、机会或阻碍多少的认知；促进感是指这些资源、机会或阻碍对行为的影响程度，其函数式如下：

$$PBC = \sum_{k=1}^{n} CB_k \times PF_k \tag{2-3}$$

其中，CB_k 代表个人觉得其拥有第 k 个因素多少的信念；PF_k 代表个人觉得第 k 个因素对其采取行为的重要性。

Krueger（2000）在 Shapero（1982）、Ajzen（1991）以及 Katz（1992）等研究的基础上提出了修正模型（Shapero-Krueger model，S-K model），其研究尤其验证了受自我效能感（perceived self-efficacy）影响的行为控制知觉对创业意向有显著的正向影响。

3. Busenitz 和 Lau（1996）的创业认知模型

Katz 在 1992 年的研究中将认知过程和社会因素整合到一个创业意向模型内，认为可得性（availability）和代表启发（representative heuristics）是个体变量和创业意向之间的中介因素。在 Katz（1992）等的研究基础上，Busenitz 和 Lau（1996）认为认知内容和过程在创业意向形成过程中扮演了重要角色。在他们的创业认知模型中（如图 2-9 所示），思维图示（schema，认知结构的一种表示）和思维启发（heuristic，认知过程的一种类型）构成了两个重要组成方面。它们受到个体、社会和文化价值因素的影响。

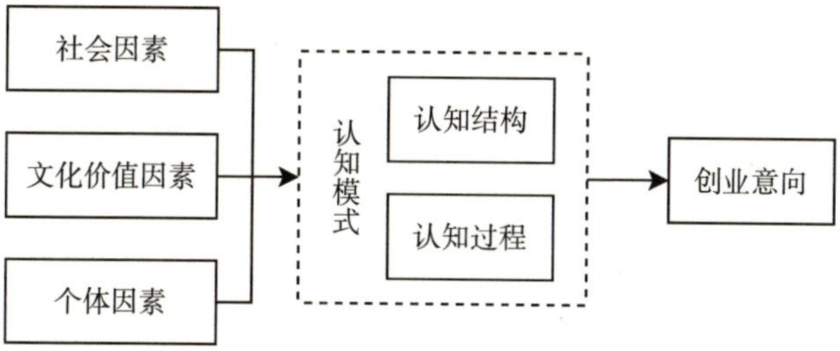

图 2-9 创业认知模型

资料来源：Busenitz 和 Lau（1996）。

在该篇文献中，Busenitz 和 Lau 在认知模式（the cognitive paradigm）的研究框架下提出了五个待验证命题：①创业者与非创业者具有不同的创业图示

(schemas)，创业者的图示更加倾向于创业机会、高的成功概率、对结果更强的控制，这些大大增强了创业者的创业意向；②创业者越多使用偏见（bias）和启发，越能够迅速加工信息，这些信息对创业者创业意向和新企业的创立产生正向影响；③文化差异[①]显著影响了创业认知[②]；④社会经济因素如社会流动性及社会网络会增强个体的社会认知；⑤个人因素如风险承受度（tolerance for risk-taking）、内部控制源（internal locus of control）、高成就动机会对创业认知的发展产生正向影响。

第四节　社会认知理论在创业研究领域的应用

在2007年发表的《2007创业认知研究的中心问题》一文中（Michell et al., 2007），Mitchell、Busenitz、Bird等七位著名创业学者在研究展望中建议未来的创业研究围绕社会认知的范畴展开。社会认知理论的创始人阿尔伯特·班杜拉（Albert Bandura）被普遍认为是西方新行为主义的主要代表人物之一，被誉为心理学历史上最伟大的14位心理学家之一（Haggbloom et al., 2002），其也是研究成果被人引用次数最多的五位心理学家之一（Knapp，1985）。在班杜拉早期的社会学习理论发展过程中，人的认知因素占有重要的地位。在20世纪80年代，班杜拉为突出其理论强调认知因素的特点，将“社会学习理论”更名为“社会认知理论”（Social Cognitive Theory）[③]，到了20世纪90年代末，“社会认知理论”的地位已经完全巩固下来。1980~2005年，社会认知理论及其核心概念——自我效能被应用在上万个研究中，以2004年为例，平均每天就有1.67篇关于自我效能的文章出版（Judge et al., 2007）。社会认知理论被认为是能够在21世纪继续发扬光大的重要理论之一（Zimmerman and Schunk，2003：448）。

---

① 借鉴了Hofstede（1991）的五个民族文化维度：权力距离、个人主义与集体主义、男权主义、不确定性规避、长期与短期取向。

② 该命题的文化差异更多的是指国家、民族文化之间的差异，创业认知也并不局限在个体层次。

③ 早在20世纪七八十年代，Bandura（1977，1986）就强调了认知、行为与环境互为因果，将社会学习理论与其他心理学理论区分开来。

在社会认知理论中，人类动因是在一个包含三元交互因果关系的相互依赖的因果结构中发挥作用的。在这种关于自我和社会的相互作用的观点中，以认知的、情感的和生物的事件存在的个体内在因素、行为和环境事件作为双向相互影响的互动决定要素都在发挥着作用。社会认知论的核心是主体能动观。按照这个观点，人是自我组织的、主动的、自我反省的和自我调节的，而不仅是由外界环境所塑造或由潜在内驱力所推动的反应机体（班杜拉，2001：7-8）。

三元交互决定论和自我效能理论是班杜拉社会认知理论的核心思想。由于创业者面临的环境和任务领域的特殊性，创业期① 企业家的领导行为、决策、学习过程都反映了其认知特征，它们之间的动态联系和发展规律尚待进一步研究。而从社会认知的自我效能理论角度出发，将揭示创业者及其行为过程的重要方面（Krueger，2000；Ding et al.，2007）。

一、三元交互决定论与自我效能理论

（一）三元交互决定论

三元交互决定论从环境、人的认知及其行为的互动关系中来考虑人的认知发展与行为表现，行为是由互动的环境和认知因素决定的，如图 2-10 所示。但在特定时间，不同来源的影响程度不同，而且这种交互影响不会同时发生（Wood and Bandura，1989）。三元交互决定论被应用到众多创业研究中，成为重要的研究基础和前提，通过行为、环境与认知的互动关系，为研究者探索什么因素及作用机制影响创业过程提供了更好的视角。如第三节第三部分中提到的 Shapero（1982）的创业事件模型和 Bird（1988）的创业意向模型，都是基于该理论的。

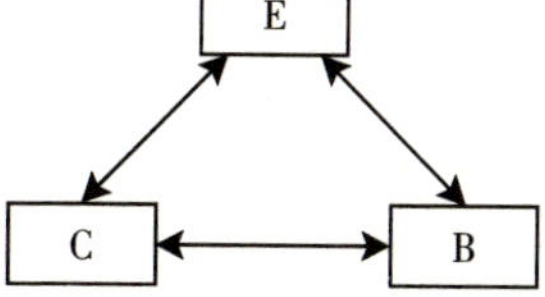

图 2-10 行为（Behavior）、认知（Cognition）、环境（Environment）相互关系

资料来源：班杜拉（2001）。

① 根据全球创业观察（global entrepreneurial monitor，GEM）报告的定义，从企业创建到其后 42 个月的时间均为创业期。

（二）自我效能理论

自我效能是班杜拉 1977 年提出的概念。他在总结前人的研究时发现，过去的理论和研究把主要注意力集中于人们的知识获取或行为的反应类型方面。结果，支配这些知识和行为之间相互作用的过程却被忽视了。知识、转换性操作及其所组成的技能是完成行为绩效的必要条件，但并不是充分条件。经常会有这样的情况，一些人虽然很清楚应该做什么，但在行为表现上却并不理想，这是因为内部的自我参照因素调节着知识与行为之间的关系。其中，人们如何判断其能力以及这种判断如何影响其动机和行为便是最为关键的因素。班杜拉认为，人们对其能力的判断在其自我调节系统中起主要作用，并由此提出自我效能这一概念。自我效能的概念一经提出，便引起广泛注意，有许多心理学家对此进行了研究。在总结个人和他人研究成果的基础上，班杜拉于 1986 年在其著作《思想和行为的社会基础》（Social Foundations of Thought and Action-A Social Cognitive Theory）中对自我效能[①] 做了进一步的系统论述，使该理论的框架初步形成。[②] 1980~2005 年，在组织研究中有超过 800 篇关于自我效能的文献（Judge et al.，2007），涵盖了教育、领导、创新、信息搜索、社会化过程、绩效评估等多个方面。早在 1989 年，Landy 就预言自我效能研究将是工作激励研究领域的“未来浪潮”，而过去近 20 年的研究证明了 Landy 的预见是正确的。

自我效能具有三个重要特征：①自我效能是在综合了来自行动者本人、特定任务和他人等各种信息的基础上而产生的；②自我效能涉及动机成分；③自我效能是一种动力结构，会根据新的经验和信息不断地变化（Gist and Mitchell，1992）。自我效能会导致对个人效能的预期，这一预期又会决定下列过程因素（鲁森斯，2003：219-220；Bandura，1986）。

（1）在特定背景下执行特定任务的决策（选择行为）。日常生活中，人们时时处处都不得不做出决策、选择怎样行动以及持续多长时间。一个人对自我效能的判断，部分地决定其对活动和社会环境的选择。在行动中，积极的自我效能能够培养积极的承诺，并促进胜任能力的发展。

---

① 在班杜拉的著作中，“self-efficacy”与“perceived self-efficacy”、“self-efficacy beliefs”等术语是交替使用的，所以本文所使用的“自我效能”、“自我效能感”或“效能感”意指同一概念。

② 本段文字引自“张鼎昆，方俐洛，凌文辁. 自我效能感的理论及研究现状［J］. 心理学动态，1999（1）：39-43.”，有个别改动。

（2）将会投入多大的努力来完成这个任务（动机性努力），以及会在多大程度上坚持下去，即使出现问题、不利的证据和逆境（坚持不懈）。自我效能感越强，其努力越具有力度，越能够坚持下去。当被困难缠绕时，那些对自身能力怀疑的人会放松努力，或完全放弃；而具有很强自我效能的人则以更大的努力去迎接挑战。

（3）自我效能影响人们的思维模式和情感反应模式。自我效能低的人与环境相互作用时，会过多想到个人的不足，并将潜在的困难看得比实际上更严重。这种思想会产生心理压力，使其将更多注意力转向可能的失败和不利的后果，而不是如何有效地运用其能力实现目标；有充分自我效能的人会将注意力和努力集中于情境的要求上，并被障碍激发出更大的努力。

自我效能来源于四个方面：直接经验（enactive mastery/hands-on experience）、替代学习（observational/vicarious learning）、社会环境劝导（symbolic Persuasion）和身心状态（physiological/emotional arousal）（班杜拉，2001）。自我效能对组织行为的动力过程以及管理和领导绩效具有重要意义（鲁森斯，2003：224），如 Stajkovic 和 Luthans（1998）的元分析（包括 114 个研究，21616 名被试），发现自我效能和工作绩效的加权平均相关系数达 0.38，而且非常显著。

关于自我效能在实际领域的应用，班杜拉认为，由于不同活动领域之间的差异性，一个人在不同的领域中其自我效能是不同的。任何时候讨论自我效能，都是指与特定领域相联系的自我效能，此观点得到了众多研究者的支持（Eden et al.，1995；Riggs et al.，1994；Tipton et al.，1984）。关于自我效能的应用，也许影响最大（至少是潜在的影响最大）而又仍然在很大程度上被忽视的就是领导领域的自我效能（鲁森斯，2003：224）。尽管多年来关于领导的研究已经确认了领导自信心的重要性（House and Shamir，1993），但迄今还很少有人在领导研究领域尝试去测量和研究自我效能理论和研究中的观点（Chemers et al.，2000）。创业的核心是领导和变革，创业过程则综合体现了领导的各个方面：发起变革、打造核心团队、愿景构思传播与实现、非正式网络营造、组织文化培养等。自我效能对于创业研究具有重要的意义，作为一个任务特定领域的构思，自我效能的理论指出了过去创业者特性和人格研究中缺少的独特性（Brockhaus and Howrwitz，1986；Gartner，1989）。

二、创业自我效能研究

著名创业学者 Krueger 2007 年在“Entrepreneurship: Theory and Practice”发表的“What lies beneath? The experiential essence of entrepreneurial thinking”文章指出:“一个理解创业背后含义的关键是对认知结构、创业吸引、创业意向以及创业行动背后深层信念的探索。”

自我效能作为这样一种深层信念，是揭示关键创业活动的重要概念（Luthans et al., 1997; Krueger, 2000），如角色模型只有通过自我效能才能对创业意向产生影响，此外自我效能与机会识别、风险承担（Krueger and Dickson, 1994）及职业选择（Hackett, 1993; Bandura, 1986; Betz and Hackett, 1986, 1981）有着密切联系，它可以被用来预测创业者的行为选择、坚持和绩效。由于创业者面临的环境和任务领域的特殊性，自我效能被认为是导致创业意向的重要前提（Boyd and Vozikis, 1994; Krueger and Brazeal, 1994）。Boyd 和 Vozikis（1994）对 Bird（1988）创业意向模型（如图 2-6 所示）进行了修正，将基本信念作为两种思维的源头，影响态度、感知和自我效能，自我效能则对创业意向和行为直接发生作用，如图 2-11 所示。这在 Krueger 等（2000）的研究中进一步得到了体现。

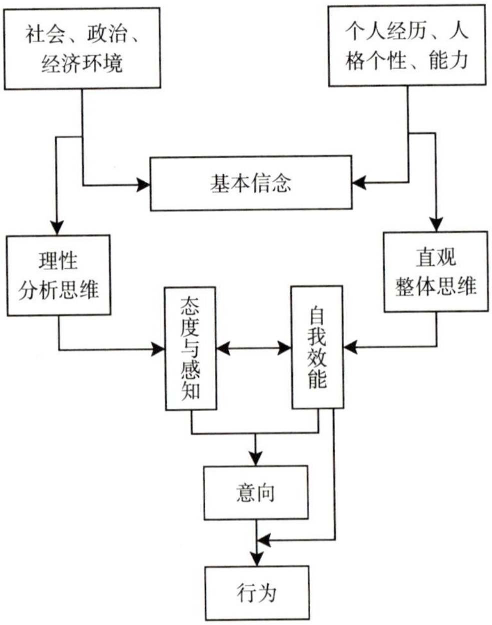

图 2-11 Boyd 和 Vozikis 的创业意向修正模型

资料来源：Boyd 和 Vozikis（1994）。

自我效能一直为创业研究者们所忽视（Krueger，2000）。而到了20世纪末，这一情况得到了改观，标志是对创业自我效能（entrepreneurial self-efficacy，ESE）的测量和结构探索。这应归功于Roters大学Chen等在1998年的研究，在总结前人相关研究的基础上，他们的研究开发了五点李克特式[①]“创业自我效能量表”，能够有效区分创业者和非创业管理者，其研究得到了众多学者，如Baum和Locke（2004）、Markman和Baron（2003）的一致肯定。Chen等（1998）特别指出了创业自我效能非常适合运用于创业研究的四点理由：

（1）早期的创业“特质论”研究者之所以无法获得区分创业者和非创业者的关键心理特质，是因为他们未对寻求的心理特质加以特定限制，而创业自我效能是直接与特定的创业任务相关联的，因而会对创业活动更具预测力。

（2）由于创业自我效能是个体对自己选择创业活动所具备的能力的信心，因而它比起单个任务效能具有更宽泛的含义。这意味着创业自我效能应该相对稳定但并不永恒，创业者可以在他们与环境的交互作用过程中，不断获取、减弱或增强他们的创业自我效能。

（3）由于创业自我效能是与创业动机及创业行为密切相关的，因而可以用来很好地预测创业行为的选择、维持和最终结果。

（4）创业自我效能与行为之间的关系在充满风险和不确定性的动态环境中会表现得淋漓尽致，而创业背景正好具备了这些特点。

在Chen等（1998）研究的基础上，DeNoble等（1999a，1999b）对ESE模型进行了拓展，他们认为在同样的环境下，在高创业自我效能者的眼中是充满机遇的，而在低效能者眼中则是代价和风险；即使感觉到同样不确定、风险和艰难的环境，高自我效能者也比低自我效能者在解决问题时具有竞争力。此外，高自我效能者对结果的期望也与他人有所不同。Jung等（2001）以及后来的Neupert等（2004）的研究结果均验证了Chen（1998）、DeNoble（1999a，1999b）、Krueger（2000）等的一个重要结论：创业自我效能对创业意向有直接的正向影响。

Jung等（2001）还发现，不同文化背景会对人们的创业效能感有较大影响。研究表明：美国样本的创业自我效能要显著高于韩国样本，而且在美国样本中，创业自我效能与创业意图和行为之间的关系表现得更强。他们认为，这主要是因

① 李克特式量表被班杜拉本人及后来研究者认为能够对特定任务领域的自我效能进行有效测量。

为美国强调个人主义的社会文化，不确定性回避水平整体较低；而韩国强调集体主义的社会文化，不确定性回避水平整体较高。因此，两者在创业自我效能水平上本身就存在较大的文化差异。伊利诺伊大学 Zhao 等（2005）的研究进一步揭示了创业自我效能为创业课程体会、创业经验、风险倾向、性别四类因素与创业意向的中介变量。范巍和王重鸣（2004）通过问卷调查了个性特征以及环境、人口统计因素对个体创业倾向的影响，认为自我效能是绩效的一个很好的预测指标。此外，Forbes（2005）的研究证明了决策过程对创业自我效能水平产生积极影响，同时进行的探索性研究指出创业自我效能增强了企业绩效。Drnovsek 和 Glas（2002）、Luthans 和 Lbrayeva（2006）分别就创业自我效能在东欧、中亚经济转型国家进行了验证和探索性研究，其结论支持了在先前西方国家情境下的研究。

总之，社会认知理论在创业研究领域的应用和实践证明了这样一个观点：创业意向形成与创业成功与否在很大程度上受到创业者个体创业自我效能差异的影响（Scherer et al.，1989；Markman and Baron，2003），创业自我效能与社会文化背景密切相关（Jung et al.，2001）。

第五节　创业领导研究

一、创业领导力

早在 1975 年，明茨伯格就通过结构化观察提出管理者的三种角色类型（Mintzberg，1975）：人际角色、信息角色和决策角色。继明茨伯格之后，鲁森斯及其同事（Luthans et al.，1984，1988）的实证研究揭示了管理者的 12 类 67 项活动和行为，进一步将其归纳为日常沟通、传统管理、人力资源管理和社交活动四大类，并比较了有效和成功管理者的活动差异。但明茨伯格在 1990 年仍表示（Mintzberg，1990）：“对于管理者的基本工作内容而言，我们可以说是无知的，因为我们很少涉及主要问题和实际工作中所产生的问题。”进而 Hart 和 Quinn（1993）通过对以往研究的总结，指出更多的研究涉及了领导角色，具有较高的行为复杂性，而且与绩效的关系最为紧密。领导学者科特则对领导与管理进行了区分，并认为："管理面向现在应对复杂性，领导面向未来推进变革。"（Kotter，1990：6，166）在创业实践中，创业者需要解决创业领导与创业管理两方面的问题，扮演着管理者与领导者的角色。

创业者与普通管理者的最大区别在于创业者更多地在从事领导工作，他们所关注的信息结构（Forbes，2005；Kaish and Gilad，1991）[①] 和信息类型（Mohan-Neill，1995；Brush，1992；Schafer，1990；Smeltzer et al.，1988；Johnson and Kuehn，1987）[②] 也与普通管理者不同。"创新"和"变革"是他们的主要任务。创业实质是一种创建组织以及组织内部的系统变革活动，创业的关键在于领导变革。深入研究创业领导对于深刻理解创业成功的机理至关重要。

根据科特的观点（Kotter，1990，2005），领导是变革的推动力（a force for change）、领导力是与领导风格、技巧、情境无关的核心领导行为，领导者的使命感（mission）、愿景（vision）、奉献精神（passion）是领导力产生的源泉。领导过程是愿景构思、传播和实现的组织变革过程；组织文化是推动和制约变革的关键因素；愿景是领导的核心和文化创建的载体；愿景沟通和实现过程就是文化传播和形成的过程。这些论述展示了愿景、变革、文化是相互依存的领导力概念。

领导力三大核心概念（变革、愿景、文化）之间的关系是：领导实质在变革，领导者需要创业精神；变革关键在愿景，领导者需要远见卓识；愿景实现靠人心，领导力受组织文化制约；变革成功靠影响，领导力与政治文化相关（王云峰，2008）。

二、创业认知、组织文化与领导力

科特（Kotter，1990）提出："从某种程度上说，以领导力为核心的组织文化制度化是领导的最终目标。"沙因（1989）将组织文化要素分为人为事物、价值观和基本假设/信念三个层次，人为事物和价值观只是组织文化的表现形式和表面层次，而能反复和有效解决组织外部生存和内部整合的深层假设（信念）才是

---

① Kaish 和 Gilad（1991）的研究发现，创业者的搜索意识要比管理者高，对客观信息的依赖程度不及管理者，对主观信息（subjective cues）偏爱。Forbes（2005）认为，几种重要的信息结构对创业者有明显价值，有助于提高创业者的自我效能。

② 请参考本章第三节部分的有关内容。

其本质。他认为，文化可以解决组织外部适应（确定组织的任务、目标、方法、标准等）和内部凝聚问题（发展共同语言、确定团体边界、权力和地位以及成员关系等），因而领导过程和文化建设过程是互相紧密联系的。

从认知的角度审视创业领导与文化，需要从创业者的价值观和基本假设/信念两个层次入手。在价值观层次，创业所导致价值观改变的原因在于一种创业精神的融入，需要愿景的沟通与传播，以组织文化为载体得到传承，对创业者来说是一个领导变革的过程；在基本假设/信念层次，深层次的信念[①] 和信念结构将决定创业者的思维，同时信念及信念结构的变化将影响创业者角色感知、决策行为以及认知发展（Krueger，2007）。Krueger（2007）对基本信念的研究给予了高度重视，认为它不仅解释了创业现象的由来，而且是增强（准）创业者创业认知的一种机制。这些思想与沙因文化论的基本观点不谋而合，基本假设/信念按照沙因的观点是组织文化的最深层次的部分，价值观是组织文化的中间部分，是行为的重要认知决定因素（鲁森斯，2003），是了解他人态度和动机的基础，同时也影响到对事的知觉和判断、态度和行为。从根本上讲，价值观本质上是一种态度和感知。

因此，基于社会认知理论三元交互决定论的基本观点，创业认知、创业领导与组织文化存在互动影响的关系，其核心是创业者的基本假设/信念，如图 2-12 所示。

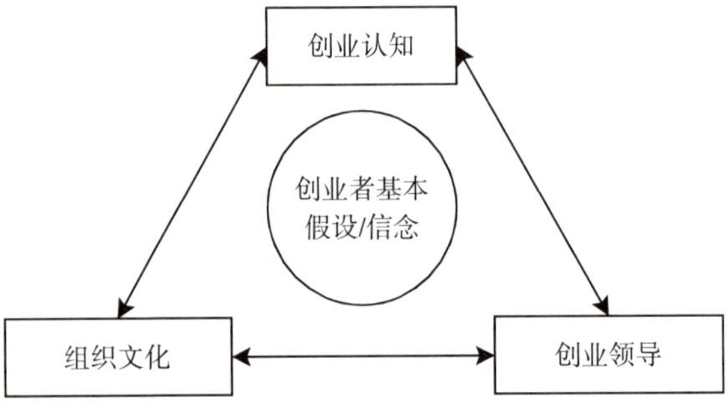

图 2-12　创业认知、创业领导、组织文化相互关系

① Krueger（2007）定义为一种影响感知和决策的强力假设。

第六节 本章小结

一、基于认知观研究的重要意义

综合本章所述，创业活动是一种有计划的行为，反映了创业者认知的过程。在认知心理学、社会认知理论、领导学理论，以及创业特质研究、行为研究的基础上，基于认知观的创业研究具有重要的理论和实践意义，体现在①：

（1）从认知角度出发，为研究者提供了一种全新的视点和一条研究创业者的新的途径；有助于我们更好地去了解创业者思维，解释创业原因、动机与意向，并提供较为精确的测量；认知观的研究能够揭示创业过程动态性和复杂性背后的本质因素，探索微观层次创业行为的差异性和规律性，对理解创业行为和创业过程将具有重要意义。

（2）认知观为研究者提供了一个全新的构思和分析框架，有助于我们将以往创业研究的各个部分（如特质研究、行为研究、环境研究等）统一到一个框架内，综合个体、环境、组织和过程诸要素及其互动，从而深入到创业过程最为关键的方面，揭示创业研究中最基本的“Why”的问题。

（3）创业是当前的时代主题之一，基于认知观点，对中华文化背景下创业者创业心理及认知的特殊规律的实证研究将颇具意义。创业认知的研究将为培养创业意识和创业精神，指导创业策略实践做出贡献。

二、研究切入点和关键概念

从准创业者/创业者个体层面考察，创业自我效能与创业意向是联结创业领域特质研究、创业行为和认知研究的关键概念和切入点，主要体现在：

（1）将自我效能与创业者认知模式（包括认知结构和认知过程）结合，对创业意向和行为深入到过程层次的研究尚待深入；另外，创业自我效能与创业者认

① 何斌. 创业策略、创业认知与绩效关系研究［D］. 杭州：浙江大学管理学院硕士学位论文，2004.

知模式是创业领导力、组织文化的源头和关键影响因素，这方面的研究将具有重要理论和实践价值。

（2）创业期企业家的领导行为、决策、学习过程都反映了其认知特征，而它们之间的动态联系和发展规律尚待进一步研究，通过创业自我效能和创业意向的引入，作为行为的前导因素，使研究者能够从源头上厘清各种关系及其规律性。

（3）班杜拉等认为自我效能是绩效的有效预测指标（Bandura，1977；Wood and Bandura，1989）。众多元分析发现，在实验情境和自然情境中，涉及不同能力的绩效与自我效能有很强的正相关关系[①]。基于此，一些学者提出构建并验证创业自我效能与创业绩效的影响将是十分重要的（Chen et al.，1998；Forbes，2005），并进行了初步尝试（Forbes，2005；Luthans and Lbrayeva，2006）。绩效是行为直接作用的结果，而意向是行为的触发器。因此，这方面的探索需要首先对创业自我效能与创业意向之间的关系进行研究，寻找关键的中间变量，如认知风格、行为控制知觉等。

① 弗雷德·鲁森斯. 组织行为学［M］. 王垒等译. 北京：人民邮电出版社，2003：486-487.

第三章　理论建构与研究设计

第一节　引　言

本章主要阐述了本研究所遵循的知识观和方法论，在文献综述的基础上明确了研究内容，进行了研究框架的建构和研究命题的提出，并转化为具体的研究假设，为具体研究指明方向和实施途径。本章的逻辑结构如图 3–1 所示。根据逻辑结构的研究主线，本章的研究内容将分为研究知识观与方法论、理论建构和命题、研究假设、研究方法四部分内容。

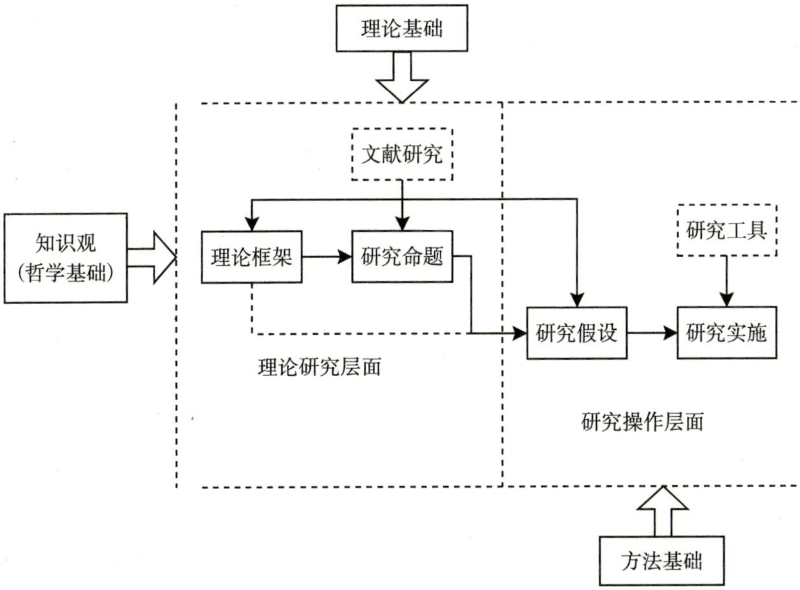

图 3–1　本章逻辑框架

第二节 研究知识观与方法论

我们对要解决的问题和所使用的方法的选择取决于我们是对客观现实感兴趣还是对主观现实感兴趣，以及我们对试图理解和解释的现象所持的看待现实的观点（陈晓萍、徐淑英等，2008）。根据克罗蒂（Crotty，1998）和克雷斯威尔（Creswell，2003）的观点，在研究设计方案中，需要考虑有关研究方法论的三个核心问题：①知识观（包括理论视角）；②在研究步骤中使用什么样的研究策略（为研究设计的步骤提供具体方向）；③资料收集和分析方法。[①]

一、知识观

知识观是研究者着手一个研究项目时所带有的关于要获得什么以及如何获得的某种假设[②]，哲学化的表述就是研究者们把知识观界定为什么是知识（本体论）、如何认知它（认识论）、它有何价值（价值论）、如何撰写（修辞学）以及研究的程序步骤（方法论）（Creswell，1994）。有关知识观主要有四大思想流派：后实证主义（postpositivism）、建构主义（constructivism）、辩护或参与主义（advocacy/participatory）以及实用主义（pragmatism）。以上流派的观点见表 3-1。而根据本研究的研究目标和研究内容，本研究遵循的是后实证主义的知识观。

---

① Crotty（1998）认为研究方案需要考虑以下四个问题：一是什么样的认识论（如客观主义、主观主义等）；二是什么样的理论视角；三是什么样的方法论（联系着方法和结论之间的行动计划或策略）；四是什么样的方法。也有的研究方法将其归纳为五个问题：一是我如何理解这个世界——选择哲学范式；二是哪种方法论最有利于解决我的研究问题（research question）；三是什么具体手段将要被用来收集数据；四是需要什么类型的数据；五是如何分析数据。

② 这种知识观可以叫做范式（paradigms）（Lincoln and Guba，2000；Mertens，1998），涉及对真理或现实的不同假设；或被称为哲学假定、认知论及本体论（Crotty，1998），抑或被视为研究方法论（Neuman，2000）。

表 3-1 可供选择的知识观及其基本观点

后实证主义	建构主义	辩护或参与主义	实用主义
决定论	理解	政治	行为效用
简化论	多重参与意义	权力适应性	问题中心
经验观察和测量	社会的和历史的结构	合作	多元论
理论检验	理论创建	变化—适应性	指向真实世界的实践

资料来源：Creswell（2003）。

后实证主义[①]主张一种决定论哲学，在这种哲学中，他们认为原因很可能影响结果，在研究中往往需要检查影响结果的原因；把某一理念演绎为以备测试的一组更小的、相对独立的观点（如构成研究问题的假说的变量）。那些经过后实证主义者的透析而发展起来的知识是基于那些“外在于”（out there）这个世界的客观真实的仔细观察和测量得来的，因此开展量化观测和进行个体行为研究至关重要。后实证主义认为，世界是由规律或理论统治着，这些规律和理论需要我们去查证、核实、提炼，来更好地了解这个世界。因此，在科学的方法中，每一研究往往都始于理论，研究者为此所收集的资料，要么是为支撑这个理论，要么是为否定这个理论。Philips 和 Burbules（2000）对后实证主义总结如下[②]：

（1）知识是推测性的，并且是反基础论的（anti-foundational）——绝对的真实永不可见，因此研究中建立的证明总是有缺陷的和不可靠的。正因如此，研究者并不能确证有关的假设属实，而是要指明需要拒绝的失败。

（2）研究就是一个先定义观念接着为使其他观念更准确而重塑或舍弃该观念某些部分的过程，比如大多数定量研究都始于对理论的检验。

（3）资料、证据、理性因素会形塑知识。实践中研究者通过测量工具收集信息。

（4）研究试图形成一些相对真实的说明，即它能解释所关注的情况或描述研

① “后实证主义”这个词，是指在思想上来源于实证主义，但在“知识的绝对真理性“这一观念上挑战传统（Phillips and Burbules，2000），认为当我们研究人类的行为（behavior）和行动（actions）时，我们的知识观是无法“实证”的。传统意义上，后实证主义者假设已掌握了有关什么是确证为真的知识观念，这种立场通常也被叫做“科学化方法”或“做科学研究”，同时也被叫做定量研究、实证/后实证研究、经验科学及后实证主义等（Creswell，2003）。

② 由于参照的是翻译版本，作者根据自身理解对个别词句进行了改动。

究人员感兴趣的一些偶然性关联。在定量研究中，研究者建立起变量间的关系，然后由此提出问题或假设。

（5）由于客观性是有效研究的必备条件，因此研究者必须排除偏见，检查其研究方法和形成的结论，比如定量研究中的信度和效度就是非常重要的。

二、研究性质

本章在第二章文献研究的基础上主要运用后实证主义知识观来建构知识（如因果联系、具体变量、假设和问题的简化、测量以及理论检测等），主要阐明使用何种研究策略和工具收集统计数据，如表 3–2 所示，分为三部分内容：命题和理论框架、研究假设、研究方法。

表 3–2　本部分研究性质

趋向或特征	定量研究
知识观/哲学假设	后实证主义知识观
研究策略	调查、测量
研究方法	封闭式问题、预设的方法及数量资料
研究者操作	验证理论及解释 确定研究变量 阐述问题或假设中的变量 信度和效度的应用标准 测量数量化的信息 使用无偏见的方法 使用统计程序

资料来源：Creswell（2003）。

第三节　理论建构和命题

根据第二章文献综述的内容，我们将在已有的研究成果基础上，针对现有研究存在的不足与研究趋势，从认知观分析的几个要点出发（参照第二章第六节第二部分“研究切入点和关键概念”部分），析出研究主题，提出研究问题及其整体研究的研究框架和命题。

一、理论构思、分析要点与研究主题

（一）基本假设/信念与创业自我效能

基本假设/信念在创业研究和组织文化研究中均扮演了十分重要的角色。在组织文化研究中，基本假设/信念按照沙因的观点是组织文化的最深层次的部分。基本假设/信念直接对价值观产生影响，而后者是行为的重要认知决定因素（鲁森斯，2003：368）。在创业研究中，Boyd 和 Vozikis（1994）在 Bird（1988）研究基础上将基本信念作为目标和愿景导向思维的源头，影响态度和感知。著名创业学者 Krueger 对基本信念的研究给予了高度重视，认为它不仅解释了创业现象的由来，而且是增强（准）创业者创业认知的一种机制。Krueger（2007）一方面肯定了深层次的信念和信念结构将决定创业者思维，另一方面他认为信念及信念结构的变化将影响创业者角色感知、决策行为以及认知发展。

创业自我效能从本质上来讲是一种信念，这种信念针对的是自身的创业能力。因此，创业自我效能将是揭示创业者创业认知的关键切入点。同时，因为针对特定的任务领域，创业自我效能呈现出结构性和多维度特征，对创业自我效能结构及其特征的探讨将是进一步探究创业自我效能与其他研究变量关系的基础。

（二）创业自我效能与创业意向

探索使个人产生创业意向的因素一直是创业研究领域备受关注的焦点，个体层面的创业意向往往是一个国家创新力的重要标志（张玉利，2003）。基于社会科学的研究多集中于探讨影响创业意向的宏观因素，如创业扶持政策、投融资服务等；基于心理学领域的研究集中于对创业者特质的研究，但仅使用一些个人特质对创业意向及行为进行预测并没有取得很好的效果（Butter，2001；Chaganti et al.，1995）；基于认知观的创业研究通过联结创业领域特质研究、创业行为和认知研究为探讨创业意向构建了理想的平台，而从创业自我效能出发将提供一条理想的探索途径。

社会认知理论在创业研究领域的应用和实践证明了这样一个观点：创业意向形成与创业成功与否在很大程度上受到创业者个体自我效能差异的影响。同时，一些相关研究也发现了创业自我效能对创业意向的正向影响（Chen，1998；De-Noble，1999；Hao Zhao，2005）。创业意向的研究在国内也得到一些学者的关注，如范巍和王重鸣（2004，2006）在对创业意向的调查研究中，对创业意向的维度进行了分析，并验证了创业者的自我效能[①]是创业意向的一个影响因素。而下一步的研究将是深入到过程层次，探索创业自我效能对创业意向的影响机制和重要过程变量。

（三）创业自我效能对创业意向影响的态度与认知过程

在 Busenitz 和 Lau（1996，2001）的研究中，创业者认知模式（包括认知结构和认知过程）被认为是导向创业意向的重要前导因素。现有从认知观点出发的研究很多是对创业者认知要素的归纳和静态结构研究，而通过自我效能的引入，将自我效能与认知模式结合，对创业意向和行为深入到过程层次的研究将具有很高的研究价值。

Fishbein 和 Ajzen 在 1975 年提出以下关系——Beliefs→Attitudes→Intentions→Behavior，得到了诸多研究的一致肯定（Kim and Hunter，1993；Krueger，2007）。具体到创业研究领域，个体的信念通过态度变量会对他们的创业意向产生影响。行为计划理论（Ajzen，1991）的理论和实证研究证明，态度变量将在自我效能对创业意向影响的心理与认知过程中扮演重要角色。

通过以上分析，可以确定本研究的主线是在对创业自我效能结构及其特征研究的基础上，对从创业自我效能到创业意向的认知机制与认知过程的探索，主要包括三方面的研究主题：创业自我效能、创业意向、创业者态度与认知因素[②]。

二、研究目标、内容以及拟解决的关键问题

本部分主要综合认知心理学、领导学以及社会认知理论在创业领域的应用，通过对样本的调查研究，在创业自我效能结构及其特征研究的基础上，解析创业自我效能对创业意向影响的作用机制，探索从创业自我效能到创业意向的认知机制与认知过程，从个体认知角度考察新创企业的起源与发展，主要研究内容包括：①创业自我效能的结构与影响因素分析；②创业自我效能对创业意向影响研究；③行为控制知觉、创业自我效能与创业意向关系研究；④认知风格、创业自我效能与创业意向关系研究。拟解决下列关键问题：

（1）创业自我效能的结构探索及影响因素验证。现有 Chen 等（1998）以及

① 在文献中作者使用的是“创业者自我功效感”的翻译。

② 创业者态度与认知是一个较为概括的说法，包括第二章提到的行为控制知觉、认知风格等因素。

DeNoble 等（1999a，1999b）所开发的创业自我效能测量是从任务职能及完成任务的技能角度出发，其中一个缺点是结构较为复杂，且各维度之间的相关性较强。本研究拟在创业自我效能任务职能和技能基础上建立起角色模型（领导与管理角色），从而对创业自我效能结构及其与其他变量的作用提供更好的解释。而对创业自我效能在中国情境下的影响因素测量，通过与西方学者的研究对比，可能会有更多有意义的研究发现。

（2）创业自我效能对创业意向的影响机制。创业自我效能对创意意向的正向影响已经得到了若干研究的验证（Chen et al.，1998；DeNoble et al.，1999；Hao Zhao et al.，2005）。创业自我效能角色模型的建立将在对创业者的任务职能分析的基础上，采用中国地区样本，进一步探究创业者不同角色的自我效能与创业意向之间的关系。

（3）创业者态度因素对创业自我效能与创业意向关系的影响研究。基于 Ajzen（1991）的行为计划理论，创业者态度因素可能对创业自我效能与创业意向关系产生影响，本研究将从行为控制知觉出发探讨它们之间的作用关系。

（4）创业者认知因素对创业自我效能与创业意向关系的影响研究。认知风格作为个体处理信息的一贯方式，是认知结构与认知过程的一种外在表现方式。本研究将探讨在创业情境下，创业者认知风格对创业自我效能与创业意向关系的影响。

三、研究框架与研究命题

在前文研究的基础上，参照三元交互决定论的思想，本部分研究框架如图 3–2 所示。

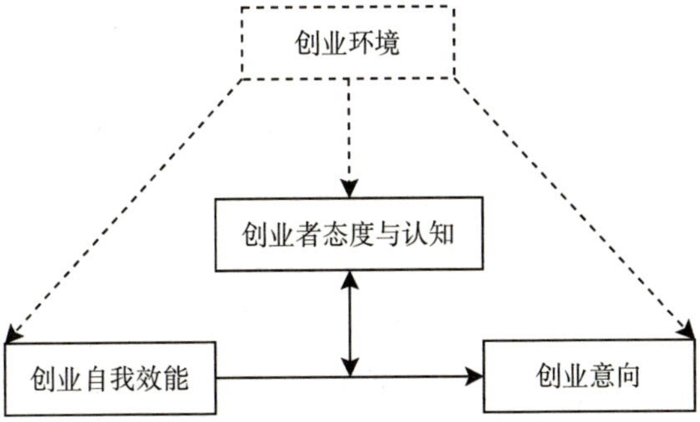

图 3–2 本部分研究框架

由图 3–2 可以看出，本部分的研究框架为双三环结构。外三环主要考察创业环境、创业自我效能与创业意向之间存在的互动关系；内三环主要考察创业者态度与认知风格、创业自我效能与创业意向之间存在的互动关系。因此得到本研究的以下研究命题：

命题 1：创业自我效能因其结构受到创业者个体及环境等因素的影响而具有差异性。

命题 2：创业自我效能对创业意向有直接的影响。

命题 3：创业者态度因素在创业自我效能对创业意向影响过程中发挥作用。

命题 4：创业者认知因素在创业自我效能对创业意向影响过程中发挥作用。

第四节　主要研究假设

一、变量结构假设

（一）创业自我效能的角色特征模型

结合第二章第四节第二部分和命题 1 内容，创业自我效能是自我效能理论在创业研究领域的应用，与任务情境密切相关，指的是创业者对自身能够胜任不同创业角色和任务的信念（Chen et al.，1998）。Chen 等（1998）的研究将创业分为营销、创新、管理、风险承担和资金控制五个任务域。在 Chen 等（1998）研究的基础上，DeNoble 等（1999a）对 ESE 模型进行了拓展，对任务情境进行了进一步的细分，定义了以下六种核心技能：发展新产品或市场机会、营造创新环境、与投资者建立关系、明确核心目标、应对未知挑战、打造核心团队。在随后的研究中，DeNoble 等（1999b）基于与一般的管理技能不同的核心创业技能确定了六个创业自我效能维度：风险和不确定性管理、创新和产品开发、人际关系及网络管理、机会识别、关键资源的获取与分配、开发和维持创新工作环境。基于科特（1990）对管理与领导的区分，管理是为了应对任务的复杂性，领导是为了应对创新和变革。Chen 等（1998）基于任务特性的研究未对领导与管理进行区分。DeNoble（1999a，1999b）基于创业技能的研究主要侧重的是领导。

而创业者根据创业任务不同（复杂性事务与创新、变革）分别扮演着管理者与领导者的角色，这种角色的划分是建立在任务特性和技能基础之上，围绕着创业者的核心工作任务——创新与变革展开的，如图 3-3 所示。

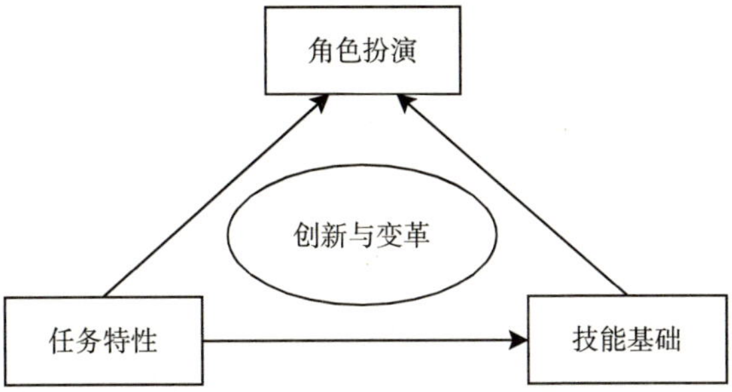

图 3-3 创业自我效能结构特征

因此得到以下结构假设：

H(i)-1a：创业自我效能因创业者所扮演创业任务角色不同而具有多维度的结构特征。

H(i)-1b：创业自我效能的角色特征模型（结构模型）包括并列的两个维度：创业管理自我效能与创业领导自我效能。

（二）认知风格的结构维度

Brigham 等（2007）的研究认为，认知风格具有以下几个特性：①能够通过心理测量手段进行测评；②具有时间稳定性；③是一个两级的连续体；④认知风格在一定程度上能够对价值观进行区分（根据前文的分析，价值观是基本假设/信念的表现形式之一）。需要指出的是，根据斯滕伯格的认知风格理论，一个人根据任务和情境可以拥有多种认知风格，由于创业者面临环境和任务的高度不确定性和多样性，可以假定创业者在创业不同时期、面对不同任务具有不同的认知风格。Rayner（2000）认为，对认知风格的测量包括感知、认知控制与加工、心理意象、个性四类，是联结认知结构与行为的重要量度。而与思维模式相关的认知模式测量，一般指的是问题解决方式或决策风格，而且已经有若干关于决策风格成熟的模型和测量，这些模型要素通过与外界因素的相互作用，从而影响个体态度和行为（Brigham，2007）。Riding（1997）建构了以认知风格为核心的认知控制模型，包括三个层面（见图 2-3 和第二章第三节第二部分内容）：认知资源、认知控制、认知输入/输出。因此得到以下假设：

H(i)-2：创业者/准创业者的认知风格因其本身性质和承担创业任务特性而呈现出多维度的结构特征。

二、变量差异性假设

（一）创业自我效能差异

一般认为，自我效能的变化表现在三个层面上。其一是水平，人们在这一层面上的差异导致不同个体选择不同难度的任务；其二是强度，弱的自我效能容易受到不相符的经验影响而被否定，强的自我效能不会因一时的失败而导致自我怀疑，而是相信自己有能力取得最后的胜利，从而面对重重困难仍不放弃努力；其三是广度，有的人只在很狭窄的领域内判断他们自己是有效能的，另一些人则在很广泛的活动及情境中都具有良好的自我效能（Baker，1984）。自我效能的变化源于四个方面：直接经验、替代学习、社会环境劝导和身心状态（班杜拉，2001）。根据创业自我效能的角色模型假设，创业自我效能变化的水平表现在创业者对管理和领导任务的侧重不同；创业自我效能变化的强度表现在创业者在创业自我效能总体和各个结构维度上的强弱。结合班杜拉三元交互决定论及Greenberger和Sexton（1988）对创业者创业原因的总结，得到以下假设关系：

H(ii)-1a：创业自我效能在水平和强度上存在差异性。

H(ii)-1b：创业自我效能的差异性来源于个体、环境和认知因素。

（二）认知风格差异

根据Kirton等（Kirton，1976，1978，1989；Mudd，1996）的观点，人的认知风格差异主要可用适应—创新连续区间（adaption-innovation）加以区分。适应者在解决问题时，表现出高度的典范内一致性（within-paradigm consistency），相对的创新者则表现出高度的跨典范一致性（consistency across paradigms），但此种认知风格的差异并不代表创新或创造力水平的差别，而是代表创新或创造力的表现方式有所不同。因此得到以下假设：

H(ii)-2：创业者的认知风格差异能够通过适应—创新连续区间加以区分。

三、变量关系假设

（一）直接关系假设

结合第二章第四节第二部分和命题2的内容，可以得到以下直接关系假设：

H(iii)-1：创业自我效能对创业意向有显著的正向影响。

结合第二章第三节第三部分，基于 Ajzen 的行为计划理论及其实践，以及 Krueger（2000）修正模型，行为控制知觉作为一种重要的态度变量，自我效能对行为控制知觉有直接的影响。因此得到以下直接关系假设：

H(iii)-2：创业自我效能对行为控制知觉有显著的正向影响。

（二）中介/调节关系假设

Baron 和 Kenny（1986）指出，处于自变量和因变量之间的中间变量，按照所起的作用，可以分为两类：中介变量（mediator）和调节变量（moderator）。

1. 中介关系

考虑自变量 X 对因变量 Y 的影响，如果 X 通过影响变量 M 来影响 Y，则称 M 为中介变量。中介变量代表的是自变量影响因变量的机制，主要说明自变量对因变量的某种作用通过怎样的途径发生或者为什么发生这种作用。在社会和行为科学研究过程中，当自变量和因变量的关系非常强时，通常比较适合引入中介变量。在引入中介变量时，通常要求中介变量与自变量有较强的关系，同时也要与因变量有较强的关系。假设所有变量都已经中心化（即均值为零），可用下列方程来描述变量之间的关系（相应的路径图如图 3-4 所示）：

$$Y = cX + e_1 \quad (3\text{-}1)$$

$$M = aX + e_2 \quad (3\text{-}2)$$

$$Y = c'X + bM + e_3 \quad (3\text{-}3)$$

假设 Y 与 X 的相关显著，意味着回归系数 c 显著（即 H_0：$c = 0$ 的假设被拒绝），在这个前提下考虑中介变量 M。

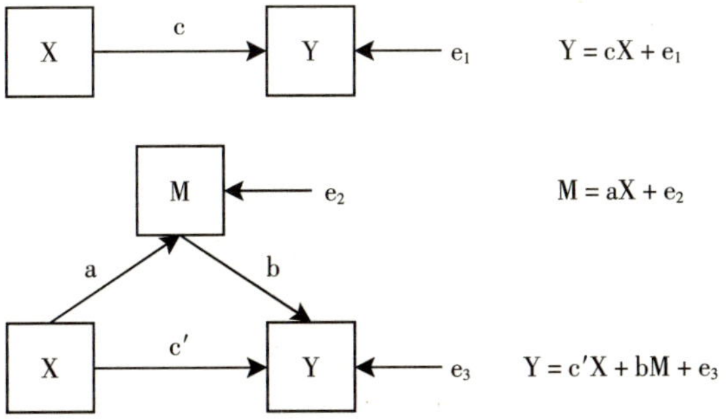

图 3-4　中介变量示意图

资料来源：温忠麟等（2004）。

中介作用可分为两种（Baron and Kenny，1986）：完全中介作用与部分中介作用。当控制中介变量时，自变量对因变量的影响为 0，这时为完全中介作用；当控制中介变量时，自变量对因变量的影响不为 0，而且其影响的强度显著小于没有控制时的影响，这时为部分中介作用。

样本的创业自我效能越高，其创业意向可能越高。但是，它们之间的关系可能会受到某一中介因素的影响而减弱，其中行为控制知觉可能是一个重要的影响因素。因为创业自我效能越高，其行为控制知觉可能也会越强，而行为控制知觉根据行为计划理论的观点会影响意向（在创业情境下为创业意向）。因此，在命题 3 以及假设 H(iii)-1 和 H(iii)-2 的基础上，根据 Baron 和 Kenny（1986）对中介变量的论述，形成如下两个备择假设：

H(iii)-3a：创业自我效能通过行为控制知觉完全中介作用于创业意向（如图 3-5a 所示）。

H(iii)-3b：创业自我效能通过行为控制知觉部分中介作用于创业意向（如图 3-5b 所示）。

图 3-5a　行为控制知觉部分完全作用假设

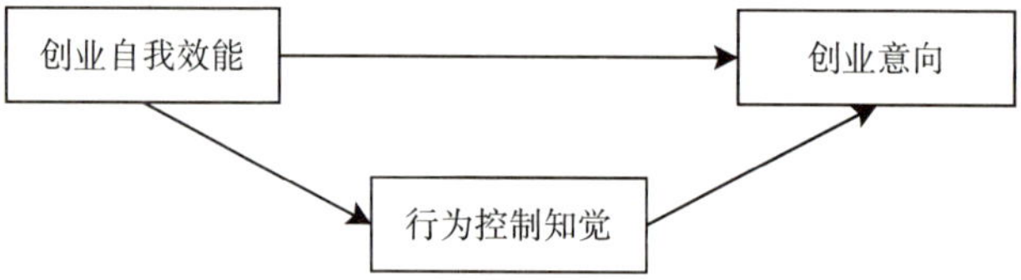

图 3-5b　行为控制知觉部分中介作用假设

2. 调节关系

如果变量 Y 与变量 X 的关系是变量 M 的函数，称 M 为调节变量（James and Brett，1984），即 Y 与 X 的关系受到第三个变量 M 的影响。调节变量与中介变量有许多不同，如表 3-3 所示（温忠麟等，2005）。调节变量可以是定性的，也可以是定量的，它影响因变量和自变量之间关系的方向（正或负）和强弱（Baron and Kenny，1986）。假设所有变量都已经中心化（即均值为零），可用下列方程来描述变量之间的关系（相应的路径图如图 3-6 所示）：

$$Y = aX + bM + cXM + e \tag{3-4}$$

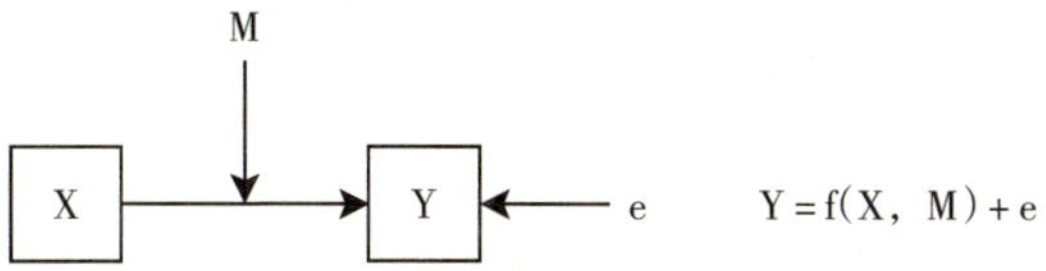

图 3-6 调节变量示意图

资料来源：温忠麟等（2005）。

通过调节变量的引入，可以了解或改变自变量和因变量之间关系的方向或强度，达到最大化因变量效力的目的。在引入调节变量时，并不要求调节变量与自变量或因变量有关系，也不要求自变量和因变量之间有关系。

表 3-3 调节变量与中介变量的比较

	调节变量 M	中介变量 M
研究目的	X 何时影响 Y 或何时影响较大	X 如何影响 Y
关联概念	调节效应、交互效应[①]	中介效应、间接效应
什么情况下考虑	X 对 Y 的影响时强时弱	X 对 Y 的影响较强且稳定
典型模型	$Y = aX + bM + cXM + e$	$M = aX + e_2$　$Y = c'X + bM + e_3$
模型中 M 的位置	X、M 在 Y 之前，M 可以在 X 之前	M 在 X 之后、Y 之前
M 的功能	影响 Y 和 X 之间关系的方向（正或负）和强弱	代表一种机制，X 通过它影响 Y
M 与 X、Y 的关系	M 与 X、Y 的相关可以显著或不显著（后者较理想）	M 与 X、Y 的相关都显著
效应	回归系数 c	回归系数乘积 ab
效应估计	$\hat{c}$	$\hat{a}$　$\hat{b}$
效应检验	c 是否等于零	ab 是否等于零
检验策略	做层次回归分析，检验偏回归系数 c 的显著性（t 检验）；或者检验测定系数的变化（F 检验）	做依次检验，必要时做 Sobel 检验

资料来源：温忠麟等（2005）。

根据命题 4 以及前人的研究（Kutschera，2002；Phelan，2001），创业自我效能与创业意向之间的关系可能会受到认知风格的影响。因此，形成如下两个备

① 调节效应和交互效应这两个概念不完全一样，在交互效应分析中，两个自变量的地位可以是对称的，只要其中有一个起到了调节变量的作用，交互效应就存在。但在调节效应中，哪个是自变量，哪个是调节变量是很明确的，在一个确定的模型中两者不能互换（温忠麟等，2005）。

择假设：

H(iii)-4a：认知风格会调节创业自我效能与创业意向之间的关系（如图 3-7a 所示）。

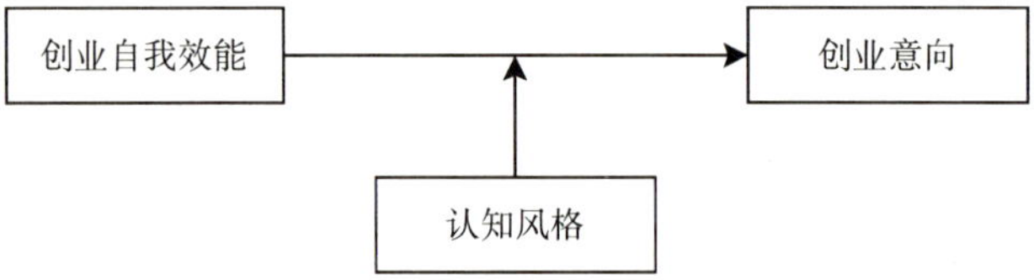

图 3-7a　认知风格对创业自我效能与创业意向关系的调节作用假设

H(iii)-4b：认知风格是创业自我效能对创业意向影响的中介变量（如图 3-7b 所示）。

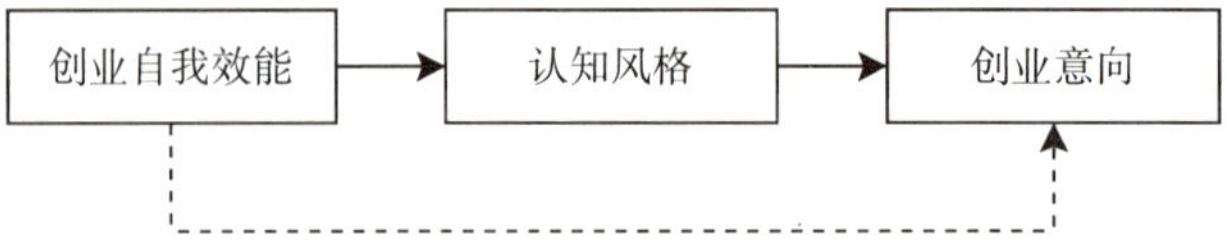

图 3-7b　认知风格对创业自我效能与创业意向关系的中介作用假设

（三）其他关系

当我们将创业自我效能、创业意向与行为控制知觉、认知风格放到一个模型中系统考虑时，可能会同时包含调节变量和中介变量，这些变量出现在模型中的位置不同会产生不同的模型，代表着不同的统计背景和意义。可能会出现以下三种类型（温忠麟等，2006）：①有中介的调节关系；②有调节的中介关系；③混合模型，即模型中可能同时包含了有中介的调节变量和有调节的中介变量。在下面具体研究中将会深入探讨这些可能存在的关系。

四、研究假设框架

根据本节的研究，将研究框架与命题转化为如下研究假设框架，从而指导具体的研究计划和行动策略，如图 3-8 所示。

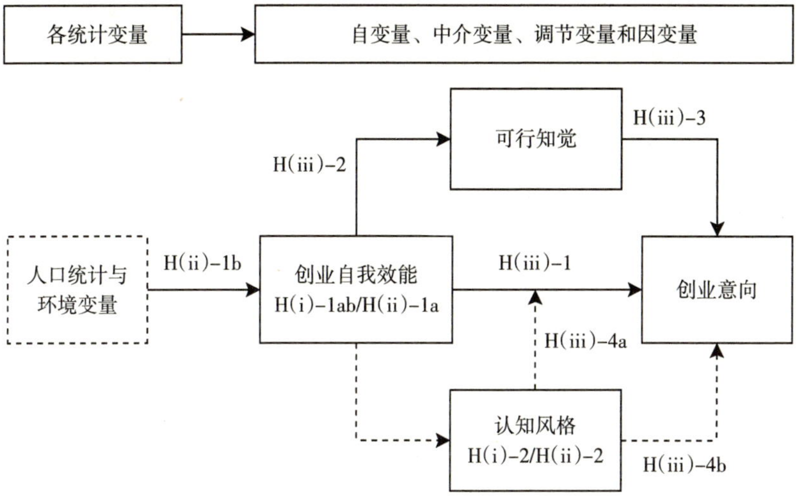

图 3-8　研究假设框架

第五节　研究方法

一、研究样本与数据收集

（一）研究样本、数据收集方法

在数据收集工作开始前，本研究对有关创业自我效能以往的实证研究进行了系统总结，起到参照和指导的作用，其中部分内容如表 3-4 所示。

表 3-4　创业自我效能主要实证研究总结

研究者	主要研究目标	数据收集	研究对象	创业阶段	发表年
Chen 等	ESE 测量、创业意向	问卷、访谈	MBA 学生、创业者	创业前	1998
DeNoble 等	ESE 测量、创业意向	问卷	大学生	创业前	1999
Jung 等	ESE 与创业意向	问卷	大学生、管理者	创业前	2001
Lucas 和 Cooper	创业教育与 ESE	问卷	大学生	创业前	2004
Sequeira J. M.	ESE 与创业意向	问卷	创业者（移民）	创业后	2004
Zhao 等	ESE	问卷	研究生	创业前	2005

续表

研究者	主要研究目标	数据收集	研究对象	创业阶段	发表年
Forbes	ESE、战略决策与绩效	问卷、访谈、档案研究	创业者	创业后	2005
Luthans 和 Ibrayeva	ESE 与创业绩效	问卷	创业者	创业后	2006
Wilson	性别、ESE 与创业意向	问卷	中学生、MBA 学生	创业前	2007
Lindsay 等	ESE 与创业成功感	问卷	大学生	创业前	2007

从表 3–4 可以看出，大部分针对创业意向的创业前阶段的研究采用了对学生样本[①]的问卷调查。根据本研究的性质，参照以上相关研究，本研究采用自陈式问卷调研，内容以测验量表为主，包括纸质问卷和网络电子版问卷两种形式。调研对象分别来自社会公众[②]和在校本科生[③]，基本情况如表 3–5a、表 3–5b 所示。之所以选择两类样本进行调查研究，主要出于以下几方面考虑：

（1）对社会公众的调查带有预研性质，在此基础上对量表进行检验和改进；相对学生样本，社会公众样本更能反映出创业自我效能的影响因素。

（2）两类样本能够就某些研究问题进行组间对比研究。

（3）使用社会公众样本在一定程度上能够克服或减少单纯使用学生样本组效应或背景效应影响。具有相似背景的同一组内的个体之间，与该组外的个体相

表 3–5a　整体调研基本情况

	社会公众	在校本科生
抽样方式	方便抽样	主观抽样
问卷形式	纸质问卷/网络电子版问卷	纸质问卷
样本来源	年龄 18 岁以上社会人士	河北和天津的四所大学的六个院/系[④]
回收问卷	359	659
回收率	×	71%
有效问卷[⑤]	354	602

① 使用学生样本还在于样本的方便性以及调研难度较低。

② 由于是方便抽样，社会调研样本中包含一部分在校大、中专学生。

③ 在校学生样本以高年级学生为主，另有一部分低年级学生做对比研究。

④ 分别是河北工业大学（简称 HG）管理学院、机械学院；SD 大学教育学院、数理学院；MH 大学自动化学院；BD 学院国际经济与贸易系，样本的教育背景主要包括经济管理、教育学、工学和理学。

⑤ 无效问卷包括关键数据缺失、数据循环、数据极端化、数据自相矛盾等情况。

表 3-5b 在校本科生调研基本情况

	HG 管理学院	HG 机械学院	SD 大学	MH 大学	BD 学院
年级	大学三、四年级为主，部分大学二年级学生	大学四年级	大学二年级	大学四年级	大学三年级为主，部分大学二年级学生
回收问卷	328	44	74	62	151
回收率（%）	62	63.3	95.3	68.7	86

比，其相似程度更高。这样做的另一个结果是，Ⅰ类错误会被放大，因为所观察到的效能既包含了个体效能，也包含了组效应（张雷等，2003）。

（二）重要概念表述

调研问卷对一些重要和比较难以界定的概念，如“创业”、“学习”，根据其理论意义和操作性定义在问卷中进行了解释，并考虑调研对象特征和接受程度，兼顾语言表述通俗、准确、易懂，如对学生样本调研的“学习”表述：

“这里的‘学习’是一个广泛的概念，不仅指看书本、写作业，也指传递和掌握社会文化历史经验的所有活动，包括对知识、技能、熟练动作、智能、道德品质和行为习惯的学习，学习可以发生于任何时刻，如第一次学骑自行车，在与同学聊天中学到的电脑技巧等都是学习。学习可以通过直接经验（如解决问题、亲自操作）进行，还通过观察或听取发生在他人身上的事情来学习。”

对社会样本的“创业”表述：

“‘创业’在本研究中被定义为‘个人追踪和捕获机会，通过创办生意或组织，创造一份属于自己事业的过程’，‘创业者/创业企业家’是组织、管理一个生意或企业并承担其风险的人。通俗地讲，‘创业’就是自主经商、做生意、当老板。创业的形式多种多样，如开设商店、搞营业场所、网上经营、开工厂办企业、建学校、做传媒等，涉及各行各业，在本问卷中一律用‘创办企业’来统称。”

（三）数据收集程序

本研究的数据收集分为三个阶段进行，分别为预测（pre-survey）、初试（pilot survey）、主试（main survey），每个阶段的主要工作如图 3-9 所示。

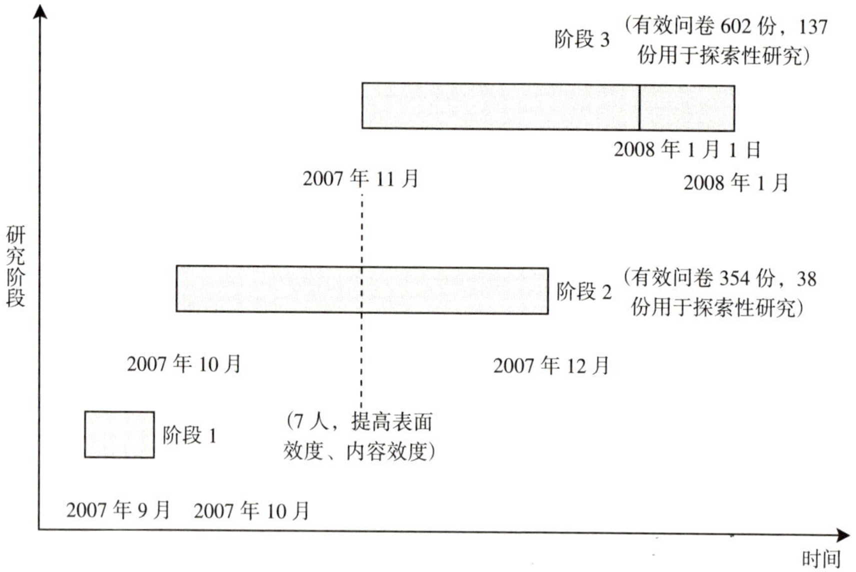

图 3–9　数据收集三阶段示意图

阶段 1——预测：作者将公开发表和经过授权的量表翻译并形成最初问卷的过程。最初的问卷经过小范围（包括两名管理学博士生、一名管理学硕士生、一名英语教师、一名文科教师及两名社会人士）的翻译检验和试填。根据其反馈意见，经过修正，尽量做到翻译通顺、表达无异议，在达意的基础上，语言逻辑符合国人的思维习惯，提高问卷的表面效度和内容效度①。

阶段 2——初试：分为两个过程，前一过程（2007 年 10~11 月，样本为 173 人）对社会人士进行了方便抽样；后一过程（2007 年 11~12 月，样本为 186）根据前一过程反馈的信息对创业自我效能量表进行了修订（细节请参考具体章节），同时对问卷结构进行了调整，并开发了网络版电子问卷，扩大了对社会样本调研的范围。

阶段 3——主试：在阶段 2 调研进行的同时，在初步调研结果反馈的基础上，对创业自我效能量表进行了大的改进，针对学生样本的特点对原样本进行了结构调整和内容丰富，在前述的几个学校/院中同时展开调研工作。

---

① 表面效度是指测量工具在外显形式上的有效程度。研究的内容效度是指在研究中的自变量和因变量之间存在关系的明确程度；内部效度的获得，主要是通过认真细致的变量选择和准确周密的研究设计（王重鸣，1990）。

阶段 2 和阶段 3 所收集的研究样本根据其研究用途分为三个部分，其特征如表 3-6 所示。

表 3-6 研究样本的主要用途和特征

	样本 1	样本 2	样本 3
主要用途	探索性研究分析	验证性因素分析	变量影响因素分析
样本数量	175[①]（137+38）	465	354
样本主要特征	样本中 137 人来源于第三阶段调研，38 人来源于第二阶段调研后一过程的学生样本（均随机抽取）	在校学生	24~45 岁社会人士，一部分在校本科生、研究生，其中工作经验少于一年的有 173 人

（四）样本及数据收集局限性

根据 Krueger（2000）的观点，创业意向是面向潜在的创业者的，只有具备相当创业意向的潜在创业者才真正有可能从事创业活动。研究样本分为社会样本和学生样本两大部分。初试的社会样本主要采用的是方便抽样，通过社会网络或电子网络的传递进行调研，调研过程控制难度比较大，因此这部分样本收集的数据主要用于创业自我效能影响因素以及比较研究。

主试的学生样本主要来自河北和天津的四所学校，这四所学校的生源主要来自长江以北地区，因此地域差别在本研究中没有体现，也不作为本研究的目标。在这四所学校调研过程中，虽然根据研究需要对样本进行了选择，但由于条件限制，调研过程中分别通过学生会、辅导员、任课教师，以及研究课题的方式进入样本群，在调研时间上分别采用课上和课下两种方式，而理想状态应采用同一种调研方式，避免误差和社会称许效应。

二、统计分析

（一）分析软件与技术

1. 分析软件

分析软件主要包括 Excel、SPSS13.0、LISREL8.7。

① “学者 Tinsley 和 Tinsley（1987）建议，进行因素分析时，每个题项与预试样本数的比例大约为 1：5 至 1：10。Comrey（1988）也提出如果量表的题项数少于 40 题，中等样本数约是 150 位，较佳样本是 200 位”（吴明隆，2001）。因此在探索性研究分析中使用样本数为包含最多题项（35 题）的分量表的五倍即 175 位。

2. 结构方程模型技术

结构方程模型（structural equation modeling，SEM）的产生和应用是对变量之间复杂的相互关系进行研究的一个重要的方法性突破（Jöreskog，1976）。简而言之，结构方程可分为测量方程（measurement equation）和结构方程（structural equation）两部分。测量方程用来描述潜变量与指标之间的关系，而结构方程用来描述潜变量[1]之间的关系。

（1）目的——结构方程模型的提出目的在于：一是完善变量结构的探讨（针对探索性因素分析）；二是在考虑复杂概念测量误差的同时，建立变量间的关系，特别是因果关系。

（2）优势——与探索性因素分析相比，结构方程模型的优点是：①可以假定潜在因素哪些是相关的，哪些是不相关的，这更符合研究实际；②它能确定哪个观察变量受哪个特定潜在变量影响，而不是受所有潜在变量影响，使结构更清晰；③可指定哪些特定性变量误差之间是相关的，而不是假定所有特定变量误差无相关；④在对每个潜在因素进行多方法测量（运用其多方法—多特质模型，MMMT）时，可排除测量方法的误差。

从统计思路上，它的优点是：①区分观测（外显）观察变量和（内隐）潜在变量，进而通过观测外在表现推测潜在概念；②将路径分析中单一外显变量用潜在变量代替，考虑变量的测量误差，更加符合客观实际，使研究结果更精确；③既能研究变量间的直接影响，也能研究变量间的间接影响和总效应，表达中介变量的作用。[2]

总体而言，结构方程模型能同时处理多个因变量（而回归方程只能考虑一个因变量），并可以比较及评价不同的理论模型，从中选择一个最优的模型。第一，可以检验依据理论所提出的模型正确性，同时可以进一步发现有待解决的问题；第二，允许自变量和因变量都含测量误差（而回归方程只能允许因变量有误差）；第三，允许更大弹性的测量模型，即允许每一个指标同时属于不同的因子，使事

① 在 SEM 中，那些能够直接度量的量叫作观测变量（Observed Variable），而那些不能够直接度量但可以用观测变量线性表示的量被称作潜变量（Latent Variable）。

② 本段文字节选自“龙立荣. 结构方程心理学方法变革的逻辑［J］. 自然辩证法通讯，2001，23（5）：26-30.”。

物之间的关系变得更加符合现实；第四，可以同时估计因子结构和因子关系，即通过分析计算因子（潜变量）与指标的关系（即因子负荷），进而得到因子得分，作为因子（潜变量）的观测值，然后再计算因子得分的相关系数，作为潜变量之间的相关系数，而且这两步可以同时进行；第五，能够估计整个模型的拟合程度（侯杰泰等，2004）。

（3）思路——结构方程模型的基本思路是（如图 3-10 所示）：首先根据先前的理论和已有知识，经过推论和假设形成一个关于一组变量之间的相互关系模型。然后经过测查，获得一组观测变量（外显变量）数据和基于此数据而形成的协方差矩阵，这种协方差矩阵称为样本矩阵。结构方程模型就是要将前面形成的假设模型与样本矩阵的拟合性进行考验，如果假设模型能拟合客观的样本数据，说明模型成立；否则就要修正，如果修正之后仍然不符合拟合指标的要求，就要否定假设模型。[①]

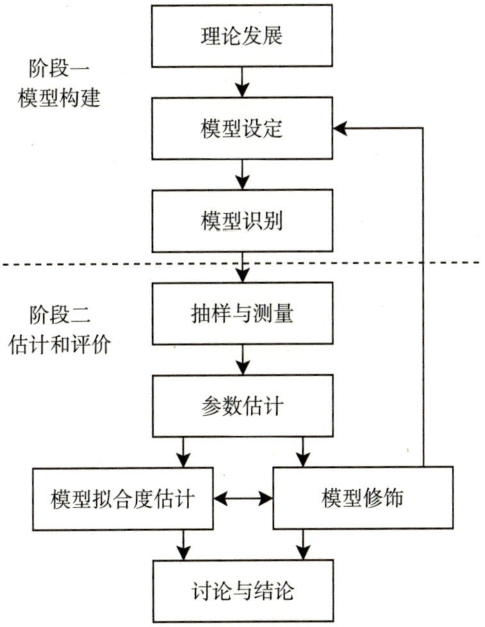

图 3-10　结构方程模型的基本程序

资料来源：邱皓政（2003）。

① 龙立荣. 结构方程心理学方法变革的逻辑［J］. 自然辩证法通讯，2001，23（5）：26-30.

（4）应用——在 SEM 的应用中，LISREL（linear structural relations）统计分析计算机软件的应用最为广泛。它是由瑞典阿帕萨拉大学（The University of Uppsala，Sweden）的 Karl G. Jöreskog 和 Dag Sorbom 为进行结构方程模型分析所编写的计算机软件。LISREL 模型包括两个部分：①测量模型，体现观测变量与潜变量之间的联系；②结构方程模型（又称为全模型），反映潜变量之间的关系。

（5）拟合指数——拟合指数的研究在结构方程分析的历史上受到了相当的重视，从 1973 年 Tucker 和 Lewis 提出第一个指数 TLI 至 1996 年 March 和 Balla 提出 NTLI，研究者产生了许多拟合指标用以评价模型的结果，文献上正式发表、有名字的指数有 40 多个。用以验证模型适宜性的指数可以分为整体拟合和相对拟合指数，一般认为模型拟合度至少要报告 CFI 和 RMSEA 指标（邱皓政，2004）。哪些指数比较好以及指数的界值（cutoff value）取多大合适？很长一段时间比较公认的标准是：相对指数在 0.9 或以上，拟合的模型可以接受（Bentler and Bonett，1980）；RMSEA 小于 0.05 表示模型拟合得好，在 0.05~0.08 区间表示模型基本可以接受（Browne and Cudeck，1993；Reskog and Rbom，1993）[①] 温忠麟等（2004）在对 Hu 和 Bentler（1998，1999）推荐的检验结构方程模型的七个拟合指数准则[②] 进行了述评和比较后推荐 NNFI 和 CFI（界值为 0.9）、Mc（界值为 0.85）[③]、RMSEA（界值为 0.08）。

本研究使用 LISREL（V8.7），参考侯杰泰等（2004）的建议，主要报告 χ^2（minimum fit function chi-square，卡方）、df（degrees of freedom，自由度）、χ^2/df、RMSEA（root mean square error of approximation，近似误差均方根）、GFI（goodness-of-fit index，拟合优度指数）和 AGFI（goodness-of-fit index adjusted，修正的拟合优度指数）、NFI（normed fit index，规范拟合指数）、NNFI（non-normed fit index，不规范拟合指数），以及 CFI（comparative fit index，比较拟合指数）这八项指标[④]。

① 温忠麟，侯杰泰，马什赫伯特. 结构方程模型检验：拟合指数与卡方准则［J］. 心理学报，2004，36（2）：184-194.

② 这七个拟合指数为（括号内为 LISREL 缩写）：TLI（NNFI）、BL89（IFI）、CFI（CFI）、Gamma Hat、Mc、SRMR（Standardized RMR）、RMSEA（RMSEA）。Hu 和 Bentler 是通过文献分析和模拟研究，对 ML 估计（极大似然估计）和 GLS 估计（广义最小二乘估计）基础上得出以上七个拟合指数的。

③ Mc（measure of centrality）和 Gamma Hat 不是 LISREL 指数，Mc 是 EQS 的指数。

④ 黄芳铭. 结构方程模式——理论与应用［M］. 北京：中国税务出版社，2005；侯杰泰，温忠麟，成子娟. 结构方程模型及其应用［M］. 北京：教育科学出版社，2004.

1）χ^2 指数、df 和拟合优度 χ^2 检验（χ^2 goodness-of-fit test，χ^2/df）：χ^2 是最常用的拟合优度指标，与自由度一起使用可以说明模型正确性的概率。一般来说，研究人员多数采用 χ^2/df 值反映模型与观测数据的匹配程度，χ^2/df 是直接检验样本协方差矩阵和估计方差矩阵之间的相似程度的统计量，是考虑了模型自由度后的卡方值，要求 χ^2 不显著，其理论期望值为 1。在实际研究中，若 $\chi^2/df<3$，则对 χ^2 不显著的要求可忽略不计；$2<\chi^2/df<5$，模型可以接受；χ^2/df 越接近 2，认为模型拟合得越好。

2）RMSEA：是一种评价接近拟合的指标，反映了理论模型与饱和模型之间的差距。RMSEA 大于 0.1 表示模型拟合不理想，小于 0.1 表示模型拟合理想，小于 0.08 表示模型拟合得好，低于 0.01 表示模型拟合得非常出色，该值越接近于 0 表明模型拟合得越好。

3）GFI 和 AGFI：GFI 代表假设模型可以解释观测变量的比例；AGFI 代表考虑模型复杂度后的 GFI，它不受模型复杂度的影响。这两个指数值在 0 与 1 之间，越接近 0 表示拟合得越差，越接近 1 表示拟合得越好。目前多数学者认为，GFI≥0.9，AGFI≥0.8，表示模型拟合得较好。

4）NNFI：在考虑模型复杂度后，比较假设模型与独立模型的卡方差异。NNFI 越接近 0 表示拟合得越差，越接近 1 表示拟合得越好（NNFI 有可能会大于 1）。一般认为 NNFI≥0.9，则模型拟合得较好。

5）CFI：该指数在对假设模型和独立模型进行比较时取得，代表假设模型与独立模型的非中央性差异，说明模型较虚无模型的改善程度，其值在 0 与 1 之间，越接近 0 表示拟合得越差，越接近 1 表示拟合得越好。一般认为 CFI≥0.9，则模型拟合得较好。

（二）统计方法

本研究以问卷调查收集数据，研究中主要运用了以下统计分析方法：相关分析、方差分析、独立样本 t 检验、探索性因素分析、验证性因素分析、简单回归分析、层次回归分析、调节模型和中介模型分析。

三、共同方法偏差的控制

测量误差可分为随机误差和系统误差，系统误差的一个主要来源就是方法变异（method variance）（Bagozzi R. and Yi Y.，1990）。而共同方法变异（common method variance，CMV）则指由于测量方法而非所测构念（construct）造成的变异（Podsakoff et al.，2003），这种变异会造成测量结果的偏差，既能导致第Ⅰ类错误，又能导致第Ⅱ类错误。

共同方法偏差（common method biases）[①]，又称同源方差或同源偏差，指的是因为同样的数据来源或评分者、同样的测量环境、项目语境以及项目本身特征所造成的预测变量与效标变量之间人为的共变。这种人为的共变对研究结果产生严重的混淆并对结论有潜在的误导，是一种系统误差（周浩和龙立荣，2004）。共同方法偏差在心理学、行为科学研究中特别是采用问卷法的研究中广泛存在。Cote 和 Buckley（1987）的元分析考察了 70 项 MTMM（multitrait-multimethod，多特质—多方法）测评研究中的共同方法偏差发现，26.3%的变异是由共同方法变异造成的。在研究领域方面，Cote 和 Buckley（1987）的研究发现，市场调查的研究方法变异数较不严重（15.8%），而教育的研究最严重（30.5%）。在通常的工作绩效测评中，方法变异数平均为总变异数的 22.5%，而在特质研究领域为 32%，关于知觉（perception）则达到 40.7%。William 等（1989）对应用心理学文献的研究中，也发现了同样的问题。此外，越来越多的研究探讨了共同方法偏差对测评相关关系的影响（Podsakoff et al.，2000；Gerstner and Day，1997；Fuller et al.，1996），这类研究比较了共同方法偏差受到控制和未受控制的条件下，变量之间相关程度的大小。研究结果发现，平均而言，存在共同方法偏差时，其变异数约占 35%；而控制共同方法偏差时，其变异数约占 11%。而且有的研究表明，方法因素导致的偏差因研究背景而异（Crampton and Wagner，1994；Cote and Buckley，1987）。[②]

共同方法偏差的来源主要有：同一时间、自陈式量表、单一来源受试者、同时检测两个构念相关；测量工具引起被试者认知上对信息的诠释的一致、类化；被试者的心理因素如一致性同意、社会称许、负面情绪等；题项语意皆正向等。Podsakoff 等（2003）对此做了全面的归纳，见附录 B.2。因此，共同方法偏差的

① 又称“shared method variance，single source bias”，Podsakoff 等（2003）解释为“If the measures of Construct A and the measures of Construct B share common methods，these methods may exert a systematic effect on the observed correlations between the measures”。

② 本段部分内容转引自“杜建政，赵国祥，刘金平. 测评中的共同方法偏差［J］. 心理科学，2005，28（2）：420-422.”。

来源有三个方面：被测者、测量工具与测试情境。

（一）共同方法偏差的程序控制

共同方法偏差的控制方法分为程序控制和统计控制。程序控制指的是研究者在研究设计与测量过程中所采取的控制措施。对于共同方法偏差的控制，研究者首先应该考虑程序控制方法，通过程序控制尽量消除方法偏差的来源，因为这些方法是直接针对共同方法偏差的来源而设计的。但是，在某些研究情境中，受条件限制，上述的程序控制方法无法实施，或者无法完全消除共同方法偏差，这个时候就应该考虑在数据分析时采用统计的方法来对共同方法偏差进行检验和控制。

避免或减轻共同方法偏差的根源在于研究设计，一个周全的研究设计，胜过十个精巧的事后补救措施（彭台光等，2007）。而避免共同方法偏差的直接心法就是避免数据同源，不然尽量分别测量自变量（IV）及因变量（DV），以时间间隔来降低共同方法偏差的形成（吴美连，2007）。本部分研究拟根据研究的时间先后顺序将共同方法偏差的检验与控制分为事前预防、事后侦测和事后补救三类措施。在共同方法偏差的事前预防上，由于调研条件限制，本部分研究的 IV 与 DV 是同时测量的，没有进行时间、空间上的分离，但仍进行了以下的预防措施：

（1）将调研样本分为社会样本与学生样本两类，尽量扩大数据来源。

（2）在部分调研中要求被试完成两种问卷，使 IV 与 DV 尽量不在同一张问卷上。

（3）保护被试的匿名性，同时通过在量表中增加反问题、打乱项目顺序等方式减少被试对测量目的的猜度。

（4）平衡项目的顺序效应并在语义表达上改进量表项目。

（二）共同方法偏差的统计控制

关于共同方法偏差的事后侦测与补救，具体而言，在研究中依次考虑以下三个因素（周浩和龙立荣，2004）：①能否识别共同方法偏差的主要来源；②所识别的方法偏差是单个还是多个；③所识别的方法偏差能否被有效测量。这三个因素的组合不同，应该采取的统计控制方法大不相同（如图 3-11 所示）。

本研究依照 Anderson 和 Bateman（1997）的建议，采用 Harman 单因素事后分析（Harman's single-factor post hoc analysis）（Podsakoff and Organ，1986）来检测共同方法变异。这种技术的基本假设是，如果方法变异大量存在，进行因素分析时，要么析出单独一个因子，要么一个公因子解释了大部分变量变异。传统的做法是把所有变量放到一个探索性因素分析中，检验未旋转的因素分析结果，确定解释变量变异必需的最少因子数，如果只析出一个因子或某个因子解释力特别大，即可判定存在严重的共同方法偏差（Livingstone et al.，1997；Eby and Dobbins，1997）。现在更普遍的是采用验证性因素分析，设定公因子数为 1，这样可以对“单一因素解释了所有的变异”这一假设做更为精确的检验（龙立荣等，2003；Harris and Mossholder，1996）。即经由探索性因素分析，由未转轴的因素负荷结果发现，当萃取出来的单一因素仅能解释有限的变异，且因素的解释量之解释比例也未出现集中化的现象，则判定同一资料来源并未严重扭曲研究的结果。

循此逻辑，本研究中因素分析结果显示，单一因素所能解释的最大变异仅有 11.82%，显示共同方法偏差在本研究中并不显著。

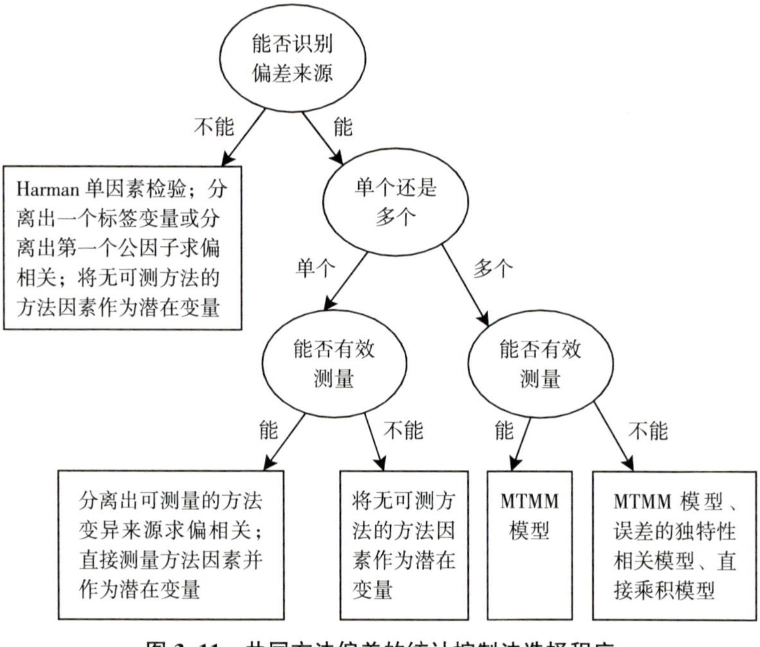

图 3–11　共同方法偏差的统计控制法选择程序

资料来源：周浩和龙立荣（2004）。

第六节 本章小结

本章遵循着知识观—理论框架—研究命题—研究假设—研究实施的逻辑结构，将研究从理论层次的研究命题转化为可供实证检验的研究假设，综合本章的研究，将主要的研究假设总结如下，如表 3-7 所示。

表 3-7 主要研究假设总结

	调节变量 M
变量结构假设	
H(i)-1a	创业自我效能因创业者所扮演的创业任务角色不同而具有多维度的结构特征
H(i)-1b	创业自我效能的角色特征模型包括两个维度：创业管理自我效能和创业领导自我效能
H(i)-2	创业者的认知风格因其本身性质和承担创业任务特性而呈现出多维度的结构特征
变量差异性假设	
H(ii)-1a	创业自我效能在水平和强度上存在差异性
H(ii)-1b	创业自我效能的差异性来源于个体和环境因素
H(ii)-2	创业者的认知风格差异能够通过适应—创新连续区间加以区分
变量关系假设	
H(iii)-1	创业自我效能对创业意向有显著的正向影响
H(iii)-2	创业自我效能对行为控制知觉有显著的正向影响
H(iii)-3a	创业自我效能通过行为控制知觉完全中介作用于创业意向
H(iii)-3b	创业自我效能通过行为控制知觉部分中介于创业意向
H(iii)-4a	认知风格会调节创业自我效能与创业意向之间的关系
H(iii)-4b	认知风格是创业自我效能对创业意向影响的中介变量

本研究主要以实证研究为主，在文献研究和理论分析基础上建立研究模型与研究命题、提出研究假设，主要内容包括四个方面：① 创业自我效能的结构与影响因素分析；②创业自我效能对创业意向影响研究；③行为控制知觉、创业自我效能与创业意向关系研究；④认知风格、创业自我效能与创业意向关系研究。拟解决以下四个关键问题：①创业自我效能的结构探索及影响因素验证；②创业

自我效能对创业意向的影响机制；③创业者态度因素在创业自我效能对创业意向影响过程中的作用研究；④创业者认知因素在创业自我效能对创业意向影响过程中的作用研究。

研究主要采用自陈式问卷，对社会公众和在校大学生分别采取随机抽样和主观抽样方式进行了三阶段的调研，对共同方法偏差主要进行了程序控制。数据的统计分析主要采用 Excel、SPSS、LISREL 等软件。

第四章　创业自我效能结构与影响因素研究

第一节　引　言

一、研究背景

创业自我效能的多维结构已经得到了若干研究的验证（Chen et al.，1998；DeNoble et al.，1999），但现有从任务和技能角度出发的研究由于创业者面临任务和所需技能的多样性，向复杂方向发展，而对创业自我效能的结构研究是研究与其他变量关系的基础。本研究在初试阶段曾尝试验证西方学者的研究，但未取得一致的结果（见本章第三节内容）。因此，基于领导学的观点和创业领导力的研究，在第三章的理论建构中本研究提出了以创业者核心任务，即创新与变革为核心，围绕角色展开的创业自我效能构想，因此本章将通过实证研究探索创业自我效能角色模型的结构维度。

在创业自我效能的影响因素方面，有关的观点或结论主要来自于注重自我实现和个人主义的西方社会的研究，在中国这样一个与之有较大文化差异的社会是否同样适用。本研究将尝试对创业自我效能的影响因素进行一些探讨。

二、研究目的

本章的研究目的主要有以下几点：

（1）在借鉴前人研究的基础上，本章将从创业者角色角度通过探索性因素分析与验证性因素分析来实证创业自我效能的因素结构。

（2）从分析创业自我效能差异性出发，经过相关性分析和因果关系分析，探讨个体、环境与认知因素对创业自我效能的影响。

（3）在创业自我效能因素结构的基础上，探索非认知因素和认知因素对创业自我效能影响的内在作用机制。

第二节　研究假设

一、创业自我效能因素结构

在第三章第四节第一部分给出了有关创业自我效能结构的如下假设：

H(i)-1a：创业自我效能因创业者所扮演创业任务角色不同而具有多维度的结构特征。

H(i)-1b：创业自我效能的角色特征模型（结构模型）包括并列的两个维度：创业管理自我效能和创业领导自我效能。

创业自我效能是创业者对自身能够胜任不同创业角色和任务的信念（Chen et al.，1998），其结构无论是从任务角度、技能角度还是角色角度出发，因其立足点为创业任务的差异，因此其维度/因素应该是一种并列的结构，如图 4-1 所示。

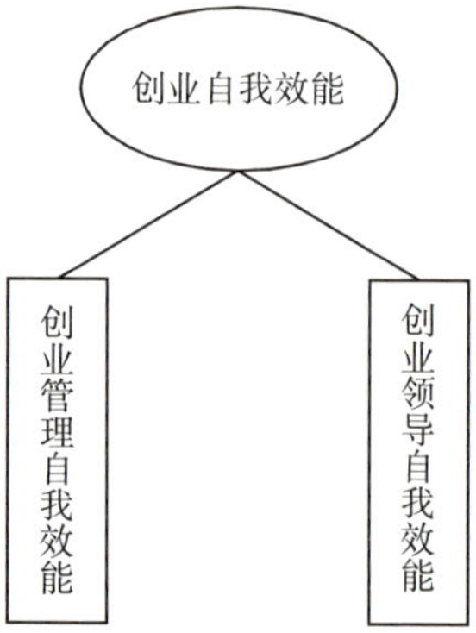

图 4-1　创业自我效能因素结构假设

二、创业自我效能影响因素假设

根据自我效能的经典理论（Bandura，1977，1986）（如图 4-2 所示），有四个方面的信息影响自我效能的形成与改变①。

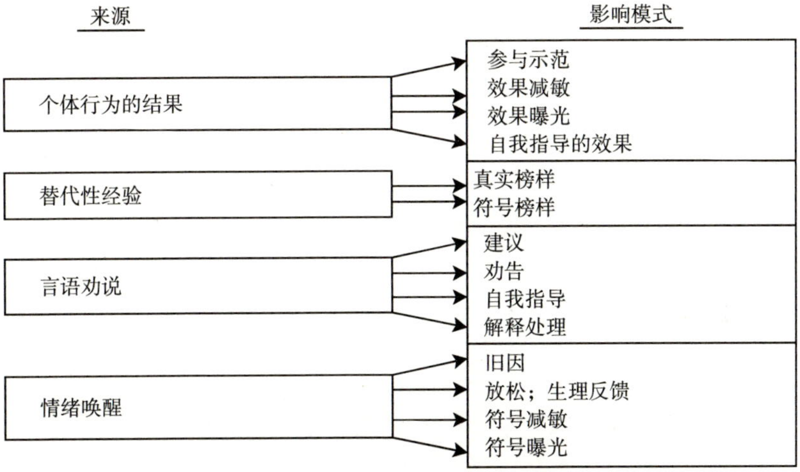

图 4-2 影响自我效能形成和改变的因素

资料来源：Bandura（1977）。

首先，个体行为的结果/个人经验（performance accomplishments）影响最大。成功的经验能够提高个人的自我效能，反之多次的失败会降低自我效能。尤其是在一项行动刚刚开始之时的失败，因其不能反映出努力的不足或不利的环境因素，容易使人归因于自己能力的不足。但不同的人受影响的程度并不一样。对于先前已经具备很强自我效能的人而言，偶然的失败不会影响其对自己能力的判断，他更有可能寻找环境因素、努力不足或策略方面的原因。这样失败反而能提高其信念，因为他能够想到改进后的策略会带来将来的成功。

其次，人们通过观察别人所得到的替代性经验（vicarious experience）对自我效能影响也很大。看到与自己相近的人成功能促进自我效能的提高从而增加实现同样目标的信心，但看到与自己相近的人失败，尤其是付出很大努力后的失败，

① 张鼎昆，方俐洛，凌文辁. 自我效能感的理论及研究现状［J］. 心理学动态，1999（1）：39-43.

则会降低自我效能，觉得自己成功的希望也不大。另外，当一个人对自己某方面的能力缺乏现实的判断依据或知识时，这种间接经验的影响力最大。

再次，他人的评价、劝说及自我劝导（verbal persuasion）。缺乏事实基础的言语劝告对形成自我效能效果不大。在直接经验或替代经验的基础上进行劝说、鼓励，效果最大。

最后，来自情绪和生理状态的信息（physiological arousal），如紧张、焦虑容易降低人们对自我效能的判断。

这四种信息常常综合起作用。但需要指出的是，这些信息如何影响以及在多大程度上影响自我效能的形成与改变，是因人而异的。

结合 Gist 和 Mitchell（1992）对自我效能特征的总结[①]，创业自我效能的差异性是多种因素作用的集中表现，并由于个体和个体所处环境的不同显示出差异性。在总结前人研究的基础上，笔者将创业者个体及环境因素总结为三个方面——环境因素（包括组织因素、家庭因素和环境劝导）、个体特征、认知特征，考察创业自我效能在这三类因素上的差异性。这三类因素所关注的内容如表 4-1 所示。

表 4-1　创业自我效能差异性因素

环境因素	组织因素	组织规模、组织成立年数、组织性质、行业性质、组织发展阶段
	家庭因素	亲朋好友创业或下岗再就业经历、父母文化程度、家庭人均月收入、生源
	环境劝导	亲朋好友劝导、社会环境劝导
个体特征		专业、性别、文化程度、工作经验、是否受过经济管理正规教育/创业教育、年龄、年级
认知特征		认知风格、学习风格

① 详见第二章第四节第一部分内容。

（一）环境因素

1. 组织因素

在 Chen 等（1998）的问卷调查中，曾经考察了有关组织的一些内容，如组织成立年数、员工人数、销售额、管理层次等，但在其文章中并未提到这些因素与创业自我效能关系是否显著。Forbes（2005）研究发现，企业规模（以员工人数衡量）与创业自我效能呈正相关，而企业成立年数与之无关。

在本研究中，我们在其基础上确定了组织成立年数、组织规模（员工人数、自评），并加入了组织性质、行业性质、组织发展阶段三个考察项目，假设：

H4-1a1：创业自我效能在组织规模、组织性质、行业性质、组织发展阶段上存在显著差异，在组织成立年数上不存在显著差异。

H4-1a2：创业自我效能受到组织规模、组织性质、行业性质、组织发展阶段的显著影响。

2. 家庭因素

关于家庭因素对创业自我效能影响的研究很少，家庭不仅是个体心理特质、自我意识、自信心发育和成长的庇护所，而且是个体与社会文化背景交叉作用的交汇点，因此对家庭因素的考察十分必要。Chen 等（1998）的研究发现，亲朋好友的创业经历对个体创业自我效能的影响并不显著。在本研究中，另外考察父母文化程度、家庭月收入，对大学生样本还调查了生源（城市、乡镇、农村），而这些因素也是构成家庭社会地位的基本要素[①]。因此，在研究中假设如下：

H4-1b1：创业自我效能在父母文化程度、家庭月收入、生源上存在显著差异，在亲朋好友创业经历上不存在显著差异。

H4-1b2：创业自我效能受到父母文化程度、家庭月收入、生源的显著影响。

3. 环境劝导因素

环境或制度因素反映了创业的社会动力，环境对于解释任何创业现象都是一个合理的出发点（Aldrich and Wiedenmayer，1993；Covin and Slevin，1989）。一个社会的创业水平是由无数个体的创业选择构成的，这些创业选择，在很大程度上受到一些社会上的创业典范的感召和影响（Hmieleski and Corbett，2006），这些创业典范，同样也是社会对创业精神和价值观认可的产物。这也就是 North

① 参考张雷等（2003）、侯杰泰等（2004）书中所引用的研究案例。

(1990，2005）所强调的制度经济理论里的非制度因素，即社会文化，包括态度、价值观、行为规范、传统等。同样，很多学者利用制度经济学理论来分析环境因素对创业的影响，尤其是分析一些转型经济国家的创业现象，如 Stein（2002）、Brautigam（1997）、Peng 和 Shekshnia（2001）、Litwack（1993）、Nee（1992）、Nee 和 Young（1991）等。

总结这些学者的研究成果，社会个体一方面受到亲朋好友劝导（closer environment valuation）[①] 的影响。根据社会资本理论，小环境包括一些关系亲密的联系人，如家人、好友。亲朋好友能够直接影响个体的希求感（perceived desirability)，这种希求感影响个体对某一项职业的认知价值、信念和感知（Grootaert and Bastelaer，2001；Uphoff，2000）。Kennedy 等（2003）在对学生样本进行研究时发现，来自家庭、朋友以及其他重要人物的期望是影响样本对某事、某些行为反映的重要因素。按照他们的观点，亲朋好友劝导与个人吸引、主观规范和性别有关。另一方面受到社会环境劝导（social valuations）的影响，它在决定创业行为时扮演了一个关键角色（Zahra et al.，1999）。社会文化会不断地强化或削弱某些个体特征，无论是社会还是某个组织、群体的价值观会在一定程度上塑造着其成员的某些特性和能力，影响着他们对创业活动的感知（Thomas and Muller，2000）。在这方面，Takyiasiedu（1993）的研究发现，一些社会文化因素阻碍着非洲国家的创业活动。因此，在以上研究的基础上，假设如下：

H4-1c1：创业自我效能在亲朋好友劝导和社会环境劝导上存在显著差异。

H4-1c2：创业自我效能受到亲朋好友劝导和社会环境劝导的显著正向影响。

（二）个体特征因素

在西方学者的工作中，个体特征是被考察得最多的方面。

（1）专业和教育：Chen 等（1998）、DeNoble 等（1999）的研究不仅实证了创业者的创业自我效能显著高于非创业者，而且创业自我效能在不同学科的学生间存在着差异，创业专业的学生（受过创业教育）在创业自我效能大部分维度上的得分远高于非创业专业的学生。Chen 等（1998）的研究还发现，所学的管理课程数量与创业自我效能强度呈正相关，Zhao 等（2005）的研究也有类似的结论。

① 从字面上翻译应是“小环境或近环境劝导”，由于意指不明确，因此本书根据其包含的测量内容使用“亲朋好友劝导”的翻译。

（2）性别：Chen 等（1998）的研究发现，创业自我效能得分的性别差异显著；Forbes（2005）的研究也指出了创业自我效能的性别差异；Wilson 等（2007）的研究验证了创业自我效能得分无论是在中学生样本还是 MBA 学生样本中都存在显著性别差异；但 Zhao 等（2005）的研究却发现创业自我效能与性别无显著相关性。

（3）文化程度：Forbes（2005）的研究发现，创业者的教育程度与创业自我效能相关性不显著；而 Lindsay 等（2007）的研究发现，个人教育程度与创业自我效能呈负相关，但并不显著。

（4）个人创业经历：创业经历对创业自我效能的影响在以上的研究中均有体现，但得到的结果出现了相关（Lindsay，2007；Zhao et al.，2005）和无关（Forbes，2005）两种不同的结论。结合上文，个体行为的结果对自我效能有很重要的影响，以往创业成败的经历会对创业自我效能的形成和程度产生不同方向的影响。因此，在本研究中没有采用“从前创业经验”指标而使用了“工作经验”代替。

在本研究中，我们在以上研究基础上确定了专业、是否受过经济管理正规教育/创业教育、性别、文化程度、工作经验，并加入了年龄和年级（针对在校大学生）两个考察项目，假设：

H4-2a：创业自我效能在专业、是否受过经济管理正规教育/创业教育、性别、工作经验、年龄、年级上存在显著差异，在文化程度上不存在显著差异。

H4-2b：创业自我效能受到专业、是否受过经济管理正规教育/创业教育、性别、工作经验、年龄、年级的显著影响。

（三）认知特征

根据前文所述，有四个方面的信息影响自我效能的形成与改变，但这些信息作为一种认知资源，需要经过处理和加工过程才能够对自我效能产生影响，因此，与个体的认知特征密切相关，包括认知控制与认知输出两个过程。[①] 在本研究中，认知控制侧重的是对认知风格的描述，认知输出侧重的是对学习风格的描述。因此，在第二章第三节第二部分研究的基础上假设如下：

H4-3a：创业自我效能在认知风格和学习风格上存在显著差异。

① 请参考第二章第三节第二部分。

H4-3b：创业自我效能受到认知风格和学习风格的显著影响。

第三节　研究方法

一、研究样本与数据分析方法

（一）研究样本

本研究所使用的样本来源于初试和主试调研的样本 1（175 人）、样本 2（465 人）、样本 3（354 人），详见第三章第五节第一部分及表 3-5。在初试 354 个（样本 3）样本中，删除背景信息如年龄、单位性质等不完全的样本 38 个，得到 316 个样本，主试的 602 个样本中，删除背景信息不完全的样本 8 个，得到 594 个样本，作为探讨创业自我效能影响因素的研究对象。

（二）分析方法

独立样本 t 检验、探索性因素分析（经 SPSS 程序的 Kaiser-Meyuer-Olkin 取样充分性检验，Bartlett's 球度检验，因素分析条件已经具备）、验证性因素分析、相关性分析、简单回归及多元回归分析。

因素分析在本章研究中扮演了很重要的角色。因素分析是直接探讨观测变量与潜变量关系的一种统计方法，分为探索性因素分析（exploratory factor analysis，EFA）与验证性因素分析（confirmatory factor analysis，CFA）两步。探索性因素分析是探索与验证测验结构的重要手段，其目的在于探索数据结构，简化数据，通过研究中多变量的内部依赖关系，探求观测数据中的基本结构，反映信息的本质特征。探索性因素分析不像回归、判别那样有一些准则可以判断分析结果的优劣，它的解释和评价依赖于研究者本人的经验和理解[①]，因此应在其基础上进一步进行验证性因素分析。验证性因素分析通过检验数据拟合程度来考察结构效度，寻求数据与模型的最佳拟合，检验因素合标的效度与理论构想之间的关系，得到的结果更具确定性。

---

① 引自"李伟明. 多元描述统计方法［M］. 上海：华东师范大学出版社，2001."。

二、变量操作性定义与研究测量

（一）创业自我效能

1. 操作性定义

自我效能在含义上更强调与特定领域的关联。虽然在理论上，它是一个普适性很强的概念，但在实践中并不存在一个普适的测量工具，它的结构和测量必须针对所要研究的领域，这是它有别于诸如成就动机、自尊之类概念的地方。Bandura（1986）指出：建构一个好的自我效能量表，最重要的条件是对领域相关功能进行周密的概念分析，有关活动领域的知识规定着个人效能的哪些方面需要测量；其次，自我效能的测量应该依据在实现绩效目标过程中那些代表着挑战或障碍等级的任务要求的水平来进行。

根据第三章第四节第一部分的相关内容：创业自我效能是自我效能理论在创业研究领域的应用，与任务情境密切相关，指的是创业者对自身能够胜任不同创业角色和任务的信念（Chen et al.，1998）。Chen 等（1998）的研究将创业分为营销、创新、管理、风险承担和资金控制五个任务域。在 Chen 等（1998）研究的基础上，DeNoble 等（1999a）对 ESE 模型进行了拓展，对任务情境进行了进一步的细分，定义了以下六种核心技能：发展新产品或市场机会、营造创新环境、与投资者建立关系、明确核心目标、应对未知挑战、打造核心团队。在随后的研究中，DeNoble 等（1999b）基于与一般的管理技能不同的核心创业技能确定了六个创业自我效能维度：风险和不确定性管理、创新和产品开发、人际关系及网络管理、机会识别、关键资源的获取与分配、开发和维持创新工作环境。

2. 研究测量

本研究对创业自我效能的测量是在参考了 Chen 等公开发表研究成果的基础上，以 DeNoble 开发的 ESE 量表为蓝本进行的。该量表得到了开发者圣地亚哥州立大学的 DeNoble 教授的授权（见附录 C.1），进行了翻译和初试工作，共有 35 题，五点李克特量表。初试① 的结果 KMO＝0.951，一致性系数为 0.927，累积解释了 56.25%的变异。

但在初试调研的过程中暴露出了该量表的一些问题，如该量表题项均为正向

① 使用的初试第一阶段的样本共 173 人，初试第二阶段样本使用的是修订后的量表。

题，容易出现社会称许效应（均值偏高，方差很小）；在进行因素分析时，发现交叉负荷项目过多，没有得到预期的维度；且维度间区分度低，维度间交互影响较大。造成以上问题的原因可能在于两个方面：一是文化背景的不同；二是翻译过程中某些题项的描述仍不够准确。因此，在初试第一阶段的基础上对量表进行了修订，主要工作有：①将量表题项分布进行了调整；②将一些题项改为反问题，如 E1、E6、E10、E19、E25、E32 题项；③保持 35 个题项数目不变，将一些出现交叉负荷和因素负荷较低的项目根据研究需要重新进行了语义调整和改编，如 E13、E15、E27、E29、E35。调整和改编的依据包含以下几点：①其他研究者的研究，如 Chen 等（1998）；②收集的关于相关研究的经典（案例）研究，如科特（1997，2003，2005）、沙因（2004）以及国内的一些相关案例研究，如陈春花等（2004）；③根据三位企业家的访谈资料。

修订后的量表在探索性研究中（详见第四章第四节第一部分）KMO=0.69，一致性系数为 0.718，累积解释了 60.331%的变异，满足研究的基本需要。

（二）认知风格

1. 操作性定义

根据研究内容和研究条件，本研究对认知风格的测量选用了 Kirton 的“适应—创新”，即 KAI（Kirton Adaptation -Innovation Inventory）量表（Kirton，1976）。KAI 量表可以衡量个体在创造力、问题解决能力和决策上的认知方式的差别，它的出发点是个体的认知可以被放在一个从极端适应风格到另一个极端变革风格的连续统一体中去衡量。适应者偏向“把事情做好”，而创新者偏向“做事与众不同”（Drucker，1969，1980）。极端的适应者倾向方法性、谨慎、遵守规则、服从（特别是对权威）、羞于大胆构思、对人敏感、风险规避、教条；反之，极端创新者则比较不切实际、不按常规思考、任性、不合常理、不一致、敢于大胆构思、合群、风险趋向、随意（Bagozzi and Foxall，1996）。

2. 研究测量

KAI 量表为李克特五点 32 题量表，分原创性（sufficiency of originality，SO）、效率性（efficiency，E）与顺从性（rule governance，R）三个维度。其中原创性代表个人对问题处理的方式，适应者使用少数被证明有效的工具去解决问题，而创新者会想出很多可能不切实的方案；适应者在效率性上表现为他们希望过程是步步接近预定的目标，而创新者却避免将精力陷入细节当中；顺从性代表个人在既定架构下，接受或拒绝规范或群体的程度，适应者总是将他们的行为限制在社会可以接受的程度内，而创新者却不顾这些规则或传统，行事有自己的一套原则。

本研究所采用的是 Bagozzi 和 Foxall（1995，1996）的改编版（13 题项，见附录 D.1），采用李克特五点式量表，其中效率性和顺从性采用的是反问题。最后三个维度的分数加总，以 39 分为判断标准，高于 39 分为创新型认知风格，低于 39 分为适应型认知风格。该量表的翻译取自浙江大学苗青（2006）的博士论文研究，在苗青的研究中，三个维度的内部一致性系数在 0.83~0.78 区间，分别解释了 19.53%、16.64%和 15.31%的方差变异，累积共解释了 51.48%的变异。在本研究的探索性研究中（详见第四章第四节第二部分），三个维度的内部一致性系数在 0.805~0.681 区间，累积解释了 59.95%的变异，满足研究的基本需要。

（三）学习风格

1. 操作性定义

自 1954 年 Herbert Thelen 首次提出学习风格（learning style）这一概念以来，至今已有数十种关于学习风格的理论模型以及商业化测试量表/问卷出现。[①] 根据 Riding（1997）的观点，学习风格可以作为一种认知输出，因此从认知的角度来研究学习风格的分类和特征是学习风格研究的一个核心层次。这类研究主要从学习者获得、整理、存储以及利用信息的方式等整个认知过程来区分不同的学习风格类型，重点研究人是如何以不同的积极信息处理的方式来感觉、思维和解决问题的，以及个体是如何运用其所倾向的、持续一致的、独特的感知和组织及保持信息的方式来进行学习的。科尔伯（Kolb D.）的学习风格理论便是其中最具代表性的一种理论。

科尔伯的学习风格理论建立在经验学习[②] 理论（experiential learning theory）的基础上，包括六个关键命题（Kolb，1984）：①学习应该被视为一个过程，而不是结果。教育是持续不断地重新建构经验的过程。②所有的学习都是再学习。

---

① 2004 年，英国学习与技能研究中心（The Learning and Skills Research Centre，LSRC）对学习风格理论所做的系统研究，通过回顾关于学习风格研究的 3800 份文献，确认了 71 种典型的学习风格模型，并将其中的 13 种确定为主要模型，包括科尔伯、邓恩夫妇、格里戈克、麦尔斯—布里格斯、赫尔曼（Hemnann N.）、哈尼—马福特、斯滕博格（Sternberg R. J.）等 13 位创制的学习风格模型。而 71 种模型中的其他 58 种模型大多建立在这 13 种模型的基础上（Coffield et al.，2004）。

② 一些文献翻译为“体验学习”。

最好的学习是引发对某一话题的信念和想法，使之能够分析、检验和整合新想法的过程。③学习需要解决相互对立的适应世界的两极模式间的冲突。冲突、差异和异议推动着整个学习过程，在这一过程中，人总是穿梭在反思与行动、情感与思维这两种对立的两极模式中。④学习是适应世界的整体过程。它不仅是认知的结果，也是一个人整体机能——思维、情感、感知和行为的融入过程。⑤学习是人与外部环境协同作用的结果。用皮亚杰的话来说，学习产生于在现有概念中同化新的体验，使现有的概念适应新的体验这一辩证统一的过程。⑥学习是创造知识的过程。经典学习理论提出了学习的建构观点，认为学习者的个人知识生成能够用于再造社会知识。基于以上六个基本假设和基础命题，科尔伯将学习定义为："学习是转化经验、生成知识的过程。知识产生于领会经验和转化经验的结合。"（Kolb，1984）他认为，学习风格是一个人偏好的感知与加工信息的方法，由描述"具体体验（concrete experience，CE）—抽象概念（abstract conceptualization，AC）"的感知方法或称信息接收方法和描述"积极实践（active experimentation，AE）—省思观察（reflective observation，RO）"的信息处理和加工活动这两个维度的组合构成了一个描述四种不同学习风格的模型，分别是顺应型（accommodating，AC）、发散型（diverging，DI）、同化型（assimilating，AS）、聚敛型（converging，CO），如图 4-3 所示。

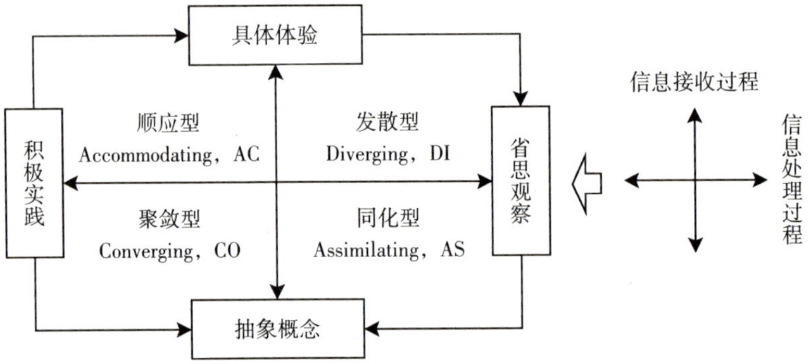

图 4-3　科尔伯的学习风格理论

资料来源：Kolb（1981：188）。

关于四种学习风格的特征与学习者特征的描述，如表 4-2 所示。

表 4-2　科尔伯四种学习风格比较表

学习形态	学习特征	学习者特性描述
顺应型	积极实践（AE）+ 具体体验（CE）	与同化型相反；冒险者。 适应环境的能力强； 将计划与实践付诸实现并且投入到新情况中； 倾向以直觉尝试错误方式解决问题； 依赖他人提供信息胜于技术性分析
发散型	具体体验（CE）+ 省思观察（RO）	与聚敛型相反；脑力激荡高手。 富有想象能力；善于提供点子； 善于从多种角度观察事物； 对人感兴趣；富有感情； 具有广泛的人文兴趣；精于艺术
聚敛型	抽象概念（AC）+ 积极实践（AE）	与发散型相反；实用主义者。 在单一标准答案的测验上表现良好； 擅长将想法付诸实际应用；不易情绪化； 偏好处理与人无关的事物； 兴趣范围较狭窄、偏向理科； 在特殊问题上能聚焦与假设演绎推理
同化型	省思观察（RO）+ 抽象概念（AC）	与顺应型相反；思考者。 擅长归纳推理；创造理论模型的能力强； 不太在意理论的实际应用； 关心抽象概念胜于关心人； 在意所归纳的理论在逻辑上是否牢靠、缜密

资料来源：Kolb（1985）；Tennant（1997）；赖丁和雷纳（2002）。

2. 研究测量

本研究所选用的研究工具——科尔伯的学习风格量表（learning style inventory，LSI）主要是从学习者进行信息加工的过程去研究学习者的学习风格倾向，侧重于从学习过程中个人对外界做出反应与选择的方式和偏好方面分类学习者的学习偏好，注重认知风格，同时也强调了认知过程中人的情感和主观体验的重要作用。1976 年，科尔伯研发了学习风格问卷的第一个版本，其后经历了三次修订。本研究使用的版本是 1999 年第三次修订版本（version 3.0）基础上的 2005 年升级版（version 3.1）。科尔伯的学习风格问卷是一个测量成人学习风格的有力工具。其 1976 年版本的信度测试源于对 1933 名成年人的测试，他们的年龄跨度为 18~60 岁，包含非常广泛的职业群。1985 年版本的信度测试源于对 982 名研究生和本科生的测试。1999 年版本调整了 1985 年版本的问卷内容顺序，提高了问卷的信度和效度（四个维度的一致性系数分别为 0.82、0.73、0.83 和 0.78）。因此，从心理测量学的角度来讲，科尔伯的学习风格问卷具有较高的信度和效度。

LSI 量表内容共有 12 道选择题，每一个题项均有四个选项，分别代表科尔伯所提出的四种能力——具体体验（CE）、抽象概念（AC）、积极实践（AE）和省思观察（RO），由受试者按其符合程度依 4、3、2、1 分题加以排列，不可以重复排列或漏填，每题四个选项中与受试者学习情况最相似者以 4 表示，第二相似的以 3 表示，第三相似的以 2 表示，最不相似的以 1 表示。

本研究使用的 LSI 量表得到了 Hay Group 的授权许可（见附录 C.2），其翻译参照了中国台湾地区的研究，如蔡淑薇（2004）、翁雅欣（2004）、陈沛绮（2006）等，以及华东师范大学谢洪梅（2005）。在初试调研过程中暴露出了一些问题，主要是尽管明确了填答说明，但仍有一部分被试者将四个选项当作单选题或者对两个或两个以上的题项给予了相同的分数。因此，初试第二阶段以及主试过程中，在不改变原题的情况下，将原来的被试者根据符合程度打分的方式改为被试者将四个选项按符合程度进行排序，最后由研究者再将其转化为各题的分数（见附录 D.2）。

（四）环境劝导

根据第四章第二节第二部分的研究内容，环境劝导分为两类：亲朋好友劝导和社会环境劝导。在本研究中使用了 Liñán 等（2007，2008）开发的 EIQ 问卷（version 3.0）中对亲朋好友劝导和社会环境劝导的测量，使用 EIQ 问卷得到了其开发者塞维利亚大学的 Francisco Liñán 教授的授权（见附录 C.3）。其中亲朋好友劝导由三个题项（C1、C4、C7）测量，社会环境劝导由五个题项（C2、C3、C5、C6、C8）测量，其中 C3、C8 题项为反问题题项，测量采用李克特五点式量表。

第四节　研究结果

一、创业自我效能的因素结构

（一）创业自我效能因素结构的探索结果

本研究对随机抽取的175份调查问卷进行了探索性因素分析：采用主成分分析法（principal component analysis，PFA）、最大正交旋转法（Varimax）[①] 抽取因素，因素数目的决定依循下列一些原则（林邦杰，1979）：

（1）参照相关理论及有关文献决定因素大概数目。

（2）根据 Kaiser（1960）弱下限法（weakest lower bound），以特征值（eigen-values）大于等于1为因子抽取的原则[②]。

（3）参照碎石图（Scree plot）来确定项目抽取因子的有效数目[③]。

（4）根据 Aaker（1981）建议的经验法则，在转轴前所有的因素至少能解释一个平均变量所能解释的变异量。

（5）以显著性检验来决定因素数目，本研究采用的是 Bartlett（1950）的 χ^2 检验，也称为 Bartlett's 球形检验（Bartlett's test of sphericity）。

抽取的共同因子所解释的变异量以能达到60%为宜（Hair et al.，1998）。判断是否保留一个项目的标准定为：①该项目在某一因素上的负荷超过0.5（Norman and Streiner，1994），若其与调整后对应的变量上的因子负荷量小于0.5，则判定该测量指标效度不足，考虑将该测量指标删除；②该项目不存在交叉负荷（cross-loading），即不在两个因素上都有超过0.35的负荷。

---

① 根据文献探讨结果，认为创业自我效能因素之间没有太多的相关性，因此采用“正交旋转法”；否则应采用斜交旋转法，常用的为“直接斜交法”（Direct Oblimin）。而且研究中希望得到研究因素间的重要程度，分析因素层面重要性高低，因此采用正交旋转中的最大变异法。

② 这种方法在变量数少于20时，有可能低估因素数目；而当变量数大于50时，有可能抽出过多的因素。

③ 这种方法是根据因素变异量递减的比率来决定。碎石图以因素数目为横轴，以因素变异量（特征值）为纵轴。

运用 35 个题项进行的第一次探索性因素分析发现，因素结构不是非常理想，而且有些维度上只有一个或两个项目，有些项目具有交叉负荷。因此，接下来对项目进行了逐条删除调整，项目删除的原则为：①逐条删除交叉负荷较高的项目。②逐条删除总负荷较小的项目。③逐条删除虽然聚积在一个维度上，但是含义却与其他项目相差较大的项目。在以上三个原则的基础上同时考虑。④利用项目分析中独立样本 t 检验，比较高低两组在题项上的差异，删除鉴别度低的题项。⑤利用信度分析进行项目删除①。

经过多次探索，最后剩下 12 个项目，用这 12 个项目进行探索性因素分析 KMO=0.69，KMO 值越接近 1，表示变量之间的因素越多，越适合做因素分析。根据学者 Kaiser（1974）的观点，如果 KMO 的值小于 0.5，较不宜进行因素分析，此处 KMO 值大于 0.5，表示适合进行因素分析②。此外，Bartlett's 球形检验的 χ^2 值为 413.646，自由度为 66，$p<0.01$，达到显著，代表母群体的相关矩阵间有共同因素存在，适合进行因素分析。表 4-3 是 12 个项目探索性因素分析的结果。

表 4-3　创业自我效能的探索性因素分析结果（N = 175）

	Component			
	1	2	3	4
维度 1：管理事务性工作				
E23 开发出商业计划，展示给可能的投资者	<u>0.856</u>	0.125	0.114	0.014
E08 改进现有产品或服务	<u>0.793</u>	−0.001	−0.005	0.207
E17 发现潜在的投资资金来源	<u>0.732</u>	−0.162	0.116	0.072
维度 2：应对各类挑战（人—环境）				
E15 说服别人接受我的观点	−0.143	<u>0.806</u>	0.114	0.118
E13 应付环境发生未曾预料到的突然变化	−0.057	<u>0.800</u>	0.004	0.272
E27 应对挫折和负面影响	0.325	<u>0.564</u>	0.289	−0.058

① 信度分析也可以作为删除量表中某一测量项目的依据。删除测量项目的标准是“校正项总计相关性”（Corrected Item-Total Correlation）偏低或负值（保留的测量指标，其校正项总计相关性系数应大于 0.35），且删除后对总体信度有提升效果的测量指标。

② 一般来说，KMO 的值在 0.9 以上，非常适宜做因素分析；0.8~0.9，很适合；0.7~0.8，适合；0.6~0.7，不太适合；0.5~0.6，很勉强；小于 0.5 时，样本比较不适合做因素分析（吴明隆.SPSS 统计应用实务［M］. 北京：中国铁道出版社，2000.）。

续表

	Component			
	1	2	3	4
维度 3：把握自我与坚持（人—自身）				
E25 忍受不确定性	0.054	0.037	0.840	0.149
E06 清晰表述价值观和愿景	0.108	0.056	0.730	0.061
E19 在逆境中坚持	0.033	0.296	0.414	−0.033
维度 4：领导团队与创新（人—人）				
E24 鼓励员工试验新事物	0.111	−0.010	0.054	0.808
E32 打造出管理团队	−0.006	0.226	−0.031	0.665
E35 发挥他人的长处	0.298	0.106	0.333	0.620
Cronbach'α 系数	0.739	0.618	0.504	0.566
总体一致性系数	0.718			
解释变异量（%）	17.859	15.030	13.726	13.716
总体解释变异量（%）	60.331			

从探索性因素分析的结果看，各方面都达到了心理测量学的要求。探索的结果表明，创业自我效能可能是由四个因素所组成的结构。根据抽取的四个测量项目内容，依次命名为：①管理事务性工作（三个项目 E23、E08、E17），体现在处理创业计划、产品、资金方面能力的信念；②应对各类挑战（三个项目 E15、E13、E27），体现在处理来自环境方面变化能力的信念；③把握自我与坚持（三个项目 E25、E06、E19），体现在对自身坚韧不拔以及克服来自自身内部阻力和能力方面的信念；④领导团队与创新（三个项目 E24、E32、E35），体现在处理与人有关的活动方面能力的信念。

数据显示，上述四个因素较为全面地涵盖了创业自我效能中的特征：四个因素可解释的方差变异在 13.716%~17.859%区间，累积总体解释变异量达到 60.331%；各个项目在相应因子上具有较大的负荷，除 E19 外，其他都处于 0.55~0.90 区间；总体内部一致性系数为 0.718。

（二）创业自我效能因素结构的验证结果

在探索性研究中发现，创业自我效能具有并列多因素的结构。那么探索性因素分析得到的四因素结构是否是最佳的呢？仅通过探索性因素分析就认定“某潜在变量的因素结构是怎样的"还不够，需要通过另外一批样本进行验证，只有通过验证的某种结构才是可以接受的。按照以上规则，在探索性研究的基础上，本研究以另外一批调研被试为样本（N=465），进行了验证性因素分析，采用了结构方程模型技术进行验证性因素分析，主要采取的步骤包括：①提出几种可供比较的假设模型；②按照假设模型进行编程和计算；③比较各种假设模型拟合指标和各种模型的差异性；④选择可以接受的模型或最优的模型。按照以上步骤，本研究将四因素模型与可能的其他模型进行了比较，在研究中提出三个可供比较的假设验证模型，分别是创业自我效能的单因素、双因素、三因素结构模型。

模型 1：单因素模型（如图 4-4 所示）。将创业自我效能的所有因素看成是一个因素。

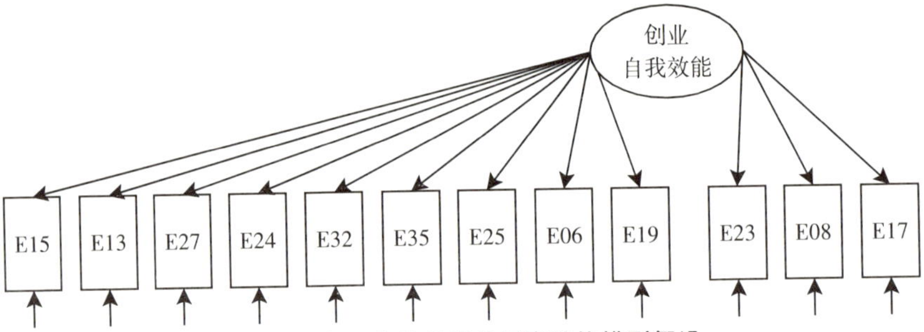

图 4-4 创业自我效能单因素结构模型假设

模型 2：双因素模型（如图 4-5 所示）。将"应对各类挑战""把握自我与坚持""领导团队与创新"结合在一起（与运用主成分分析强迫提取两个因素得到的结果一致），因为这三者侧重的是对创业领导自我效能的测量，而另外一个因素"管理事务性工作"侧重的是对创业管理自我效能的测量。这里需要特别指出的是，"把握自我与坚持"尤其体现在变革情境中，而领导的实质在于变革

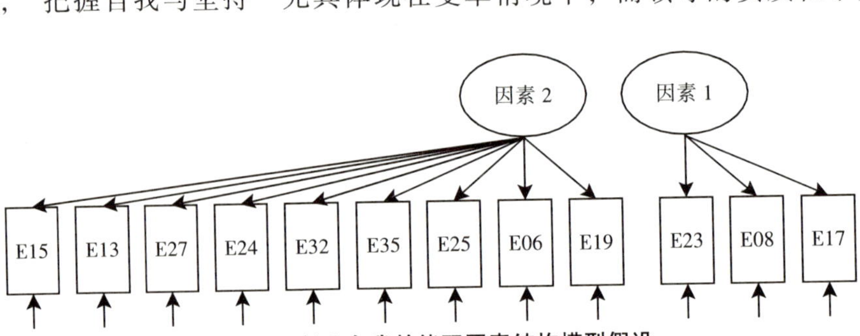

图 4-5 创业自我效能双因素结构模型假设

(Kotter，1990)，把握自我与坚持被认为是领导变革的基础，因此在此模型中将其归入对创业领导自我效能测量的范畴。

模型3：三因素模型（如图4-6所示）。将管理事务性工作、把握自我与坚持、领导团队与应对挑战（包括开发人力资源与应对各类挑战两方面内容）作为三个相对独立的因素。三个因素分别侧重对事（管理事务性工作）、对己（把握自我与坚持）、对人和环境（打造团队与应对挑战）三种功能对象能力信念的测量。

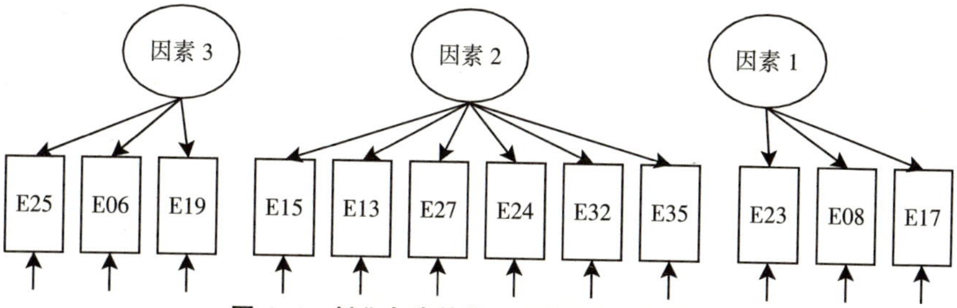

图4-6 创业自我效能三因素结构模型假设

模型4：四因素模型（如图4-7所示）。根据探索性研究的结果，将创业自我效能分为管理事务性工作、应对各类挑战、把握自我与坚持、开发人力资源四个因素。

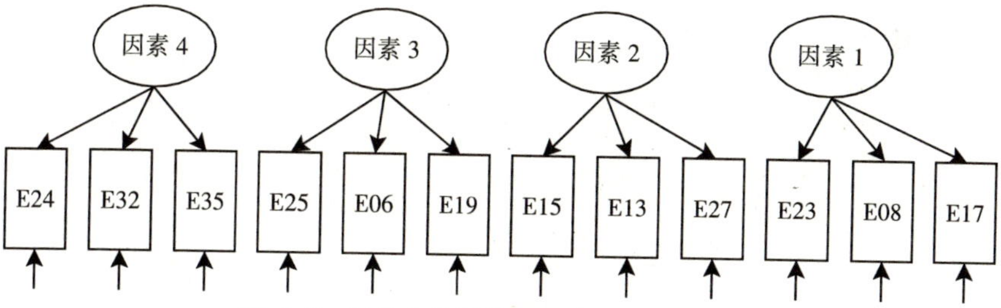

图4-7 创业自我效能四因素结构模型假设

运用结构方程模型，对四种创业自我效能因素结构模型进行编程和计算，得出如表4-4所示的模型拟合指标。

表 4-4 创业自我效能的四种假设模型的各种拟合指标（N=465）

模型	df	χ^2	χ^2/df	RMSEA	GFI	AGFI	NNFI	CFI
虚模式	66	26281.59						
单因素模型	54	265.11	4.91	0.092	0.91	0.87	0.83	0.86
双因素模型	53	185.19	3.49	0.073	0.94	0.91	0.87	0.90
三因素模型	51	151.81	2.98	0.065	0.95	0.92	0.90	0.92
四因素模型	48	139.14	2.90	0.064	0.95	0.92	0.91	0.93

根据第三章第五节第三部分的论述，将判断模型拟合度指标总结如表 4-5 所示。

表 4-5 结构方程模型拟合指数表

类别	名称	判断准则
绝对拟合指数	拟合优度 χ^2 检验 χ^2 Goodness of Fit Test	χ^2/df 小于 2 时表示拟合得好，在［2，5］区间表示模型拟合可以接受，该指数主要用于多个模型之间的比较
	近似误差均方根 RMSEA Root Mean Square Error of Approximation	RMSEA 小于 0.1 表示模型拟合理想，小于 0.08 表示模型拟合得好，低于 0.01 表示模型拟合得非常出色，大于 0.1 表示模型不理想
	拟合优度指数 GFI Goodness of Fit Index	在［0，1］区间，GFI 大于 0.8 且小于 0.89 认为模型拟合合理，大于 0.9 表示模型拟合得好，越接近 1，拟合效果越好
	修正拟合优度指数 AGFI Goodness of Fit Index Adjusted	大于 0.8 表示模型拟合得较好
相对拟合指数	非标准拟合指数 NNFI Non-normed Fit Index	NNFI 可能超过 1，若 NNFI 大于或等于 0.9，说明模型拟合得好
	比较拟合指数 CFI Comparative Fit Index	在［0，1］区间，CFI 大于 0.9，说明模型拟合得好

资料来源：黄芳铭（2005）；侯杰泰等（2004）。

表 4-4 对上述四个模型的拟合指标进行了对比，根据表 4-5 的判断标准，三因素和四因素模型相对于单因素、双因素模型，在指标 χ^2/df、RMSEA、GFI、AGFI、NNFI、CFI 均较好。从验证性因素分析的指数上看，三因素模型和四因素模型都达到了可以接受的水平且差别不大，这表明两种模型都是比较好的。为了进一步比较三因素模型和四因素模型的优劣，本研究对两个模型进行了差异性检验，以考察两个模型的优劣：在 Δdf 一定的情况下，$\Delta\chi^2$ 的显著性水平见表 4-6。

Δdf为两比较模型的自由度之差，$\Delta\chi^2$为两比较模型χ^2之差，结果查χ^2分布表即可知其差异显著性（Bryne，1989）。从比较结果看，双因素模型与三因素模型存在显著性差异，说明三因素模型比双因素模型具有更为合理的结构；三因素模型与四因素模型不存在显著性差异，说明三因素模型与四因素模型结构差别不大。

表 4-6　创业自我效能的两种假设模型 χ^2 和 df 值及差异比较结果（N=465）

模型	df	χ^2	χ^2/df	$\Delta\chi^2$	Δdf	$\Delta\chi^2/\Delta df$
单因素模型	54	265.11	4.91			
双因素模型	53	185.19	3.49	79.92	1	79.92*
三因素模型	51	151.81	2.98	33.38	2	16.69*
四因素模型	48	139.14	2.90	12.67	3	4.22

注：当$\Delta df = 2$时，$p < 0.05$的临界值为$\chi^2 = 5.99$；当$\Delta df = 3$时，$p < 0.05$的临界值为$\chi^2 = 7.81$。

相对而言，数据对三因素模型结构的拟合优于四因素模型，原因在于：①通过$\Delta\chi^2$的差异显著性检验，三因素结构的指数更优；②三因素模型更加简单，根据“简约原则”，在同等类似条件下简单（自由度大）是模型选择的一个重要依据（侯杰泰等，2004）；③在理论上，三因素模型将“管理事务性工作”、“把握自我与坚持”、“领导团队与应对挑战”作为三个相对独立的因素。“管理事务性工作”属于管理范畴（对事）——创业管理自我效能；“领导团队与应对挑战”作为一个整体属于领导范畴（对人和环境）——创业领导自我效能；“把握自我与坚持”（对己）属于自我范畴——创业坚持自我效能。从以上三个方面能够对测量对象进行良好的解释。

创业自我效能的验证性因素分析结果如表 4-7 所示，其总体一致性系数较好，表明创业自我效能量表具有较好的稳定性和可靠性。图 4-8 所示是创业自我效能三因素模型完全标准化系数解。

表 4-7　创业自我效能的验证性因素分析结果（N=465）

维度 1：管理事务性工作（创业管理自我效能）
E23 开发出商业计划，展示给可能的投资者
E08 改进现有产品或服务
E17 发现潜在的投资资金来源

续表

维度 2：领导团队与应对挑战（创业领导自我效能）	
E15 说服别人接受我的观点	
E13 应付环境发生未曾预料到的突然变化	
E27 应对挫折和负面影响	
E24 鼓励员工试验新事物	
E32 打造出管理团队	
E35 发挥他人的长处	
维度 3：把握自我与坚持（创业坚持自我效能）	
E25 忍受不确定性	
E06 清晰表述价值观和愿景	
E19 在逆境中坚持	
总体一致性系数	0.734

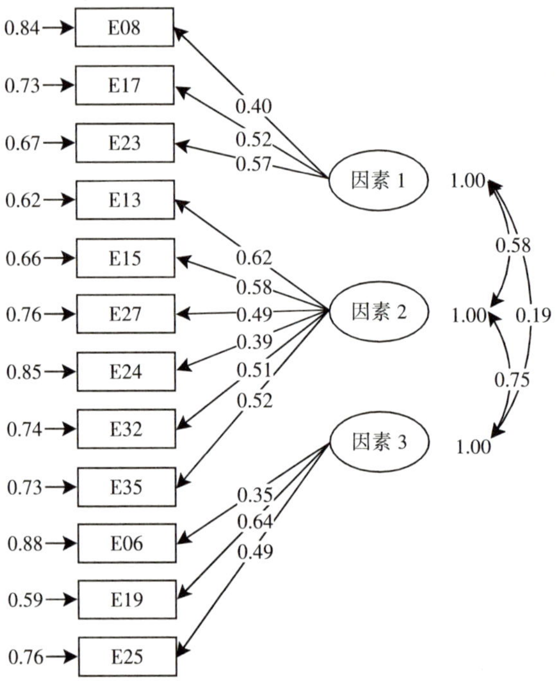

图 4-8　创业自我效能三因素结构模型完全标准化系数解

二、认知风格的结构验证

采用相同的方法，我们对认知风格进行了探索性因素分析和验证性因素分析。从因素抽取的情况来看，除了个别题项有所变化[①]，整体较好地符合了在原理论和假设推导部分中所提出的三个因素/维度的认知风格构思，即原创性（三个题项，F06、F08、F12）、效率性（四个题项，F05、F13、F02、F17）、顺从性（四个题项，F09、F01、F04、F11）。

数据显示，上述三个因素较为全面地解释了认知风格的差异：三个因素可解释的方差变异为 17.611%~22.720%。累积总体解释变异量达到 59.950%，接近 60%；各个项目在相应因子上具有较大的负荷，除 F11 外，其他都处于 0.55~0.85；内部一致性系数为 0.805~0.681，总体内部一致性系数 0.624，达到了可以接受的水平[②]。如表 4-8 所示。

表 4-8　关于 KAI 认知风格的验证性因素分析结果（N=175）

	Component		
	1	2	3
维度 1：原创性			
F06 您有原创性的想法	0.845	–0.087	0.134
F08 您可以被激发出很多不同的设想	0.840	–0.032	–0.120
F12 您在同一时刻可以产生若干个新想法	0.814	–0.104	–0.178
维度 2：效率性			
F05 您喜欢具体的、细节性的工作	0.037	0.774	0.181
F13 在没有得到正式允诺前，您绝不开展工作	0.030	0.742	0.190
F02 您思考问题总是十分彻底	–0.431	0.577	0.200
F07 您不知疲倦地获取各种细节信息	–0.365	0.565	0.143

① 在因素分析中，13 个题项中的两个题项（F03、F10）因为交叉负荷过高而删除，F09、F13 两个题项所属维度与 Bagozzi 和 Foxall（1995，1996）的研究有所变化。

② 很多学者认为量表的总体内部一致性系数 a 值以大于 0.7 为宜，低于 0.6 则要考虑对量表进行修订（吴明隆，2003）。也有的学者（凌文辁、方俐洛，2003）认为，在 0.6 以上为可以接受的信度（凌文辁，方俐洛. 心理和行为测量［M］. 北京：机械工业出版社，2003.）。

续表

	Component		
	1	2	3
维度 3：顺从性			
F09 您倾向于接受有方法套路的、系统化的事情	0.027	0.015	0.756
F01 您考虑问题的出发点是遵守规章制度	−0.063	0.357	0.699
F04 您在面对权威时总是小心谨慎地处置	−0.093	0.232	0.662
F11 您时刻准备与已有的工作模式保持匹配	−0.285	0.396	0.496
Cronbach'α 系数	0.805	0.694	0.681
总体一致性系数	0.624		
解释变异量（%）	22.720	19.619	17.611
总体解释变异量（%）	59.950		

三、创业自我效能的描述统计与影响因素

（一）不同特征样本的创业自我效能描述与差异分析

创业自我效能的差异性分析是研究其影响因素的一条有效途径。本研究对人口统计学诸因素（包括组织因素、家庭因素、个体特征）、环境劝导程度、认知特征等因素进行了描述统计，运用方差分析方法对各统计变量在创业自我效能是否存在差异进行了整体性检验，并在方差分析的基础上，运用独立样本 t 检验的方法对组内的变量分别进行了比较。下列表 4–9a、表 4–9b、表 4–9c 分别是各统计变量的描述性统计、统计分析检验和比较结果。

表 4–9a　人口统计变量在创业自我效能得分上的独立样本 T 检验和单因素方差分析结果（N=316）

人口统计变量		编码	属性	N	M	SD	F	比较样本 t 值
组织因素	组织性质	1=	国有/集体	37	94.4865	12.97995	0.895	
		2=	外资控股	26	92.5769	12.17924		
		3=	民营	57	89.8772	13.80615		
		4=	政府/事业	53	94.0189	14.49468		
	行业性质	1=	高新技术行业	70	91.4429	14.11407	0.240	
		2=	传统行业	59	93.0847	12.71883		
		3=	政府/事业	56	92.6429	15.58487		

续表

人口统计变量		编码	属性	N	M	SD	F	比较样本 t 值
组织因素	组织规模（人员）	1=	1~50 人	32	92.5625	14.64843	1.600	3 比 4 (−2.101*) 4 比 5 (2.163*)
		2=	51~100 人	18	94.7778	9.66836		
		3=	101~500 人	48	90.3750	14.43050		
		4=	500~1000 人	15	99.4000	14.82180		
		5=	1000~10000 人	39	89.3590	15.44172		
		6=	10000 人以上	35	94.2571	12.68010		
	组织成立年数	1=	1 年以下	7	86.7143	8.78852	1.110	1 比 3 (−1.803$^{\#}$)
		2=	1~5 年	29	89.1034	15.21359		
		3=	6~10 年	35	93.9143	12.72878		
		4=	10 年以上	114	93.2982	14.45159		
	组织发展阶段	1=	初创业阶段	17	85.2353	14.68217	1.843	1 比 2 (0.009*) 1 比 3 (0.092*)
		2=	成长发展阶段	54	93.5556	14.69651		
		3=	成熟阶段	62	94.0323	11.95479		
		4=	二次创业阶段	26	91.0000	12.11941		
个体特征因素	性别	1=	男	143	91.7622	12.39773	0.523	−0.777
		2=	女	148	92.9324	13.25915		
	年龄	1=	17~23 岁	66	94.2273	10.94995	1.092	
		2=	24~29 岁	181	91.2762	13.35835		
		3=	30~35 岁	39	93.4615	12.92457		
		4=	36~45 岁	14	93.2857	11.61185		
		5=	45 岁以上	6	97.8333	14.68900		
	文化程度	1=	中学（初、高）	2	89.5000	0.70711	1.397	
		2=	中（职）专	14	96.2857	13.32683		
		3=	大学（本、专）	106	94.4245	12.64003		
		4=	研究生	191	91.2880	12.59598		
	经济管理正规教育	1=	有	177	91.9153	13.01217	0.004	−0.761
		2=	无	133	93.0226	12.20622		
	创业教育	1=	有	34	93.3235	13.94083	0.211	0.687
		2=	无	235	92.3447	13.12743		

续表

人口统计变量		编码	属性	N	M	SD	F	比较样本 t 值
个体特征因素	工作经验（含学生样本）	1=	无	112	92.7857	10.37185	0.608	
		2=	1 年以内	51	91.6863	17.11080		
		3=	1~2 年	44	90.9545	13.55944		
		4=	3~5 年	39	91.1795	11.23873		
		5=	6~10 年	26	92.2308	12.78846		
		6=	10~15 年	12	96.1667	15.64860		
		7=	16~20 年	9	95.5556	9.72254		
		8=	20 年以上	7	98.0000	13.67479		
	工作经验（不含学生样本）	1=	工龄 10 年以上	28	96.4286	13.04814	0.044	1.840#
		2=	工龄 10 年以内	160	91.4500	14.06758		

注：①# 表示 $p<0.10$，* 表示 $p<0.05$，** 表示 $p<0.01$；②“比较样本”栏的数字分别与“编码”和“属性”栏的数字所代表的属性对应。

表 4–9b　人口统计变量在创业自我效能得分上的独立样本 T 检验和单因素方差分析结果（N=594）

人口统计变量		编码=属性		N	M	SD	F	比较样本 t 值
个体特征因素	性别	1=	男	240	40.9750	7.05562	0.880	0.679
		2=	女	328	40.7470	6.04721		
	年级	1=	低年级（1、2）	253	41.9289	6.41820	0.215*	3.927**
		2=	高年级（3、4）	340	39.8176	6.51630		
	专业背景	1=	管理学	271	41.2657	6.46096	6.512*	1 比 2 (4.858**) 2 比 5 (–4.549**)
		2=	工学	67	37.1045	5.46375		
		3=	理学	57	40.0000	5.86454		
		4=	教育学	13	42.0000	6.45497		
		5=	经济学	184	41.3478	6.88300		
	创业教育	1=	有	217	41.6267	6.86536	4.295*	2.091*
		2=	无	360	40.4694	6.16795		
家庭因素	生源	1=	农村	264	41.4356	6.55567	2.572#	1 比 2 (2.230*)
		2=	乡镇	100	39.7900	6.17963		
		3=	城市	208	40.6058	6.49328		

续表

人口统计变量			编码=属性	N	M	SD	F	比较样本 t 值
家庭因素	父母文化程度	1=	父母文化程度高（27%，≥6）	194	39.6546	6.35392	0.223*	−2.075*
		2=	父母文化程度低（27%，≤3）	194	41.0103	6.51582		
	亲属有创业下岗再就业经历	1=	创业、再就业多（27%，≥2）	175	42.3086	6.15758	3.468*	2.412*
		2=	创业、再就业少（27%，=0）	85	40.1765	6.92679		
	家庭人均月收入	1=	农村高收入组（27%，≥1）	80	40.6500	6.86045	0.015	
		2=	农村低收入组（27%，≤0.40）	83	41.2169	6.30727		
		1=	城镇高收入组（27%，≥1.33）	86	41.8256	6.43738	0.215	
		2=	城镇低收入组（27%，≤0.75）	111	40.5676	6.73474		
		2=	低分组（27%，≤18）	183	39.1202	5.86166		

注：①# 表示 $p<0.10$，* 表示 $p<0.05$，** 表示 $p<0.01$；②“比较样本”栏的数字分别与“编码 = 属性”栏的数字所代表的属性对应。

表 4–9c　相关统计变量在创业自我效能得分上的独立样本 T 检验和单因素方差分析结果（N=594）

统计变量			编码=属性	N	M	SD	F	t 值
环境劝导	亲朋好友劝导	1=	高分组（27%，≥14）	205	41.6293	6.90901	1.369#	1.958
		2=	低分组（27%，≤10）	183	40.3169	6.29042		
	社会环境劝导	1=	高分组（27%，≥25）	169	42.9882	7.01443	6.705**	5.629
		2=	低分组（27%，≤18）	183	39.1202	5.86166		
认知因素	认知风格	1=	创新型（>39）	246	41.5650	6.63954	0.097*	2.155
		2=	适应型（<39）	282	40.3440	6.32558		
	* 学习风格	1=	顺应型（AC）	28	91.6429	16.02825	0.038	
		2=	发散型（DI）	59	92.2034	11.16611		
		3=	聚敛性（CO）	25	91.8800	17.49362		
		4=	同化型（AS）	72	92.5972	14.20639		

注：①# 表示 $p<0.10$，* 表示 $p<0.05$，** 表示 $p<0.01$；②学习风格使用 N = 316 样本。

表 4–10 是根据表 4–9a、表 4–9b、表 4–9c 的统计结果编制的创业自我效能在各统计学变量上的解释。

表 4–10 创业自我效能在相关统计变量方面的差异结果解释

	相关统计变量	结论	创业自我效能差异的解释
组织因素	组织性质、行业性质	整体上不存在显著差异	
	组织规模	整体上不存在显著差异	500~1000 人中等规模企业员工要比其他规模企业高，尤其与 101~500 人以及 1000~10000 人企业员工差异显著
	组织成立年数	整体上不存在显著差异	组织成立 6~10 年的员工比组织成立一年以下的员工高，差异显著
	组织发展阶段	整体上不存在显著差异	组织属于初创业阶段，员工比其他阶段低，成熟阶段最高；初创业阶段与成长阶段、成熟阶段差异显著
个体特征	性别	不存在性别差异	
	年龄、文化程度	整体上不存在显著差异	
	经济管理及创业教育（社会样本）	不存在差异	
	* 工作经验	以 10 年工龄为划分标准在 0.10 显著水平存在差异	10 年以上工龄员工比工龄不足 10 年员工高
	年级（学生样本）	存在显著差异	高年级样本比低年级样本低
	专业背景（学生样本）	整体上存在显著差异	经济管理专业样本比工科样本高，差异显著
	创业教育	是否受过创业教育存在显著差异	受过创业教育的样本比没有受过创业教育的样本高
家庭因素	生源	整体上存在显著差异	来自农村样本最高，其次是城市，乡镇最低
	* 父母文化程度	高低组存在显著差异	父母文化程度高的样本创业自我效能低于父母文化程度低的样本
	创业、下岗再就业经历	高低组存在显著差异	父母、其他亲近亲属有创业、下岗再就业行为多的样本创业自我效能高于没有类似行为家属的样本
	家庭人均月收入	收入高低不存在显著差异	
环境劝导	* 亲朋好友劝导	高低组 0.10 显著水平存在差异	感受到的亲朋好友劝导高的样本创业自我效能高于劝导低的样本
	* 社会环境劝导	高低组存在显著差异	感受到的社会环境劝导高的样本创业自我效能高于社会环境劝导低的样本

续表

	相关统计变量	结论	创业自我效能差异的解释
认知因素	* 认知风格	创新型与适应型存在显著差异	创新型认知风格样本创业自我效能高于适应型认知方式样本
	* 学习风格	整体上不存在显著差异	

注：标有 * 号变量将进一步进行相关分析。

（二）创业自我效能的影响因素——相关分析

在对各统计因素进行差异性分析的基础上，本研究将其中存在差异性的一部分重要因素综合起来，包括父母文化程度、社会环境劝导、亲朋好友劝导、工作经验、KAI 认知风格、学习风格六个因素，分为非认知因素与认知因素两大类，分别考察它们与创业自我效能以及创业自我效能三个维度之间的相关性。

表 4-11 至表 4-13 是本研究的描述性统计与相关分析，包括非认知因素与认知因素分别与创业自我效能以及创业自我效能三个因素/维度（创业管理、创业领导、创业坚持）的相关性。非认知因素包括父母文化程度、社会环境劝导、亲朋好友劝导以及工作经验；认知因素包括 KAI 认知风格的三个维度——原创性、效率性、顺从性以及 Kolb's LSI 学习风格的四个维度——具体体验（CE）、省思观察（RO）、抽象概念（AC）、积极实践（AE）。

1. 非认知因素

表 4-11a　创业自我效能与相关统计变量的相关性分析（N=594）

变量	M	SD	1	2	3	4
1. 父母文化程度	4.7641	2.35192				
2. 社会环境劝导	21.4904	5.21583	−0.095*			
3. 亲朋好友劝导	12.2586	3.69830	−0.023	0.163***		
4. 工作经验	3.78	1.645				
创业自我效能（ESE）	40.7071	6.55333	−0.098**	0.241***	0.095*	0.106#

注：①# 表示 $p < 0.10$，* 表示 $p < 0.05$，** 表示 $p < 0.01$，*** 表示 $p < 0.001$；②工作经验使用 N = 316 样本。

表 4-11b　创业自我效能各维度与相关统计变量的相关性分析（N=594）

变量	M	SD	1	2	3	4
1. 父母文化程度	4.7641	2.35192				
2. 社会环境劝导	21.4904	5.21583	−0.095*			
3. 亲朋好友劝导	12.2586	3.69830	−0.023	0.163**		
4. 工作经验	3.78	1.645				
E1. 管理事务性工作	10.4505	2.07182	−0.037	0.211***	0.267***	0.099#
E2. 领导团队与应对挑战	20.8227	4.01693	−0.104**	0.219***	0.019	0.114#
E3. 把握自我与坚持	9.6224	2.48271	−0.087*	0.109**	0.009	0.025

注：①# 表示 $p<0.10$，* 表示 $p<0.05$，** 表示 $p<0.01$，*** 表示 $p<0.001$；②工作经验使用 $N=316$ 样本。

2. 认知因素

表 4-12a　创业自我效能与认知风格（KAI）的相关性分析（N=594）

变量	M	SD	1	2	3
1. 原创性	11.1968	2.00882			
2. 效率性	9.9947	2.42136	−0.309***		
3. 顺从性	9.5648	2.56460	−0.209***	0.462***	
创业自我效能（ESE）	40.7071	6.55333	0.327***	−0.109**	−0.076*

注：①# 表示 $p<0.10$，* 表示 $p<0.05$，** 表示 $p<0.01$，*** 表示 $p<0.001$。

表 4-12b　创业自我效能各维度与 KAI 认知风格的相关性分析（N=594）

变量	M	SD	1	2	3
1. 原创性	11.1968	2.00882			
2. 效率性	9.9947	2.42136	−0.309***		
3. 顺从性	9.5648	2.56460	−0.209***	0.462***	
E1. 管理事务性工作	10.4505	2.07182	0.451***	−0.277***	−0.133**
E2. 领导团队与应对挑战	20.8227	4.01693	0.225***	−0.032	−0.073#
E3. 把握自我与坚持	9.6224	2.48271	0.078#	0.015	0.052

注：# 表示 $p<0.10$，* 表示 $p<0.05$，** 表示 $p<0.01$，*** 表示 $p<0.001$。

表 4-13　创业自我效能与学习风格（Kolb's LSI）的相关性分析（N=316）

变量	M	SD	1	2	3	4
1. 具体体验（CE）	25.6919	5.33316				
2. 省思观察（RO）	29.6162	4.71339	−0.147*			
3. 抽象概念（AC）	32.1135	5.95938	−0.377***	−0.220**		
4. 积极实践（AE）	31.5109	5.48818	−0.088	−0.201**	−0.326***	
创业自我效能（ESE）	92.1915	14.00021	0.045	−0.056	−0.049	0.002

注：# 表示 $p<0.10$，* 表示 $p<0.05$，** 表示 $p<0.01$，*** 表示 $p<0.001$。

分析结果显示：

（1）父母文化程度与创业自我效能存在显著的负相关；社会环境劝导、亲朋好友劝导与创业自我效能存在显著的正相关；工作经验与创业自我效能在 0.10 显著水平上正相关；其中社会环境劝导水平与创业自我效能的显著水平最高。

（2）社会环境劝导与创业自我效能的三个维度都有显著的正相关；亲朋好友劝导与“管理事务性工作”维度有显著的正相关；工作经验与“管理事务性工作”以及“领导团队与应对挑战”在 0.10 显著水平上正相关。

（3）KAI 认知风格的三个维度与创业自我效能存在显著的正相关。三个维度与创业自我效能管理均显著正相关；其中仅有原创性与创业领导显著正相关；而在创业坚持上 KAI 认知风格三个维度都不存在 0.05 显著水平相关。

（4）LSI 学习风格的四个维度与创业自我效能的相关性不显著。

相关分析只能说明变量之间是否存在关联，无法说明变量之间的影响关系大小以及因果关系。因此，为了进一步验证变量之间关系及其显著性程度，需要对变量展开多元回归分析。

（三）创业自我效能的非认知影响因素——因果分析

根据一些重要因素与创业自我效能相关性的分析结果，我们就因素之间的关系做进一步的探讨，主要包括以下几方面的工作：

（1）明确创业自我效能的影响变量，即性别、专业、环境劝导、KAI 认知风格等对创业自我效能是否存在影响作用。

（2）探索这种影响作用的形成机制，即变量间的交互作用是否存在，如环境劝导和 KAI 认知风格是否存在交互作用。

（3）明确这种影响作用的内在机制，即因素与因素的关联，如“原创性”与

“把握自我与坚持”是否存在关联度。

在研究中采用 SPSS 多元回归分析模块（逐轮进入）完成分析。第一轮是对控制变量（人口统计变量，包括性别、生源、专业、是否受过创业教育、父母文化程度）加以验证。其中父母文化程度可视为连续变量①，而性别、专业、是否受过创业教育均为分类变量。此处采用虚拟变量的方式，以生源为例（有农村、乡镇、城市三个水平），选择城市作为基准变量，即在回归方程中引入两个虚拟变量② O1 和 O2，分别表示农村和乡镇。如果观测值为农村，则 O1 取值为 1，否则为 0；如果观测值为乡镇，则 D2 取值为 1，否则为 0。第二轮是对环境劝导、KAI 认知风格进行分析。第三轮是对交互作用进行分析。

在进行多元回归前对预测变量相关分析结果进行了检查，并没有出现两个预测变量相关系数大于 0.75 的情况，因此所提出的预测变量全部进入回归分析程序。多元回归同步进行了以下两个检验：

（1）多重共线性检验（collinearity statistics）：反映变量之间的多重共线性问题，用方差膨胀因子 VIF（variance inflation factor）和条件指针 CI（condition index）的大小来检测。VIF 一般认为在 1~5 区间可以接受，接近 1 为佳。CI 值如果在 15 以上，则表示可能有多元共线性问题；如果在 30 以上，则表示有严重的共线性问题；如果在 100 以上，表示此回归模型分析的共线性问题十分严重，应找出预测变量间彼此高相关的变量，将其中的某些变量不要导入回归分析的自变量中（吴明隆，2003：131）。

（2）Durbin-Watson 检验：考察解释变量的残差是否存在自相关，用 Dw 系数表示。Dw 值的情况包括：① 当残差与自变量互为独立时，Dw≈2；② 当相邻两点的残差为正相关时，$0<Dw<2$；③ 当相邻两点的残差为负相关时，$2<Dw<4$。一般认为，弱误差项彼此相关，则回归模型的任何估计和假设结论都是不可靠的。

表 4-14 的数据提供了以下信息：① 多重共线性与自相关问题。第一轮和第二轮回归的多重共线性问题并不明显，VIF 值接近 1。Dw 指数 1.863 和 1.895 略低于 2，但远大于 0，基本上可以判定不存在自相关问题；第三轮回归加入交互

① 在问卷调研中，将文化程度由低到高分为五档，要求被调研者分别对父亲、母亲进行打分。父母文化程度为父亲与母亲得分加和的结果。

② Dummy variable，又称“哑变量”。

作用（环境劝导 × 认知风格）后，其 CI 值和 VIF 值分别达到了 200.421 和 107.646，出现了严重的多重共线性问题。②影响变量。在第一轮回归中，所学专业对创业自我效能有一定的预测力，表现为 0.05 水平上的 β 系数（0.134），这种效应在第二轮回归中随着环境劝导、KAI 认知风格的进入而削弱，而且 ΔR^2 的变化达到 0.045。第三轮回归，将环境劝导与认知风格的交互作用引入，ΔR^2 为 0 且共线性问题严重，说明交互作用的存在对整个模型意义不大。

表 4-14 创业自我效能影响因素的多元回归分析（N=594）

	第一轮		第二轮		第三轮		CI	VIF
	Beta	t 值	Beta	t 值	Beta	t 值		
* 人口统计变量								
性别	0.030	0.688						
生源（农村）	0.067	1.149						
生源（乡镇）	-0.045	-0.925						
创业教育（是否）	0.064	1.449						
专业（是否经管）	0.134**	3.035	0.119**	2.775	0.119**	2.773	4.733 4.724 5.102	1.048 1.013 1.013
父母文化程度	-0.065	-1.234						
* 影响变量								
环境劝导			0.219***	5.112	0.378	0.969	11.552 11.080	1.003 ~~82.890~~
KAI 认知风格			0.140***	3.257	0.225	1.060	26.823 20.423	1.010 24.660
* 交互作用								
环境劝导 × 认知风格					0.182	-0.410	~~200.421~~	~~107.646~~
F	3.923***		16.224***		12.189***			
R	0.209		0.298		0.299			
R^2	0.044		0.089		0.089			
ΔR^2			0.045		0			
Adj.R^2	0.032		0.084		0.082			
Durbin-Watson	1.863		1.895		1.896			

注：* 表示 $p<0.05$，** 表示 $p<0.01$，*** 表示 $p<0.001$。

在研究发现的创业自我效能影响因素中，环境劝导包括社会环境劝导和亲朋好友劝导两个维度，KAI 认知风格包括原创性、效率性、顺从性三个维度。因此，接下来本研究将就影响创业自我效能的内在机制进行深入探讨，旨在发现因素与因素之间的关系。因变量是创业自我效能的三个因素，自变量是环境劝导和 KAI 认知风格的各个维度，采用多元回归探索各因素之间的关系（如表 4-15 所示）。

表 4-15　创业自我效能各因素对环境劝导与 KAI 认知风格的多元回归分析（N=594）

	1. 管理事务工作		2. 领导团队与应对挑战		3. 把握自我与坚持		CI	VIF
	Beta	t 值	Beta	t 值	Beta	t 值		
* 环境劝导								
社会环境劝导	0.141***	3.662	0.202***	4.652	0.113*	2.507	7.550 7.523 7.608	1.047 1.047 1.046
亲朋好友劝导	0.183***	4.747	−0.062	−1.418	−0.047	−1.028	9.798 9.776 9.921	1.053 1.053 1.054
* KAI 认知风格								
原创性	0.383***	9.663	0.232***	5.155	0.094*	2.017	12.279 12.266 12.376	1.117 1.120 1.108
效率性	−0.141***	−3.250	0.038	0.768	0.014	0.266	13.196 13.164 13.146	1.341 1.346 1.328
顺从性	0.025	0.586	−0.027	−0.554	0.074	1.499	26.559 26.542 26.758	1.275 1.276 1.254
F	41.942***		11.144***		2.657*			
R	0.543		0.317		0.161			
R^2	0.295		0.1		0.026			
Adj. R^2	0.288		0.091		0.16			
Durbin-Watson	1.947		1.922		2.027			

注：* 表示 $p<0.05$，** 表示 $p<0.01$，*** 表示 $p<0.001$。

根据表 4-15 的统计信息，所有的 CI 值不大于 30，VIF 都接近 1，表明不存在多重共线性问题。Dw 系数都接近 2，说明自相关问题也不突出。各个 R^2 的 F 值的显著水平表明，回归模型总体效果较为理想。其中：①创业管理自我效能模型（管理事务性工作）中，社会环境劝导（β=0.141）、亲朋好友劝导（β=0.183）、原创性（β=0.383）、效率性（β=−0.141）都呈显著性水平，R^2 为 0.295，F 值显著；②创业领导自我效能模型（领导团队与应对挑战）中，社会环境劝导（β=0.202）、原创性（β=0.232）都呈显著性水平，R^2 为0.1，F 值显著；③创业坚持自我效能模型（把握自我与坚持）中，社会环境劝导（β =0.113）、原创性（β=0.094）都呈显著性水平，R^2 为 0.026，F 值显著。

根据前一部分的研究成果，创业自我效能受到环境劝导和 KAI 认知风格的影响。进一步的研究发现：① 创业管理自我效能受到社会环境劝导、亲朋好友劝导和原创性、效率性的影响；②创业领导自我效能受到社会环境劝导和原创性的影响；③ 创业坚持自我效能受到社会环境劝导和原创性的影响。不同维度的创业自我效能由不同的影响因素促成（如图 4–9 所示）。

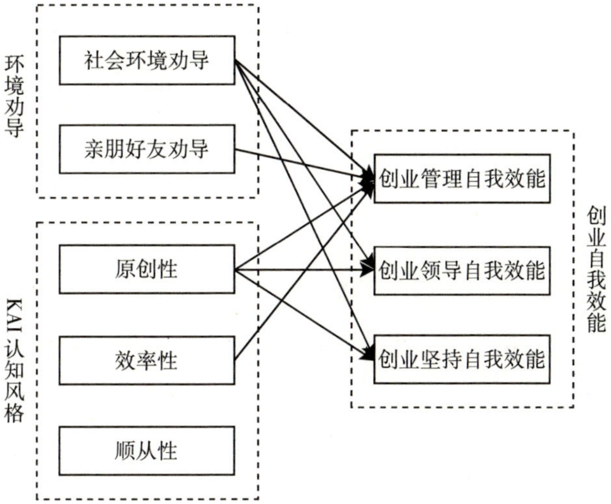

图 4–9　创业自我效能三个维度的影响因素及其影响机制

第五节 研究讨论

一、创业自我效能和认知风格因素结构

（一）创业自我效能的因素结构模型

1. 三因素：创业管理、创业领导与创业坚持

在本研究的第三章第四节第一部分的结构性假设中，提出创业自我效能是一个多维度结构，从创业者针对创业任务所扮演的角色角度出发，包括创业管理自我效能和创业领导自我效能。经探索性因素分析、验证性因素分析，研究结果支持了创业自我效能的并列多维度模型，包括三个维度：创业管理、创业领导和创业坚持。如图 4-10 所示。

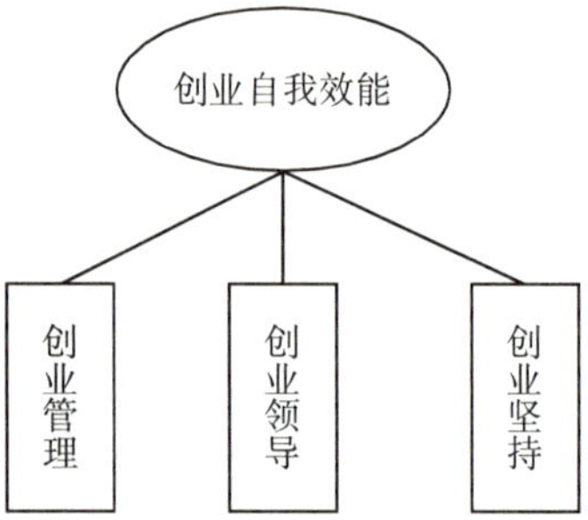

图 4-10 创业自我效能因素结构模型（角色特征模型）

基于科特的领导理论，创业管理指的是应对创业过程出现的各种复杂性任务；创业领导指的是应对创业过程中的各类创新与变革。根据班杜拉及其后继研究者的观点（Bandura，1977，1986），自我效能会影响个体在活动中的努力程度以及面临困难、挫折和失败时对活动的坚持性。特别是对于那些富有挑战性或带有革新性质的创造活动而言，这种坚持性是保证活动成功的必要条件。在本研究所发现的创业坚持维度，则是创业者对创业目标和愿景，以及其自身的深层假设与信仰的坚持，这种深层假设或信念根据沙因的观点是组成或影响新组织文化的重要因素，反映了创业者对创业的动机、目的与意义，以及如何创业的真正看法

与主张。

由于创业者面临任务和内外环境的复杂性和多变性，创业者在创业过程中，需要不断克服各种阻力，领导创新和变革。创新和变革阻力的形成，根本在于分散在组织内外的不同层面的利益相关者对利益风险的态度，协调和平衡各方利益需要高超的政治技巧。创业过程实质是克服各种阻力、坚持达到目标的过程，这种阻力包括以下三个方面①：

（1）社会文化传统。变革使创业领导者置身于一个受社会文化影响的各种势力相互作用的网络之中，创业者通过复杂的关系网络来开展工作，而不仅是在组织内行使正式权力；在创业过程中，创业者不仅要获得创业团队内大多数成员的认同、拥护与行动，而且会通过社会关系和社会资本运作获得所需的信息资源和权力支持。因此，充分利用社会资本、重视组织社会资源和社会关系协调，从而将可能的社会文化阻力化为动力是创业者的重要责任。而以创业者及其创业团队愿景为基础形成的组织愿景所指引的组织价值主张、战略观与认知框架不仅是新组织内权力行为、组织设计和管理机制建设的依据，同时也是与其他社会组织、团体、利益集团进行沟通、联结的根本出发点和基础。

（2）创业者自身的道德品质。道德与创业者所持的伦理观相关，品质则决定了创业者的创业态度或价值观念，进而影响到创业行为、心理与认知过程、动机及动力。创业者的道德品质直接或间接地在阐明愿景与目标、确立角色与树立个人形象、激励创业团队等时得到体现，从而对共享价值观和共同愿景的沟通与实现产生影响。另外，创业者的道德品质与所处的社会伦理与文化，尤其与其所持的深层假设或信仰密切相关，创业过程中所遇到的道德品质阻力从另一角度可以看作是文化深层对创业的根本态度。

（3）当创业完成，一个组织创建、文化形成，就要受到组织文化惯性的影响。组织文化一旦被创造出来，从前的创业者就可能受到这种文化的制约，而这时的创业领导者领导变革的中心工作一方面在于能发现文化需要变革并有能力促进其变革，另一方面在于解决创造性和文化制约之间的潜在冲突（沙因，1989）。在此过程中，创业领导者要向现有文化“借力”而不是与之正面冲突，通过树立乐观的愿景、营造心理安全感、认知性重新定义以及不断学习来推进变革。

---

① 王云峰. 领导力理论溯源及创业领导研究方向［J］. 技术经济，2008（in press）.

2. 创业自我效能三因素之间的“和合”关系

创业管理、创业领导与创业坚持并不是孤立的三种角色，而是随着创业过程不断转变和相互支持。借鉴中国古典哲学中天、地、人之间的朴素辩证关系，对这三种角色之间关系解释如下：

（1）创业管理是“地”。创业者在领导创新与变革的过程中，由于创业期间组织机构、层级尚不完善，创业者同时要承担大量的管理工作，需要应对众多复杂性事务，完成创业组织的各项机能，构成创业组织的人力、物力资源和制度基础，使创业组织良好运转和成长。

（2）创业领导是“天”。它始终指引着创业过程的方向和进程，而随着初创业过程结束，伴随着组织的成长，创业者的管理角色可能更向“领导创新和变革”的领导者转变。基于学习和认知的“愿景”是创业领导的核心要素，领导变革的过程就是共启愿景和实现愿景的过程。在贯彻和实现愿景的过程中，组织成员经历共同的情感体验，形成一致性认知，即文化凝聚。

（3）创业者在创业过程中扮演着领导者与管理者的双重角色。创业管理的“天”与创业领导的“地”需要“人”的坚持，“天”与“地”的转化与运用之妙在于“人”心。下面摘录了几位中国著名创业者就自身创业经历，总结创业核心要素的肺腑之言[①]。

马云（阿里巴巴公司总裁）：“创业者，首先要有梦想（愿景，作者注），早在阿里巴巴成立之前我就有了‘互联网将改变人类生活方方面面，将要改变商业方式’的梦想。其次，要对自己有一个承诺，坚信自己……给自己一个承诺，一个坚持是十分重要的，十几年前阿里巴巴还是一个默默无闻的小公司，而走到今天，在诱惑面前，在压力面前依然坚持原则。最后是良好的团队和坚决的执行。”

俞敏洪（新东方教育集团 CEO）：“坚持明天比今天好，干五年不成就干十年，用时间长度拼聪明程度。坚持带来机会，伟大是‘熬’出来的，别太多抱怨。小胜靠智，大胜靠德。”

牛根生（蒙牛集团董事长）：“不仅要有梦想，而且要有能力，更需要坚持。胆量、眼光、能力，加上坚强的信念，平凡人也能做非凡事。”

“创业坚持”在这些创业者的心目中，是与愿景、能力并列的关键要素，也

① 文字内容根据 2008 年 4 月 2 日 CCTV-2“YBC 中国青年创业国际计划”节目的录像资料整理。

与实证研究得到的结论相呼应。创业坚持是创业领导（天—阳）与创业管理（地—阴）作用的枢纽（人—眼），是创业者创业动力的源头与文化凝聚的关键，三者是“和合”的关系。因此，创业自我效能的角色模型就是从天、地、人的朴素哲学格局考察创业者对完成创业管理、创业领导、创业坚持三种角色的信念，代表了创业者相信自己有能力解决好创业过程中面临的组织完善与基础构建、创业愿景与创业变革、创业动力与文化凝聚等问题和任务。创业自我效能所达到的理想状态，就是天时、地利、人（己）和，即解决好创业愿景与文化凝聚、组织现实与创业变革、组织成长与创业动力之间的关系，达到“成一”。它们之间的关系如图 4–11 所示。

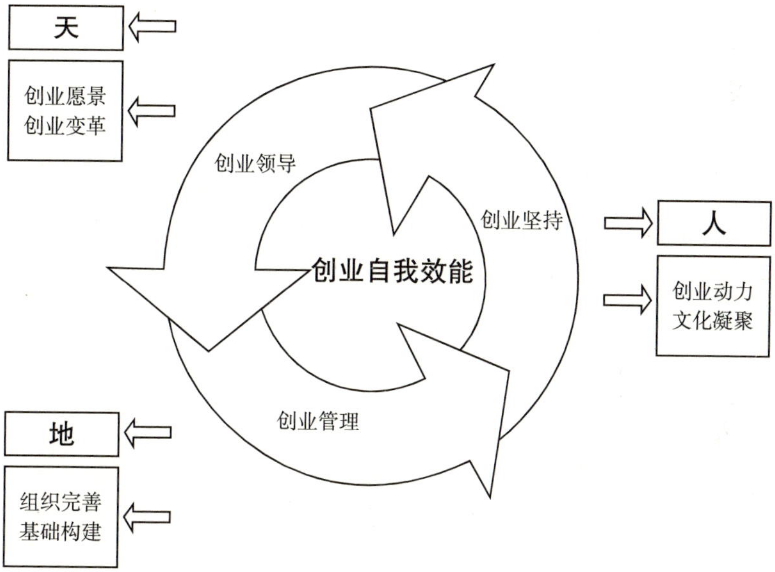

图 4–11 创业自我效能三因素之间的关系

（二）认知风格的因素结构模型

在本研究的第三章第四节第一部分的结构性假设中，提出创业者/准创业者的认知风格具有多维度的结构特征。Kirton 认为，个体的认知可以被放在一个从极端适应风格到另一个极端变革风格的连续统一体中去衡量。经过验证性分析，研究结果验证了 KAI 认知风格的三维度模型：①原创性；②效率性；③顺从性。根据量表得分的高低可以将被试样本分为两种类型：适应型认知风格与创新型认知风格。两种认知风格特征如表 4–16 所示。

表 4-16 KAI 认知风格特征

特征	适应型	创新型
问题解决态度	视原始问题为既定的问题，以效率性角度发展更佳解决方法	将原始问题再重新定义，以有效性发展新问题的解决方法
对解决方案的态度	定义明确的方案，发展较少创意，对执行解决方法的过程仔细要求	未定义明确的方案，发展多元创意，对执行解决方法并不感兴趣
环境偏好	偏好结构化情境，对既有组织规定与群体规范适应较佳	偏好非结构化情境，勇于冒险，会重新界定组织规定与群体规范
对变化的反应	面对变动会逃避、适应困难	面对变动会适应、充满弹性
彼此的知觉	创新型人格视适应型人格的人为合群、一致性高、墨守成规者	适应型人格视创新型人格的人为不合群、不切实际、麻烦制造者

资料来源：Kirton（1989a，1989b）。

二、创业自我效能的差异性与相关性讨论

根据第三章第四节以及第四章第二节对创业自我效能差异性的假设，创业自我效能在水平和强度上存在着差异性，在环境因素、个体特征和认知特征三大类因素上存在差异性。经对初试和主试样本的实证，研究发现：

（一）环境因素

1. 组织因素

创业自我效能在组织因素上不存在显著差异，即在组织性质、行业性质、组织规模、组织成立年数、组织发展阶段上不存在显著差异，但有以下几点发现：

（1）500~1000 人中等规模企业员工的创业自我效能要高于 101~500 人中小型企业以及 1000~10000 人的大型企业员工，经过对一些参与调研的企业工作人员进行访谈，原因可能在于：中等规模企业的员工能够接收到更多的创业相关信息（如市场、金融、产品等信息，但这里所指的创业相关信息是一种综合信息，不单单是其中的某一种信息）；小型企业对此类信息了解相对不够充分；而在大型企业由于层级较多，分工较细，对此类综合信息的获取受到一定限制。

（2）成立 6~10 年组织的员工要比新成立组织员工的创业自我效能高，处于成长阶段和成熟阶段的组织要比新成立组织员工的创业自我效能高，其原因也可以用创业综合信息的获取量来解释。

2. 家庭因素

主要针对学生样本的实证发现，创业自我效能在家庭因素方面除了在家庭收

入上不存在显著差异外，在生源、父母文化程度等因素上均存在显著差异。由于生源、父母文化程度和家庭人均月收入是判断家庭社会地位的主要衡量指标，因此暂时还不能说明样本的创业自我效能在家庭社会地位上存在显著差异。关于家庭因素各指标的具体解释如下：

（1）在生源上，来自农村的样本最高，其次是城市，而乡镇最低。[①] 由于农村的经济收入水平最低，而来自农村的学生到大城市求学后，深切感受到这种差距，从而影响了其情绪和身心状态，情绪和身心状态信息是自我效能的来源之一。这种落差感可能带来的是一种正向的强化作用，使他们的创业自我效能强度要高于其他两类学生。

城镇作为城市和农村的过渡体，来源于城镇的学生创业自我效能程度应该介于两者之间，但统计结果表明，其创业自我效能程度最低。中科院“国人心理和谐状况的研究”研究人员将出现在心理和谐调查中的这种现象称为“分离效应”[②]，可见“分离效应”同样出现在对创业自我效能的调查中。这种分离现象的产生可能和农村学生与乡镇学生所体验到的心理落差有关，农村学生体验到的心理落差高于乡镇学生，从而对情绪和身心状态的影响要更大一些；而城市学生虽然没有农村学生或乡镇学生所体会的心理落差，但在城市中接触到更多信息，对自我和社会问题更加关注，受到替代经验信息相对更多一些，因此其创业自我效能高于乡镇学生，而低于农村学生。

（2）在调查中，父母及其他亲属有创业、下岗再就业行为高低组在创业自我效能上存在显著差异，不难解释替代性经验的影响。

（3）另一个有趣的结果是父母文化程度高的样本创业自我效能低于父母文化程度低的样本，父母文化程度与创业自我效能存在显著的负相关。其原因需要结合对生源和替代性经验的解释，因为父母文化程度低的学生主要来自农村和城市中低收入人群，而城市中低收入者也正是失业下岗的主要人群，所以来自这类家庭学生的创业自我效能比较高。

---

① 这一研究结果十分类似 2006~2007 年中科院“国人心理和谐状况的研究”。在该研究中，乡镇居民的心理和谐得分落后于农村居民和城市居民，处于最低的水平，而农村居民的得分处于最高水平（来源于 2007 年 11 月 8 日全国心理学大会中科院李纾博士的报告）。

② 即乡镇居民的经济水平虽然高于农村居民，但其心理和谐程度最低，具体表现为人际关系的疏远、人际信任的缺乏以及社会态度的波动。

3. 环境劝导因素

在亲朋好友劝导和社会环境劝导上创业自我效能都存在着显著的差异，社会环境劝导、亲朋好友劝导与创业自我效能存在显著的正相关（亲朋好友劝导与创业自我效能是在 0.1 显著水平相关），这与国外学者得到的结果相一致。环境劝导对个体的影响将是本研究在后文研究的一个重要内容。

社会环境劝导对创业自我效能的三个维度都有显著的正相关，亲朋好友劝导与创业管理维度有显著的正相关，说明了社会环境劝导与亲朋好友劝导存在着不同的作用机制。但透析这两个概念背后，其深层次的原因在于无论是社会环境劝导，还是亲朋好友劝导，其共同之处在于它们所代表的是一种社会关系，所体现的是一种与社会的互动，因此会在不同程度上受到社会文化和传统的深刻影响，如图 4–12 所示，在此基础上做出两点解释。

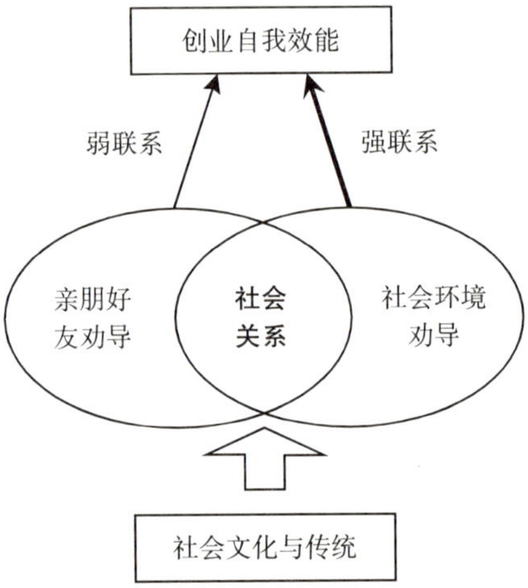

图 4–12　环境劝导对创业自我效能影响的解释

（1）创业自我效能与社会关系。创业自我效能在理论上是基于自我的、认知的。但放到中国环境下，根据孙隆基（2004：12）对中国文化深层次结构的精辟总结：“中国人认为‘人’是只有在社会关系中才能体现的——他是所有社会角色的综合，如果将这些社会关系都抽空了，‘人’就被蒸发掉了。”在中国文化情境下，对创业自我效能的研究不可能完全抽掉社会关系的影响，与社会关系、社会资本的研究结合也是非常必要的，即使是在西方情境下。这也是作者希望在未来研究中能够更深一层涉及和体悟的部分。

从社会资本角度分析，社会资本理论中的“强联系”要对自我效能施加更多的影响，即可理解为亲朋好友劝导应该对创业自我效能产生更大的影响。但在研究中发现，作为社会关系不同方面所体现的社会环境劝导和亲朋好友劝导对创业自我效能影响不同，社会环境劝导更表现为一种“强联系”，对创业自我效能的各个方面都有显著的正向影响；而亲朋好友劝导相对表现为一种“弱联系”，仅对创业管理维度产生显著影响。这也多少出人意料。对该问题的解释，作者认为需要从中华文化与中国人的精神层面寻找原因。

（2）创业自我效能的精神超越。中华文化以传统农耕文化为主。在农耕文化中，家庭是社会组织的最基本、最稳定的单位。家庭联系对中国人来说，是一种难以割舍的情感和文化“脐带”。农耕文化的土壤与浓厚家庭氛围养成了中国人勤恳务实的精神；但是，中国人在精神层面上却是理想的、超越的①，这种超越从某种程度上是脱离现实的。从修身、齐家到治国、平天下，从“小我”的兼相爱到“大我”的舍生取义，再到“无我”的天下观，中国人的精神形态必然要通过超越其物质藩篱达到一个很高的境界，从而达到一种构筑于世俗之上的精神沟通，同时会对社会产生更多的精神需求。这似乎是一个悖论，但在一定程度上也解释了为什么社会环境劝导的作用会对个体的影响更加强烈，同时也说明了这样一个道理，创业自我效能虽然是基于个体能力的一种信念，但它不是孤立于个体存在和作用的，而是与整个社会层面的“创业精神”交相呼应的。当后者成为一种潮流、一种社会导向，其精神感召与巨大动力将渗透到社会的方方面面。后者的形成需要一定的文化土壤和政治推动，这也从一个方面解释了把创业精神放在党和国家的战略层次，以及民族振兴高度的重要性和必要性。

（二）个体特征

（1）在社会样本的调查中，创业自我效能在性别、年龄、文化程度上不存在差异。这与国外的同类研究有所差异，尤其是性别差异，在国外大多数研究中女性普遍显著低于男性。可见，创业自我效能国内样本调研的结果是女性“不让须眉，顶起半边天”。

---

① 作者该观点与孙隆基先生（2004）有所差异，孙先生认为“中国文化在结构上已经决定：它除了缺乏外求的意向之外，也同时缺乏超越的意向”（孙隆基，2004：389）。作者认为精神的超越尤其体现在中国士人阶层，其代表有《茅屋为秋风所破歌》里所体现的精神对物质、对现实的超越。

在工作经验上，10 年以上工龄的员工要比工龄不足 10 年的员工创业自我效能高（$p<0.10$），本研究的解释是 10 年以上工龄的员工在经验上、社会资本尤其是财力上要比 10 年以下工龄员工丰富；而这时他们多数已经成家立业、孩子已经脱离了幼儿监护期、生活小康、技术成熟，是组织的骨干力量，按照马斯洛需求理论，他们已经有了更高的自我实现追求。但这时他们的事业处于一个关键时期，他们中的多数人已经进入中层管理的岗位，而能够再前进一步到高层管理岗位的毕竟是少数人，因此，这部分样本的创业自我效能处于一个比较高的程度。

（2）在对学生样本的调查中，专业差别显著，得到了与 Chen 等（1998）、De-Noble（1999）以及 Zhao 等（2005）类似的结果，学习经济管理专业的学生创业自我效能要高于工科学生，其原因可能在于学习经济管理专业的学生能够接触到更多的创业相关课程教育，从而提高了其创业自我效能程度。并且年级差异显著，低年级的学生要高于高年级的学生。分析其原因，学生的创业自我效能在来源上由于个体经验较少，可能更易受观察别人所得到的替代性经验的影响。低年级学生由于社会接触面较少，其替代经验主要来自媒体、教科书的正面形象和影响，有较多的理想和感性；高年级学生除了社会接触面的扩大，最主要的是他们开始学会用自己的价值观和视角去审视事物，理性成分增加，因此造成了两部分样本的差异。

同样，在学生样本中受过创业教育或培训的群体其创业自我效能要高于没有受过创业教育的样本；而在社会样本中这两部分样本的创业自我效能则没有显著差异。这其中的原因也可能是由于学生样本主要受到替代性经验的影响，创业教育或培训起到了正向强化的作用；而社会样本由于主要受到个体经验及其他因素的影响，创业教育或培训所起到的正向强化作用相比较而言不太显著。

（三）认知特征

在代表认知控制的认知风格水平上，创新型认知风格的样本创业自我效能要高于适应型认知风格的样本；而在代表认知输出的学习风格上，四种不同学习类型的样本，顺应型、发散型、聚敛型和同化型不存在显著差异。KAI 认知风格的三个维度与创业自我效能存在显著的正相关。三个维度与创业管理均显著正相关，其中仅有原创性与创业领导显著正相关。而在创业坚持上 KAI 认知风格三个维度都不存在 0.05 显著水平相关。LSI 学习风格的四个维度与创业自我效能的相关性均不显著。可能的解释是，创业自我效能在认知上的差异体现在认知控制水平上，而与认知输出水平无关，如图 4-13 所示。因此，本研究将进一步探索的重点放在认知控制水平，即 KAI 认知风格对创业自我效能的影响上来。

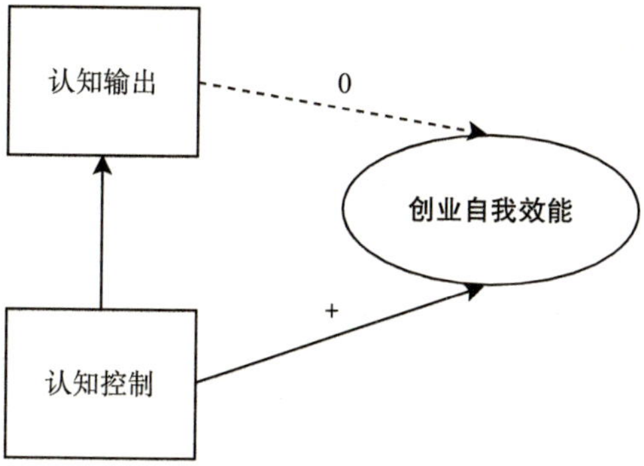

图 4-13　认知控制、认知输出与创业自我效能相关性

三、创业自我效能的影响因素讨论

本研究在第四章第二节第二部分中曾假设个体、环境与认知因素对创业自我效能的影响。经过差异性分析、相关性分析和多元回归分析，研究发现：

（1）在个体特征因素中，专业（是否是经济管理专业）对创业自我效能产生影响。作为研究因变量，专业所代表的是个体所受到的创业教育水平，因此，创业教育与创业自我效能强度显著正相关。

（2）创业自我效能的水平和强度受到环境劝导和 KAI 认知风格的影响。进一步分析表明，影响创业管理自我效能包括四个因素：①社会环境劝导、亲朋好友劝导和原创性、效率性认知；②影响创业领导自我效能包括两个因素，即社会环境劝导和原创性；③ 影响创业坚持自我效能包括两个因素，即社会环境劝导和原创性。

（3）环境劝导与认知风格的交互作用对创业自我效能没有显著影响。

首先，环境劝导对创业自我效能产生积极影响，具体表现在：①社会环境劝导对创业自我效能的三个维度存在显著的正向影响；②亲朋好友劝导对创业管理自我效能有显著的正向影响。其次，KAI 认知风格对创业自我效能产生正负两种影响，具体表现为：①原创性认知对创业自我效能的三个维度存在显著的正向影响；②效率性认知对创业管理效能有显著的负向影响；③顺从性认知对创业自我效能的三个维度均没有显著影响。

通过对创业自我效能影响因素的研究，有以下几个方面的启示：

（1）创业教育的重要性。教育对创业的影响，是促进经济成长与发展的一个主要元素（Pretorius et al.，2005）。创业教育是有效提高创业自我效能的手段之一，尤其对创业的主力军之一——在校学生而言，是他们获得替代经验、了解各类信息、培养良好情绪、树立良好心态、坚定创业决心的重要途径。所谓“百年大计，教育为本”，当创业成为中华民族振兴的巨大推动力，创业教育则是其根本所在，关系到国家民族腾飞大计。

（2）社会环境劝导的力量。人类的创业活动总处于一定的社会文化环境中，文化因素必然会通过创业主体对其创业活动与创业过程产生重要作用。实践证明，培育创业文化有助于激发和凝聚全社会的智慧和力量，为经济社会的发展注入强劲的内源动力。社会环境劝导，代表了社会舆论、社会文化对创业的一种承认和赞许，它是推动创业的一股强大的社会力量，促使创业由一个个的个体行为上升到全社会的热潮。由于文化传统和旧有经济体制原因，创业被视为非主流行为和经济现象，创业者的社会地位、形象与其创造的社会财富相比也大打折扣，这种情况直到20世纪90年代初才得到彻底的改观。而社会环境劝导力量的发挥，不仅在于舆论宣传或若干批“明星”创业家的闪亮登场，而且需要三层力量的相互配合与综合作用，由外到内分别为：①创业者的“社会典范作用”，其基础在于创业者自身的业绩得到政府和公众的认可；②社会导向的强化，社会导向是社会价值观的风向标，社会价值观是构成社会文化的重要基础，其深层原因简言之就是要将创业放在何种位置的问题；③社会机制的改革和构建，不仅包括经济领域，还应包括社会信任机制、教育和政府机制等。

（3）认知风格作用的复杂性。创业过程充满了各种未知情况和问题，需要开拓进取、不断创新和变革。原创性认知对创业自我效能的正向影响说明个人对各种问题处理方式越多，越适应创业的复杂情况，从而更加有信心去应对；反之则缺乏信心，降低创业自我效能。而效率性认知（注：量表使用的是反问题，在统计时进行了正向处理，该分数越高越接近创新者）对创业管理的负影响说明创新者避免将精力陷入管理细节当中，从而对创业管理造成了负面影响。因此，认知风格对创业自我效能的作用存在一个此消彼长的机制。这也从一个侧面反映出了创业任务的复杂性，在适应—创新的认知连续区间内，创业者要不断地调整自身的认知状态。对这种认知作用机制的讨论也将是后文重点讨论的内容之一。

第六节 本章小结

一、研究结果总结

本章结合领导学理论与社会认知理论，以创新与变革为核心，从创业者角色角度，在问卷调查及数据统计分析的基础上探索和验证了创业自我效能的因素结构，实证了创业自我效能的创业管理、创业领导、创业坚持三因素的角色模型，为后续研究的展开奠定了基础。

本章在对前人研究成果归纳的基础上提出研究假设，对各统计量进行了描述性统计，运用方差分析方法对各统计变量在创业自我效能得分方面是否存在差异进行了整体性检验，并在方差分析的基础上，运用独立样本 t 检验的方法对组内的变量分别进行了比较；计算创业自我效能与各统计变量之间的相关系数，从相关系数中初步了解创业自我效能与各统计变量之间的关系；分别通过简单回归和多元回归方法探讨了个体、环境与认知因素对创业自我效能的影响；在创业自我效能因素结构研究的基础上，探讨了环境劝导和 KAI 认知方式对创业自我效能影响的作用机制。

本章的研究假设主要源于理论总结和西方学者的研究以及相似的研究结果，在一些与西方学者的研究存在不一致的地方，作者根据经验进行了判断和假设。在实证研究中，由于社会文化背景、样本差异等原因，在与西方同类研究结果出现差异的地方，本章基于理论和国情、文化背景，重点进行了讨论和解释。假设验证的结果如表 4–17 所示。

表 4–17 本章假设验证结果汇总

假设	检验方法	评价指标	结论
H(i)–1a	SEM，主成分分析	参数、拟合度、显著性	支持
H(i)–1b	SEM，主成分分析	参数、拟合度、显著性	部分支持
H(i)–2	主成分分析	显著性	支持
H(ii)–1a，b	方差分析，t 检验，回归分析	显著性	支持

续表

假设	检验方法	评价指标	结论
H(ii)-2	方差分析，t 检验，回归分析	显著性	支持
H4-1a1	方差分析，t 检验	显著性	部分支持
H4-1a2	回归分析	显著性	不支持
H4-1b1	方差分析，t 检验	显著性	部分支持
H4-1b2	回归分析	显著性	不支持
H4-1c1	回归分析	显著性	支持
H4-1c2	回归分析	显著性	支持
H4-2a	方差分析，t 检验	显著性	支持
H4-2b	回归分析	显著性	不支持
H4-3a	方差分析，t 检验	显著性	部分支持
H4-3b	回归分析	显著性	部分支持

二、研究局限与进一步研究议题

本章分析了个体特征因素、环境因素以及认知因素对创业自我效能的影响，以及这些因素对创业自我效能影响的形成机制和作用机制，但这些影响因素的讨论是分别进行的，三类因素的综合作用如何通过一种心理机制进而影响创业自我效能需要进一步的探索，这方面社会认知理论的三元交互决定论已经奠定了坚实的研究基础，需要进一步寻找和发掘关键的中间变量和作用关系，如元认知、行为控制知觉、认知风格等，探讨它们之间存在的中介、调节作用关系。这其中需要把握两个关键切入点：

其一，这种综合影响机制或过程必须有一个主动调节过程，元认知在其中扮演着重要角色。元认知于 1971 年由 Flavell 提出，他表述为“个人关于自己的认知过程及结果或其他事情的知识”以及“为完成某一具体目标或任务，依据认知对象对认知过程进行主动的检测以及连续的调节和协调（Flavell，1976）”。元认知既是一个知识实体，也是一种过程（Brown，1982），对认知结构和过程产生影响（Sun et al.，2006）。元认知对创业认知的重要性已经被一些理论家所提出，如 Krueger（2007）。元认知因素、动机因素以及信念（如创业自我效能）等研究的结合将有助于对创业者认知结构及认知过程进一步探索。

其二，本章的一个重要研究发现是：认知控制而非认知输出[①]在影响着创业自我效能的形成与发展，这为我们对创业教育的深入研究开辟了一条道路，许多研究者希望能够通过某种教育手段将创业由一种“自发”现象发展到“自觉”，而大多数情况下这种教育是停留在对被教育者的认知输出阶段上的，而本研究则指出创业教育的重点在于认知控制层次，即对被教育者的认知风格形成与塑造阶段。而如果将该结论拓展到其他自我效能研究领域，预期将会有更多的研究成果。

本章的研究重点在于创业自我效能的结构和影响因素，而创业自我效能如何影响创业意向以及影响过程和机制是本部分的研究主线。因此在本章研究的基础上，需要进一步研究的议题主要有以下几点：

（1）验证创业自我效能对创业意向的影响程度及形成机制。

（2）根据信念→态度→意向的作用过程（请参考第二章第三节第三部分内容），态度变量如何影响信念到意向的作用？落实到本研究，即考察行为控制知觉（态度变量）对创业自我效能与创业意向关系的影响。

（3）在从信念到意向的形成过程中，信息处理方式将扮演一个什么样的角色？落实到本研究，即考察认知风格对创业自我效能与创业意向关系的影响。

---

① 此结论的科学严谨性还不够，需要：①扩大样本的种类和数量；② 改换测量的角度，使用其他不同的测量工具分别测量认知控制与认知输出，如 Allinson 和 Hayes（1996）的 CSI 认知风格量表、DMI 决策风格量表，如果得到一致的结果则可以下科学的结论。这也是本文之后进一步努力的方向之一，为此作者已经通过 CSI 和 DMI 量表分别对学生样本和工作团队进行了后续调查研究，进一步验证了本结论。

第五章　行为控制知觉、创业自我效能与创业意向关系研究

第一节　引　言

一、研究背景

对创业认知过程的探索是本研究的目标之一，涉及三个重要的概念：信念、态度和意向。

由第二章第三节第三部分的研究综述可知，意向是理解行动的主要渠道，相对特征因素仅能解释行为变异的10%，意向能够对30%的行为变异进行解释，特定行为的意向依赖个体对该行为的态度（Ajzen，1987，1991）。根据Ajzen（1991）的研究，态度变量又能够解释50%的意向变异。创业是有意向性的（Krueger，2000），创业意向是理解创业行为的关键概念，这是本章实证的主要变量之一。而影响创业意向的态度变量是什么呢？本研究依据行为计划理论及其相关研究，选取了"行为控制知觉"作为本章研究的主要态度变量。

国内外针对创业意向开展的研究中，从态度/动机[①] 角度出发的研究较为常见；少数的一些从自我效能角度出发对创业意向影响的研究中，考虑态度/动机因素的研究尚不多见。个体的信念通过态度变量会对创业意向产生影响，这也是

① 根据对班杜拉（2001，2003）等学者观点的理解，态度与动机的关系是：态度变量通过动机过程对结果变量产生影响。

本章所要探索的创业认知过程的主要内容，即创业自我效能如何通过行为控制知觉影响创业意向，以及程度如何。

二、研究目的

本章主要通过调查研究，实现以下研究目的：

（1）实证创业自我效能对创业意向的影响关系，以及创业自我效能对行为控制知觉的影响。

（2）探讨行为控制知觉对创业自我效能到创业意向形成过程影响的机制及程度。

第二节　研究假设

一、直接关系假设

根据第三章第四节第三部分的研究，其中给出了直接关系假设如下：

H(iii)-1：创业自我效能对创业意向有显著的正向影响。

H(iii)-2：创业自我效能对行为控制知觉有显著的正向影响。

根据第四章对创业自我效能结构的研究，创业自我效能可以归纳为创业管理自我效能、创业领导自我效能和创业坚持自我效能三个维度，分别对创业意向产生作用，因此本研究将探讨创业自我效能三个维度对创业意向的影响，形成如下假设（如图 5-1 所示）。

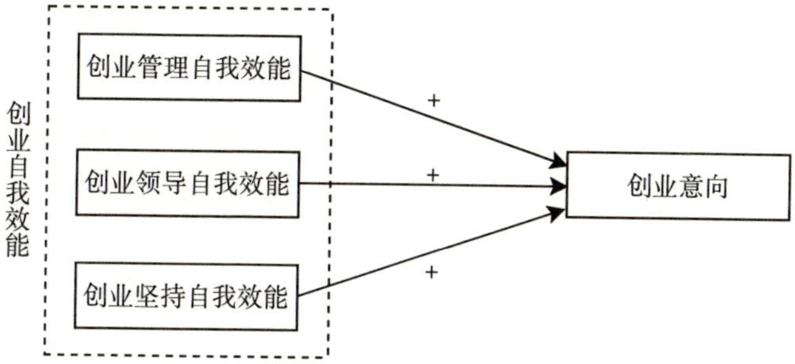

图 5-1　创业自我效能与创业意向的关系假设

H5-1a：创业管理自我效能对创业意向有显著正向影响。

H5-1b：创业领导自我效能对创业意向有显著正向影响。

H5-1c：创业坚持自我效能对创业意向有显著正向影响。

同理，对行为控制知觉形成如下假设（如图 5-2 所示）：

H5-2a：创业管理自我效能对行为控制知觉有显著正向影响。

H5-2b：创业领导自我效能对行为控制知觉有显著正向影响。

H5-2c：创业坚持自我效能对行为控制知觉有显著正向影响。

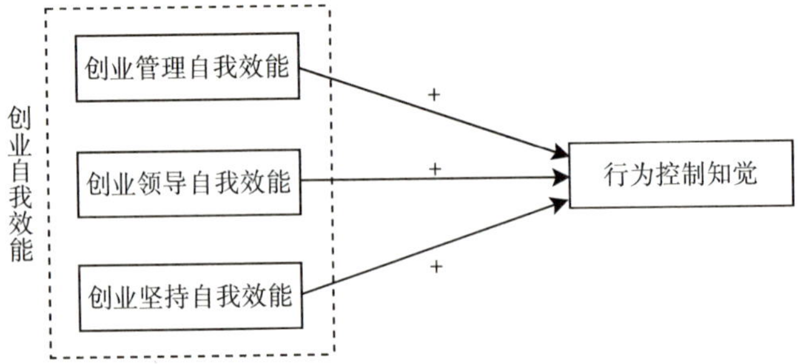

图 5-2　创业自我效能各维度与行为控制知觉的关系假设

二、中介关系假设

根据第三章第四节第三部分的研究，其中给出了中介关系备择假设如下：

H(iii)-3a：创业自我效能通过行为控制知觉完全中介作用于创业意向。

H(iii)-3b：创业自我效能通过行为控制知觉部分中介作用于创业意向。

同理，形成如下两类假设：

H5-3a1：创业管理自我效能通过行为控制知觉完全中介作用于创业意向。

H5-3b1：创业领导自我效能通过行为控制知觉完全中介作用于创业意向。

H5-3c1：创业坚持自我效能通过行为控制知觉完全中介作用于创业意向。

H5-3a2：创业管理自我效能通过行为控制知觉部分中介作用于创业意向。

H5-3b2：创业领导自我效能通过行为控制知觉部分中介作用于创业意向。

H5-3c2：创业坚持自我效能通过行为控制知觉部分中介作用于创业意向。

第三节　研究方法

一、研究样本与数据分析方法

（一）研究样本

本研究所使用的样本来源于主试调研的样本 2（465 人），详见第三章第五节第一部分及表 3-5。

（二）分析方法

本章主要使用了结构方程模型的潜变量路径分析与中介效应检验程序。

1. 路径分析

路径分析代表的是回归因果关联模式，它可以将一组变量之间的共变关系转化成一种模型化的参数，通过路径图的形式表现出来，透过变量之间的假设性函数关系，以回归方程式的形态表现出来并加以估计。在这种分析框架下，研究者可以据此得到两个变量之间的预测关系（直接效果），也可以估计变量之间的间接效果，并加以整合成为整体效果，以说明变量之间的结构化因果关系。

本研究希望通过结构方程来探讨创业自我效能与创业意向、行为控制知觉等结果性变量之间的关系，因为结构方程模型在考虑潜变量测量误差的同时，能建立潜变量间的关系，特别是因果关系。运用结构方程模型技术进行验证，能够通过结合传统的潜变量分析和路径分析技术，使研究者可以同时考察两种影响，因此比传统的路径分析具有更多的优势。

Aderson 和 Gerbing（1988）认为，在潜变量模型分析过程中，如果发现模型拟合得不理想，其原因可能有三个：①测量模型拟合得比较差，也就是说各潜变量的测量存在问题；②结构模型拟合得不好，也就是说潜变量之间没有关系或关系很弱；③测量模型和结构模型拟合得都不好。因此，他们建议对潜变量模型进行检验时应该分两步进行，首先检验测量模型的拟合程度，然后再对结构模型的拟合情况进行检验。第四章的结果表明，创业自我效能的测量模型（三因素模型）在各项指标上都拟合得较为理想。既然测量模型理想，就可以利用潜变量路径分析方法来探讨创业自我效能感与结果性变量之间的关系（本研究所涉及潜变量，除创业自我效能感外都只有一个维度。因此按照通用的做法，以测量这些潜变量的项目直接作为其外显变量或组合成新的外显变量）。

2. 中介效应检验

目前主要有三种不同方法验证中介效应假设（MacKinnon et al.，2002）：

（1）依次检验回归系数（Judd and Kenny，1981；Baron and Kenny，1986），如果下面两个条件成立，则中介效应显著：①自变量显著影响因变量。②在因果链中任一个变量，当控制了它前面的变量（包括自变量）后，显著影响它的后继变量。这是 Baron 和 Kenny 定义的（部分）中介过程[①]。如果进一步要求，③在控制了中介变量后，自变量对因变量的影响不显著，变成了 Judd 和 Kenny 定义的完全中介过程。

（2）检验经过中介变量的路径上的回归系数的乘积 ab 是否显著，即检验 H0：ab=0，如果拒绝原假设，中介效应显著（MacKinnon et al.，1998；Sobel，1982，1988）。

（3）检验 c′与 c 的差异是否显著，即检验 H0：c−c′=0，如果拒绝原假设，中介效应显著（Clogg et al.，1992；Feeedman and Schatzkin，1992）。

本研究对研究假设中介效应的检验主要利用结构方程模型，依据第一种方案进行。

二、变量操作性定义与研究测量

（一）创业自我效能

请参考第四章第三节第二部分内容。

（二）创业意向

Bird（1988）将创业意向定义为：指引创业者追求某一目标，而投入大量注意力、精力和行动的一种心理状态。在预试时，参考了 Paasio 和 Hytti（2006）

① 根据 Baron 和 Kenny（1986）提出的判定中介效应的三个步骤：一是自变量对因变量的显著水平；二是自变量对中介变量的显著水平；三是中介模型中中介变量的回归系数达到显著性水平，自变量的回归系数下降，说明存在中介效应。若自变量的回归系数下降到非显著状态，则称之为完全中介效应；若自变量的回归系数下降程度不是很大且尚存显著水平，则称之为部分中介效应，即自变量一方面通过中介变量影响因变量，同时也对因变量产生直接作用。结构方程建模技术可以用来实现上述三个步骤的检验。

以及 Krueger（2000）对创业意向的测量，由三个题项组成，采用被试者以 0~100 分自评分数形式。

（1）您对创办一家新企业的期望程度有多高？

（2）您创办一家新企业的实际可行性有多大？

（3）在未来五年内，您创办一家新企业的可能性有多大？

在主试问卷中，为保证问卷形式的一致性，使用了 Liñán 等（2007，2008）开发的 EIQ 问卷（version3.0）中对创业意向的测量，由六个题项组成（A4、A6、A9、A13、A17、A19），其中 A9、A19 题项为反问题，测量采用李克特五点式量表。

（三）行为控制知觉

结合第二章第三节第三部分的文献研究，行为计划理论中提出了三种预测意向的态度变量，其中前两种反映了对从事某种行为的希求性。而第三种变量即行为控制知觉，是实施一项目标行为时感知到的能力（Ajzen，1987），是对从事某种行为可行性的知觉（Krueger et al.，2000）。[①] 在创业研究中，行为控制知觉指的是知觉到从事创业行为简单或困难的程度（Ajzen，1991），[②]它反映了个体对控制创业行为的一种知觉（Ajzen，2002）。

行为控制知觉对意向具有动机的含义，因此在一些研究中将其归纳为动机因素（Liñán，2007，2008）。行为控制知觉反映个人过去的经验和预期的阻碍，当个人认为自己所拥有的资源与机会越多、所预期的阻碍越少，行为控制知觉就越强。

在本研究中，对行为控制知觉的测量使用了 Liñán 等（2007，2008）开发的 EIQ 问卷（version3.0），由六个题项组成（A1、A5、A7、A14、A16、A20），其中 A5、A16 题项为反问题题项，测量采用李克特五点式量表。

---

① 原文定义分别为“the perceived ability to execute a target behavior”和“the perceived feasibility of performing the behavior”。

② 原文定义为“perceived easiness or difficulty of becoming an entrepreneur”。

第四节　研究结果

一、创业自我效能与创业意向关系研究

本研究根据样本 2 的 465 个样本数据，通过结构方程模型验证以下假设：

H(iii)-1：创业自我效能对创业意向有显著的正向影响。

H5-1a：创业管理自我效能对创业意向有显著正向影响。

H5-1b：创业领导自我效能对创业意向有显著正向影响。

H5-1c：创业坚持自我效能对创业意向有显著正向影响。

（一）创业自我效能对创业意向影响的一阶模型

根据假设关系，运用结构方程模型分析技术进行参数估计，得到如下转化路径系数图（如图 5-3 所示）。

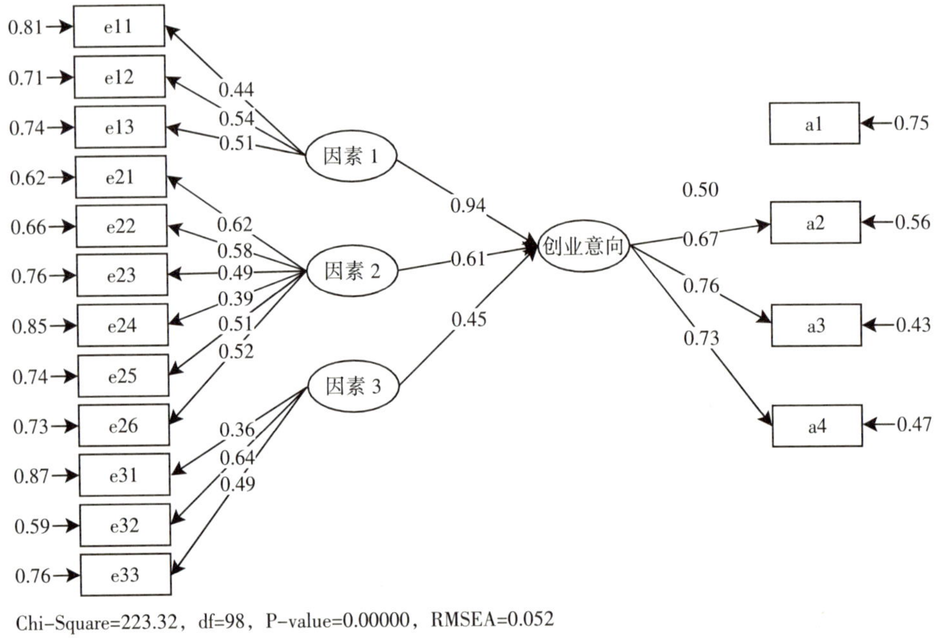

图 5-3　创业自我效能对创业意向影响的一阶结构模型

创业自我效能对创业意向影响的一阶结构模型拟合指标见表 5–1，表 5–2 所示是路径系数的显著性检验。

表 5–1　创业自我效能对创业意向影响的一阶结构模型拟合指数

拟合指数	指数值	说明
df	98	
χ^2	223.32	
χ^2/df	2.28	在［2，5］区间，说明模型拟合可以接受
RMSEA	0.052	小于 0.08，说明模型拟合得好
GFI	0.94	大于 0.9，说明模型拟合得好
AGFI	0.92	大于 0.8，说明模型拟合得好
NNFI	0.93	大于 0.9，说明模型拟合得好
CFI	0.94	大于 0.9，说明模型拟合得好

表 5–2　创业自我效能对创业意向影响效果一阶显著性检验

路径	路径负荷值	t–值
创业管理自我效能→创业意向	0.94	4.85^{***}
创业领导自我效能→创业意向	–0.61	–1.93
创业坚持自我效能→创业意向	0.45	1.75

注：t 值大于 1.96 时，* 表示 $p < 0.05$；大于 2.58 时，** 表示 $p < 0.01$；约大于 3.25 时，*** 表示 $p < 0.001$。

从结构方程模型的参数估计、拟合指标和标准化路径系数的显著性检验可以看出，创业管理自我效能对创业意向有显著正向影响，而创业领导自我效能对创业意向作用接近显著负影响的临界值，创业坚持自我效能对创业意向的影响不显著。因此，假设 H5–1a 得到支持，H5–1b、H5–1c 未获得支持。

（二）创业自我效能对创业意向影响的二阶模型

根据假设关系，运用结构方程模型分析技术进行参数估计，得到图 5–4 所示创业自我效能对创业意向影响的二阶结构模型。

创业自我效能对创业意向影响的二阶结构模型拟合指标见表 5–3，表 5–4 所示是路径系数的显著性检验。

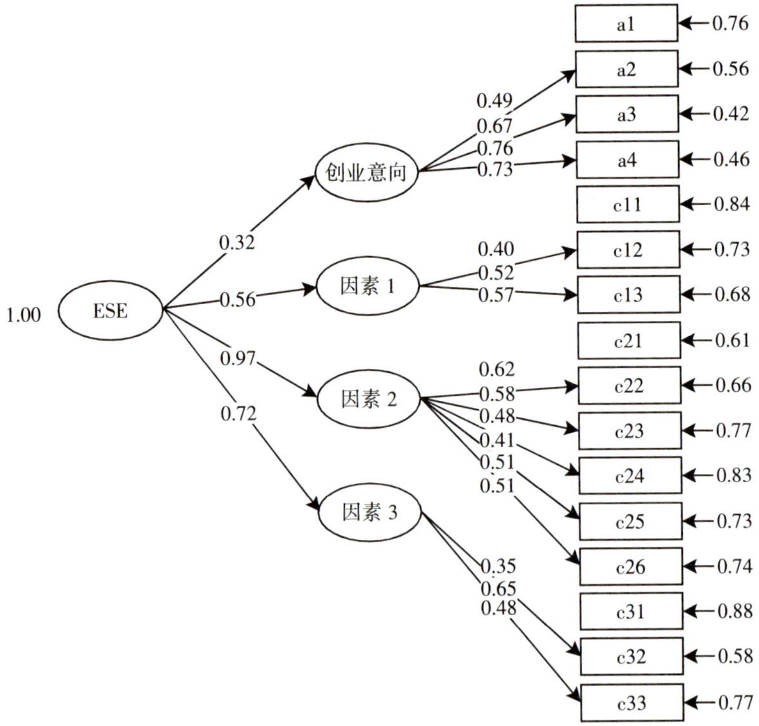

Chi-Square=322.25，df=100，P-value=0.00000，RMSEA=0.069

图 5-4　创业自我效能对创业意向影响的二阶结构模型

表 5-3　创业自我效能对创业意向影响的二阶模型拟合指数

拟合指数	指数值	说明
df	100	
χ^2	322.25	
χ^2/df	3.22	在［2，5］区间，说明模型拟合可以接受
RMSEA	0.069	小于 0.08，说明模型拟合得好
GFI	0.92	大于 0.9，说明模型拟合得好
AGFI	0.89	大于 0.8，说明模型拟合得好
NNFI	0.89	接近 0.9，说明模型可以接受
CFI	0.90	大于等于 0.9，说明模型拟合得好

从结构方程模型的参数估计、拟合指标和标准化路径系数的显著性检验可以看出，创业自我效能对创业意向有显著正向影响。因此，直接假设 H(iii)-1 得到支持。

表 5-4 创业自我效能对创业意向影响效果二阶显著性检验

路径			路径负荷值	t-值
创业自我效能	→	创业意向	0.32	4.62***
创业自我效能	→	创业管理自我效能	0.56	5.02***
创业自我效能	→	创业领导自我效能	0.97	9.05***
创业自我效能	→	创业坚持自我效能	0.72	5.16***

注：t 值大于 1.96 时，* 表示 $p<0.05$；大于 2.58 时，** 表示 $p<0.01$；约大于 3.25 时，*** 表示 $p<0.001$。

二、创业自我效能与行为控制知觉关系研究

本研究根据样本 2 的 465 个样本数据，通过结构方程模型验证以下假设：

H(iii)-2：创业自我效能对行为控制知觉有显著的正向影响。

H5-2a：创业管理自我效能对行为控制知觉有显著正向影响。

H5-2b：创业领导自我效能对行为控制知觉有显著正向影响。

H5-2c：创业坚持自我效能对行为控制知觉有显著正向影响。

（一）创业自我效能对行为控制知觉影响的一阶模型

根据假设关系，运用结构方程模型分析技术进行参数估计，得到图 5-5 所示创业自我效能对行为控制知觉影响的一阶结构模型：

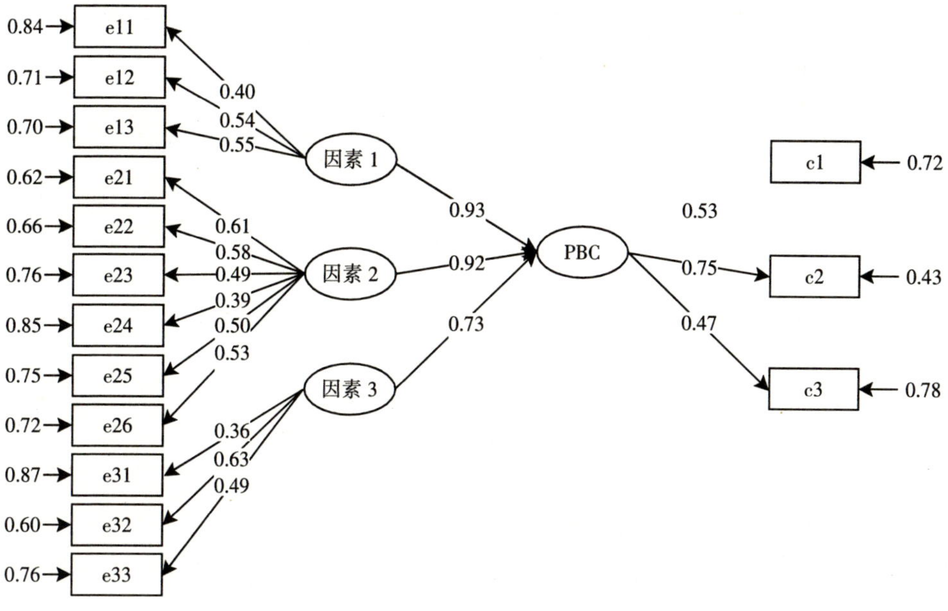

图 5-5 创业自我效能对行为控制知觉影响的一阶结构模型

创业自我效能对行为控制知觉影响的一阶结构模型拟合指标见表 5–5，表 5–6 所示是路径系数的显著性检验。

表 5–5　创业自我效能对行为控制知觉影响的一阶结构模型拟合指数

拟合指数	指数值	说明
df	84	
χ^2	223.22	
χ^2/df	2.66	在［2，5］区间，说明模型拟合可以接受
RMSEA	0.060	小于 0.08，说明模型拟合得好
GFI	0.94	大于 0.9，说明模型拟合得好
AGFI	0.91	大于 0.8，说明模型拟合得好
NNFI	0.88	接近 0.9，说明模型可以接受
CFI	0.90	等于 0.9，说明模型可以接受

表 5–6　创业自我效能对行为控制知觉影响效果一阶显著性检验

路径	路径负荷值	t–值
创业管理自我效能→行为控制知觉	0.93	4.08***
创业领导自我效能→行为控制知觉	–0.92	–2.34*
创业坚持自我效能→行为控制知觉	0.73	2.26*

注：t 值大于 1.96 时，* 表示 $p < 0.05$；大于 2.58 时，** 表示 $p < 0.01$；约大于 3.25 时，*** 表示 $p < 0.001$。

从结构方程模型的参数估计、拟合指标和标准化路径系数的显著性检验可以看出，创业管理自我效能、创业坚持自我效能对行为控制知觉有显著正向影响，而创业领导自我效能对行为控制知觉有显著负影响。因此，假设 H5–2a、H5–2c 得到支持，H5–2b 未获得支持。

（二）创业自我效能对行为控制知觉影响的二阶模型

根据假设关系，运用结构方程模型分析技术进行参数估计，得到图 5–6 所示创业自我效能对行为控制知觉影响的二阶结构模型。

创业自我效能对行为控制知觉影响的二阶结构模型拟合指标见表 5–7，表 5–8 所示是路径系数的显著性检验。

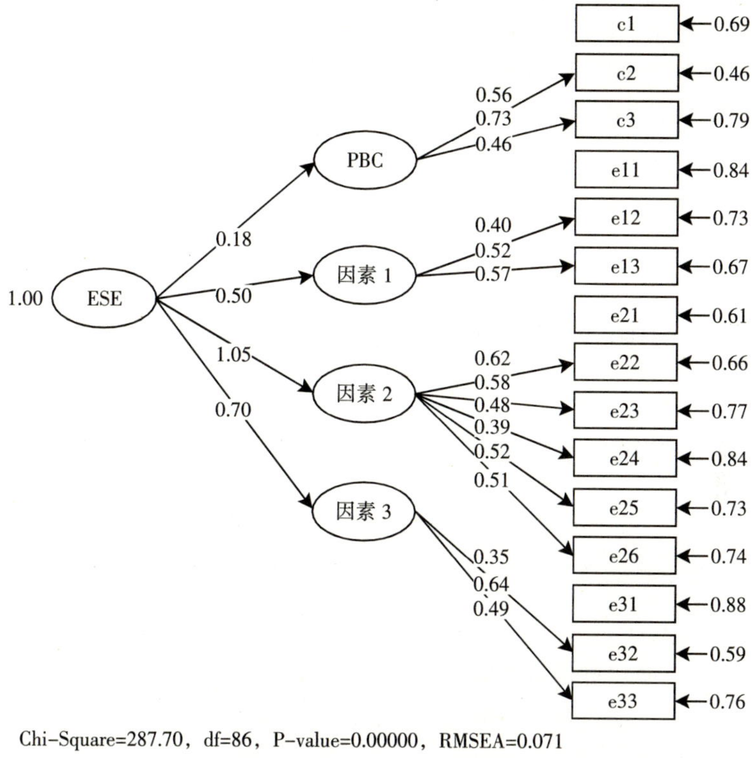

图 5-6 创业自我效能对行为控制知觉影响的二阶结构模型

表 5-7 创业自我效能对行为控制知觉影响的二阶模型拟合指数

拟合指数	指数值	说明
df	86	
χ^2	287.70	
χ^2/df	3.35	在［2，5］区间，说明模型拟合可以接受
RMSEA	0.071	小于 0.08，说明模型拟合得好
GFI	0.92	大于 0.9，说明模型拟合得好
AGFI	0.89	大于 0.8，说明模型拟合得好
NNFI	0.84	较接近 0.9，说明模型大体接受
CFI	0.87	接近 0.9，说明模型大体接受

表 5-8 创业自我效能对行为控制知觉影响效果二阶显著性检验

路径	路径负荷值	t-值
创业自我效能→行为控制知觉	0.18	2.67**
创业自我效能→创业管理自我效能	0.50	4.58***
创业自我效能→创业领导自我效能	1.05	8.03***
创业自我效能→创业坚持自我效能	0.70	4.93***

注：t 值大于 1.96 时，* 表示 $p < 0.05$；大于 2.58 时，** 表示 $p < 0.01$；约大于 3.25 时，*** 表示 $p < 0.001$。

从结构方程模型的参数估计、拟合指标和标准化路径系数的显著性检验可以看出，创业自我效能对创业意向有显著正向影响。因此，直接假设 H(iii)-2 得到支持。

三、行为控制知觉对自我效能与创业意向的中介作用

在本研究中，根据样本 2 的 465 个样本数据，运用结构方程中介模型来验证中介假设，即在因果模型之间存在"自变量—中介变量—因变量"的逻辑关系，假设如下：

H(iii)-3a：创业自我效能通过行为控制知觉部分中介作用于创业意向。

H(iii)-3b：创业自我效能通过行为控制知觉完全中介作用于创业意向。

H5-3a1：创业管理自我效能通过行为控制知觉完全中介作用于创业意向。

H5-3b1：创业领导自我效能通过行为控制知觉完全中介作用于创业意向。

H5-3c1：创业坚持自我效能通过行为控制知觉完全中介作用于创业意向。

H5-3a2：创业管理自我效能通过行为控制知觉部分中介作用于创业意向。

H5-3b2：创业领导自我效能通过行为控制知觉部分中介作用于创业意向。

H5-3c2：创业坚持自我效能通过行为控制知觉部分中介作用于创业意向。

按照 Baron 和 Kenny（1986）以及 James 等（2006）提议的结构方程部分中介模型检验方法，首先，检验自变量对因变量和中介变量的显著性影响；其次，检验部分中介效应是否存在。在检验中介效应时，除了检验模型合理性及路径显著性外，还要进行模型的比较（完全中介和部分中介）以决定是否拒绝或接受某个模型。

根据以上检验部分中介效应所提到的方法，在研究中首先检验自变量对中介变量的显著性影响，即创业自我效能对行为控制知觉的显著性影响。从前文直接

关系假设 H(iii)-1、H(iii)-2 的检验结果可以看出，创业自我效能对行为控制知觉具有显著性影响，因此部分中介效应的前提条件得到满足。接下来，在对行为控制知觉的完全中介作用验证成立的基础上对其部分中介作用进行了进一步验证。

（一）完全中介作用检验

1. 一阶模型

根据假设关系，运用结构方程模型分析技术进行参数估计，得到图 5-7 所示行为控制知觉完全中介作用的一阶结构模型。

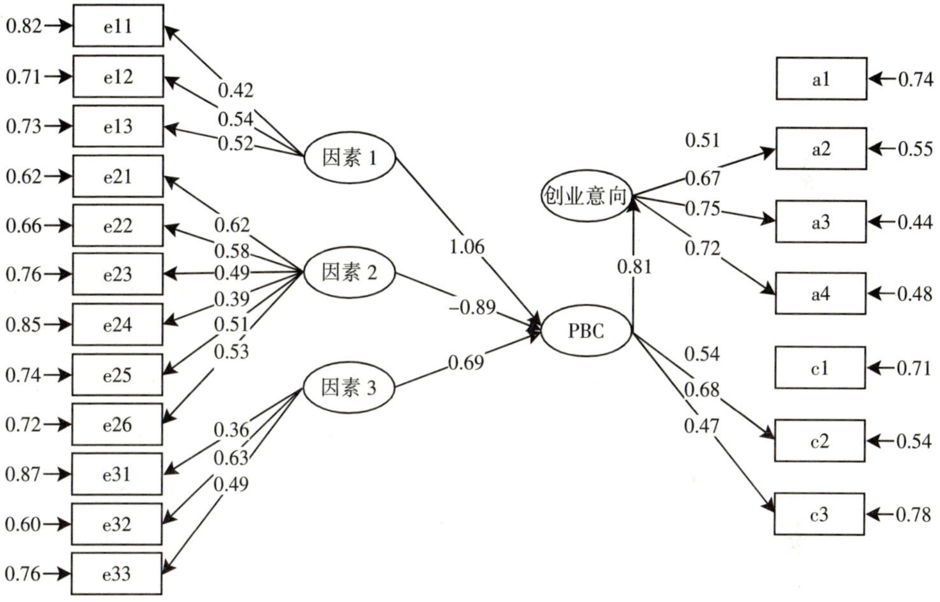

图 5-7　行为控制知觉完全中介作用的一阶结构模型

行为控制知觉完全中介作用的一阶结构模型拟合指标见表 5-9，表 5-10 所示是路径系数的显著性检验。

表 5-9　行为控制知觉完全中介作用的一阶模型拟合指数

拟合指数	指数值	说明
df	145	
χ^2	323.27	
χ^2/df	2.23	在［2，5］区间，说明模型拟合可以接受

续表

拟合指数	指数值	说明
RMSEA	0.051	小于 0.08，说明模型拟合得好
GFI	0.93	大于 0.9，说明模型拟合得好
AGFI	0.91	大于 0.8，说明模型拟合得好
NNFI	0.93	大于 0.9，说明模型拟合得好
CFI	0.94	大于 0.9，说明模型拟合得好

表 5-10　创业自我效能对创业意向影响效果一阶显著性检验

路径	路径负荷值	t-值
创业自我效能→创业意向		
行为控制知觉→创业意向	0.81	7.25***
创业管理自我效能→行为控制知觉	1.06	4.69***
创业领导自我效能→行为控制知觉	-0.89	-2.31*
创业坚持自我效能→行为控制知觉	0.69	2.17*

注：t 值大于 1.96 时，* 表示 $p < 0.05$；大于 2.58 时，** 表示 $p < 0.01$；约大于 3.25 时，*** 表示 $p < 0.001$。

从结构方程模型的参数估计、拟合指标和标准化路径系数的显著性检验可以看出，行为控制知觉对创业管理、创业领导以及创业坚持自我效能对创业意向的影响均起到了完全中介作用。

2. 二阶模型

根据完全中介假设关系，运用结构方程模型分析技术进行参数估计，得到图 5-8 所示行为控制知觉完全中介作用的二阶结构模型。

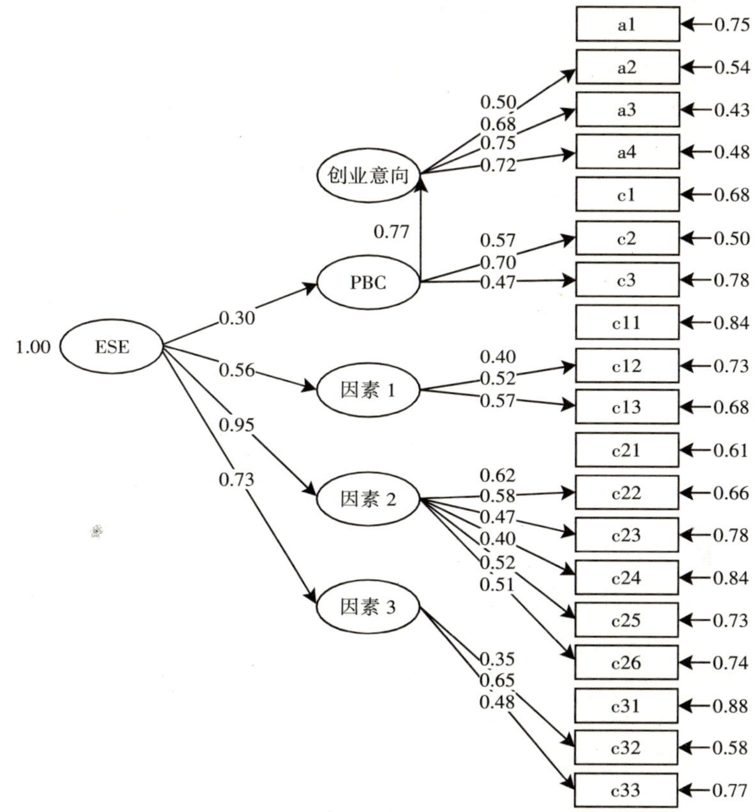

图 5-8 行为控制知觉完全中介作用的二阶结构模型

行为控制知觉完全中介作用的二阶结构模型拟合指标见表 5-11，表 5-12 所示是路径系数的显著性检验。

表 5-11 行为控制知觉完全中介作用的二阶模型拟合指数

拟合指数	指数值	说明
df	147	
χ^2	418.79	
χ^2/df	2.65	在［2，5］区间，说明模型拟合可以接受
RMSEA	0.063	小于 0.08，说明模型拟合得好
GFI	0.91	大于 0.9，说明模型拟合得好
AGFI	0.89	大于 0.8，说明模型拟合得好
NNFI	0.90	等于 0.9，说明模型可以接受
CFI	0.91	大于 0.9，说明模型拟合得好

表 5-12 行为控制知觉完全中介作用的二阶显著性检验

路径	路径负荷值	t-值
行为控制知觉→创业意向	0.77	7.10***
创业自我效能→行为控制知觉	0.30	4.30***
创业自我效能→创业管理自我效能	0.56	4.59***
创业自我效能→创业领导自我效能	0.95	8.86***
创业自我效能→创业坚持自我效能	0.73	5.16***

注：t 值大于 1.96 时，* 表示 $p < 0.05$；大于 2.58 时，** 表示 $p < 0.01$；约大于 3.25 时，*** 表示 $p < 0.001$。

从结构方程模型的参数估计、拟合指标和标准化路径系数的显著性检验可以看出，创业自我效能对行为控制知觉，以及行为控制知觉对创业意向有显著正向影响，因此行为控制知觉在创业自我效能与创业意向之间起到了完全中介作用。

（二）部分中介作用检验

表 5-13 行为控制知觉完全和部分中介结构模型的各种拟合指标及其比较

模型	df	χ^2	χ^2/df	RMSEA	GFI	AGFI	NNFI	CFI
完全中介	147	418.79	2.85	0.063	0.91	0.89	0.90	0.91
部分中介	146	400.63	2.74	0.061	0.92	0.89	0.90	0.91
模型比较	$\Delta\chi^2 = 18.16$，$\Delta df = 1$，$\Delta\chi^2/df = 18.16^{**}$							

注：当 df = 1 时，$p < 0.01$ 的临界值为 $\chi^2 = 6.63$，** 表示 $p < 0.01$。

1. 二阶模型

按照部分中介的假设路径，运用结构方程模型进行参数估计并与完全中介的假设路径进行比较。表 5-13 所示是两种模型的拟合度指标情况及其比较。

从比较的结果看，完全中介和部分中介模型的各种拟合度都达到了要求且指标十分接近，而通过 $\Delta\chi^2$ 的差异显著性检验，发现部分中介的指数更优。图 5-9 所示是行为控制知觉部分中介作用的二阶结构模型，表 5-14 所示是行为控制知觉部分中介作用的二阶显著性检验。

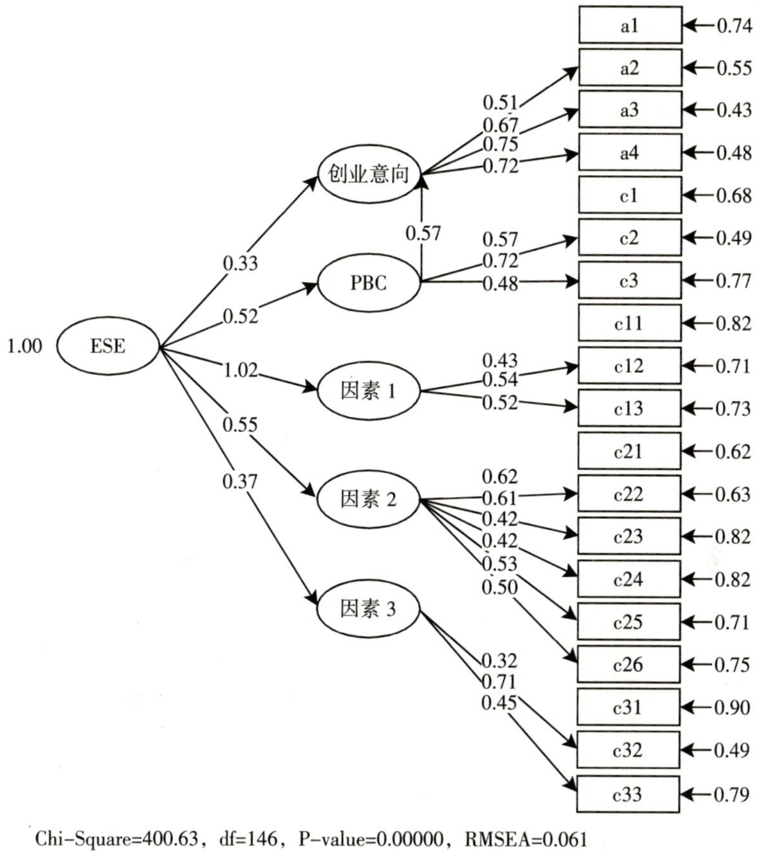

图 5-9 行为控制知觉部分中介作用的二阶结构模型

表 5-14 行为控制知觉部分中介作用的二阶显著性检验

路径			路径负荷值	t-值
行为控制知觉	→	创业意向	0.57	5.62***
创业自我效能	→	创业意向	0.33	3.89***
创业自我效能	→	行为控制知觉	0.52	6.08***
创业自我效能	→	创业管理自我效能	1.02	6.81***
创业自我效能	→	创业领导自我效能	1.55	7.10***
创业自我效能	→	创业坚持自我效能	0.37	3.40***

注：t 值大于 1.96 时，* 表示 $p<0.05$；大于 2.58 时，** 表示 $p<0.01$；约大于 3.25 时，*** 表示 $p<0.001$。

从图 5-9 和表 5-14 反映的信息看，创业自我效能对创业意向的整体影响效果为 0.63，直接影响效果为 0.33，间接影响效果为 0.30（$0.52\times0.57=0.30$），行为控制知觉起部分中介作用。当控制“行为控制知觉”时，创业自我效能对创业意向的影响受到了削弱（削弱量=总影响-直接影响=间接影响）。因此部分中介假设 H(iii)-3a 得到支持。

2. 一阶模型

为了深入了解行为控制知觉中介作用机制，按照部分中介的假设路径，运用结构方程模型进行参数估计得到图 5-10 所示行为控制知觉部分中介作用的一阶结构模型。

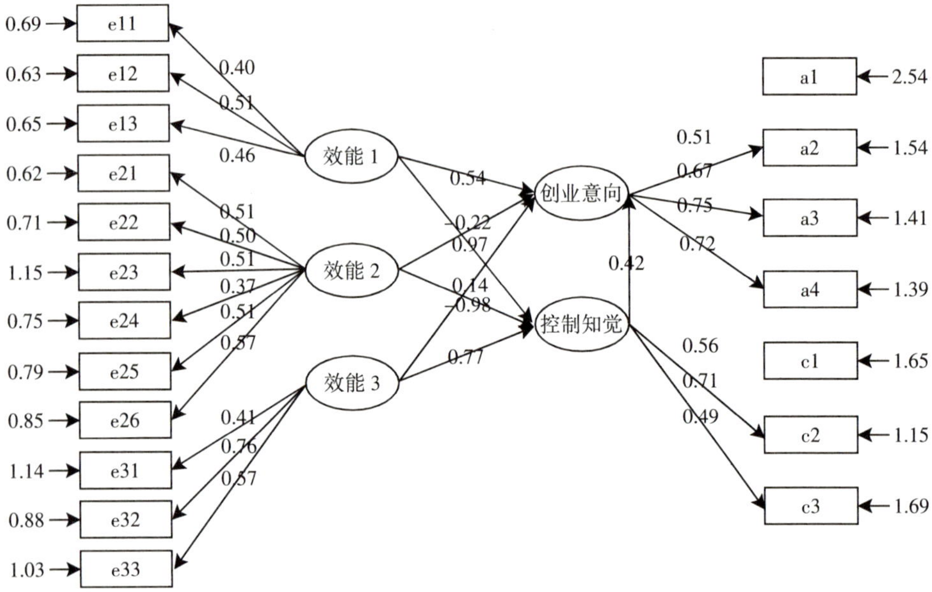

图 5-10 行为控制知觉部分中介作用的一阶结构模型

行为控制知觉部分中介作用的一阶结构模型拟合指标见表 5-15，表 5-16 所示是行为控制知觉部分中介作用的一阶显著性检验。

表 5-15 行为控制知觉部分中介作用的一阶模型拟合指数

拟合指数	指数值	说明
df	142	
χ^2	306.81	
χ^2/df	2.16	在［2，5］区间，说明模型拟合可以接受
RMSEA	0.050	小于 0.08，说明模型拟合得好
GFI	0.93	大于 0.9，说明模型拟合得好

续表

拟合指数	指数值	说明
AGFI	0.91	大于 0.8，说明模型拟合得好
NNFI	0.93	大于 0.9，说明模型拟合得好
CFI	0.94	大于 0.9，说明模型拟合得好

表 5-16 行为控制知觉部分中介作用的一阶显著性检验

路径	路径负荷值	t-值
创业自我效能→创业意向		
行为控制知觉→创业意向	0.42	2.25*
创业管理自我效能→行为控制知觉	0.97	4.13***
创业领导自我效能→行为控制知觉	-0.98	-2.36*
创业坚持自我效能→行为控制知觉	0.77	2.25*
创业管理自我效能→创业意向	0.54	2.14*
创业领导自我效能→创业意向	-0.22	-0.52
创业坚持自我效能→创业意向	0.14	0.44

注：t 值大于 1.96 时，* 表示 $p < 0.05$；大于 2.58 时，** 表示 $p < 0.01$；约大于 3.25 时，*** 表示 $p < 0.001$。

从结构方程模型的参数估计、拟合指标和标准化路径系数的显著性检验可以看出，行为控制知觉在创业管理自我效能与创业意向之间起到了部分中介作用，假设 H5-3a2 得到支持，假设 H5-3a1 被拒绝；行为控制知觉在创业领导与创业坚持自我效能之间起到了完全中介作用，假设 H5-3b1、假设 H5-3c1 得到支持，假设 H5-3b2、假设 H5-3c2 被拒绝。

第五节 研究讨论

一、创业自我效能对创业意向的直接影响

根据本章的实证研究结果，创业自我效能对创业意向的直接影响如图 5-11 所示，结果表明，创业自我效能对创业意向具有显著的正向影响。

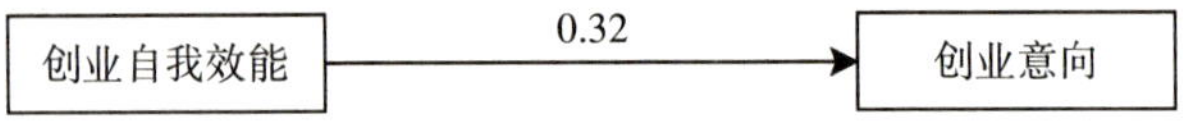

图 5-11　创业自我效能与创业意向关系

（一）创业自我效能影响的文化差异

尽管有的学者认为自我效能理论存在的思想和社会基础主要是西方的个人主义，在集体主义社会中可能不适用，但班杜拉（1996）认为，不管个人主义社会还是集体主义社会，高的个体自我效能都是取得成功的关键因素，因为在传统的集体主义社会中，个体为了应对社会与经济的巨大变革，必须建立和维持高的自我效能。

Jung 等（2001）对创业效能感与创业意向及行为之间的关系做了深入的研究，他们考虑了社会文化差异的影响，运用 DeNoble 等（1999a，1999b）开发的研究工具，分别对美国、韩国的在校商学院学生及全职经理人员两组样本进行了跨文化比较研究。结果发现，创业自我效能整体上与创业意向呈显著正相关。本研究的实证结果也表明，在中国社会文化背景下，创业自我效能对个体的创业意向同样产生了显著的影响。本研究的结果支持了班杜拉的观点。

根据创业自我效能的主体性和认知性特性，结合上一章的研究，创业自我效能的形成和发展不可避免地受到环境及社会文化因素的影响，不仅创业自我效能在不同文化背景的人群中会出现差异性，而且这种作用范围和效果也可能会受到某种程度的影响。

（二）创业自我效能对创业意向的直接影响机制

根据本章的实证研究结果，创业自我效能对创业意向直接影响机制如图 5-12 所示。

根据第四章的研究，创业自我效能由创业管理、管理领导与创业坚持三个维度构成。创业管理自我效能指的是应对创业过程各种复杂性任务能力的信心；创业领导自我效能指的是应对创业过程中的各类创新与变革能力的信息；而创业坚持，则是创业者对创业目标和愿景，以及其自身的深层假设与信仰的坚持与信心。

从实证研究中发现，虽然创业自我效能对创业意向具有显著的正向作用，但是分解其维度作用发现，创业管理与创业意向呈显著正向关系；创业坚持对创业意向呈正向影响，接近 $p<0.05$ 的显著水平（在 $p<0.10$ 水平下显著）；而创业领

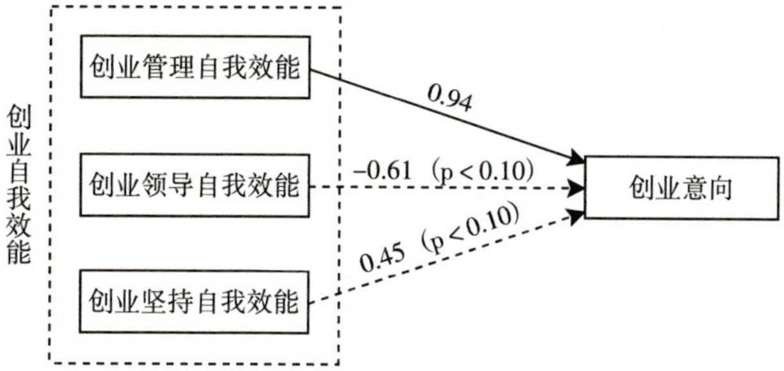

图 5-12　创业自我效能对创业意向影响机制①

导对创业意向呈负向影响，而且接近 $p<0.05$ 的显著水平（在 $p<0.10$ 水平下显著），这是一个非常有趣的现象。下面就两个方面进行解释：

1. 创业管理和创业坚持自我效能对创业意向的正向影响

创业管理和创业坚持自我效能对创业意向的正向影响揭示了提高创业意向的两个途径——提高创业管理自我效能与创业坚持自我效能，这离不开创业教育与积极的自我强化手段。这种正向关系也是社会环境劝导的结果。

（1）创业教育。在上一章中通过创业自我效能影响因素的方式提到了创业教育对创业自我效能影响的重要性。一些学者曾认为：创业者不是教育出来的，而是锻炼出来的；学校教育尤其是 MBA 教育培养的是管理者，因为教育的内容是体系化、结构化的管理知识。从本章的研究可以发现，创业教育（包括大学经济管理教育、MBA 教育、创业专门教育等）对于个体应对创业过程中的复杂性，提高个体的创业管理自我效能具有直接的作用；而且创业教育通过替代经验、劝导方式影响创业领导和创业坚持自我效能，进而在整体上提高个体的创业自我效能，进而影响创业意向。

（2）自我强化。通过积极的自我强化来提高创业坚持自我效能，以自我奖励的方式激励或维持自己达到某个目标，坚定某种信念。

（3）社会环境劝导。创业管理与创业坚持自我效能离不开个体生活的文化土壤。前一章谈到，农耕文化传统的精耕细作养成了中国人勤恳务实的生存状态，

① 本图用虚线代表 $p<0.10$ 水平，粗实线代表 $p<0.05$ 水平。如无特别说明，本章所有图内所用数据均为 $p<0.05$ 水平。

对待艰难险阻崇尚的是“自力更生、艰苦奋斗”、“铁杵磨成针”的愚公移山精神。这种精神体现在创业上就是强调艰苦创业、坚韧不拔、兢兢业业，并且与创业成功挂钩，这也是社会精神层面对从事和准备从事创业个体的一种劝导和暗示。勤恳务实和兢兢业业与处理各种复杂任务的创业管理自我效能水平密切相关，这些劝导因素影响着个体的创业自我效能尤其是创业管理、创业坚持自我效能与创业意向之间的正向关系。

2. 创业领导自我效能对创业意向的负向影响

为什么创业领导自我效能高的被试样本其创业意向反而低，而反之则高呢？本研究试图从三个方面做出解释：

（1）文化传统和历史参照点的逆向归因。根据前几章的研究，创业的核心在于创新和变革，创业领导自我效能的关键在于对领导团队尤其是领导变革的信心。就中华文化传统来说，有以下三点成为创业者进行创业和领导变革的阻碍：①“尚古”、“尚同”、“尚和”，对变革往往持一种怀疑态度。②对“弱化”个体的宽容，这种弱化，在这里可以理解为个性中创新和创业精神的缺失和弱化，而弱化个体所组成的群体，则导致对具有创新精神个体的党同伐异，如鲁迅先生（1973：19）所说，中国人没有“个人的自大”而只有“合群的爱国的自大”，后者就是搞“党同伐异”。③“归属”而非“救赎”的世俗选择，西方基督教文化把个人的灵魂当作世俗人间的神物，它只对上帝负责，它在世上的目的也就是在超越中获得救赎，因此对每个人都形成这样的要求：他/她必须是自立开展的一个“过程”，也是一个“目的”（孙隆基，2004：290）；而中国文化强调的是一种归属，在道德和社会关系的交织中寻找凝聚体和“寄主”，发展的则是一种对世俗的效忠和服从。就个体来说，中国人在行事时，总是自主不自主地置身于一个文化传统与社会关系纵横交织的参照系中，个体根据若干历史参照点及社会关系的变化不断调整自身的位置，创业也是如此。第四章第五节第二部分主要谈到了社会关系与网络，这里主要从历史参照点出发：中国的英雄永远不是活在当下，而是伴随着历史遗迹的朽烂而折射出他/她的光辉，而且中国的英雄，尤其是变革的英雄多是悲剧的下场，那些改革创新者在史官的笔下无论是渲染还是曲笔，其悲剧色彩从远古延续至今，如吴起、商鞅、王莽、王安石、戊戌六君子等。改革风起云涌，一时间多少时代弄潮儿在政治风云际会中烟消云散。这些历史参照点作为一种替代经验，会对个体创业产生一定的影响。而且这些历史参照点对个体的影响还可能产生一种逆向归因，这种逆向归因的结果是在个体的信心与期待的行为之间造成了阻碍，即在创业领导自我效能与创业意向之间产生负面影响。

（2）样本、认知和态度变量的影响。本章研究的样本主要是大学生样本，经过现有的教育体制（包括社会教育与家庭教育）的淘选，他们可能更趋向通过刻苦努力能够达到的目标，如考研究生、考公务员、考会计师，而规避风险性高、不可预期因素多的目标，如创业等。[①] 但对这种目标的看法是因人而异的，与个体对信息处理方式即认知风格以及对任务目标的态度在很大程度上有着密切关系。对认知风格影响的探索将是进一步研究的内容；而对态度变量影响的研究，本章研究选取了行为控制知觉作为主要态度变量，其影响作用机制将在下一部分集中讨论。

二、行为控制知觉在创业自我效能影响过程的中介作用分析

根据自我效能的经典研究（Bandura，1977，1986），自我效能是通过以下过程实现其作用：①选择过程。当面临不同的环境时，个体选择自认为能够有效应对的环境，而规避自感无法控制的环境。在创业环境下的研究中，它表现为创业自我效能强度的高低。②动机过程。当自我效能通过思维发挥作用时，通常会伴有动机因素的参与，本章研究选取的行为控制知觉虽然是一种态度变量，但它对意向具有动机含义，在一些研究中将其归纳为动机因素（Liñán，2007，2008）。本章研究实证了行为控制知觉作为中介变量在创业自我效能影响创业意向过程中所发挥的作用，如图 5-13 所示。

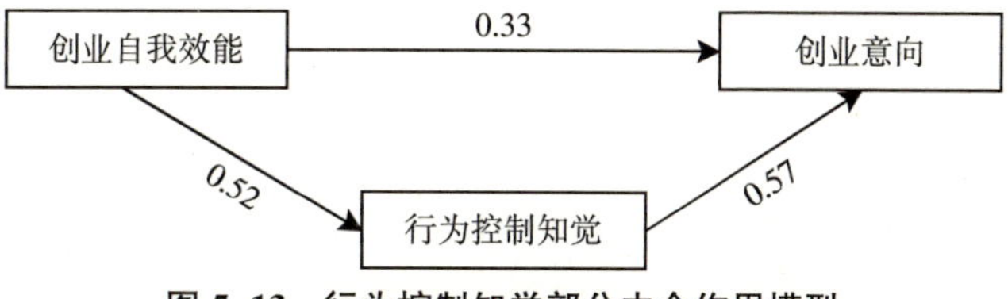

图 5-13 行为控制知觉部分中介作用模型

① 在本研究的实证研究中对学生样本的职业兴趣与就业趋向进行了调研。

（一）行为控制知觉的作用机制

行为控制知觉部分中介作用机制如图 5-14 所示。

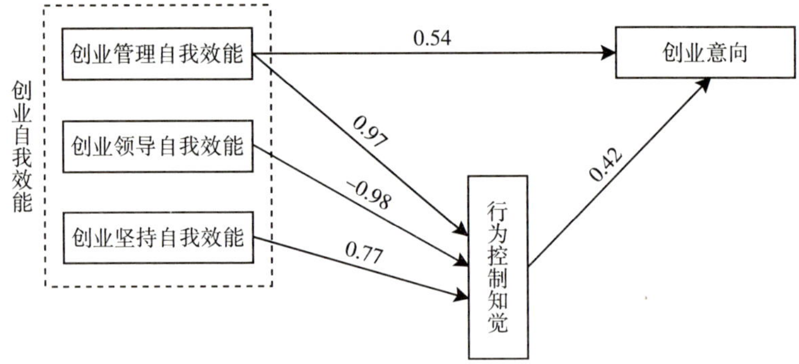

图 5-14 行为控制知觉部分中介作用机制

从实证研究结果可以发现，创业管理自我效能通过行为控制知觉部分中介作用于创业意向，而创业领导与创业坚持自我效能主要通过行为控制知觉的完全中介作用对创业意向产生影响。

创业领导自我效能对创业意向的负向影响作用是通过行为控制知觉的中介传递的。因此，创业领导自我效能对行为控制知觉的负向影响是需要讨论的重点，本研究试图结合 Vroom 的动机期望理论（VIE）[①] 来进行解释。动机期望理论的基础是人们的认知，关注的是可以提高绩效的过程变量，即相信自己的努力程度（beliefs）、绩效（performance）以及成果（outcomes）之间存在着可能的联系。Van Eerde 和 Thierry 的元分析（n=77；d=0.74，1996）表明了 VIE 模型对 performance 以及 outcomes 的预测效度达到 63%。下面就其中几点进行解释：

（1）心理预期（期望，expectancy）。行为控制知觉反映个人对过去的经验和预期的阻碍，当个人认为自己所拥有的资源与机会越多、所预期的阻碍越少，行为控制知觉就越强，其强度根据动机期望理论，取决于结果的效价（Valence，Vroom 指个人对于某一特定结果的偏好强度）与期望的乘积。

心理学家普遍认为期望是一种心理状态，而不是认知状态。期望与一级结果的努力相联系，是一种概率可能性（0-1），表示一个具体的行为或者努力可以导

① 弗雷德·鲁森斯. 组织行为学［M］. 王垒等译. 北京：人民邮电出版社，2003.

致特定的结果。一个人会评估努力所产生初级结果的概率（期望），以及初级结果绩效和次级结果之间的关系（工具性），以决定工作动机之大小。因此，可能创业领导自我效能强度与期望水平呈负相关，因此导致创业自我效能与行为控制知觉强度的负相关。

（2）工具性（instrumentality）。工具性指一种认知的概率，某一具有效价的诱因在某种绩效表现或成就后即将获得的预期，当绩效表现与所得报酬高度相关时，此工具性就很高。根据本章的研究，样本多数属于风险规避型，也就是选择创业这种诱因的概率并不高，因此工具性不强，可能创业领导自我效能强度与工具性水平呈负相关，因此造成了创业自我效能与行为控制知觉强度的负相关。

当然，由于涉及更多的心理机制，基于动机期望理论的这两种解释主要还处于一种假设状态，其将是今后需要进一步探索的目标之一。

（二）教育对行为控制知觉的影响

行为控制知觉指的是知觉到从事创业行为简单或困难的程度。从某种程度上说，作为一种态度变量，它一方面与个体的认知风格有关（David，1989；樊建芳，2003），同时也是后天教育的结果（Backhaus and Liff，2007；樊建芳，2003；David，1989）。结合第四章的研究讨论，创业教育与个体认知风格在创业自我效能与行为控制知觉关系之间发挥着重要作用。根据创业教育与认知风格作用性质的不同，可以假设创业教育在创业自我效能与行为控制知觉之间起到了调节作用；而认知风格在创业自我效能与行为控制知觉之间起到了中介或调节作用。

根据本节的研究，提出四个待验证假设为未来研究做指导，对这些待验证假设的解决，将为进一步透析创业自我效能对创业意向影响的作用机制发挥作用，这四个待验证假设分别如下：

H5-4：在中国文化情境下，创业领导自我效能与创业的期望水平呈负相关。

H5-5：在中国文化情境下，创业领导自我效能与创业的工具性水平呈负相关。

H5-6：创业教育调节影响创业自我效能与行为控制知觉之间的关系。

H5-7：认知风格调节/中介影响创业自我效能与行为控制知觉之间的关系。

第六节 本章小结

一、研究结果总结

本章在第四章研究的基础上，明晰了创业自我效能、行为控制知觉与创业意向之间的关系和作用机制，主要关注了创业自我效能对创业意向作用的两个方面：①作用的内容；②作用的过程。前者重点考察了创业自我效能的组成维度对创业意向产生的不同影响，后者重点考察了创业自我效能通过行为控制知觉的部分中介作用对创业意向产生影响的过程。

本章的研究假设主要基于第三章的主要变量关系假设，在第四章研究结果的基础上进行了分解和拓展，基于理论和国情，对研究假设的实证结果进行了解释，并提出未来研究的一些目标。假设验证的结果如表 5–17 所示。

表 5–17 本章假设验证结果汇总

假设	检验方法	评价指标	结论
H(iii)–1	SEM	参数、拟合度、路径	支持
H(iii)–2	SEM	参数、拟合度、路径	支持
H(iii)–3a	SEM	参数、拟合度、路径	支持
H(iii)–3b	SEM	参数、拟合度、路径	支持
H5–1a	SEM	参数、拟合度、路径	支持
H5–1b	SEM	参数、拟合度、路径	不支持
H5–1c	SEM	参数、拟合度、路径	不支持
H5–2a	SEM	参数、拟合度、路径	支持
H5–2b	SEM	参数、拟合度、路径	支持
H5–2c	SEM	参数、拟合度、路径	支持
H5–3a1	SEM	参数、拟合度、路径	支持
H5–3b1	SEM	参数、拟合度、路径	支持
H5–3c1	SEM	参数、拟合度、路径	支持
H5–3a2	SEM	参数、拟合度、路径	支持
H5–3b2	SEM	参数、拟合度、路径	不支持
H5–3c2	SEM	参数、拟合度、路径	不支持

续表

假设	检验方法	评价指标	结论
H5-4		待验证	
H5-5		待验证	
H5-6		待验证	
H5-7		待验证	

二、研究局限与进一步研究议题

本章通过实证研究，首次使用中国地区样本验证了创业自我效能对创业意向的显著影响，根据第四章开发的创业自我效能三因素模型对影响机制及其过程进行了讨论。一方面丰富了有关创业意向形成机制的知识，另一方面通过对创业意向有关问题的有效说明解释也证明了基于角色的创业自我效能三因素模型的适用性和解释力。本章着重研究了行为控制知觉的中介作用，探索了态度因素在创业自我效能和创业意向之间作用的机制的影响路径，并探讨了教育、文化背景如何通过影响创业自我效能和行为控制知觉对创业意向的形成和强度产生作用。

本章的研究局限和未来的研究方向主要从以下几点把握：

（1）根据行为计划理论，行为控制知觉作为一种态度/动机变量代表的是一种可行性，即个人对自身创业能力的感觉；特定行为态度和规范知觉则代表了一种希求性，即创业对个人的吸引，一些希求性因素如规范知觉已经被证明对行为控制作用有影响（Liñán，2008）。因此，有必要将考察的范围扩大到希求性态度因素，如特定行为态度、规范知觉等。

（2）由于样本的原因，一些统计结果可能与样本的特殊性相联系，本章在讨论过程中尽管考虑了样本的特殊性，尽量抽取其共同性特点进行分析，同时需要将现有的研究成果放到更大范围的样本中去检验其有效性。

（3）本章在对实证结果进行解释的同时提出了四个待验证命题，涉及一些复杂心理、认知机制的作用，这些待验证命题为未来研究提供了线索。

本章在研究中发现，尽管态度/动机因素在从创业自我效能到创业意向形成过程中发挥了重要作用，但这种态度/动机因素影响的结果与个体的认知风格存在很密切的关系。进一步联系第四章所提出的研究展望，在从创业自我效能到创业意向形成过程中，认知风格将如何发挥作用？这些问题将是下一步讨论的重点。

第六章　认知风格、创业自我效能与创业意向关系研究

第一节　引　言

一、研究背景

从创业自我效能到创业意向的形成过程，同时也经历了个体对各类信息搜索和解析的过程，个体的信息处理方式即认知风格将在这一过程中扮演重要的角色，从研究的角度探讨该问题就是要发现认知风格作用的机制；另外，根据斯腾伯格的观点，创业环境会促使个体根据任务和情境选用不同的认知风格，从而形成环境和任务适应性的认知风格。因此，创业环境对认知风格又具有一定的影响和选择作用。

因此，本章的研究将以认知风格为重点考察对象，讨论其在创业自我效能到创业意向过程中所扮演的角色。同时，结合第五章对态度/动机因素（行为控制知觉）的讨论，将认知风格与行为控制知觉的共同作用同时考虑到这一过程中来。

二、研究目的

本章主要通过实证研究，实现以下研究目的：

（1）探讨认知风格对创业自我效能到创业意向形成过程影响的机制。

（2）认知风格与行为控制知觉共同作用对创业自我效能到创业意向形成过程的影响。

第二节　研究假设

一、直接关系假设

依据斯腾伯格有关情境及任务对认知方式影响的观点以及班杜拉的三元决定论的基本内涵，可以得到以下的基本理论构念（construct），表示创业情境、创业自我效能与认知风格之间的互动关系，如图 6–1 所示。

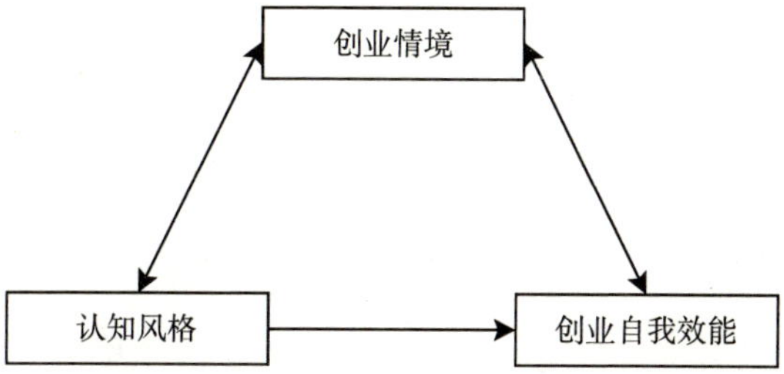

图 6–1　创业情境、创业自我效能与认知风格之间的互动关系

其中认知风格与创业自我效能之间存在交互作用，在第四章第五节第三部分讨论了认知因素包括认知风格对创业自我效能的影响，而在本节则有以下直接关系假设：

H6–1：创业自我效能对 KAI 认知风格有显著的正向影响（如图 6–2 所示）。

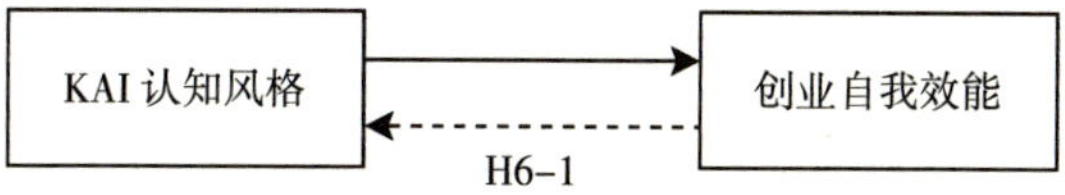

图 6–2　创业自我效能与 KAI 认知风格之间的互动关系

二、中介/调节关系假设

根据第三章第四节第三部分的研究，其中给出了中介/调节关系假设如下：

H(iii)–4a：认知风格会调节创业自我效能与创业意向之间的关系。

H(iii)–4b：认知风格是创业自我效能对创业意向影响的中介变量。

KAI认知风格可以概括为原创性、效率性和顺从性三个维度。这三个维度对创业自我效能与创业意向之间的关系分别起着不同的作用，在研究中除了准备检验认知风格整体对创业自我效能与创业意向之间关系的中介/调节作用外，同时认为认知风格三个维度在这一过程中分别起到了中介/调节作用，形成具体假设如下：

H6–2a：原创性认知会调节影响创业自我效能与创业意向之间的关系。

H6–2b：效率性认知会调节影响创业自我效能与创业意向之间的关系。

H6–2c：顺从性认知会调节影响创业自我效能与创业意向之间的关系。

H6–3a：创业自我效能通过原创性认知中介作用于创业意向。

H6–3b：创业自我效能通过效率性认知中介作用于创业意向。

H6–3c：创业自我效能通过顺从性认知中介作用于创业意向。

三、有中介的调节关系与有调节的中介关系假设

联系第三章第四节第三部分的关系假设和第五章关于行为控制知觉的研究，当在研究中将创业自我效能（自变量/预测变量）、创业意向（因变量）以及行为控制知觉（中间变量）、认知风格（中间变量）放到一个整体模型考虑时，除了自变量和因变量外，可能同时包含调节变量和中介变量，这些变量出现在模型中的位置不同会产生不同类型的模型，联系着不同的统计背景和意义。可能会出现以下三种类型（温忠麟等，2006）：①有中介的调节关系；②有调节的中介关系；③混合模型，即模型中可能同时包含了有中介的调节变量和有调节的中介变量。因此，我们对以上四个变量之间存在的关系做出下列两个假设[①]：

H6–4a：创业自我效能，创业意向以及行为控制知觉、认知风格存在有中介的调节关系。

H6–4b：创业自我效能，创业意向以及行为控制知觉、认知风格存在有调节的中介关系。

① 混合模型是在假设H(iv)–1、H(iv)–2都成立的基础之上成立的。

第三节　研究方法

一、研究样本与数据分析方法

（一）研究样本

本研究所使用的样本来源于主试调研的602位样本，删除背景信息不完全的8位样本得到594位样本，作为探讨创业自我效能影响因素的研究对象。部分统计使用了主试调研的样本2（465位）。如无特殊说明，使用的样本均为594位样本。

（二）分析方法

本章主要使用了简单回归和层次回归分析、结构方程模型的潜变量路径分析与中介效应检验程序。

1. 调节作用检验

在结构方程调节模型中，当自变量和调节变量都是潜变量时，在检验过程中需要创造一个潜变量，潜变量的创造可以采用多种方式进行（Cortina et al., 2001）。[①] 在结构方程模型中，如果调节影响确实存在，理论上要同时满足以下三个条件[②]：①创造变量对因变量的影响路径达到显著；②模型的拟合指标比较合理；③计算过程中没有异常现象（如非正性问题而导致无法计算）。

在调节作用的统计检验上，Baron 和 Kenny（1986）认为可以通过层次回归分析进行检验。检验时调节变量始终作为自变量而存在。检验过程中，只要考察路径 c 的显著性（见图 6-3），如果路径 c 显著，说明存在调节影响，如果不显著说明不存在调节影响。同样，在检验调节效应是否存在时，需要创造一个变量，即“预测变量 X 调节变量”，所创造的变量不是一个实体概念，只是检验调节效应的工具。因此，路径 c 的显著性系数并不代表对应变量的影响程度和大小，只

① 所创造的变量并不代表一个实体概念，而是作为检验调节影响是否存在的一个工具，而且它始终作为外生变量而存在。

② 源于“张辉华. 管理者的情绪智力及其与工作绩效的关系研究［D］. 暨南大学博士学位论文，2006.”。

是表明调节变量对自变量与因变量关系的调节效应。

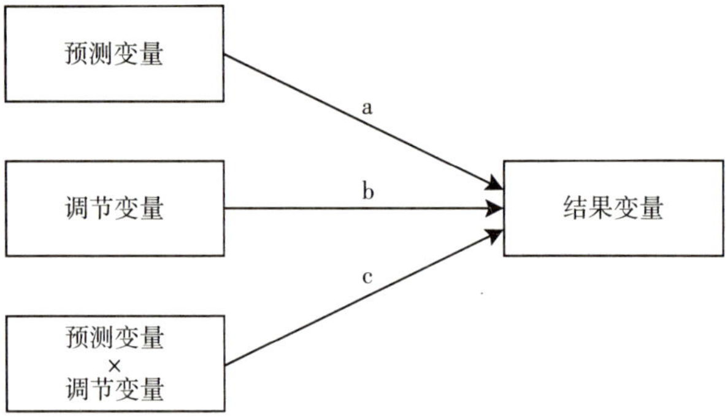

图 6-3　调节模型的回归检验方法

资料来源：Baron and Kenny（1986），转引自温忠麟等（2006）。

根据温忠麟等（2006）的建议：①检验有中介的调节效应时，先要检验调节效应，然后检验中介效应；②检验有调节的中介效应时，先要检验中介效应，然后检验调节效应。

2. 中介作用检验

在本章研究中参考了温忠麟、张雷、侯杰泰等人总结的中介效应检验程序（温忠麟等，2004），该程序的第一类和第二类错误率之和通常比单一检验方法小，既可以做部分中介检验，也可以做完全中介检验，如图 6-4 所示，包括如下检验程序①：

（1）检验回归系数 c，如果显著，继续下面的第二步，否则停止分析。

（2）做 Baron 和 Kenny（1986）部分中介检验，即依次检验系数 a、b，如果都显著，意味着 X 对 Y 的影响至少有一部分是通过了中介变量 M 实现的，第一类错误类小于或等于 0.05，继续下面第三步。如果至少一个不显著，由于该检验的功效较低（即第二类错误类较大），所以还不能下结论，转到第四步。

（3）做 Judd 和 Kenny（1981）完全中介检验中的第三个检验（因为前两个在上一步已经完成），即检验系数 c′，如果不显著，说明是完全中介过程，即 X 对 Y 的影响都是通过中介变量 M 实现的；如果显著，说明只是部分中介过程，即 X 对 Y 的影响只有一部分是通过中介变量 M 实现的。检验结束。

---

① 有关参数说明请参考第三章第四节第三部分内容。

（4）做 Sobel（1982）检验，如果显著，意味着 M 的中介效应显著，否则中介效应不显著。检验结束。

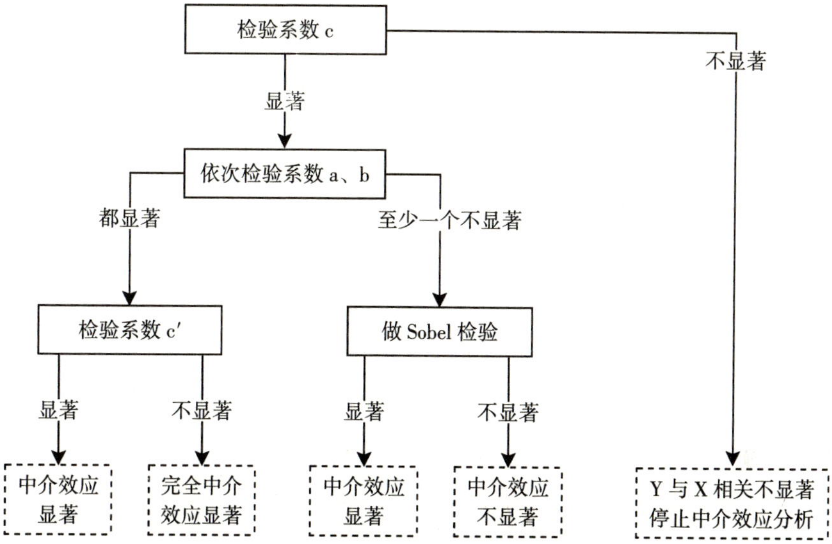

图 6-4　中介效应检验程序

资料来源：温忠麟等（2004）。

二、变量的操作性定义与研究测量

（一）创业自我效能与 KAI 认知风格

请参考第四章第三节第二部分内容。

（二）创业意向与行为控制知觉

请参考第五章第三节第二部分内容。

第四节　研究结果

一、创业自我效能与认知风格关系研究

（一）认知风格对创业自我效能的影响

根据第四章第四节第三部分的研究，创业自我效能受到 KAI 认知风格的影响

(Beta=0.14，t=3.257，p<0.001)，其作用机制如图 6-5 所示。

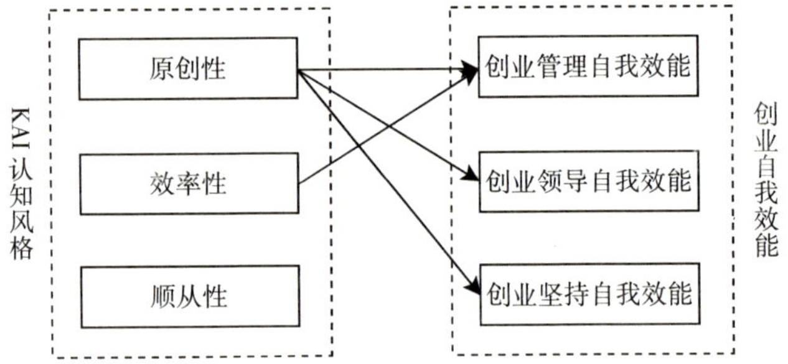

图 6-5　KAI 认知风格对创业自我效能的影响

（二）创业自我效能对认知风格的影响

表 6-1、表 6-2 所示是创业自我效能对 KAI 认知风格影响的回归和多元回归分析结果。

表 6-1　创业自我效能对 KAI 认知风格影响的回归分析

	KAI 认知风格			
创业自我效能	Beta	t 值	CI	VIF
	0.156	3.539***	12.633	1.000
F	12.526***			
R	0.156			
R^2	0.024			
Adj. R^2	0.022			
Durbin-Watson	2.028			

注：* 表示 $p<0.05$，** 表示 $p<0.01$，*** 表示 $p<0.001$。

在本研究中，KAI 认知风格包括原创性、效率性、顺从性三个维度；创业自我效能包括创业管理、创业领导与创业坚持三个维度。因此，接下来就创业自我效能对 KAI 认知风格影响的内在机制进行深入探讨，旨在发现因素与因素之间的关系。因变量是 KAI 认知风格的三个因素，自变量是创业自我效能的三个维度，采用多元回归探索之间的关系（见表 6-2）。

根据表 6-2 所示的统计信息，所有的 CI 值不大于 30，VIF 在 1.1~1.4 区间，表明可能存在多重共线性问题，但在可以接受的范围内。DW 系数都接近 2，说

表 6-2 KAI 认知风格对创业自我效能的多元回归分析

创业自我效能(ESE)	1-原创性		2-效率性		3-顺从性		CI	VIF
	Beta	t 值	Beta	t 值	Beta	t 值		
管理	0.422	10.254***	-0.294	-6.631***	0.111	2.433*	9.181 9.226 9.202	1.108 1.109 1.112
领导	0.129	2.811**	-0.010	0.208	-0.099	-1.949	13.653 13.740 13.767	1.366 1.359 1.361
坚持	-0.027	-0.625	-0.041	-0.879	0.074	2.368**	15.508 15.673 15.627	1.257 1.248 1.246
F	48.58***		15.689***		5.109*		—	—
R	0.473		0.289		0.17		—	—
R^2	0.223		0.083		0.29		—	—
Adj.R^2	0.219		0.078		0.23		—	—
Durbin-Watson	1.97		1.996		2.021		—	—

注：* 表示 $p<0.05$，** 表示 $p<0.01$，*** 表示 $p<0.001$。

明自相关问题也不突出。各个 R^2 的 F 值的显著水平表明回归模型总体效果较为理想。根据回归分析的结果，得到创业自我效能对 KAI 认知风格的影响机制如图 6-6 所示。

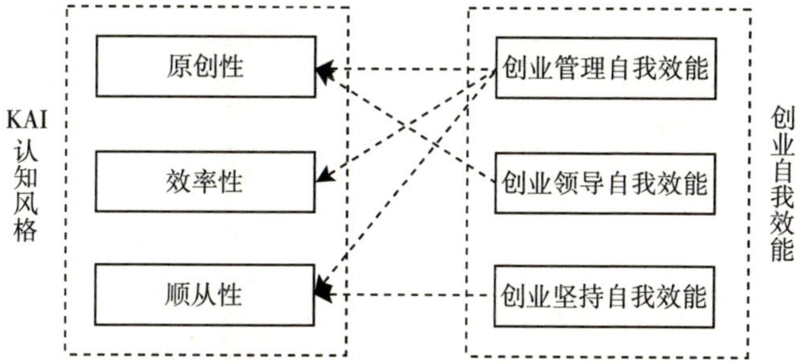

图 6-6 创业自我效能对 KAI 认知风格的影响

根据本节的研究，KAI 认知风格受到创业自我效能的影响。进一步的研究发现：①原创性认知受到创业管理与创业领导自我效能的正向影响；②效率性认知受到创业管理自我效能的负向影响；③顺从性认知受到创业管理和创业坚持自我效能的正向影响。

二、认知风格与创业意向关系研究

（一）KAI 认知风格对创业意向的影响（见表 6-3）

表 6-3　KAI 认知风格对创业意向的回归分析

KAI 认知风格	创业意向			
	Beta	t 值	CI	VIF
	0.1	2.234*	18.717	1.000
F	4.989*			
R	0.1			
R^2	0.01			
Adj. R^2	0.008			
Durbin-Watson	1.681			

注：* 表示 $p<0.05$，** 表示 $p<0.01$，*** 表示 $p<0.001$。

（二）KAI 认知风格各个维度对创业意向的影响（见表 6-4）

表 6-4　KAI 认知风格对创业意向的多元回归分析

KAI 认知风格	创业意向（EI）		CI	VIF
	Beta	t 值		
原创性	0.296	6.641***	7.451	1.1
效率性	-0.080	-1.634	10.761	1.335
顺从性	0.827	0.409	20.524	1.269
F	18.837***		—	—
R	0.32		—	—
R^2	0.102		—	—
Adj.R^2	0.097		—	—
Durbin-Watson	1.713		—	—

注：* 表示 $p<0.05$，** 表示 $p<0.01$，*** 表示 $p<0.001$。

根据表 6-4 的统计信息，CI 值不大于 30，VIF 在 1.1~1.4 区间，表明可能存在多重共线性问题，但在可以接受的范围内。DW 系数都接近 1.713，与理想的 2 水平有一定差距，说明自相关问题可能存在，数据结果大体可以接受。R^2 的 F 值的显著水平表明回归模型总体效果较为理想。

根据本节的研究，KAI 认知风格对创业意向有显著的正向影响。进一步的研究发现，仅原创性认知对创业意向有显著的正向影响，而效率性和顺从性认知对创业意向的影响不显著。

三、认知风格的中介/调节作用研究

（一）认知风格的中介作用检验

在本研究中，将遵照温忠麟、张雷、侯杰泰等人总结的中介效应检验程序（温忠麟等，2004）验证中介变量 M——认知风格（CS）对自变量 X——创业自我效能（ESE）和因变量 Y——创业意向（EI）的影响，结果如表 6-5 所示。

表 6-5 KAI 认知风格的中介效应依次检验（N=465）

	标准化回归方程	回归系数检验
第一步	$Y=0.32X$	SE=0.08，t= 7.77**
第二步	$M=0.70X$	SE=0.11，t= 6.54**
第三步	$Y=0.62X_1$ $-0.01M$	SE=0.15，t= 4.04** SE=0.14，t= −0.04

注：SE 表示标准误，* 表示 $p<0.05$，** 表示 $p<0.01$，*** 表示 $p<0.001$。

从表 6-5 所示的结果可以看出，由于依次检验中第三步检验不显著（即认知风格对创业意向的回归系数不显著，$t=-0.04$，$p>0.05$），根据检验程序（见图 6-4），需要做 Sobel 检验，检验统计量。

$$z=\frac{\hat{a}\hat{b}}{\sqrt{\hat{a}^2 s_b^2+\hat{b}^2 s_a^2}} \tag{6-1}$$

此处根据 LISREL 运算结果，$a=-0.01$，$s_a=0.14$，$b=0.70$，$s_b=0.11$，计算得 $z=-0.007/(0.0001\times0.0169+0.49\times0.0121)^{1/2}=-0.007/0.098=0.091$（$Z<1.99$），$p>0.05$。所以认知风格（CS）的中介效应不显著。

（二）KAI 认知风格的调节作用检验

本研究运用结构方程模型调节模型技术（Moderated Structural Equation Models，MSEM）和层次回归两种方法对认知风格的调节作用进行检验。在结构方程模型检验过程中采用了两种方法进行潜变量的创建：①用因子负荷最大的题项代替维度的因子得分；②用各题项得分的平均分为各维度的因子得分。分别运用结构方程调节模型进行计算，如图 6-7a、图 6-7b 所示，发现多项模型拟合指标并不理想。

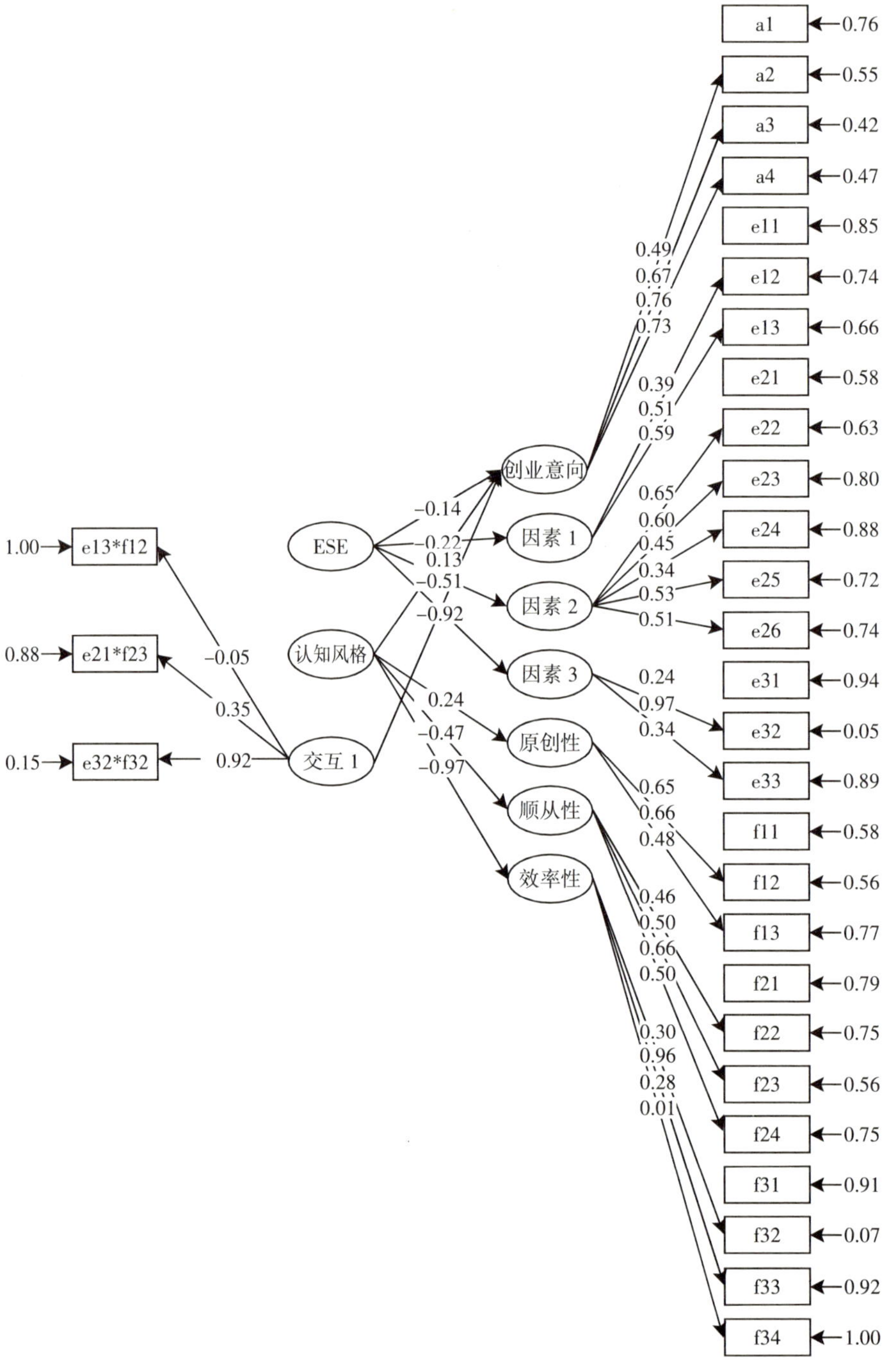

Chi-Square=2456.10，df=393，P-value=0.00000，RMSEA=0.106

图 6-7a　KAI 认知风格对创业自我效能与创业意向的调节关系

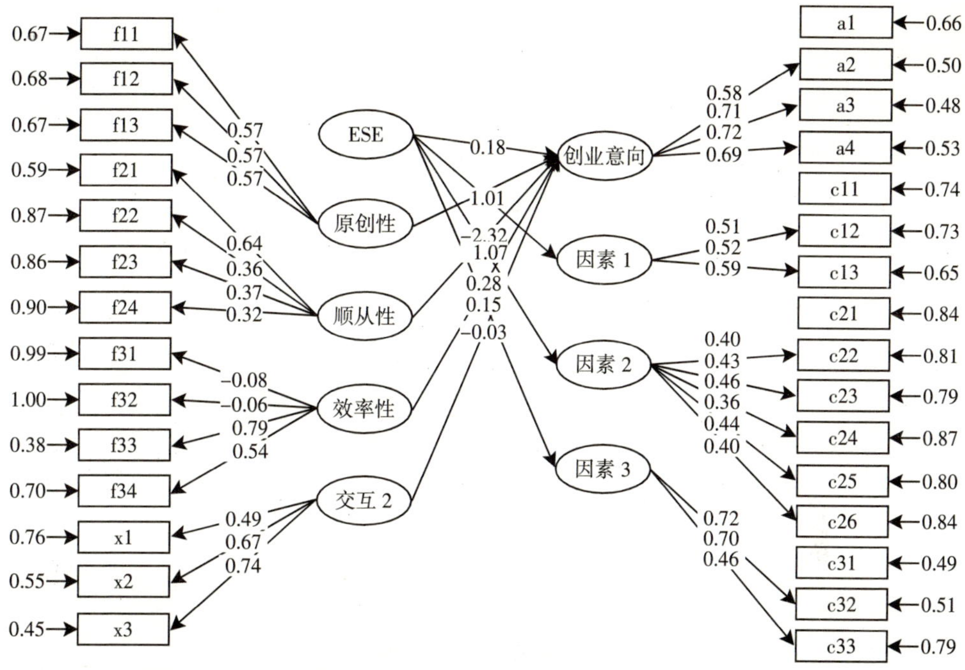

图 6-7b KAI 认知风格对创业自我效能与创业意向的调节关系

同时用自变量（创业自我效能）和调节变量（KAI 认知风格）的因子得分①（自变量和调节变量都是潜变量）做回归分析方法，对以上调节影响进行分析检验，分析程序如下（温忠麟等，2005）。用带有乘积项的回归模型做层次回归分析②：①做 Y 对 X 和 M 的回归，得测定系数 R_1^2；②做 Y 对 X、M 和 XM 的回归得 R_2^2，若 R_2^2 显著高于 R_1^2，则调解效应显著；或者，做 XM 的偏回归系数检验，若显著，则调解效应显著。表 6-6 所示是运用层次回归分析的结果，可见认知风格的调节效应不显著。

表 6-6 KAI 认知风格对创业自我效能与创业意向的调节关系

	回归方程	R^2	ΔR^2
第一步	$Y = (8.568^{***}) + (0.263^{***})X - (0.329^{***})M$	0.101	
第二步	$Y = (9.167^{***}) + (0.234^{**})X - 0.477M + 0.007MM$	0.102	0.001

注：因变量为创业意向，* 表示 $p < 0.05$，** 表示 $p < 0.01$，*** 表示 $p < 0.001$。

① 使用 Anderson 和 Rubin 推出的因子得分，这种因子得分都是标准分（均值为 0，标准差为 1）。

② 有关参数说明请参考第三章第二节第二部分内容。

除了考虑交互效应 XM 外，同时考虑了高阶交互效应项 XM2 和 MX2，回归分析结果高阶交互效应不显著，因此不存在非线性调节效应和曲线回归的调节。

因此，根据第六章第四节第三部分的研究，可以发现 KAI 认知风格对创业自我效能与创业意向的中介/调节作用均不显著。

（三）原创性认知的中介/调节作用检验

在上文的研究中发现虽然 KAI 认知风格的中介/调节作用均不显著，分析其原因，可能是由于 KAI 认知风格中的两个维度原创性认知与效率性认知存在相反作用的机制。而根据前文的研究（见图 6-5），较之效率性认知，原创性认知（sufficiency of originality cognition，SO cogniton）对创业自我效能的影响水平（对创业自我效能的三个维度均有显著影响）更大一些。因此在后面的研究中，将原创性认知单独提出来，考察原创性认知对创业自我效能与创业意向的中介/调节关系。

1. 原创性认知的中介作用检验

表 6-7　原创性认知的中介效应依次检验（N=465）

	标准化回归方程	回归系数检验
第一步	$Y = 0.287X$	SE=0.035，t= 7.005***
第二步	$M = 0.335X$	SE=0.012，t= 8.146***
第三步	$Y = 0.196X_1 + 0.252M$	SE=0.036，t= 4.502*** SE=0.12，t= 5.791***

注：SE 表示标准误，* 表示 $p < 0.05$，** 表示 $p < 0.01$，*** 表示 $p < 0.001$。

参见表 6-7 所示的中介效应检验程序，三步检验参数均显著，可以验证原创性认知在创业自我效能与创业意向之间起到了部分中介作用。

2. 原创性认知的调节作用检验

原创性认知的调节效应分析结果见表 6-8。由于第二步中乘积项 MX 的回归系数显著（t=3.317，R^2 的变化约为 15.2%），所以原创性认知的调节效应显著。

表 6-8　原创性认知的调节效应分析

	回归方程	R^2	ΔR^2
第一步	$Y = (0.206^{***})X - (0.78^{***})M$	0.134	
第二步	$Y = (18.945^{***}) - (0.641^{**})X - (1.262^{*})M + (0.039^{***})MX$	0.152	0.018

注：因变量为创业意向，* 表示 $p < 0.05$，** 表示 $p < 0.01$，*** 表示 $p < 0.001$。

研究认为，当某变量调节影响自变量与因变量之间的关系时，研究者需要进一步说明调节变量会对自变量和因变量之间关系到底起到怎样的调节作用（Morano，2003；Whisman et al.，2005）。因此，需要进一步说明原创性认知对创业自我效能与创业意向之间关系的强度或者方向会产生怎样的影响。在研究中以原创性认知得分为依据划分出高低分组（总分前27%为高分组，后27%为低分组）；以创业自我效能为横轴，创业意向为纵轴，在坐标平面内，将两组创业自我效能与创业意向的关系表示出来（见图6-8），其中两条直线分别表示两组创业自我效能与创业意向关系的最优线性拟合，两个方程的回归系数都达到显著水平。

从图6-8可以看出，原创性认知不同的样本（高、低两组），创业自我效能与创业意向之间的关系也不同。原创性认知低的样本，创业自我效能与创业意向之间的关系高于原创性认知高的样本。随着原创性认知的提高，创业自我效能与创业意向的关系进一步减弱。

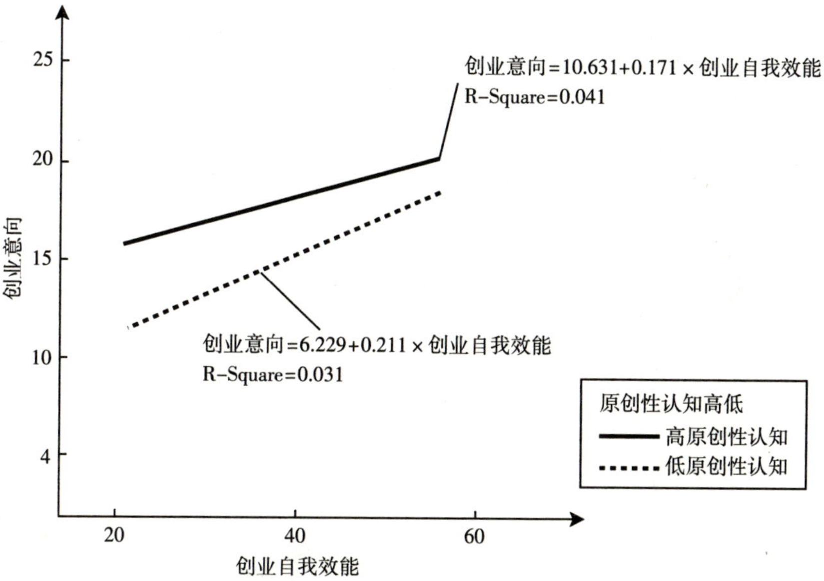

图6-8 不同程度原创性认知的创业自我效能与创业意向的关系强度

四、原创性认知作用机制研究

在本节的研究中，将同时考虑行为控制知觉在创业自我效能与创业意向之间所起的部分中介作用，将原创性认知、行为控制知觉、创业自我效能、创业意向放在同一个研究框架内考虑原创性认知的作用机制。因此，首先从原创性认知对行为控制知觉的影响入手。

（一）原创性认知对行为控制知觉的影响

本部分利用回归分析，将原创性认知对行为控制知觉的影响进行了分析，如表 6–9 所示。

表 6–9 原创性认知对行为控制知觉影响的回归分析

	行为控制知觉			
原创性认知	Beta	t 值	CI	VIF
	0.255	5.932***	11.113	1.000
F	35.187***			
R	0.255			
R^2	0.065			
Adj. R^2	0.063			
Durbin–Watson	1.79			

注：* 表示 $p<0.05$，** 表示 $p<0.01$，*** 表示 $p<0.001$。

回归分析结果表明，原创性认知对行为控制知觉有显著的正向影响。

（二）有中介的调节关系检验

根据研究假设 H6–4a：创业自我效能、创业意向以及行为控制知觉、认知风格存在有中介的调节关系。得到研究模型如图 6–9 所示。

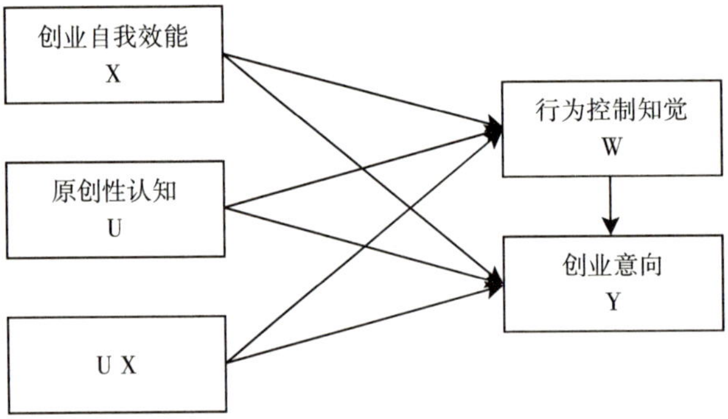

图 6–9 假设 H6–4a 研究模型（有中介的调节模型）

根据温忠麟等（2006）的建议，对有中介的调节效应检验程序如下：

（1）做 Y 对 X、U 和 UX 的回归，UX 的系数显著（这一步说明 U 对 Y 与 X

关系的调节效应显著)。

(2) 做 W 对 X、U 和 UX 的回归，UX 的系数显著。

(3) 做 Y 对 X、U、UX 和 W 的回归，W 的系数显著。

在第三步中，如果 UX 的系数不显著，则 U 的调节效应完全通过中介变量 W 而起作用。

在本章第四节第三部分中已经验证了原创性认知 U 对创业意向 Y 与创业自我效能 X 的调节效应显著，因此对有中介的调节效应检验直接从第二步开始，结果如表 6-10 所示。

表 6-10 有中介的调节效应检验

	标准化回归方程	回归系数检验
第一步		
第二步	$Y = (-0.609^{**})X$ $-(0.579^{*})U$ $+(1.245^{***})UX$	SE=0.167，t=-2.859** SE=0.402，t=-2.464* SE=0.007，t=3.474***
第三步	$Y = -0.211X_1$ $-0.2U$ $+0.576UX$ $+(0.462^{***})W$	SE=0.235，t=-1.144** SE=0.565，t=-0.983 SE=0.011，t=-1.849 SE=0.063，t=11.866

注：SE 表示标准误，* 表示 $p < 0.05$，** 表示 $p < 0.01$，*** 表示 $p < 0.001$。

因为在第二步中，UX 的系数显著，而在第三步中，UX 的系数不显著，因此 U 的调节效应完全通过中介变量 W 起作用。即创业自我效能，创业意向以及行为控制知觉、认知风格存在有中介的调节关系；且原创性认知完全通过行为控制知觉起调节作用。

(三) 有调节的中介关系检验

根据研究假设 H6-4b：创业自我效能，创业意向以及行为控制知觉、认知风格存在有调节的中介关系。得到研究模型如图 6-10 所示。

根据温忠麟等 (2006) 的建议，对有调节的中介效应检验程序如下：

(1) 做 Y 对 X 和 U 的回归，X 的系数显著。

(2) 做 W 对 X 和 U 的回归，X 的系数显著。

(3) 做 Y 对 X、U 和 W 的回归，W 的系数显著。

步骤 (1) ~步骤 (3) 说明 W 的中介效应显著。

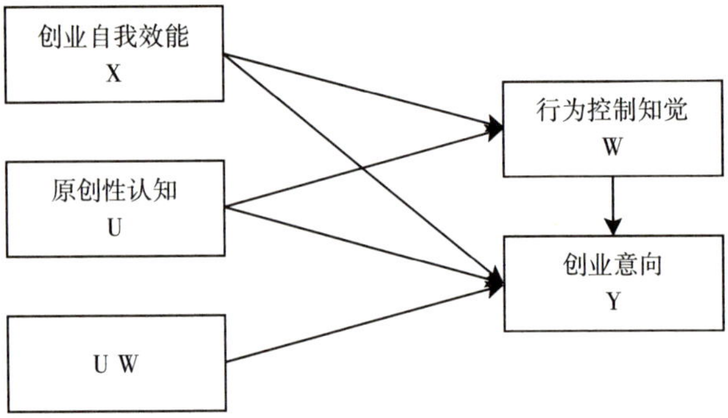

图 6-10　假设 H6-4b 研究模型（有调节的中介模型）

（4）做 Y 对 X、U、W 和 UW 的回归，UW 的系数显著。

在本章第四节第三部分中已经验证了原创性认知 U 对创业意向 Y 与创业自我效能 X 的调节效应显著，因此对有中介的调节效应检验直接从第三步开始，结果如表 6-11 所示。

表 6-11　有调节的中介效应检验

	回归方程	R^2	ΔR^2
第三步	$Y=(0.156^{**})X+(0.468^{***})U+(0.771^{***})W$	0.343	
第四步	$Y=(0.157^{**})+(0.536^{*})U+(0.86^{**})W-(0.10)UW$	0.343	0

注：因变量为创业意向，* 表示 $p<0.05$，** 表示 $p<0.01$，*** 表示 $p<0.001$。

因为在第四步中，UX 的系数不显著（$t=-0.281$，R^2 的变化为 0），所以行为控制知觉的有调节的中介效应不显著。

第五节　研究讨论

一、创业自我效能与认知风格关系

认知风格作为因变量对创业自我效能的影响早在第四章就得到了验证，而根据本章的实证研究结果，KAI 认知风格受到创业自我效能的显著影响。其中创业管理自我效能对 KAI 认知风格的三个维度均有影响；创业领导自我效能与创业坚持自我效能分别对原创性认知和顺从性认知产生影响。根据整体结构安排和研究主旨，实证创业自我效能对KAI认知风格的影响主要是为验证认知风格的中介作用做铺垫的，因此这里不就创业自我效能对KAI认知风格作用机制做深入探讨。而且，该结论的严谨性也是需要商榷的，需要在以下几个方面进行改进或进一步深入研究：

（1）从理论基础上。关于创业自我效能对认知风格影响的结论的得出是建立在斯腾伯格环境对认知风格选择的观点之上的。该观点自提出以来始终被很多学者质疑，根本原因在于一般认为个体的认知风格在一定时期内是一种比较稳定的存在。

（2）从研究思路上。创业自我效能与认知风格的交互影响是否同时发生？本研究采用了时点横断面的研究，其基本思路包含了这样一个假定（assumption）：创业自我效能与认知风格的交互影响是同时发生的。因此，缩小了研究范围。

（3）从调研实施上。本研究使用横断面的问卷调查方式，而且创业自我效能与认知风格同时测量，可能人为造成了两个变量之间的交互效应。

根据以上三点，创业自我效能对认知风格影响的研究结果是否成立会受到一定影响，但同时也为今后的改进研究设计和调研手段提供了思路。相对来讲，如果认为认知风格是一种稳定的存在的基本观点（本研究使用的时点横断面研究可能更是如此），那么认知风格作为自变量的研究结果可能比较严谨和可信一些。基于以上原因，在本章中不再就认知风格（包括认知风格的维度）作为因变量/中介变量出现的结果进行讨论。

二、认知风格作用机制的复杂性

结合第四章及本章的实证研究，发现KAI认知风格尽管分别对创业自我效能与创业意向有正向影响，但作为中间变量，对创业自我效能与创业意向的调节作用并不显著。原因可能在于：

（1）尽管Goldsmith和Kerr（1991）曾指出创业者具有KAI的创新型认知风格，但并没有进一步指出其影响机制，而苗青（2006）博士论文中的研究认为KAI创新型认知风格不具备创业和商业领域的专有属性。

（2）不显著的原因可能在于认知风格作用机制的复杂性，由于认知风格存在此消彼长作用的机制，需要深入到认知风格的各个因素/维度进行探讨。

笔者认为第二种原因的可能性更大一些，因此本章重点就原创性认知的调节作用进行了探讨，发现了原创性认知在创业自我效能与创业意向之间的调节作用。原创性认知的调节作用表现在：原创性认知低的样本，创业自我效能与创业意向之间的关系高于原创性认知高的样本。其结果出乎预料，因为按照基本逻辑思维，原创性认知高的样本创业自我效能与创业意向之间的关系应该高。这种结果的出现，试图从康德伦理学/哲学基本观点加以解释。

人作为一种精神存在的价值在于两个方面：一方面人是有头脑、有理性的；另一方面人是有灵魂、有超越性的，体现为对生命意义的追求（周国平，2004）。理性与超越性共同作用于人的认知与实践过程，两者保持一定的平衡。当尼采提出要“对一切价值进行重新评判”的时候，就把价值问题置于哲学讨论的核心。虽然哲学从来不是从价值观中派生出来的，但是价值观会经常影响人们的意识，通过个体认知产生其影响。价值的实现在很大程度上是一种理性追求，体现“人是工具”的一面。这样，个体的认知方式不可避免地渲染上了理性和工具性的色彩。而“人是目的”是康德伦理学的核心，正是在康德“人是最高目的”的目的论思想的影响下，德国古典哲学家、西方现代的哲学家，以及马克思主义哲学家都充分意识到人是哲学的主题和主体，人具有超越性，追求一种“比生命更高的存在意义”的观点得到肯定。落实到本研究，从创业自我效能到创业意向的过程不仅表现了个体选择成为创业者的价值追求，更多体现的是一种追问人生命意义的超越精神，与具有理性色彩的认知方式交织作用于创业认知与行为过程中。

因此，原创性认知对创业自我效能与创业意向的调节作用可以解释为：原创性认知说明个人对各种问题处理方式多，但其立足点在于其“工具性”和“理性”，理性的增高限制了超越性的发挥，从而导致原创性认知增高反而导致创业自我效能与创业意向关系强度的减弱的结果。

新康德主义认为，从思维、意志和感觉三个方面来表达对人类自身的认识和规定，是构成哲学的主要内容。本章进一步的研究表明，原创性认知完全通过行为控制知觉在起着调节作用，即原创性认知通过态度变量对创业自我效能到创业意向过程产生调节作用。如果将原创性认知的作用作为一种思维过程、创业自我效能到创业意向过程作为一种意志（beliefs）的实现过程，那么，通过第四、第五、第六章的研究，将思维、意志与感觉三个方面在创业研究领域进行连接，体现了对个体创业研究的基本哲学命题“人并非是被动接受者，而是作为自己行为规则的立法者”的基本思想。

第六节　本章小结

一、研究结果总结

本章在第四、第五章研究的基础上，探讨了 KAI 认知风格对创业自我效能与创业意向关系的影响，重点研究了原创性认知作用的机制，以及原创性认知通过行为控制知觉对创业自我效能与创业意向起调节作用的影响过程。

本章的研究假设主要基于第三章的主要变量关系假设，并进行了分解和拓展，假设验证的结果见表 6-12。

表 6-12　本章假设验证结果汇总

假设	检验方法	评价指标	结论
H(iii)-4a	SEM，回归分析	参数、拟合度、显著性	不支持
H(iii)-4b	SEM	参数、拟合度	不支持
H6-1	回归分析	显著性	支持，但不严谨
H6-2a	回归分析	显著性	支持
H6-2b		待验证	
H6-2c		待验证	
H6-3a	回归分析	显著性	支持，但不严谨
H6-3b		待验证	
H6-3c		待验证	
H6-4a	回归分析	显著性	支持
H6-4b	回归分析	显著性	不支持

二、研究局限与进一步研究议题

本章在第四、第五章实证研究的基础上，进一步明晰了从创业自我效能到创业意向的过程中认知和态度因素发挥的作用和影响机制，实现了哲学意义上的思维、意志与感觉在创业研究领域的连接，同时也在研究讨论中指出了一些研究的不足，针对这些不足也提出了进一步研究的方向。

（1）在研究思路和调研实施上，基于横断面时点的问卷调研暴露出其不足和局限性，需要综合跨时段的纵向研究，结合控制情境的实验研究以及案例调研。

（2）在对 KAI 认知风格影响作用的研究中，虽然指出其可能存在此消彼长的作用机制，但本研究主要就原创性认知的作用和影响机制进行了讨论，而把进一步探索整体机制的工作留给了后续的研究，可能需要考虑其他变量如元认知的参与，并辅以其他认知风格的测量，可能更有助于从不同角度揭示认知风格作用的复杂机制。

第七章　结　论

第一节　主要结论与创新点

本部分的研究以创业理论为基点，从认知观视角出发，涉及认知心理、社会认知和领导学三个交叉的研究领域；通过对社会现象观察、案例研究、创业企业调研、档案研究以及创业企业家访谈等途径发现现实问题，进一步在文献阅读与省思的基础上提炼出研究问题，确定研究目标（创业自我效能与创业意向关系）和研究范围①；根据研究目标与研究内容，将研究问题分解和转化为四个研究命题：创业自我效能的结构与影响因素；创业自我效能与创业意向关系研究；行为控制知觉、创业自我效能与创业意向关系研究；认知风格、创业自我效能与创业意向关系研究。

依据研究命题，在对相关理论和文献研究基础之上，提出三类研究假设——变量结构假设、变量差异性假设和变量关系假设，并进行了相关的研究设计。以社会公众和在校大学生（本科生）作为研究对象，分别采用方便抽样和主观抽样，进行了三个阶段的问卷调查，包括预试、初试和主试，问卷回收率 71%（在校大学生），共收集有效问卷 956 份。在调查数据的基础上，运用多种统计分析方法，包括相关分析、方差分析、独立样本 t 检验、探索性因素分析、简单回归分析、层次回归分析、结构方程路径分析、中介与调节模型分析、有中介的调节效应和有调节的中介效应检验程序等，对研究假设进行了检验，并就研究结果及

① 对问题的分析和理论阐释是建立在对研究范围假定的推测、逻辑推理和验证基础之上。

其局限性、进一步研究议题分别进行了解释和讨论。结合图 7-1，本部分研究结论和创新点主要包括以下几个方面：

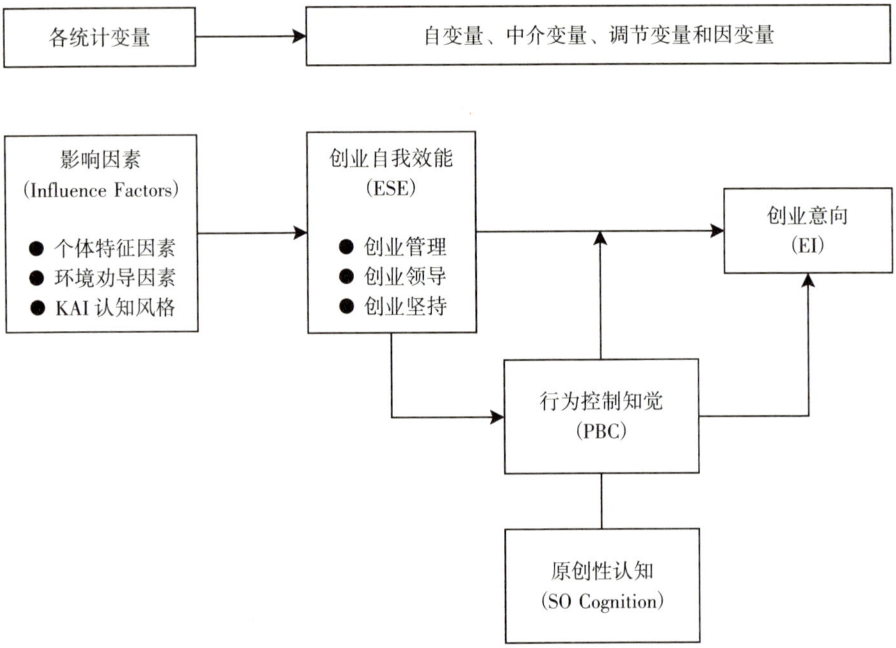

图 7-1　本部分研究总结

一、基于角色的创业自我效能的三因素模型

通过引入科特的领导力理论，参考了 Chen 等（1998）以及 DeNoble 等（1999a，1999b）分别基于具体任务和任务所需技能对创业自我效能的研究，从创业者角色角度出发展开对创业自我效能的研究——“由于创业任务不同（复杂性事务与变革），创业者扮演管理者与领导者的双重角色，角色是建立在任务性质和技能基础之上的，围绕创业者的核心工作任务——创新与变革展开”，改进了 DeNoble 等（1999a，1999b）开发的创业自我效能量表，以此为工具通过探索性和验证性研究发展了创业自我效能的三因素模型。基于创业者管理和领导双重角色的创业自我效能包括三个因素——创业管理、创业领导和创业坚持，呈并列结构关系。

创业管理指的是应对创业过程中出现的各种复杂性任务；创业领导指的是应对创业过程中的各类创新与变革。创业坚持则是创业者对创业目标和愿景，以及自身的深层假设与信念的坚持。创业管理、创业领导与创业坚持并不是孤立的三种角色，而是随着创业过程不断变化和相互支持，呈现出一种“和合”关系。该模型的实用性和解释力在接下来的研究中得到了验证。

二、创业自我效能的主要影响因素

本部分的研究在创业自我效能差异性分析的基础上，归纳和检验了三类对创业自我效能产生影响的因素，包括个体特征因素、环境因素与认知因素，并且进一步揭示了环境劝导和KAI认知风格对创业自我效能的影响机制。其中环境劝导所包括的两个因素——社会环境劝导和亲朋好友劝导都对创业自我效能有显著的正向影响；KAI认知风格的三个维度——原创性认知、效率性认知和顺从性认知对创业自我效能分别产生正负两种影响。根据实证研究结果，从创业教育的重要性、社会环境劝导的力量、认知风格作用的复杂性三个方面进行了解释。

三、创业自我效能对创业意向的影响

本部分研究首次使用中国地区样本验证了创业自我效能对创业意向的显著影响，并根据创业自我效能三因素角色模型对影响机制进行了讨论。在研究中发现，仅有创业管理与创业意向呈显著正向关系；创业坚持对创业意向呈正向影响，接近 $p<0.05$ 的显著水平（在 $p<0.1$ 水平下显著）；而创业领导对创业意向呈负向影响，而且接近 $p<0.05$ 的显著水平（在 $p<0.1$ 水平下显著）。

关于创业管理与创业坚持对创业意向的正向影响，从创业教育、自我强化和社会环境劝导三个方面进行了解释；关于创业领导对创业意向的负向影响，从文化传统和历史参照点的逆向归因、样本、认知风格和态度方面进行了解释。

四、行为控制知觉在创业自我效能与创业意向之间的部分中介作用

本部分的实证发现了行为控制知觉的部分中介作用，并且在研究中讨论了行为控制知觉的部分中介机制：创业管理自我效能通过行为控制知觉的部分中介作用对创业意向产生影响；而创业领导与创业坚持自我效能主要通过行为控制知觉的完全中介作用对创业意向产生影响。

创业领导自我效能对创业意向的负向影响作用是通过行为控制知觉的完全中介作用传递的，因此结合 Vroom 的动机期望理论从心理预期和工具性两方面进行

了解释。

五、KAI 认知风格对创业自我效能和创业意向的调节作用

虽然在研究中发现了 KAI 认知风格对创业自我效能以及创业意向分别都产生影响，但整体调节作用并不显著。根据本文的分析，调节作用不显著的原因在于认知风格作用的复杂性，需要深入到认知风格的各个维度（原创性认知、效率性认知与顺从性认知）进行讨论。进而发现了原创性认知对创业自我效能和创业意向的调节作用。原创性认知的调节作用表现在：原创性认知低的样本，创业自我效能与创业意向之间的关系高于原创性认知高的样本。结合康德哲学的基本观点，从人精神存在的理性与超越性两方面进行了解释。

接下来的研究还发现了原创性认知的调节作用完全通过行为控制知觉实现。从而最后将哲学意义上的思维、意志和感觉三个方面表达的哲学命题，通过对创业自我效能、创业意向、原创性认知、行为控制知觉关系的研究在创业领域进行了阐释和印证。

第二节　研究贡献

一、理论贡献

本部分的理论贡献主要体现在以下几个方面：

(1) 引入科特领导力理论，发展了基于创业者角色的创业自我效能三因素模型，从而简化了创业自我效能的研究结构，增强了模型的适用性和解释力。虽然三因素基本模型的推演源于中国情境的调查研究，但基于创业者角色的构架为其从情境性知识发展到一般化知识（Whetten，2004）提供了可能，同时也为进一步探讨与其他变量的关系奠定了基础。

(2) 在基于角色的创业自我效能结构研究的基础之上，使用中国地区样本，探讨了创业自我效能的个体、环境与认知三类影响因素，验证了创业自我效能对创业意向的影响作用，进一步探讨了影响机制，并结合历史、文化、社会背景进

行了解释。

（3）综合社会认知与行为计划理论，分析了作为态度/动机因素的行为控制知觉对创业自我效能与创业意向的部分中介作用，有力地将信念—态度—意向的基本研究命题在创业研究领域进行了验证；同时基于对创业自我效能结构的研究，讨论了部分中介作用的影响机制，为进一步深入了解个体创业的心理过程创造了条件。

（4）证明了认知因素对创业自我效能的影响，基于认知风格对创业自我效能到创业意向复杂作用机制的认识，发现了原创性认知对创业自我效能与创业意向调节作用的机制；从个体加工处理信息的角度，为探索个体创业的认知过程进行了理论准备。

（5）揭示了认知因素（原创性认知）和态度/动机因素（行为控制知觉）共同作用对创业自我效能与创业意向影响的机制，从而将哲学意义上的思维、意志和感觉三个方面表达的哲学命题，通过对创业自我效能、创业意向、原创性认知、行为控制知觉关系的研究在创业领域进行了阐释和印证。

二、方法贡献

本部分的方法贡献主要体现在以下几个方面：

（1）发展了 DeNoble（1999a，1999b）的创业自我效能量表，为创业自我效能研究提供了改进测量工具，基于创业者角色的测量简化了创业自我效能量表结构，增强了实用性和适用性。

（2）充分考虑了调查研究中可能出现的共同方法偏差的影响，对共同方法偏差主要进行了程序控制，为以后类似的研究提供了借鉴。

（3）对创业自我效能到创业意向认知过程中的调节变量和中介变量进行了统计检验；除了根据研究需要使用层次回归、结构方程模型路径分析外，还采用了温忠麟、张雷、侯杰泰等人总结的中介效应检验程序（温忠麟等，2004），在一定程度上简化了统计程序。

（4）充分考虑了调节变量与中介变量之间的作用，根据温忠麟等（2006）的建议分别进行了有中介的调节效应检验和有调节的中介效应检验，揭示了原创性认知的调节作用完全通过行为控制知觉的中介实现的机制。

三、现实意义

（一）创业者究竟是天生的还是后天培养的？特质对于创业重不重要？

一些关于“创业明星”的宣传多多少少将创业者描述为天生的领袖或是具有超凡的能力与魅力，或者遇到千载难逢的机遇，对创业者人格力量和先天品质的信念深刻地影响着研究者和大众。这种倾向同样在早期的领导学研究中曾经演绎。

试图分离出领导特质的研究在早期的领导学研究中占据着主导地位（Hughes et al.，2002），到20世纪初，分析领导者特征和品质的各种个性测验、工具已经出现，数以百计的研究基于这样一个假定：领导者与非领导者之间存在着本质差异。而斯托克蒂尔（Stogdill，1948）对1904~1947年发表的100多种有关领导特质的文献做了深入研究后指出，领导者与非领导者之间没有特质差异，但领导者个人素质和领导能力之间存在很强的关联。此研究后来得到了广泛认可。

借鉴领导学的历史经验，结合本文的研究，可以肯定创业者并非天生；创业者个人特质和能力之间存在很强的关联，尤其体现在干事业即领导变革中；基于对自身能力的信念——创业自我效能是影响创业意向的关键因素，进而导致创业行动；这种基于自身能力的信念的形成受到多种因素的影响，个人特质只是这其中的一部分。对创业自我效能产生影响的重要因素还包括环境劝导（社会劝导、亲朋好友劝导）和认知风格，以上因素决定了创业自我效能的水平和程度。

（二）创业教育是提高全社会创业水平的有效途径

本部分研究从微观角度，对个体创业自我效能提升的影响因素和过程进行了考察，而洞悉这些因素和过程的背后，有两个重要源头在支配着这些规律的运行：一是文化传统，它对个体是一种渗透骨髓的渲染；二是创业教育，这种创业教育面对的不仅是在校学生，还包括对社会公众的宣传引导。狭义的创业教育是培养受教育者从事工商业活动综合能力的教育，使其从谋职者转变为职业岗位创造者；广义的创业教育是培养具有开创性精神的人，这在实质上也是一种素质教育（高晓杰，曹胜利，2007）。创业教育不仅对创业自我效能本身产生影响，还会通过影响环境劝导、个体对创业的态度（行为控制知觉）、认知风格（认知风格的形成本身也是教育的结果），从而综合影响创业意向的形成。

研究表明，可以通过教育手段提升个体的创业自我效能进而影响创业意向，最终落实到一点："创业者是可以被教育出来的。"而提高全社会创业水平，发展创业型经济与创建创业型社会，关键在于创业教育的水平和内容结构。

（三）为人力资源开发、创业教育和测评提供的工具和方法指导

本研究对创业自我效能因素结构及其量表的发展，以及从创业自我效能到创业意向形成机制和过程的探讨产生影响，有助于社会开展创业宣传引导尤其是为教育机构进行创业教育，以及为教育效果评估提供了方法指导和实践工具。此外，关于创业自我效能的研究不仅与个人的创业活动有关，而且有助于组织内部人力资源的开发和利用。

第三节　研究局限、启示和展望

一、研究局限

（一）研究样本与数据收集

本部分研究基于对影响内部效度的情境及后摄历史因素[①]进行控制等出发点的考虑，将研究样本分为学生样本和社会样本两大类，其中以学生样本为主试样本（见第三章第五节第一部分内容）。因此，研究的外部效度即研究结论的拓展由于样本原因受到一定的限制，需要进一步地拓展研究和检验，在保证研究内部效度和构思效度的情况下，进一步提高统计结论效度和外部效度。

本部分研究中数据收集主要采用了问卷方式，基于横断面时点的自评问卷在调研时暴露出了其不足和局限性，需要综合跨时段的纵向研究，结合控制情境的实验及案例研究。

（二）研究结果讨论

本部分研究在定量研究的结论基础上，如果进一步结合资料研究，如创业企业档案资料、创业者内省报告等形式，可能会对研究结果有更深入的发现和更深

① 影响内部效度的历史因素分为前摄历史因素（如性别、工龄等）和后摄历史因素。后摄历史因素是指在研究测量以外可能影响自变量和因变量之间差异的因素，可通过恒定其他事件的方式加以控制（王重鸣，1990）。

层次的诠释。

二、研究启示

(一) 创业教育的重心在哪里

在 2007 年中国高等教育学会创新创业教育研讨会上，与会代表就目前制约我国创新创业教育发展的主要因素进行了探讨，并在以下几个问题上初步达成共识：

(1) 创新创业教育学科地位边缘化，体系不明确[①]。

(2) 教育方式单一，教育资源缺乏整合。

(3) 创新创业教育的教学内容因学校、教师等因素而差异很大，没有统一的基础性课程设置和培养教学目标，有的学校参照 MBA 课程，有的将其作为素质教育的一部分，以选修课的形式开课。

……

创业教育与传统教育的最大区别在于并非将受教育者塑造为一个个“齿轮”，而是培养独立的人格与自主的精神（张玉山等，2007）。结合 Ridding（1997）的认知模型（见图 2-3）和教育理论，一般意义上的教育对个体认知的促进是通过认知资源、认知控制（认知风格）和认知输出（如学习风格等）三个层次进行提高的。而创业教育有别于传统意义的素质教育或专业技能教育。从提高创业自我效能的角度出发，创业教育的重心在于受众认知风格的形成与塑造，丰富受教育者的认知资源，优化认知资源的结构。创业自我效能作为一种基于能力的信念是可塑的，其形成和发展有其信息源，包括主体经验、替代性经验、劝导信息和情绪心理状态信息，这些信息源是构成个体认知资源的重要部分。对创业自我效能产生影响的各种因素最终也是一种信息方式，对个体认知资源的构成产生影响。

研究首先发现创业自我效能与认知输出方式（以 LSI 学习风格为研究对象）完全无关，虽然认知控制（以 KAI 认知风格为研究对象）对创业意向产生影响，但并不对创业自我效能到创业意向的认知过程产生影响。而对于传统意义上的教育来讲，其最终的目标或实现的结果就包括形成受教育者分析问题、解决问题的

① 国家自然科学基金委管理学部公布的 2008 年基金指南中，创业与中小企业管理被独立出来，并享有独立的学科代码“创业与中小企业管理：G0215”。

思维习惯（形成认知风格）和培养出适合的学习习惯（培养学习风格）。创业教育的重心在传统教育对认知风格培养的基础上，还要扩大认知资源与优化认知资源的结构，包括以下几个方面：

（1）丰富主体经验。丰富主体经验的方式很多，如最近在中央电视台宣传和启动的“YBC 中国青年创业国际计划”，开展大学生创业计划比赛及个人作品展示（情绪唤起），还包括参与一些开发创意的活动、模拟团队、LTD 小组讨论[①]、创业社团、基地等，都对丰富主体经验产生了良好的正向影响。

（2）增加替代性经验。在国外相关的一些研究中发现受过 MBA 教育的样本其创业自我效能和创业意向远高于管理和其他专业样本（Chen et al.，1998；Wilson，2007）。这给创业教育提供了很多启示，从教育手段来讲，创业教育中可以充分借鉴 MBA 案例教育、研讨会、互动交流等方式方法，通过情境融入和体会增加受教育者的替代经验。

（3）优化认知资源结构。认知资源的优化包括认知干预与正确归因。其中有效的手段是进行个体归因。个体归因可以通过内省或讨论方式，深入讨论“成功案例”的关键因素，并与自己进行比较，从三个方面展开：一是调整个体归因方式。人们通常把行为的结果归因于努力、能力、运气和任务难度四个因素，若将成功归因于能力则会极大提高自我效能。二是引导个体自我调控。创业将面临各种富有挑战性的目标，并且在面对挫折和困难时需要具有韧性和坚持。通过个体自我调控。将挫折和困难看作是一种意外，或者认为“我需要尝试新的方法”、“虽然困难，但是经过坚持我会做好”等，相信成功很大程度上是靠自己的能力和坚持实现的。三是提高个体的能力观。相信能力是可以改变的，可以通过若干有效方式提高自身能力。

需要特别指出的是，个体归因如果采用讨论的方式，会还起到积极的劝导效果，因此归因技能、如何正确归因也将是创业教育需要传输的一方面内容。

（二）需要什么样的创业态度与创业观

请注意以下几则有关大学生创业信息：

---

① LTD（learning through disscustion）小组讨论方法源于 Hill 的培训研究，后来发展成为一种“任务—人际关系发展模式”。它通过人们共同完成任务，主要培训“个人主动性”和“人际交往”等胜任特征。

1. 无法就业谁之过

“我国在短短的四五年间，从原有的工作岗位上淘汰下来四五千万富余人员[①]，相当于一个中等国家的工作岗位消失了。经过再就业，现在仍然还有近 2000 万人处于待业状态。中国在近一个历史时期出现这种经济增长、劳动岗位不增反减的现象，完全是经济制度改革的结果，技术进步和产业结构调整的结果，人际竞争的结果，资本和技术对人力淘汰的结果，说到底，是高效率和高效益对低效率和低效益淘汰的结果。中国出现大批待业和失业人口，从一定意义上来说，是中国为提高经济效率和效益付出的代价，是计划经济向市场经济转化的成本。”[②]

2006 年 6~8 月，四川省教育厅采取问卷调查的方式，从高校毕业生未就业原因、今后工作打算两个方面，对全省 70 多所不同层次、不同地域的普通高校的 935 名未就业毕业生进行了问卷调查。问卷调查结果显示，未就业原因一方面是由于高校没有提供足够的就业信息，导致 16.47%的毕业生未能就业；另一方面社会为毕业生提供的就业信息不够，政府和部门之间的就业服务体系还不够健全，导致了 14.55%的毕业生无法就业……“近年来，随着高校毕业生就业压力逐年增大，就业竞争日趋激烈，部分毕业生选择了暂不就业，继续深造，不仅延缓了当前紧张的就业矛盾，也为提高自己的就业资本和能力打下了基础”[③]。

“无就业的经济增长”现象正在中国经济体制运行中上演。传统经济创造新岗位的能力非常有限，甚至在有些科技进步较快的行业中就业岗位呈负增长。技术进步正在减少大多数制造过程所需的人数，这对解决高校毕业生就业问题而言是一个令人担心的趋势。新增就业岗位减少的趋势在中国尤为突出……必须大力鼓励自主创业以及灵活就业，必须更新大学生的就业思路，创新就业模式，在大学生中开展创新教育将是一个非常重要，也是必须持续进行的长期任务。[④]

2. 灵活就业逐渐走热

“2006 年北京毕业的 175000 名大学生中，仅有 146 人选择创业”[⑤]。“在高等

---

① 根据亚洲开发银行驻中国代表处首席经济学家汤敏介绍：“1995~2001 年，国有企业和集体企业里，一共减少了 5000 万个工作机会。”（凤凰卫视世纪大讲堂，汤敏“大学生就业为什么这样难”，2003 年 10 月 15 日）

② 凤凰卫视世纪大讲堂，仲大军“中国：选择效率还是选择就业”，2002 年 4 月 28 日。

③ 四川在线信息 http：//www.scol.com.cn，2007 年 3 月 29 日。

④ 2007 年中国高等教育学会创新创业教育研讨会。

⑤ 该报道没有介绍调研细节，146 人选择创业的结果很令人质疑，很可能是抽样调查的结果，但即使将这个结果扩大 10 倍，比例仍然是很低的（2008 年 4 月 2 日 CCTV-2“YBC 中国青年创业目标计划”节目）。

教育大众化阶段，高校毕业生就业形式也逐渐多元化，部分家庭条件较好或有特殊技能、特长的毕业生毅然选择灵活就业，自主或参与创办企业、选择各种形式自由职业的毕业生人数大幅上升。2005 年灵活就业率为 5.47%，2006 年 8 月底为 7.16%，而在这次对未就业毕业生今后就业意向的调查中，打算自主创业的人数比例达到 22.67%”①。

3. 低端就业成为大学生创业的原动力

“随着低端就业的毕业生日益增多，找不到理想工作的毕业生开始分流。在就业压力下，一部分高校毕业生经历了从择业到创业的转变。近年来，国家相继出台了一系列优惠政策，鼓励大学生创业。从就业形势来看，当前高校每年毕业 500 万人，预计到 2030 年，我国劳动力占总人口的比例将一直保持在 60%以上。一些教育界人士认为，面对严峻的就业形势，转变大学生就业观念，引导学生创业，弥足珍贵。只有变革传统的人才价值观，改变传统的就业教育思维模式，使学生既成为求职者又成为工作岗位的创造者，就业问题的解决才有出路。”

“大学生创业热潮在中国大致始于 20 世纪 90 年代末，网络技术的兴起给缺乏资金及社会经验的大学生创业提供了机会。1998 年秋，中国高校首届大学生创业大赛在清华大学举行。此后，‘易得方舟’、‘视美乐’等一批学生公司开始进入市场，中国大学生创业进入‘精英创业’阶段，其间不乏成功的创业者。但是网络经济泡沫很快到来，给学生创业的热情浇上了一瓢冷水，火热的大学生创业浪潮‘烈火’遭遇‘冰山’。经过 10 年的创业实践，大学生创业整体上由最初的目标过大、设想超出创业者自身能力和可支配资源的‘空中楼阁阶段’，走向了讲求务实的平稳过渡阶段，转向‘脚踏实地’。和满怀理想的‘精英创业’阶段的群体相比，该群体的突出特点是：以普通学生为主，起点较低，并未掌握先进技术，对创业没有鲜明的认知与规划，把创业看作是正式工作的过渡期或适应期。”②

4. 在人生博弈中寻找现实的路径

“目前全国有中小企业 800 万个，雇用了全国就业的 75%的人。中国新增的

---

①四川在线信息 http：//www.scol.com.cn，2007 年 3 月 29 日。

② 燕赵晚报·大周刊 B4 版，2008 年 2 月 24 日；http：//www.sjzjy.gov.cn/art/2008/02/25/art_5809_226434.html 石家庄劳动就业服务网 2 月 25 日转载。

工业产值75%是由中小企业产生的，中小企业在中国已经起了非常重大的作用。因此这些迅速发展中的中小企业，是相当一部分大学生未来就业的很好机会。从人生设计来说，如果中国经济未来的希望、未来的发展最有前途在中小企业、民营企业的话，那么你加入了这部分经济，就会有发展前途。”

“在我们的学习里还不要漏了一条，叫创业的准备。作为大学生，不但以后要就业，还要创造就业机会；不但要自己做好，而且还要创造就业机会，为更多的人创造就业机会。大家还要有一种创业的概念。我们本身文化里是有一种创业精神，是有一种做中小企业的冲动的。我们现在要做好准备，不但是出去跟中小企业打工，要跟民营企业打工，在时机成熟的时候你自己拉出一个企业来。不但自己有了就业，甚至还可以帮助更多的人就业。”①

短短几年间，创业尤其是大学生创业成为社会所关注的焦点之一。创业无论是源于形势所迫，还是激情挑战，正如人们常说的“需要保持一种良好的心态”，这里的心态可以理解为一种态度的含义。研究揭示了态度因素的重要作用，如行为控制知觉不仅在创业自我效能与创业意向间发挥中介作用，原创性认知还通过其发挥调节作用。因此，一种良好的创业态度对于个体创业是非常重要的。这种态度上升到社会层面即社会创业观。无论是创业态度还是创业观，与个体和社会价值观密切相关，它们背后所隐含的是个体或者社会群体对待“为什么要创业”、“创业为了什么”等创业目的和意义问题的根本看法（beliefs）。

因此，需要什么样的创业态度和创业观是摆在每一位准创业者/创业者、教育工作者、社会媒体和社会管理者面前需要深刻思考的一个问题。

三、研究展望

以上各章的最后均对各个研究主题指出了研究局限并提出了进一步拓展研究的启示。笔者综合这些讨论，站在总体研究的高度，提出以下几点研究展望：

（一）研究内容——元认知、创业意向

1. 关注元认知的主动调节过程

从创业者角色角度出发展开对创业自我效能的研究，主要考察了态度/认知因素在创业自我效能到创业意向过程中所发挥的作用。创业自我效能到创业意

① 凤凰卫视世纪大讲堂，汤敏“大学生就业为什么这样难”，2003年10月15日。

向、创业行为同时还应包括一个主动调节的过程，在这一过程中元认知将扮演重要角色。创业领域著名学者 Krueger 2007 年在“Entrepreneurship：Theory & Practice”（创业理论与实践）发表的“What lies beneath? The experiential essence of entrepreneurial thinking”（创业思维的经验内核）一文中也指出“元认知因素、动机因素以及信念研究的结合将有助于对创业者及认知过程的进一步探索”（Krueger，2007）。因此，在未来的研究中可以尝试将元认知的构念加入到整个研究体系中。

2. 对创业意向的多维度考察

研究重点在于对创业自我效能结构及其与创业意向关系的讨论，因此创业意向采用了单维构念。而下一步研究可以结合对创业意向的结构维度进行讨论，从而将本研究的部分结果的讨论更加深入。如范巍和王重鸣（2006）将个体创业意向结构维度分为创业希求性和创业可行性两类，其中创业希求性包括创新导向、成就导向和自我尊重，创业可行性包括个人控制和责任意识。Krueger 的 2008 年最新修订版创业意向问卷中①，包括了倾向性（intensity）、乐观性（optimism）、成就动机（achievement motivation）等若干部分的测量。

（二）数据收集——综合实验和多案例研究、内省报告；变量测量

本研究主要采用了自评问卷调查的方式，存在以下几方面局限：①容易出现认知偏差和社会称许效应，对问卷的客观性产生一定影响；②无法洞悉从自我效能出发，通过态度以及认知因素的中介、调节作用于意向的演绎过程，尤其是认知风格对创业自我效能到创业意向的复杂作用机制的探索；③基于某一时点的横断面研究缺陷。因此，在第六章第六节第二部分提出了借鉴实验和案例研究方法。尤其是实验或模拟实验研究，可能会更有助于考察变量之间的认知基础和动态临界变化。

此外，关于认知方式的测量，根据关注问题、研究构念和研究情境、数据收集的不同，研究者开发出了几十种测量工具。除了本部分研究所使用的 KAI 量表外，还有如 CSI 量表、场依存/场独立等。本研究使用的 KAI 量表是基于一种“潜因子型多维构念”（latent multidimensional constructs，LMC）的测量，而在未

① 在论文撰写后期，笔者有幸得到了 Krueger 教授本人提供的 2008 年 6 月最新修订的创业意向问卷，Krueger 教授认为该问卷的精简版本比较适合本研究（2007 年笔者在进行调研研究设计时曾向 Krueger 教授通报基本研究框架并提出使用其开发的创业意向问卷请求）。

来的研究设计中如果引入“合并型多维构念”（aggregate multidimentsional construct，AMC）的认知方式构念和测量，可能会从不同角度验证本研究的一些结论和得到一些新的发现。

（三）方法论——借鉴结构主义[①]

结构主义在当代西方众多的思潮和流派中，占有非常重要的地位。结构主义最初是作为存在主义的对立面出现的，是针对“存在主义—现象学”的一场革命。20世纪40年代末到60年代，法国人类学家施特劳斯发表了系列著作，对存在主义的“主体”、“存在”、“本质”、“自我意识”、“历史性”等概念进行了批判，把语言学中的结构分析方法引用到自己的人类学研究之中，并提出了一套全新的概念体系，从而揭开了结构主义运动的序幕。结构主义把语言学中的结构分析方法当作学术研究的普遍方法，以个体所处的客观存在的结构（如语言结构、社会结构等）作为其思考的原点，力图超越传统的主体性形而上学和实证主义的理论框架。正因为如此，皮亚杰（Piaget）认为，结构主义不是一种学说，而是一种方法或方法论，并指出：“结构”是一个包含着若干转换的体系，而不是某个静止的“形式”；结构具有相对封闭性，因为它是本身自足的，理解一个结构不需要求助于同它本性无关的任何因素；结构又是普遍的，具有整体性、转换性和自身调整性（皮亚杰，1984）。

需要指出的是，结构主义者所要探寻的“结构”是指“深层结构”，即“决定历史、社会与文化中诸多具体事件与行为的基本规则整体”（李幼蒸，1996：150）。这种“结构”是不可直接观察到的，它直达人类无意识的深层，是“超越经验的深远的实在”（高宣扬，1997：97）。尽管是不可见的，但结构却是一种根本的、决定性的存在。对于结构主义而言，某种基本结构（或系统，或对称物）可支配和解释任何研究对象。这种研究对象可以是人的身体、人的思维、社会本身、语言或文学、数学、神学、自然界，几乎是任何现象。

针对目前几位创业认知研究领域著名学者（Luthans and Ibrayeva，2006；Forbes，2005）提出的继续需求创业自我效能与绩效联系的主张，笔者并不赞同这种寻求因果关系的解释方式，尤其是刻意强调与绩效、成果之类因素的链接。

① 部分内容引自“李克建. 结构主义、后结构主义与教育研究：方法论的视角［D］. 华东师范大学博士学位论文，2007.”。

一是如同对认知风格作用的探讨，在整个解释系统中需要不断加入新的元素，探求新的因果关系，使解释系统最终庞杂，失去了研究之初原有的意味；二是因果关系的解释方式如果秉承还原论的思维方式，最终是将一切现象都还原到一个起因之上，因此，在实质上是去追求一个“第一因”或“创世神话”。因此，笔者希望在未来的研究中借鉴结构主义的研究方法，从现象本身去寻找一种内在的关联性、其可能性的扩散以及扩散的形态。落实到本部分研究，需要从以下两个方面入手：

（1）研究结果的拓展，扩大研究对象和领域，同时辅以案例和实验研究。

（2）重视对创业自我效能发展的研究。现在的研究多是从一个横断面进行，所测量的自我效能仅反映了某个时点的状态。由于自我效能与认知、情绪的密切关系，研究其变化和发展的机制更便于从整体上把握其作用。

（四）扩展研究视野

1. 基本假设、深层信念、文化精髓——对现象“深层结构”的探索

通过本文的研究，发现无论是文化研究（包括社会和组织文化）、领导学研究，还是创业研究，其研究最终在某个层次汇聚到一起，借鉴结构主义的观点，在一种“深层结构”得到了融合。对于这种对深层结构的现象表达尽管由于研究领域的差异形成了不同的词汇——基本假设、深层信念、文化精髓、最终目的等，但都是这种深层结构内涵的反映。

对于这种深层结构的探讨可以借鉴吉布森的观点，他认为结构分析基于这样一种假设：任何人类相互作用的个例（事件）都能加以分析，从而揭示个体生活于其中并凭借之而行动的结构。结构分析要明辨结构与结构之间、结构与个体之间的动态关系。它并不是要挖掘个体和个别事件的独特意义，反而是要消解它们的个别意义，去探寻那个无意识的结构（吉布森，1995：207）。结构主义者认为，对个体行为和事件的解释必然涉及物质的、意识的和文化的等多个层面。吉布森认为结构分析涉及四个要素——能力结构、社会组织结构、思维结构以及情感结构，如图 7-2 所示（吉布森，1995：209）[①]。

---

① 需要注意的是，根据吉布森的论述，这里的能力结构是指人（包括个人或群体）的能动性（agency），而思维结构和情感结构并不是指个体意义上的思维和情感，而是指社会和集体的无意识层面上的思维方式和观念、意识形态等，这些结构是先于个体存在的，并塑造了个体的心智和情感结构（李克建，2007）。

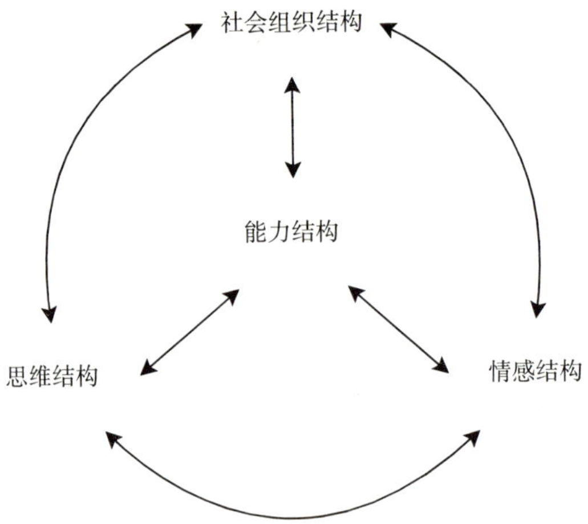

图 7-2　结构分析四要素及其关系

资料来源：吉布森（1995：209）。

在该模型的基础上，笔者借鉴制度经济学的观点对其进行了拓展，使其能够进一步适应中观或宏观层面的研究，如图 7-3 所示。

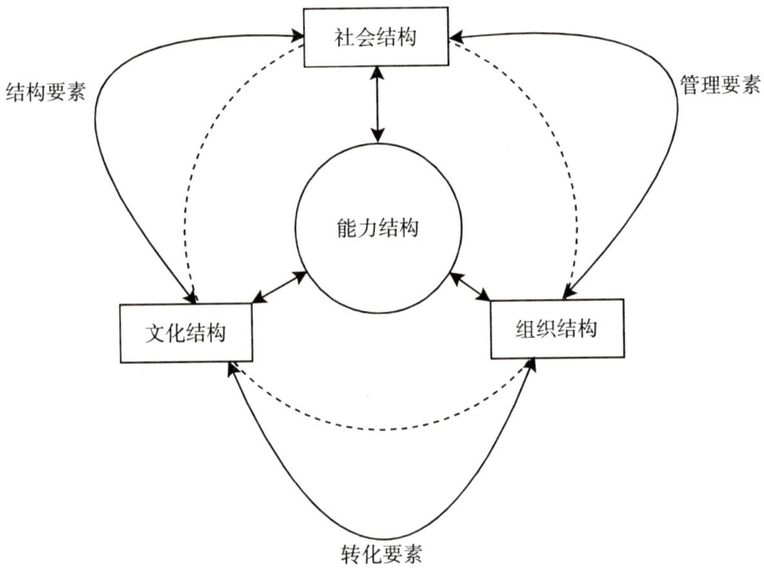

图 7-3　结构分析四要素及其关系（作者拓展）

资料来源：在吉布森（1995：209）基础上笔者拓展而成。

2. 从创业者认知到组织认知：领导力与文化形成过程的探索

虽然本部分的研究着重于个体层次的创业认知，但同时为研究组织层面的认知打下了基础。而从创业者认知到组织认知的提升过程（共享心智模式形成），也是组织领导力与文化的形成过程。本研究给出了这一过程的探索路径，如图7–4所示，希望能对下一步研究有所帮助。

总之，研究的精髓借用王岳川先生的一句话："国学根基、西学方法、当代问题、未来视野。"在此与诸君共勉！

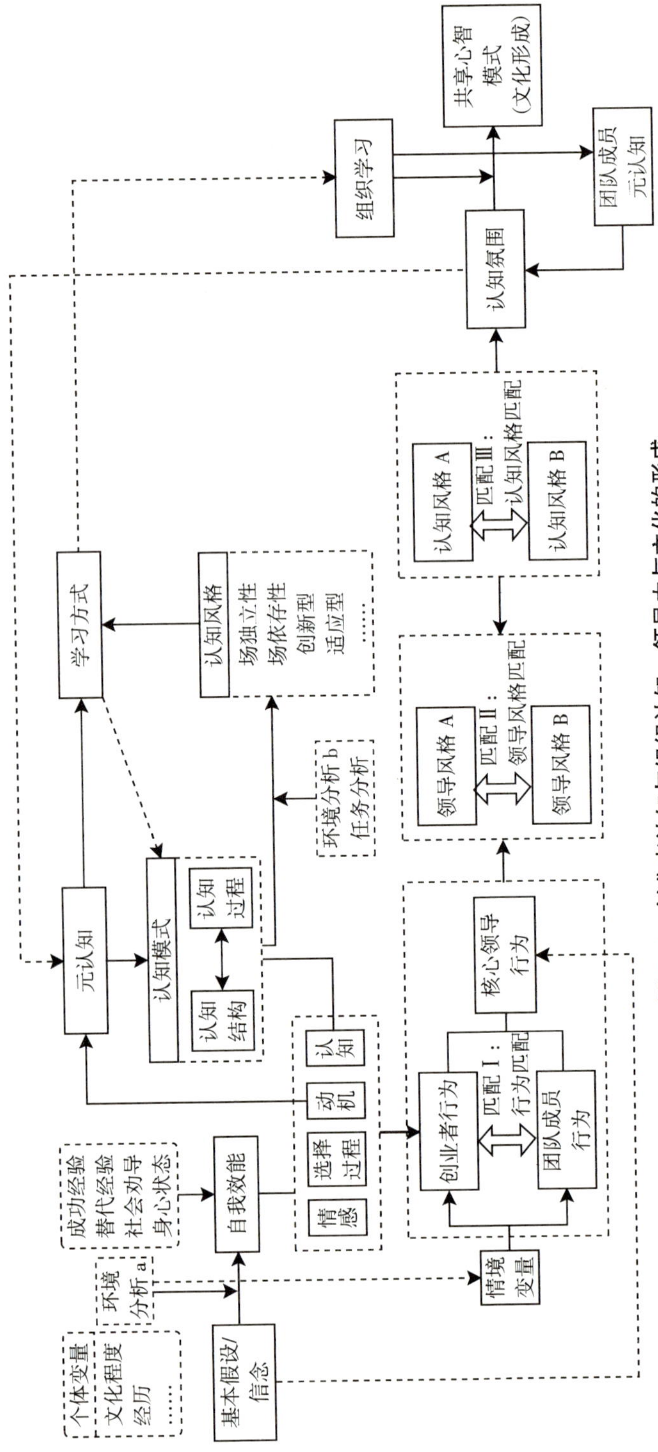

图 7-4 创业者认知与组织认知：领导力与文化的形成

政策与实践篇

创新创业激励与经济社会发展

第八章　创业期组织文化与领导力研究

第一节　组织协同领导过程与领导机制研究

一、引言

著名领导学学者菲德勒（Fiedler，1994，1996）在20世纪90年代中期对领导（Leadership）方面的研究进行了系统总结，认为1945年以后的研究摆脱了领导特质与特定行为的单一研究模式，向七个研究领域延伸：领导力本质溯源、领导者有效性、组织过程与结果的控制、领导者行为、魅力型领导、性别和种族差异以及针对能力、技能和激励的研究。概括这些研究成果，菲德勒提出一个重要结论：组织或群体领导力是个体与社会环境、作业环境之间复杂交互作用的结果。

领导活动并不局限于高层管理者，领导力的形成需要各级管理人员的集体智慧（Heifetz，2001）。现实中各级管理人员均扮演管理者和领导者的双重角色，组织的各个层次都有领导力的存在（Bennis，1989）。Conger 和 Fulmer（2003）进一步指出，组织领导力的发挥与中层管理者密不可分。中高层管理者之间以及同级管理者之间在战略目标执行过程中，或处于变革进程中时，其领导行为往往形成交叉，或冲突或融和，削弱或强化企业的领导力。除了管理者个体的能力、素质以外，中高层领导活动的行为方式和协同模式更与企业的政治和文化等因素存在着某种联系，它们直接或间接地对企业领导力造成影响，又随着变革进程和组织成长而发生变化。因此，下面将主要就两个相互联系的研究领域——中高层领导活动、协同领导过程和领导机制展开讨论。

二、基本学术思想与理论

（一）明茨伯格的管理者角色理论

明茨伯格被载入管理学史册的重大贡献是他用十种三类管理者角色对管理活动的概括和描述，然而，这一描述的应用价值在今天，也面临与其当年研究类似的质疑。首先，管理实践依赖的经济、文化和社会背景已经发生了巨大变化，明茨伯格的管理角色论已不能清晰地解释变革中的群领导行为；其次，明茨伯格关于中高层管理活动性质相同的研究假设今日看来已显得过于笼统，无助于深入理解群体领导行为及内在作用机制。

（二）本尼斯和科特的领导力理论

本尼斯的最大贡献是开辟了理解领导力的全新方法，力图避免研究陷入传统的英雄主义范式，并明确区分了领导与管理（托马斯，2006）。科特（1990）认为："在复杂的企业组织中，领导正在成为一个日益重要却又极其含混的话题。探究领导与管理的关系可以使这一含混得到澄清。将管理活动与领导活动相比较有助于阐明领导的职能、过程、结构及其领导才能的源泉。"科特所提出的领导角色、领导结构及其与企业文化相关联的理论，强调了企业文化对企业领导力的重要影响，特别是下列论述是拟通过中国企业实证研究加以验证的对象："要使多重领导角色共同发挥作用，必须有某种东西来协调他们的行为，尤其需要一种机制来联系不断成形的各种远期目标，使他们达成一致而不至于相互对抗。"

（三）沙因（Schein）等人关于领导与文化关联的理论

沙因（1985）的研究初步揭示了领导与组织文化存在的客观联系，他指出，文化与领导是同一问题的两个方面。领导的中心问题在于能发现文化需要变革并有能力促进其改变。企业文化的很多内容与等级层次、职权、权力和影响力有密切联系。同时，他也提出了从文化角度研究领导的设想。相对于规则和程序，领导是一种更基于"非强制性"的方式和方法（席酉民和韩巍，2001），文化作为一种组织群体行为意识的产物，其深层意义在于，它为企业组织提供的"协同（控制）"方式，是不同于科层或交易的一种"内在化"方式（韩巍，2004），"内在化"是文化的关键，当目标、规则、程序和角色内在化以后，组织就从控制的序列转向了文化（Lebas and Weigenstein，1986）。因此，从过程角度探究领导与组织文化的关联将有助于我们深入了解组织协同领导力形成与演化的路径。

（四）群体动力学与协作理论

运用群体动力学和开放系统理论来解决领导问题是卢因（Lewin）的基本思想，卢因及其后继者通过实验研究，发现了包括群体领导方式动力、群体组织形式动力、群体结构性质动力、群体公约动力、群体多数动力等群体动力的存在和作用。协作是群体取得理想绩效的必由之路，就此巴纳德认为，一个协作系统应包括三个基本要素，即协作意愿、共同目标和信息联系。协作意愿意味着在一定程度上交出个人行为的控制权，使个人行为非个人化，其获得一般可以采取激励或影响主观态度的方式。协作意愿和共同目标要通过信息联系来进行沟通（罗长海和林坚，2003）。

三、国内外相关研究

（一）组织中高层领导活动

继明茨伯格之后，Mandy 等（1999）在 Luthans（1988）有效和成功管理者行为研究的基础上，将管理者活动划分为沟通、传统管理、网络关系活动和人力资源管理四类 13 种，研究了中高层管理者的活动差异，但其研究对管理者尤其是中层管理者的活动与组织领导力形成及领导有效性之间的联系缺乏论据支持。Sims 等（1984）从相互决定论（Reciprocal Determinism）观点出发通过观察法研究领导者行为与其下属行为存在的互动关系；Rosener（1990）、Ji 等（1997）在传统的变革型与事务型领导风格研究的基础上发展并实证了交互式领导（interactive leadership）及其层级交流、组建管理团队、授权等行为特征；而 Fisher（2003）基于管理者的双重角色，在俄亥俄学派“任务—关系”两维模型之外加入了代表/参与维度，提出三维领导力模型来研究集体文化背景下的领导行为。

近年来，由于海外优秀华裔学者的参与合作，国内相关研究已取得很好的进展。其中特别值得关注的研究团队分别来自中山大学（孙海法等）、四川大学（陈维政等）、中科院与中国人民大学（时勘和李超平等）、清华大学（吴维库等），以及杜克大学周雪光领导的多个研究机构参与的“管理者注意力分配”研究团队。就学术背景而言，国内现有针对管理者及高层领导行为与特征的研究很多是从心理学角度出发，如孟慧（2004）与李超平和时勘（2005）对变革型领导的研究，贾良定等（2004）对愿景型领导的研究。从研究方法和创新点上看，这些研究大多是采用中国本土数据验证和修订国外理论，较典型的如在国外领导行为研究方面有重要影响的多因素领导行为调查问卷（MLQ），其效度在中国已经得到了初步验证，而李超平等（2005，2006）基于中国文化背景编制的变革型领导调查问卷（TLQ）已被证明具有较好的信度与效度。

国内已有研究在领导有效性的行为变量描述和解释上取得不少进展，如领导绩效（刘军等，2005）、员工离职（陈晓萍，2004）、组织公民行为（李超平等，2006）、员工组织承诺（陈永霞等，2006）等。更深入的研究多以探讨文化因素对领导有效性的影响为基础，如吴维库等（2002）对以价值为本的领导行为与团队有效性的研究、宋合义等（2005）对不同组织文化下领导者的性格因素与领导者有效性的研究、陈维政等（2004）对企业文化与领导风格协同性的研究，以及富萍萍等（2004）对高层管理团队的研究。

（二）协同领导过程和领导机制

传统的以领袖人物及其领导特质和能力为主要视点的研究较少涉及过程研究，而领导本身就是一个复杂的过程和群体行为的结果（Fiedler，1996；Day et al.，2004）。在早期的研究中，Hollander（1971）通过建立组织事件分析框架，从事件的历史连贯性和相互关系入手研究领导过程；Dienesch 等（1986）提出了基于角色理论的领导—部属交换关系（LMX）的过程模型。在后来的研究中，一些学者通过设定过程变量来考察特征或前因变量对领导绩效及结果的影响（Day et al.，2004；Ensley et al.，2003；Vecchio，2003）。Huxham 等（2000）建立了包含结构、过程和参与者的领导力协作模型；Denis 等（2001）通过案例研究揭示了集体领导力尤其是体现在变革时期成员之间的角色互补；Howell（2005）对魅力型领导过程中不同时期追随者的角色变化和对领导者的影响研究。其他的相关研究还有利用扎根理论（grounded theory）（Parry，1998）、内隐领导理论（implicit leadership theory，ILT）（Epitropaki，2004）对领导过程的分析。

国内针对群体领导过程和多重领导行为作用机制的研究在数量和深度上明显不足，但检索到的两项针对高层管理团队（TMT）的研究成果均有重要价值。富萍萍等（2004）的研究验证了团队决策、沟通和冲突解决是中国高新技术企业 TMT 运作过程的重要变量，同时发现了最高领导者及产权体制对 TMT 运作的特殊影响。孙海法和伍晓奕（2003）通过文献研究指出，高层管理团队运作过程研究的核心问题是行为的整合和协调。

参照 Ensley、孙海法、富萍萍等人的研究模型，我们将相关研究成果归纳为一个包含四类变量的理论分析框架，分别为：情境、前因、过程和结果变量（见图 8-1）。情境变量包括文化背景、组织环境、企业文化因素等。从研究内容上看，前因变量是讨论领导有效性的前提以及构成企业领导力的基本要素。结果变量包括领导有效性、团队绩效、行为表现，它们影响了由财务表现和组织管理表现等构成的组织绩效。

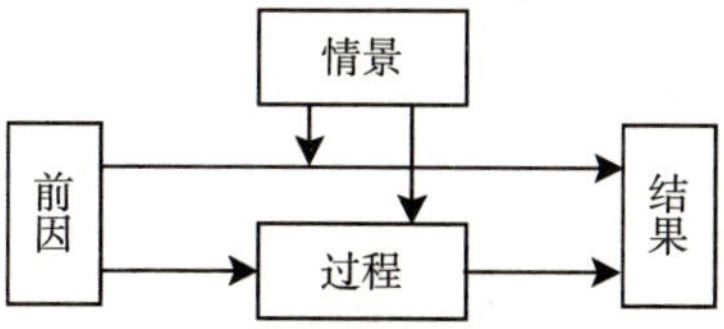

图 8-1　领导过程与领导机制分析框架

四、研究难点与分析要点

通过对相关研究成果的归纳总结，对于组织协同领导过程和领导机制的研究难点体现在：①领导活动与领导角色的识别。管理者具有双重角色是被国内外学者普遍认同的观点。但具体到我国企业，管理者尤其是中层管理者领导活动的界定以及从其职务行为中剥离领导活动是有一定挑战性的工作。②中高层领导活动关联机制的建立。中高层管理者的领导活动之间不是孤立的而是相互联系和影响的。发现其关联机制需要以大量深度访谈、结构性观察为基础，结合企业历史和文化进行深入的案例分析和系统思考，从行为、事件中抽象和凝练概念模型。③组织协同领导力的动因分析及演化形成过程。结合组织成长历程，分析组织内外因素如组织文化、非正规网络关系等对多重领导机制的影响。④由组织文化入手研究中高层协同领导力，以及领导力与组织文化之间存在的协同关系及影响因素。具体到一个组织当中，领导和文化的关系如何，也就是要全面探究社会文化、个体文化、组织文化的冲突、融合在"领导行为"几个维度上的反映（席酉民和韩巍，2001）。

综合以上论述，对组织协同领导过程及领导机制的分析需要结合特征、结构和价值观三个方面的因素进行：

（1）特征因素包含两个层面。一是针对管理者个体或群体行为与特质，这类研究多从心理学、行为科学角度出发。二是基于"组织的领导是一种共同的活动”这一出发点，对领导团队特征、组成、集体能力的研究，这方面虽然起步较晚，已经受到了海内外学者的关注，但关注的对象集中在组织的高层管理团队。

（2）结构因素有两个维度。一是管理者领导角色与管理角色的结构转换。二是企业领导结构，即领导力的层级构成。结构因素是研究领导力形成、作用机制及演化的基础，将是以后研究开展的一个重要内容。

（3）价值观因素包括个体价值观体系与组织价值观体系两个方面的内容，它紧密连接着情境变量与过程变量。一方面价值观是企业文化的核心；另一方面组织达到高效的前提是个体目标与团队目标的一致，实现个体价值观与组织价值观的双高契合（朱青松和陈维政，2005）。

因此，需要从活动入手，以过程为导向，对各因素展开多层面、多维度的分析研究，探求每个层面、维度的特征以及与绩效可能存在的相关关系或因果关系。

五、已有研究不足与趋势展望

从总体上看，通过领导行为透视领导者特征和基于中国情境围绕领导有效性的实证研究迅速发展，而剖析协同领导过程及领导群体行为特征、深入探究“中国情境”特点的研究仍有很大的研究空间。已有研究在理论上的欠缺主要是对中介变量即过程的忽略，在方法上的不足主要表现在使用不同行业样本所造成的控制变量差异过大及其产生的研究结果偏差（孙海法和伍晓奕，2003），数据收集很多是从现象出发，囿于表层数据，重视数据处理过程而忽视了对研究对象进行深入细致的调查，从而剖析现象背后的动因和内在联系以及作用机制。从研究方法上看，所采用的实证研究和实验研究都是可行的方法，然而缺少基于本土的、深入和系统的实地考察与案例研究（陈晓萍，2004；忻蓉等，2004）。而在知识的本土化问题上，案例分析有着重要的作用（张曙光，1996）。

由于管理实践依赖的社会环境和作业环境发生巨大变化，导致管理者的领导角色与管理角色发生结构转换，同时由于领导活动的创新性和领导力是各级领导者在推动组织变革中发挥多重领导作用的结果，因此需要从群体动力视角，研究多重、群体领导行为及交互作用。结合国内外研究现状，这方面的研究呈现出以下三个发展趋势：

（1）传统研究对象范围的扩大。如扩大所研究的领导者行为的范围，或者把这种领导行为的组合也包括进来，注重过程变量（如沟通、冲突管理、组织学习、授权等）是未来研究的重要趋势，而研究对象构成要素的复杂性决定了要素的联系及其相互作用将是重要的研究内容。

（2）深入探讨领导行为变量层次、维度交叉影响与作用。管理实践问题的复杂性使得研究者对研究对象分层，并在每个层次探索多维变量结构的研究成为一种切实可行的研究思路，逐渐从领导现象层面渗透到对领导机制的研究。

（3）基于情境变量的研究内容的不断深入。随着价值观、组织文化研究的深入，将情境变量与过程变量相结合，深入到领导过程，揭示变量间存在的关系，将研究推向更高的层次。

本部分内容在对相关理论和国内外研究成果进行系统总结的基础上，指出了组织协同领导过程和领导机制的研究难点与分析要点，提出从群体动力视角，研究多重、群体领导行为及交互作用的研究思路，以及未来的研究趋势和展望，为进一步揭示组织协同领导力形成、发展和演化的规律奠定理论基础。

第二节 组织文化与群领导力协同性研究——基于中国制造业企业案例

一、引言

目前，大量的理论研究和企业实践证明组织文化与领导力（leadership）之间存在着密切的关系。根据德鲁克的思想①，领导力（区别于领导能力）可以理解为领导者（具备一定的领导能力）、领导行为方式与环境作用结果的一种综合表现。领导力的形成需要各级管理人员的集体智慧（Heifetz and Laurie，2001），现实中各级管理人员均会在不同时期、不同情境下扮演管理者和领导者的双重角色，分别在战略、运营、团队方面发挥着领导作用，因此组织的各个层面都有领导力的存在（Bennis，1989；Kotter，1997）。

① ［英］费欧娜·爱尔莎·丹特. 英汉对照管理袖珍手册：领导力［M］. 田洁译. 上海：上海交通大学出版社，2006：3. 德鲁克论述的原文如下："Effective leadership is not about making speeches or being liked; leadership is defined by results not attributes."

文化是一个生机勃勃的过程，因此了解它的最好方法是利用团体和领导理论(沙因，1985)。同时，卓越的领导力需要组织文化来与之协调和互动发展。一方面群领导力是影响组织文化形成、推广、演化、变革的重要因素；另一方面除了管理者个体的能力、素质以外，不同层次领导活动的行为方式和协同模式更与组织的政治和文化等因素存在着某种联系，它们直接或间接地对组织领导力造成影响，又随着变革进程和组织成长而发生变化。群领导力是建立在组织文化基础之上且又能融于组织文化的发展之中。组织的快速发展、变革尤其是持续成长，需要组织文化与群领导力的协同支持。因此，下面将主要就组织文化与群领导力的联系及协同性问题展开研究。

二、理论背景与研究框架

(一) 领导力与文化关联的理论与研究

沙因（Schein，1985）揭示了领导与组织文化存在的客观联系，并提出了从文化角度研究领导的设想。他指出，文化与领导是同一问题的两个方面。领导的中心问题在于能发现文化需要变革并有能力促进其改变。企业文化的很多内容与等级层次、职权、权力和影响力有密切联系。Pettigrew（1985）同一时期也研究了企业文化与企业权力结构之间的相互依存性以及企业文化对公司权力结构的支持作用。巴斯（Bass）和 Avolio（1993）在变革型和交易型领导的基础上提出变革型领导文化（transformational leadership culture）与交易型领导文化(transactional leadership culture)，其中的基本假设就是领导与文化之间的内在联系。科特（Kotter，1990）对企业文化与领导关系有以下观点："领导与文化正如管理与结构一样密切相关。"他所提出的领导角色、领导结构及其与企业文化相关联的理论，强调了组织文化对领导力的重要影响以及可能存在的协同关系，特别是下列论述是拟通过中国组织机构实证研究加以验证的对象："要使多重领导角色共同发挥作用，必须有某种东西来协调他们的行为，尤其需要一种机制来联系不断成形的各种远期目标，使他们达成一致而不至于相互对抗。"这种机制，既是一种领导机制，更包含了文化的因素在其中。

沿着这种思路，国内相关研究有：肖智星和陈春花（2001）从组织文化角度对领导行为方式的探讨；徐长江和时勘（2003）提出领导者与组织文化匹配模式的研究构思；陈维政等（2004）通过对 MBA 学员问卷调查方式对企业文化与领导风格的匹配进行了研究。这些关于领导与组织文化的研究对象主要还停留在领导者个体层面，可以看作是领导特质研究的一种延伸和拓展。而未来这方面的研究将会更加关注领导群体（leaders）对文化的影响过程（Tsui et al.，2006）。

（二）从群体动力学和过程角度出发的相关研究

文化的形成过程与团体的形成过程在一定意义上是一致的，团体的发展和文化的形成是一个问题的两个方面，两者都与领导活动、领导力的形成有关（沙因，1985）。相对于规则和程序，领导（leading）是一种更基于“非强制性”的方式和方法（席酉民和韩巍，2001），文化作为一种组织群体行为意识的产物，其深层意义在于，它为企业组织提供的“协同（控制）”方式，是不同于科层或交易的一种“内在化”方式（韩巍，2004），“内在化”是文化的关键，当目标、规则、程序和角色内在化以后，组织就从控制（包括领导）的序列转向了文化（Lebas and Weigenstein，1986），即一种意义形成和控制机制（罗宾斯，1997）。因此，从群体动力学和过程角度探究领导力与组织文化的关联将有助于深入了解群领导力与组织文化形成与演化的路径。

运用群体动力学和开放系统理论来解决领导问题是卢因的基本思想（沙因，1985），卢因及其后继者通过实验研究，发现了包括群体领导方式动力、群体组织形式动力、群体结构性质动力、群体公约动力、群体多数动力等群体动力的存在和作用。基于该理论，Huxham 等（2000）建立了包含结构、过程和参与者的领导力协作模型；Denis 等（2001）通过案例研究揭示了群体领导力尤其体现在变革时期成员之间的角色互补。传统的以领袖人物及其领导特质和能力为主要视点的研究较少涉及过程研究，而领导力本身就是一个复杂的过程和群体行为的结果（Fiedler and Fred，1996；Day and David，2004）。一些学者（Day and David，2004；Ensley et al.，2003；Vecchio and Robert，2003）通过设定过程变量来考察一些因素对领导绩效的影响，在这类研究中，文化因素一般作为常量或外部变量，或作为情境变量检验理论的适用性（Misumi and Peterson，1985；Glick，2001；吴维库等，2002；宋合义和刘阿娜，2005），在一些关于高层管理团队（TMT）的研究中作为控制变量（孙海法和伍晓奕，2003；Ensley，2003；富萍萍等，2004），后来一些国内学者对中国管理问题的研究中将文化因素作为因变量或自变量（徐长江和时勘，2003；吴敏，2005；Tsui et al.，2006），取得了一定的成果。

（三）以往研究局限与本部分研究框架

总体来说，以往的研究比较关注领导力或组织文化与组织绩效、个人绩效之间可能存在的相关或因果关系，如图 8-2（a）中 1、2 类型的研究；进一步分别把领导要素、文化因素作为情境变量或中介变量，如图 8-2(a) 中 3、4 类型的研究；一些是领导力和组织文化的要素之间匹配、归因和权变性的研究，通过改变要素构成达到改善或适应环境的目的，如图 8-2（a）中 5 类型的研究。以上的研

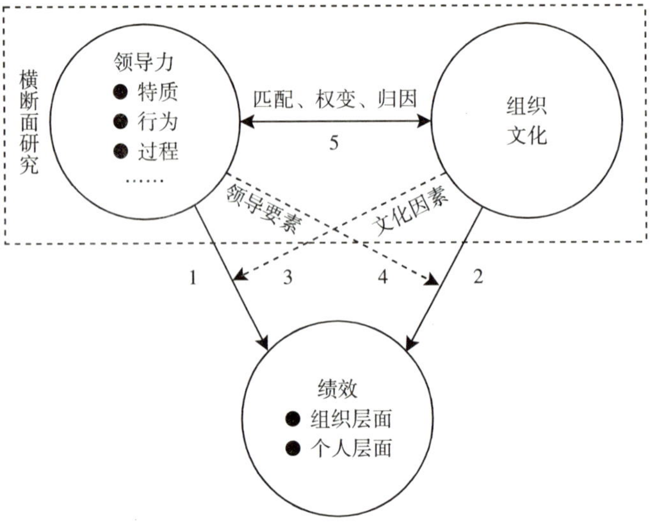

（a）

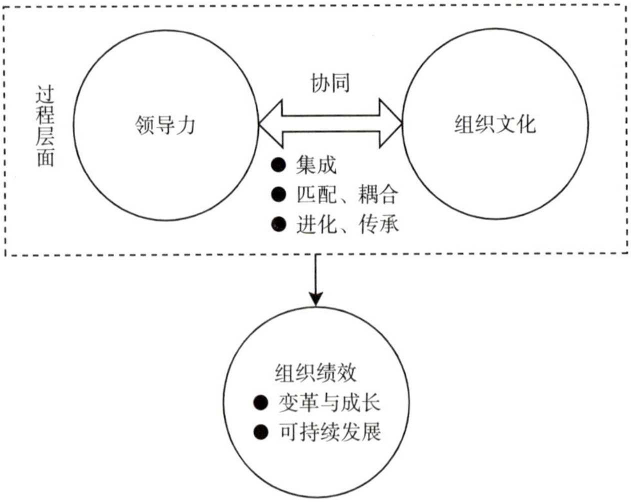

（b）

图 8-2　组织文化与群领导力分析框架

究，多属于横断面的研究，较少与组织历史、变革过程结合，较少从系统论的思维、动态演进的观点深入到过程层面，对领导力与组织文化协同机理进行透析。领导力和文化协同的研究需要以过程为导向，吸收复杂适应系统理论（CAS）、多智能系统（MAS）等理论精华，把对集成、匹配、耦合、进化、传承等协同机制的研究，放到组织变革、成长和可持续性发展的大前提下进行。在总结前人研究的基础上，提出如图 8-2（b）所示的本部分研究框架。

已有研究在方法上控制由于样本差异过大所造成的研究结果的偏差。此外，信息收集很多是从现象出发，囿于表层数据，较少对研究对象进行深入细致的调查，从而剖析现象背后的动因和机制。所采用的实证研究和实验研究都是可行的方法，然而缺少基于本土的、深入和系统的实地考察与案例研究（陈晓萍，2004；忻榕等，2004）。而在知识的本土化问题上，案例分析有着重要的作用（张曙光，1996）。

三、研究方法

在管理理论所构成的“丛林”中，真正成为管理方法论的基本路线只有两种：一种是标准的、规范的、数量化的、分析的、确定的、超越管理者和被管理者的路线；另一种是混沌的、不确定的、随机的、参与的路线。然而真正成为管理方法论的正确路线的，恰恰应当是两者的有机结合（袁闯，1997）。本研究需要从群体动力视角，研究多重、群体领导行为及交互作用，涉及与文化协同的多方面过程与机制研究，因此采用了在多案例研究的大框架下，根据各个研究子问题综合其他研究方法的路线。

首先借鉴 Yin（1981，2003）、Eisenhardt（1989，1991）的案例研究思路和步骤，在文献研究的基础上提出研究思路与框架，这期间课题组同时参考了大量国内制造业企业的案例研究①，在研究的第二阶段，选取三家典型的大型和中小型制造业企业（石家庄制药集团有限公司（简称石药集团）、唐山齿轮集团有限公司（简称唐齿集团）、唐山亚特专用汽车有限公司（简称亚特重工）作为主要

① 本研究参考了陈春花、欧阳桃花、韩巍、傅强以及其他研究者案例研究思路和部分研究成果，具体见文中参考文献标注。

研究对象[①]。之所以选择这三家相同或相近行业的企业作为研究对象，是考虑到文化与产品和行业特性存在直接的关系[②]，可以在一定程度上控制研究过程中可能出现的系统误差。

在研究进程中，课题组组建了联合研究团队，三家企业均有资深高管作为主研人员参与了课题全过程。这三家企业无论是其行业地位、组织结构、发展历史，还是企业成长轨迹及管理层结构均符合本研究的基本要求，可以保障本课题研究结论的科学性。在第二阶段研究进行前，课题组对74名处于管理岗位上的在职MBA学员进行了半开放式问卷预调研和七人次的访谈（三小时/人）；在课题进行的中后期，课题组还选取了与以上三家企业性质完全不同的一家公用事业企业（峰峰矿区燃气公司（简称峰峰燃气））在一些方面进行了对比研究和印证。

为避免先入为主理论对研究后期开展的影响，在实地研究初期课题组并没有贸然对被调研企业的领导力或文化按照现有分类方法或测评工具进行分类或测量。实地研究主要分为两个并行、相对独立的过程，包括：一部分课题组成员以

① 主要案例研究企业简介：石家庄制药集团有限公司（简称石药集团）于1997年8月由四家制药公司强强联合组建而成，是集科工贸于一体的特大型制药企业，主要从事医药产品的开发、生产和销售。现有总资产80亿元，员工18000人，拥有15家全资或控股子公司。石药集团是我国重要的四大抗生素和维生素生产基地之一，同时是国内重要的化学合成药物和综合制剂生产基地。产品涵盖抗生素、维生素、心脑血管、解热镇痛、消化系统、动物用药六大系列，β-内酰胺类抗生素和维生素C是主导产品。其中，维生素C年生产能力30000吨，7-ACA年生产能力1600吨，均居全球第一位。2004年11月，“石药”商标被国家工商总局认定为“中国驰名商标”。

地址：河北省石家庄市中山西路276号（050051）网址：www.e-cspc.com。

唐山齿轮集团有限公司（简称唐齿）为国有资产授权经营单位，始建于1985年（原为唐山齿轮厂），1999年4月在原厂基础上改制成立国有独资公司，总资产5.5亿元，从业人员1000余名，是中国汽车零部件行业的大中型骨干企业。唐齿以汽车及零部件为核心，发展煤炭、冶金等成套设备，发展商贸流通等第三产业。主导产品为汽车变速器、发动机缸体缸盖、凸轮轴、专用汽车等。集团拥有八个控股或参股企业。

地址：唐山市高新技术开发区永庆道56号（063020）网址：www.tscl.cn。

唐山亚特专用汽车有限公司（简称亚特重工）于2005年5月21日正式挂牌，主要产品包括混凝土搅拌运输车、散装水泥运输车、自卸车等，最高设计生产能力为6000台，实际生产能力近2000余台，2006年销售额预计2亿元。唐山亚特专用汽车有限公司是在唐山专用汽车制造有限公司基础上资产重组后建立起的集生产、改装于一体的专用汽车及汽车零部件的专业生产企业，拥有员工300余人，其中专业技术人员占30%。公司的主要产品有混凝土搅拌运输车、散装水泥运输车、半挂车、仓栅车、油罐车、垃圾车、自卸车和汽车零部件等。

地址：唐山市高新技术开发区银河路贾庵道 网址：www.yateaoto.com。

峰峰矿区燃气公司隶属峰峰矿区市政公用事业管理局，为市区民用、公共福利用户和工业用户提供燃气供应。

② 余世维“企业文化与变革”讲座，慧泉管理课堂。

局外人（outsider）身份对各级管理人员的半结构化和深度访谈[①]以及焦点小组讨论、关键事件和重大领导活动挖掘、管理者行为研究[②]、问卷调查、外部资料（各种有关媒体资料、企业对外宣传资料和网站、企业人员在高校进修论文、行业期刊等）和一部分企业内部资料（企业文化故事、内部简报、人力资源部门内部调查）的分析；另一部分来自企业的研究人员以局内人（insider）身份进行的开放式定性访谈、焦点小组讨论以及内部资料（会议提要、年终总结、发展规划、述职报告等）的分析归纳。在项目进行过程中，两部分的研究人员在课题负责人的主持下进行了六次集中的焦点小组讨论。

四、协同层次分析

组织文化与群领导力之间存在的协同效应可能在组织内外各个层面上发生，如领导者群体、战略、环境，涉及组织的结构、制度、管理程序、资源配置、学习能力等诸多方面，而协同效应的取得在一定程度上取决于其共享的内容（巴泽尔和盖尔，2000）。课题组在对三家案例研究企业有关的书面材料、访谈、轶闻进行整理、编码的基础上，发现了与领导力和组织文化协同议题有关的六个主要的主题词（词组），分别是团队协作、战略、环境、创业/起步、运营、创新/变革。而且就出现频率相关性来说，创业/起步与团队协作、运营与战略、创新/变革与环境同时出现的频率比较高。结合组织生命周期、战略协同等理论，将这六个主要的主题词分为两类——团队、战略、环境（协同范围）和起步期、运营期、变革期（协同时段）——分别作为空间的两维建立平面联系，得到协同的层次模型，如图 8-3 所示，将组织文化与群领导力的协同分为起步—团队、运营—战略、变革—环境三个层面来研究。在实际运作中，三个层面往往层层推进，而又互相交织，共同推动组织的发展。综合案例分析，对每个层面协同的内容与影响因素进行研究。

---

① 访谈分为两个阶段：第一阶段，半结构化访谈：1 小时/人，对象为中层正职人员，100 人次。深度访谈：3 小时/人，对象为高层管理人员，15 人次。第二阶段，半结构化和深度访谈：1~3 小时/人，对象为资深中高层管理人员。

② 管理者行为的结构化观察，五人各一周，计 200 个工作小时。对象：一名高层管理者，四名中层管理者。被调查者同时进行工作日志记录辅助考察。

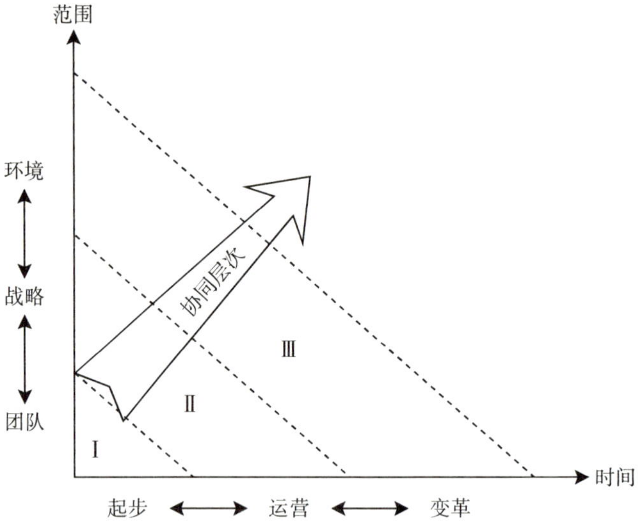

图 8-3 组织文化与群领导力协同层次模型

(一)起步—团队协同(Ⅰ)

不论是大家所熟知的一些成功崛起的大型制造业企业,如海尔、华为、联想、TCL、石家庄制药集团等,还是调查所涉及的一些中小企业,如唐齿集团、亚特重工,在它们成功起步的背后,总有一支由领袖人物领导的创业团队,吸引志同道合之士。领导团队是群领导力和组织文化协同的基础,协同的对象是组织的各级管理者。一个组织从创建、成长,经历变革,管理者层级之间以及同级之间在这些过程中,其领导行为往往形成交叉,或冲突或融和,削弱或强化组织的群领导力。起步—团队协同层次有两个关键要素:

1. 领袖人物个人的基本假定成为一种共同信念,以及高层管理者(团队)的价值观和愿景为各级员工所理解和接受的程度

借助沙因(Schein,1985)的文化层次模型,如图 8-4 所示,文化最深层的内涵是信念,沙因称为"形成文化结构的基本假定"。领袖人物的基本假定被管理者群体所接受并逐渐成为群体的一种共同信念,是领导团队协同的基础和根本出发点。如海尔的张瑞敏怒砸冰箱,所体现的人人要为结果负责;格兰仕的梁庆德在厂区遭受重大水灾面前以员工安全为先;石药集团的蔡东晨毅然撤除在附近公共设施失火时无作为的本公司安全负责人的职务。在这些事例背后无不体现着这些领袖人物对现实与真相的本质、人性的本质、人类活动的本质、人际关系的

本质的理解。企业文化作为一套隐含的假设体系、标准化的操作程序、潜移默化的行为方式，企业领导者所倡导的观念、信念、价值观、行为风格等文化因素要真正成为企业文化，需要得到企业绝大多数员工的认同和执行。企业文化与愿景使命帮助提升组织群领导力。愿景使命与快速反应令企业前进的步伐加速，企业在其领袖和各级管理者的带领下，决策迅速，朝着大致的方向迅速行动，然后再依靠过程中的不断调整来锁定目标。

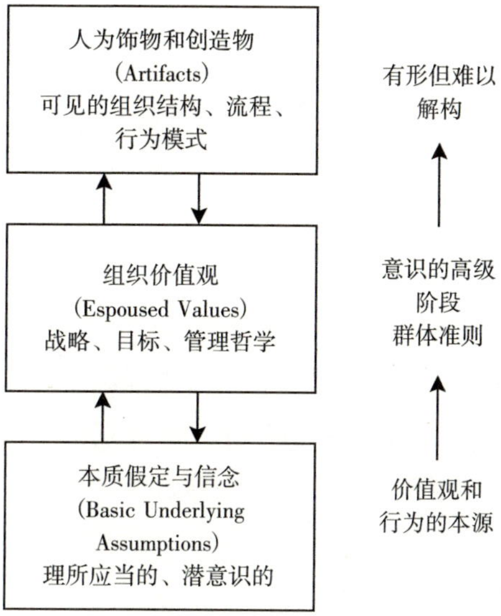

图 8-4　文化层次模型

资料来源：埃德加·沙因（1989：17）。

课题组收集了石药集团起步时期来源于组织各个层面的 121 个文化故事，对其进行了主题词编码[①] 和维度分析，发现出现频次最高的是奉献/贡献（76 次，占 62.81%）；其次是榜样领导（45 次，占 37.19%），在奉献和贡献维度中，和榜样领导同时出现的事件有 37 次，个人领导 3 次，道德领导 2 次，共 42 次，占总数的 55.26%。随着深入访谈结合其他企业调研结果的印证，课题组认为从个人假定到共同信念往往是通过领袖人物的亲力亲为、以身作则，以及典型事件的榜样力量。领袖人物在与其他管理人员共享假定的同时，高层管理者（团队）还要

① 主体词编码工作由受过相关培训的两名管理科学与工程专业硕士研究生合作完成，之后由一名管理科学专业博士研究生独立进行审核。

把他们的价值观与愿景通过这种方式传递给各级员工，营造舆论氛围，用企业CI等人为饰物和创造物来巩固、深化这些传递的信念和价值观。

2. 确立符合发展要求的变革规则和强有力的执行体系[①]

毫无疑问，企业各级管理者是企业管理规章制度的创建者和执行者，然而在起步阶段，协同更重要的体现在对变革规则的制定和强有力的执行体系。参考傅强（1998）对同创企业成长的研究[②]，这三家企业共同之处在于起步时期伴随着快速发展的步伐[③]，管理制度和组织机构建设往往落后于组织成长和发展，表现为出现“制度真空”，制度赶不上变化或是制度编出来后未起到相应的作用。例如，同创（集团成立于1995年，研究者论文发表于1998年）的突发工作占到了50%~60%，而据三家调研企业资深管理者的访谈回忆，起步时期的非计划性工作平均占到了40%甚至更高。除了亚特重工外，其余三家都出现了组织机构频繁改动、岗位责权利相对模糊的现象。通过对这一现象的深入调查，还发现这一时期往往也是组织内部冲突频发的时期，但冲突多不代表没有效率，表面的无序实质是企业的快速发展或适应环境而出现的断层和漏洞，通过组织内部“振荡”和冲突弥补。分析这些冲突，可以发现其区别于后时期的本位主义与权力斗争，主要源于两类：一是出于对实现目标的各种探索，方法上的不一致；二是由于价值观念不同导致对行为方式的不认可。

巴纳德认为，一个协作系统应包括三个基本要素，即协作意愿、共同目标和信息联系。协作意愿意味着在一定程度上交出个人行为的控制权，使个人行为非个人化。协作意愿和共同目标要通过信息联系来进行沟通（罗长海和林坚，2003）。课题组认为，这个时期频发的内部冲突在很大程度上作为一种信息联系向上一层管理者传递，高层管理者需要洞悉这种变革所传达的信息，从而对组织目标和战略选择产生影响。在这些快速变革的组织里，发展与变革更需要人治而非法治，需要自下而上地把握变革的方向，高层领导者最重要的是确立和维护符合组织发展需要的一种变革（冲突）规则，而规则的中心则是各级管理者共享的使命和价值观。另外，要确保组织在冲突中前进，一个强有力的执行体系是非常

---

① 相关内容可参阅约翰·科特. 现代企业的领导艺术［M］. 史向东，颜艳译. 北京：华夏出版社，1997.

② 亚特公司由于发展历史比较短，因此在本部分研究中没有包括。

③ 本研究根据被调研企业的具体情况，在征询企业相关人员意见的基础上分别对被调研企业进行阶段划分。

必要的。这两方面对高层管理者的权威和领导艺术都是一种挑战。同时，这个时期也是各种不同的价值观激荡、整合、碰撞的时期，领导者及其创业团队对组织文化的形成起着重要的影响作用，体现为一种“领导者”领导的强力文化（leader culture），不认同者往往会遭到淘汰。这一点与西方不同，因为贯穿组织的整个生命周期，领导的制度化、规范化是现代西方领导文化最具特色之处。

（二）运营—战略协同（Ⅱ）

如果说起步—团队协同的最直接目标是求生存，那么运营—战略协同则是组织求发展的探索。中国企业难以逾越的危机恰恰是企业从创业阶段向更高阶段转型时期所产生的危机（陈春花等，2004）。随着组织的发展，一方面要发挥竞争优势，优化资源配置；另一方面组织价值观的缺陷、领导文化带来的弊端要在这一阶段进行调整、弥补乃至重新整合。因此，运营—战略协同所关注的重点在于相互联系的三个方面/层次：战略观与认知框架构建（价值观层），权力基础与权力空间影响（行为层），竞争优势推进与资源、能力配置（资源层），如图 8–5 所示。这三方面/层次决定了组织的资源水平与组织氛围，外化为组织的适应能力。

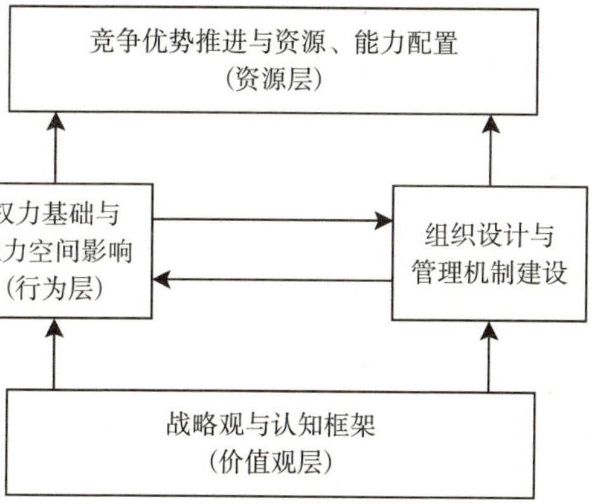

图 8–5　运营—战略协同层次模型

1. 推进竞争优势与资源、能力合理配置

借鉴王永贵等（2001）从资源观的角度建立的竞争优势的互动循环模型：企业的整体优势是建立在最深层的基于战略逻辑与公司愿景层面、中间层的基于战略资产与核心能力层面、基于作业流程与价值链配置层面，以及表层的基于最终产品与细分市场层面这四个层面上同时展开、层层推进的动态体系，每一层面都有其独特的内容，并且彼此之间存在着内在联系和对抗性活动。组织文化与群领导力的协同体现在：一方面，持续不断地把深层次的竞争优势逐层向外推进，使之转化成最邻近的外层竞争优势，并为不同层面的对抗活动提供强有力的支撑；另一方面，合理配置各种资源和能力，在这四个层面上同时构造出一定的竞争优势。与层次竞争优势相对应，企业中的资源与能力也有一定的层次性，资源是人员、实体资产（包括金融资产）、隐性资产（商标、顾客认知度、技术专长、企业文化）的总和，不同层次的竞争优势最终都是靠相应层次上的资源与能力来支撑的。协同的结果体现在企业竞争优势的充分发挥上，最终通过产品—市场层面的竞争结果表现出来。

课题组对唐齿集团下属的两家属于同业性质小型子公司中的中层管理者进行了对比研究，发现被公认为（事前征求了集团管理层和相关人员的看法）职工士气、精神面貌、管理水平、综合竞争力方面相对比较好的一家企业，中层管理者所发挥的作用得到了普遍认可（主要采取高、中、基层管理者以及员工访谈方式）；而对比样本的认识则比较模糊和混乱。因此，针对该样本企业的管理层又进行了关于提高企业综合竞争力和工作效率的半开放式问卷调查（对象为五名高层管理者、所有的中层管理者和部分基层管理者，发放问卷 51 份，回收有效问卷 39 份，占总样本的 76.5%，其中中层管理者和基层管理者问卷 34 份，占回收问卷的 87%）。根据统计结果，中层管理者和基层管理者认为“中层管理者的管理素质”和“基层管理者的业务素质”是最不重要的两个方面，相反高层管理者认为“中层管理者的管理素质”是次重要的方面。而在对市场具有一定垄断性质的峰峰燃气的比较验证研究中，中层管理者的作用被普遍认为不重要（问卷涵盖全体员工）。再通过其他复制案例的研究，课题组认为在推进竞争优势和优势转化方面，中层管理者（定义总经理、副总经理以下，车间主任及以上级别为中层管理者）扮演重要角色，是重要的推进力量或阻力，同时，虽然受“领导者”文化（leader culture）的影响，但中层管理者往往是运营期领导组织文化发展（leading culture）的主力军，他们的价值观和行为方式成为这一时期组织文化建设的核心要素。在后继的研究中也印证了这一点。

2. 建立权力基础与施加权力空间影响

正如迈克尔·波特所认为的：“有形关联（实体资产）和竞争性关联与竞争优势的联系最为诱人并且易于实施；而无形关联（人、隐性资产）则是陷阱密布且一般难以实施，但它仍然是一些行业中竞争优势的强大来源。”而且，利用隐性资产、通过协同效应实现的竞争优势既具有实质性，也具有连续性（伊丹广之，2000）。领导力和组织文化的协同作为一种无形关联，最终要落实到人的行为层次，而且只有人们的行为方式本身最能说明“组织文化的实态”（韩巍，2004）。因此，在本阶段研究中通过对管理者行为层次的考察，把握那些与建立权力基础及影响权力空间分布有关的活动，透析协同在行为层次的内容与结构。

基于以上思想，课题组设计了两个相关研究：一是借鉴明茨伯格（1968）和Luthans（1988）对管理者行为的研究，对五名资深管理者（一名高层、四名中层管理者）进行观察并对工作内容进行研究和对比（对行为和工作内容研究的初步统计结果在调研结束后呈交本人，被研究者根据该结果与其在起步期的行为和工作内容进行比较，并以书面形式表达。在对书面材料整理的基础上结合关注的研究问题随后进行深入访谈）；二是根据发生在亚特重工的一起产品质量事件，涉及诸多部门及高层管理者的领导协同问题（部分情节见注释[①]），把该事件情节完全复述给其他企业的调研对象，采用半结构化访谈的方式，让调研对象回忆本企业是否有类似情况发生，具体情况是怎样的，当时是如何处理的，如果自己是亚特事件中的一个角色又该如何处理，并将回答的情况进行归类总结。囿于调查样本和具体情境的限制，一部分调研结果以假设的方式提出，为以后的深入研究做好铺垫。

（1）中层管理者行为研究。情景定义和描述：研究根据外部力量如市场变化、突发事件等对企业内部价值链的干扰情况，分为平衡期和非平衡期，在非平衡期，价值链会出现至少一个焦点岗位，考察中层管理者层级间权力空间分布及影响。

假定 1（A1）：研究对象为同一层级中层管理者。

假定 2（A2）：管理者被上级授权状况大致相同。

假设 1（H1）：管理者从事的岗位位于价值链不同位置，其领导活动与领导角色存在差异。

假设 2（H2）：非平衡期，与非焦点岗位相比，焦点岗位的管理者会被赋予

① 2006 年 4 月，亚特公司销售部门承接特殊自卸车（自卸车根据客户要求对部分构件进行了改装和设计）订单，一些外购件需要紧急采购，产品在“五一”假期期间加班完成，但在使用过程中发生严重故障，客户提出索赔，经查原因是外购件质量问题，因此涉及采购、质检、销售、生产、研发五个部门的协作解决。

更多的领导角色。

假设3（H3）：整个价值链上管理者领导活动与管理活动在量和发生时间上存在一定的互补关系。

（2）高层管理者行为研究。研究过程中课题组发现部门本位主义和权力斗争是影响管理者领导力以及竞争优势转化和层层推进的主要原因。分析这个时期中高管理层层级之间存在的冲突，大部分源于高层管理者系统观与中层局部观的差异。一些高层领导者采取了在组织内制造变化，同时影响和控制下级管理者权力基础的做法，归纳起来主要有以下两类：①积极利用外部变化，拓展权力空间：随着业务扩张而扩大整体权力空间，或在内部加以适当的授权等方式。②内部制造变化，影响权力空间分布：利用组织机构调整、人员工作调换、组建跨部门团队甚至非正式组织等方式改变组织内部生态环境，影响甚至控制下层管理人员的权力基础和权力发展空间。

总之，内外部变化是组织运营发展的驱动力，组织文化与领导力运营—战略协同层面需要组织遵循变革规则，不断调整自身运转和组织生态，组织高层管理者的领导艺术体现为适时发动变革，驱动组织向既定方面变化、摆脱已经固化的束缚企业发展的模式。如同陀螺高速旋转同时保持稳定一样，组织变革和发展稳定的重心在于组织中层，“领导文化”（leading culture）和“超越本位主义”则是对他们的最大考验。面对这种考验，组织需要具有良好的内部因素匹配关系，合理配置资源和能力，实现战略与资源和组织结构之间的相互匹配。因此，组织设计和管理机制建设成为整个管理团队的工作重点之一，尤其是目标和绩效考评体系更是价值观和行为协同的关键工具。

3. 构筑战略观与认知框架

如果说企业组织在起步阶段领导力与文化的协同主要表现为树立一种信念、认同一种价值观、营造一种氛围的话，随着企业的实践和员工的社会化过程，作为一种信息的传递，这种信念和价值观将外化为组织的战略观，并形成一种组织认知框架。战略观与组织认知框架是权力行为、组织设计和管理机制建设的依据。同时，它也是联结企业及企业集团、供应链乃至整个利益相关群体的根本出发点和基础。就企业组织内部来说，战略观与认知框架的构筑不仅限于高层管理者的范畴，它是随着企业成长、技术进步和经营活动的复杂化、各级管理者沟通价值观和观念，同时凝聚集体思想的过程。构筑战略观与认知框架需要重点培养和提高两种能力：资源（尤其是隐性资源）动态匹配能力和自组织学习能力。

组织资源论把组织看作是一组有形资产和无形资产，或者说资源的集合。协同效应可能在组织资源的不同层次上发生，分别位于不同的战略层次。通过提高实体（有形）资产使用效率来节约成本或是增加销售的方式被伊丹广之（2000）称为互补效应，虽然互补效应极具价值，但它非常容易被其他公司效仿，并不能为公司提供持久的优势。因此，伊丹广之（2000）认为互补效应并不是协同的真正来源，只有当公司开始使用它独特的资源——隐性资源时，才可能产生真正的协同效应。实体资源的有效使用来自静态的配合效益，而资源动态匹配是为了产生动态协同效应，因此组织尽量选择那些可以创造隐性（无形）资源的业务进行发展，带着动态协同的意识去设计战略，并尽自己最大的努力去发展和积累隐性资源，从而使组织具有主动适应环境变化的能力。一家公司发展的关键在于其获得动态协同效应的能力。同时，隐性资源动态匹配能力也可以克服市场失衡和有形资源短期失衡，在组织运营目标和战略目标之间发挥着重要的导向和平衡作用，实现文化与战略的有效契合。资源的动态匹配要求组织必须进行持续不断的努力，并建立能使协同效应传播和发生的正式机制，这也正是后一部分要探讨的重点内容。这一过程和机制如果没有高级管理人员的积极努力就很难实现。

Schwartz 和 Davis（1981）认为，企业文化是一家公司全体成员所共有的信念和期望的模式，期望的模式包括行为模式和心智模式。行为模式和心智模式都是建立在组织的认知框架基础之上的，基于组织的资源，外化为企业的自组织学习能力，并且随着组织学习能力的提高而不断拓展。劳伦斯·米勒曾预言："最终的竞争优势在于一个企业的学习能力以及将其迅速转化为行动的能力。"在企业文化功能上，由领导、管理手段层面向知识培育层面发展，涉及管理机制、人、信息技术平台和知识资源组织等方面要素的协同发展，更加注重过程的主动性。利用 CAS 和 MAS 理论的观点，每个代理（可以是职能部门、子公司、事业部等亚组织）或组元的决策和行动，以及它们之间的相互影响和相互作用使得系统产生自组织、自学习和自适应的行为。企业自组织能力与组织群领导力密切相关。企业组织作为一个有机系统，通过自组织学习，不断使自己适应持续变化的环境状况，凝聚自身的核心竞争力。核心竞争力是企业组织中的集合性知识（collective learning），特别是关于如何协调多样化生产经营技术和有机结合多种技术流的知识（陈春花等，2004）。知识在从个体或代理的层次上产生，上升到组织整体层次从而成为共享的组织知识的过程中，每个代理如果没有在一定的认知框架下发展和演化出一定的规则集，则在各自的知识域发展出的专业知识将是杂乱无章的，很难系统化为组织的竞争力。

（三）变革—环境协同（Ⅲ）

企业文化的本质是创新（陈春花等，2004），企业变革是企业文化产生的推进因素。技术的变化和权力结构、权力空间再分配也都与文化变革密切相关。企业文化是决定组织变革的主要原因。而变革—环境协同从时点考察并非是单独存在的一个阶段，它融于组织发展的各个时期。前文所研究的成长和变革可以综合归纳为组织内部的结构性创新范畴。区别于渐进性创新或突破性创新，结构性创新（Architectural Innovation）的本质在于对已有系统进行重组，将现有的组件按照一种新的方式整合起来。在研究中，结构性创新的研究范围将从个别产品开发拓展到企业产品组合调整与企业组织变革，实现技术创新与组织创新的有机结合，同时也可以将一部分冲突归纳进来。结构性创新扎根于企业的组织结构和信息处理过程中，受到企业的领导机制、信息文化的影响，而创新的结果与企业中高层领导的协同机制密切相关，以组织发展为目的。

本节所关注的协同范围则超越了组织的界限，向供应链、利益共同体、围绕相同或相近目标客户的产品服务提供商群体（本文称之为产品生态群落，简称生态群，其特点是目标客户居于群落的驱动位置）延伸。同时，企业组织传统的生产、研发、营销职能也突破了单个组织的界限，在最大利用资源和快速反应变化的基础上，向协同运营、协同研发和协同营销的方向发展（见图 8-6）。未来的管理与领导将渗透到这些链、网、体、群上，组织、管理、领导一个高透明度的链、网、体、群将成为一个积极的趋势。仅靠目前企业执行的流程导向和制度进行运营管理控制是不够的。同时，从单个组织到供应链、利益共同体、生态群落，它们都是变革的产物，根据环境变化调整自己的生存法则，营造一个共同的生态系统，通过有形（生产、市场、采购、技术、基础设施、人力资源等）、无形（文化的传播、能力的培养、群体竞争优势的发挥）和竞争性（与竞争者、替代产品提供者的协同进化，共同为客户创造价值而非一味地打击对手）关联，同时控制与协调手段从组织内部的等级、被动地受市场控制，最终发展成为一种主动变革、调整生态，左右这一发展趋势的正是一种文化的力量，体现的是超越单一组织形态的决策模式和集群领导力，实现的是整个价值网络的整合，每个单元都在协作统一的快速反应机制下充分发挥自己的优势，通过把各单元的价值进行重组和提升，将主导企业的价值观转变为价值链各成员的共同取向与意志，对内取得向心力和凝聚力，对外构成形象和影响力。同时，这种文化的力量正是所处的社会环境影响的深层重要原因，与整个社会的基础设施建设、产业变革乃至社会观念的演变存在着各种联系。

过去的大规模生产时代的管理思想体现了典型的分析型思维，即遇到问题时首先将问题进行分解，将问题难度降低，然后对分解后的子问题进行单个解决。但是，今天的商业环境已经使我们不能在原有的思维模式下解决遇到的问题，过去许多行之有效的方法在新的形势面前束手无策。比如本课题所调研的三家制造业企业都不同程度地陷入了价格战的陷阱而不能自拔，这也成为很多行业的普遍现象。正是由于无法突破原有的思维模式，企业在遇到竞争时总是倾向于举起价格战的大旗，这种低水平的竞争使得企业走向一条恶性循环的不归之路，而出路在于改变我们看待问题和解决问题的方式，采用整体思维的方式从系统的角度看待解决问题的思路。分析型思维使我们在遇到问题时拆分问题，系统思维要求我们在拆分问题之后还要还原问题，思考子系统之间的匹配，运用整体思维、系统协同的观点来分析生产运营、研发、营销服务等子系统之间的联系、匹配和耦

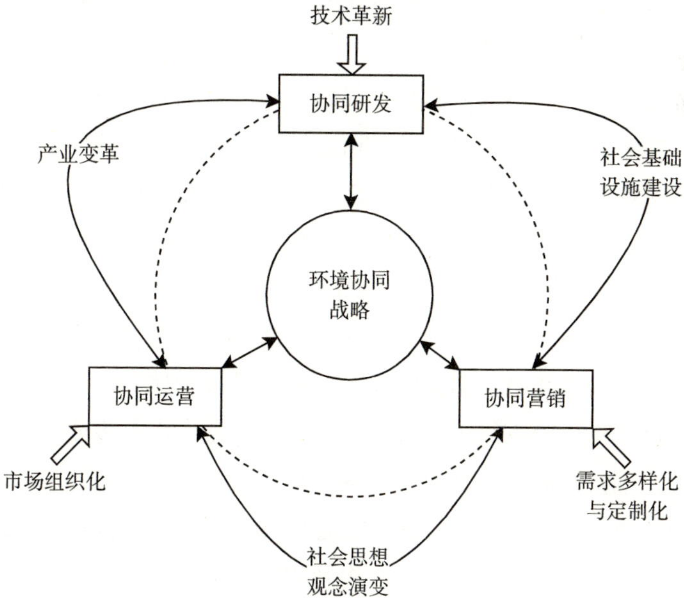

图 8-6　变革—环境协同分析模型

合。随着现代信息革命的深入发展，企业在经营过程中需要同时协调规模经济、范围经济和制造资源整合之间的关系——大的产品规模、大的品种规模、大的制造资源规模，所带来的是一场从经营理念到业务流程的系统化革命。对于当代企业而言，只有革新经营理念，转变经营模式，顺应时代潮流，才能拥有持续发展的未来。

1. 协同运营（collaborate operation，CO）

传统的制造观念强调通过所有权形式占有和调配制造资源。但是现代生产组织的核心理念开始转变为对制造资源的控制利用。企业不需要拥有制造资源的所有权，而只在需要的时候协调和调配资源完成生产任务，实现制造资源的快速重组。这种变化是一种制造资源从按功能集中配置到分散配置（分布式制造）、生产组织从独立运营到协作运营的转变。而制造组织观念的变化主要体现在两个方面：特殊性资源的内部化和一般资源的外部化。就制造组织形式的变化而言，即市场组织化和组织市场化。在企业的生产实践中，组织市场化与市场组织化最明显的体现就是分布式制造网络的建立和虚拟企业的产生，打破了传统企业之间的产权界限，实现了资源的共享与集成，通过同时使用市场机制和组织手段，达到制造资源的最优配置。

与传统制造关注制造能力的计划与分配相比，协同运营强调制造系统对顾客需求和市场机会的快速反应能力，是从“制造和销售”模式到对客户“理解和反应”模式的变迁，需要由实时信息有效驱动的制造系统对顾客需求和市场机会进行快速反应。Shaw（2000）指出，基于信息的制造不再强调单一工厂，而是包括整个供应链网络，由信息技术的可用性支持。由于产品的技术含量和复杂性程度提高，使得很少有企业能够快速、经济地单独完成所有必要的技术过程，单独的组织单元也不再能控制发展和生产（Paul，2000）。为了能够敏捷地响应顾客需求，加工单元的界定由制造单元转向了具有较高自主能力的协作单元。这些单元具有独立的计划与决策能力，加工任务将主要通过多个单元的协作完成。单元之间完成任务的过程不再依靠组织方式自上而下地配置，而是主要依靠单元之间的协商与协作，在某些基础规则的前提下进行自主配置，生产过程的组织成为多个协作单元之间的协商结果。利用智能信息处理技术，为分布制造系统的组织设计和运营提供了一个开放的集成框架。协作制造的主体是分散的、相互依赖的运营中心；协作制造的目的在于使运营中心协调一致地工作，以完成只有共同协作才能完成的任务。协作制造引入了“竞争—合作—协调”的自组织运行机制。强调竞争，是为了确保参与协作制造的各运营中心资源的优化配置和运行效率；强调合作，是因为参与协作制造的各运营中心所承担的任务之间存在着各种物理上和逻辑上的相互依赖，任务的实现需要各运营中心的相互配合；强调协调，则是由于各运营中心在实现各自承担的任务的过程中，存在时间、资源、目标等各方面的约束或冲突，相互间需要进行信息交流，使各自行为和谐一致、配合得当。

总之，以分布式制造为特征的协同运营系统可以看作是由不同功能的运营中心或协作单元通过协议连接起来的制造网络，以表达目标、权责利关系及交互方式的多层协议为载体，实现网内和网际协作单元的沟通与协调。系统的控制决策为各个运营中心或协作单元分布决策的一致性结果，实现特定目标下的全局优化控制。由于情境不同，对自治与协调之间的权衡也不同，协同运营系统在实际运行中具有很大的灵活性和适应性，呈现出多种表现形式，但其根本出发点是一种基于信息流程控制的理念，以智能代理技术为支撑，实现协作单元的交互、自控、自治。

2. 协同研发（collaborate R&D，CRD，又称协同产品开发 CPD）

随着工业经济、企业虚拟化和分布式制造的发展，从一个新产品的实际开发过程来看，往往有 40%~70%的工作是与其他企业协作完成的。产品研发是一个创新性的过程。传统的思维在新产品迟迟开发不出来或开发的新产品不能满足市场需求的情况下，采取的往往是更新研究的设备、招募更多的开发人员等粗放式的策略。从时间上看，研发是按照产品创意、建模、试生产、试销、批生产等这一线性的过程展开的，信息的流动是单向的，反向的信息流只有在出现问题时才会出现。从空间上看，研发是由一些相互独立的部门来承担的，往往会从局部出发考虑问题，如产品设计过分注重性能而忽略成本因素。而协同研发的思想最早起源于并行工程，伴随着产品数据管理水平和相关技术的提升，发展到最近的产品协同商务（CPC）。

协同研发增加组织内部各子系统以及与组织外部相关系统的耦合性，可以从时间和空间两个维度对其进行考察。基于时间的协同是指重新思考产品开发过程，尽可能地将产品开发的某些环节提前，从而解决信息在产品开发过程中的单向问题。基于空间的协同是指打破部门、组织之间的界限和壁垒，产品开发相应分为产品平台战略过程、产品族战略过程和产品开发过程三个层次，根据整体战略意图，在不同层次吸引不同的参与者实现优势互补。以产品协同商务为例，它能让联盟中的每个成员在整个产品生命周期中协同开发、制造和管理产品，而不论他们在产品商业化过程中担任什么角色，不论他们使用的是什么样的计算工具，不论他们在地理上或供应链中位于何处。CPC 的一个重要特点是数据和应用工具的松散耦合式集成，并不依靠数据的通用性来保证个体间相互协作的统一数据模型。

值得一提的是，协同研发的最大挑战是超越企业组织内部和组织之间的信息壁垒，建立起促进协作和创新的联结，涉及合作联盟的选择与优化、系统建模、信息系统链接等诸多问题。这不仅是方法论和技术实现等因素，更主要的是观念和领导力协同的因素在其中，以及不同文化背景参与者的支持和融合。

3. 协同营销（collaborate marketing，CM）

21 世纪，营销竞争将围绕客户需求在一个更大的范围内展开，客户需求的多样化要求供应链在最短的时间内捕捉到消费者需求，并在恰当的时间、恰当的地点满足这种需求。企业通过与经销商以及最终用户建立价值链从而形成一种战略网络。比拼的将不仅是营销手段和品牌投入，渠道整合能力和成本压缩将是尤其重要的因素。由于任何一个企业都不可能在所有方面处于优势，于是具有优势互补关系的企业纷纷联合起来，实施协同营销战略，合作开发新产品，共享人才和资源，共同提供服务。在以供应商和客户群共为联盟的企业价值链上，企业还集聚政府、联盟等协同力量。以企业自身与合作伙伴共同的市场发展战略和所追求的客户价值为战略起点，利益共同体之间的合作必须基于一致的合作目标和共赢方式，基于对市场供求力量的共同理解，而不再是原来供需关系中的基于成本或价值的单纯目标。这张网络的每一个节点，都必须以全球化竞争的标准来衡量（陈春花等，2004）。

协同营销是说产品持有企业应该全方位寻求与自身品牌定位、客户定位相一致或具有互补性的企业进行合作，分为水平协同营销和垂直协同营销。水平协同营销是指不同行业的企业之间通过共同分担营销费用，协同进行营销传播、品牌建设、产品促销等方面的营销活动，以达到共享营销资源、巩固营销网络目的的一种营销理念和方式。水平协同营销可以将两个不同行业的企业各自的资源进行互补和交叉，形成两种资源之间利益的最大化，但水平协同营销的前提是双方具有某种资源的共通性，如客户群体的互补性或重合性、市场目标和品牌主张的一致性等。在这个基础上合作，双方可以置换各自的优势资源给对方，最大化地保证各自的资源在这个系统之内发挥价值，一方面更好地满足各自市场的需要；另一方面可以节省各自的营销成本。而垂直协同营销则是指在一个产业的上下游企业之间通过各自资源的互补达到推动整个产业发展的目的。其表现形式通常与捆绑双方各让出一部分利益给消费者的捆绑销售不同。协同营销强调产品或品牌之间某种内在的关联性或一致性，通常需要经营目标、品牌主张或消费群的高度相关。不仅由于销售的原因走到一起，协同营销更多出于客户价值清晰化的考虑（陈春花等，2004）。

比如英特尔（Intel）公司和微软（Microsoft）公司组成的 Wintel 联盟，以及由格兰仕带动策划的“联合互动营销”，集合了从 IT 企业到牛奶生产商的多家企业。消费者购买格兰仕微波炉的同时也可以获得厨具、商务通等其他产品的优惠；反之亦然。联合互动营销是寻找联盟企业的共同利益，进行渠道整合，并且构筑和分享共同利益。中国移动旗下的动感地带（M-Zone）与麦当劳面向共同的客户群体，基于战略共识和开发客户价值结成合作联盟。这个“通信与快速食品”协同营销的借鉴意义在于，显示出未来的市场竞争事实上已经不再是局限于公司自身业务的竞争，而是面向公司族群之间的竞争，也是有着固定合作关系的营销网之间的竞争。

五、协同机制分析

协同机制影响协同的动能和效能，决定协同系统的状态。通过对协同层面的分析研究，可以发现有五种作用机制在组织文化—群领导力协同中发挥着作用，分别为集成机制、匹配机制、耦合机制、进化机制以及传承机制。与协同层面相呼应，这五种机制分为基础层、运作层与演化层三个层次，如图 8-7 所示。

1. 集成机制（integration mechanism）

协同的前提是集成，集成的内在动机和基本思想是整合增效，即以要素的整合为手段，达到系统增效的目的（范玉顺和李建强，2004）。集成的目标有两个：资源利用、环境适应与快速反应。就集成要素的性质而言，首先它们具有某种公共属性；其次要素具有异质性或互补性。要素具有公共属性是集成的基础和约束条件，譬如在本研究中领导力和文化诸要素的集成的基础就是具有共同的信念和共享的价值观；要素的异质性就涉及要素之间的匹配，如中高层管理团队的构

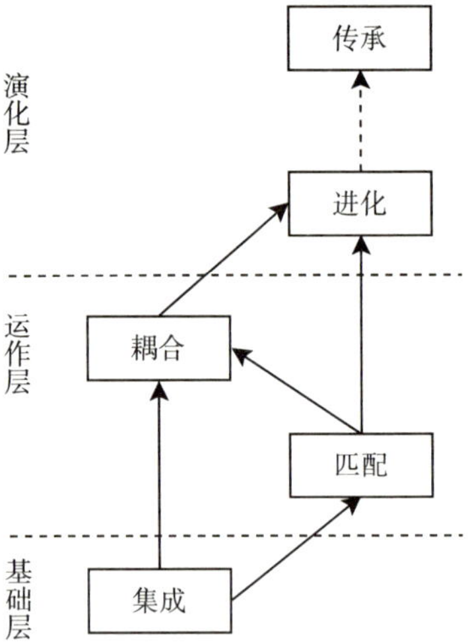

图 8–7　协同机制分析模型

建；互补性表现为要素之间的耦合，如管理团队内部领导角色和管理角色的互补与支持，利益共同体、生态群落之间的优势互补。无论是同质要素，还是异质要素的集成，都有利于资源的共享和快速反应，表现为营运集成（生产运营、研发、营销等）、组织集成（虚拟组织、分布式制造等）、市场集成（供应链、利益共同体、生态群落等），由信息集成发展成为知识集成。同时，集成是系统形成、重构的基本活动（范玉顺和李建强，2004），要素之间还存在着竞争性，即使在组织平衡发展时期（即组织内外环境处于一种相对平稳状态），需要将这种竞争性控制在一定有序范畴，即前文提到的结构性创新。创新不是孤立存在的，只有将导致创新的一系列集成活动看作一个系统，才能实现真正意义上的创新。

文化可以看作是在内外力作用下呈现的一种“磁场”的“规则性”表现形式。物理学中，在相同介质和相同距离条件下，场力的大小是由物体的质量决定的，它表现为对周围物体的吸引力。如果把具有公共属性的要素集成在一起，则可以增强集成要素的外延质量，从整体上提高企业对客户、供应链其他企业、利益共同体乃至生态群落的吸引力。这种集成的力量来源于领导力，间接受社会环境的影响，体现一种“主动性”。这样，通过对集成机制的研究在一定程度上印证了沙因的观点：“文化与领导是同一问题的两个方面。”文化与领导力的协同通过集成机制实现了由“主动性”的内力到“规则性”的磁场力的转化。

2. 匹配机制（fitting mechanism）和耦合机制（coupling mechanism）

如果将协同从组织战略的角度考虑，则匹配机制涉及战略要素的筛选、优化与选择。战略元素可以按不同方式进行组合。把同一时间的组织战略的若干要素组合起来，可以使资产的使用更有效果，创造最佳的配合效益。把不同时期的战略组合起来，则可以使公司为未来更有效率地积累隐性资源（伊丹广之，2000：60）。关于匹配机制的研究可以分为两个方面：一是匹配形态与输出结果的关系研究，如探讨匹配对于组织层面变量（组织绩效、组织创新能力）的影响（徐长江和时勘，2003），一部分要素通过合理匹配产生耦合效应；二是对发展一种动态匹配能力的研究，通过动态匹配，才能使隐性资源在长时间内得到有效的积累和应用，得到进化和发展。

耦合是软件工程的名词。简单地讲，耦合性是程序结构中各个模块之间相互关联的度量。对象之间的耦合就是对象之间的依赖性，它取决于各个模块之间接口的复杂程度、调用模块的方式以及信息通过接口。结合本研究，统一的标准、具有兼容性的公共过程、共享信息和共同的文化通过集成机制解决了独立业务流程之间（连接）的接口问题。但仍需要协作和协调来解决不同业务或过程目标的一致性以及决策规则的一致性问题。协作通过在具有共同目标的多个业务对象实体（组元）之间建立某种业务信息交互的机制，将不同组元业务目标和策略之间的相互关系转化为具体业务运作的相互关系（范玉顺和李建强，2014），进而完成整个组织、供应链、利益共同体乃至生态群的业务协同。而协调则解决了多个相互独立的业务过程之间存在的冗余及冲突，从而保证了整体的优化（范玉顺和李建强，2004）。

简而言之，匹配机制和耦合机制都是建立在一种信息链接的基础之上的，与组织的信息化程度密切相关。从本质上讲，它们都可以归为一类信息机制，对信息技术的依赖程度很大。

3. 进化机制（evolution mechanism）

复杂适应系统（CAS）理论认为，系统进化的过程是一个不断出现冲突、不断选择又不断化解冲突的过程。冲突是进化的前提，进化是冲突的结果。该理论将系统中的个体称为“主体”——具有适应能力的个体，强调个体的主动性，强调它具有自己的目标、内部结构和生存动力，把个体的主动性提高到了系统进化的基本动因的位置，同时强调主体之间以及主体与环境之间的相互影响和相互作用（陈禹，2001）。利用该理论，将整个研究对象看作是根据各自行业规则和模式相互作用的行为主体所组成的 CAS 系统，它们以适应的方式不断进行学习和进化。个体的主动性、目标、内部结构（描述了内部的信息交流发生形式及权力、职责的分布）和生存动力都可以归结到领导力与文化因素发生效应及结果范畴，根据前文通过案例研究对“冲突”进行的归纳和总结，在协同状态下冲突所引发和培育的不只是单个元素、组元的演化，而是一个集体动态过程，表现为一种“协同进化”的结果，包括三层内容：组织与环境的冲突导致组织与环境的协同进化，表现为组织适应环境、改造环境、管理环境，并且建立起自己的竞争优势，而组织文化是进化的重要动力来源；组元之间通过协同运营、协同研发、协同营销模式获得协同进化；领导力因素与文化因素的冲突导致领导力与文化的协同进化，促使文化的转型，由领导者文化（leader culture）向领导文化（leading culture）和文化领导（导向）（culture orientation）演化发展，同时提高资源的动态匹配能力与自组织学习能力。否则，冲突的导向是随机的，往往导致异化的结果。

4. 传承机制（succession mechanism）

Sathe（1985）认为，企业危机频繁、高级领导人更迭过多、企业缺乏连续的机制可能会摧毁企业的文化，而企业领导行为连续是促进力量雄厚企业文化产生的一个重要因素。Schein（1985）认为，文化是创始人、领导人、企业制度建立者和社会建筑师创造活动的结果，同时他还强调，文化对管理者的约束更胜于管理者对它的影响。参照陈春花等人的研究结论，企业成长必经两次循环：企业经历的第一次循环即导入因素创造产出因素的循环，需要企业在很长一段时间的积累；而第二次循环，产出因素对导入因素的提升与调整，是企业积累动力迈向另一个长期持续成长的过程（陈春花等，2004）。结合本课题对调研企业的历史研究，将起步期的领袖人物、领导团队及其领导行为等因素纳入第一次循环的导入因素，而文化作为其中一种产出因素，在企业的第二次循环，即可持续发展阶段，体现了文化对领导者行为及领导力的提升与调整，此情况同样可以推广到供应链、利益共同体等组织形态，这也印证了上一节关于文化与领导力协同进化的观点。在组织向可持续发展阶段迈进的过程中，发挥关键作用的则是传承机制。

传承不仅意味着高层领导的更迭，它还伴随着环境的变化，组织范围的重新定义，更主要的是价值观、使命的传递，组织领导力的提升和文化的传承。在这个过程中，组织的核心资源和能力得以保存和扩张。传承并非是某一阶段的特定行为举措，而是一个长期的积累和探索过程。因此，传承可以分为三个层面来理解：最内层的共同价值观、信念构建，这在组织内部都是一种稀缺资源（O'Reilly et al.，1991）；中间的载体层，等级、权威和制度规则；最外层的人员层次，包括对组织长期发展或应对变革有益的领导及领导组合。三层通过使命、目标以及管理流程付诸行动。

以上五种协同机制共同作用，表现为组织文化—群领导力协同效应。借鉴张福墀（1995）对管理场的研究，基础层和运作层的集成、匹配与耦合三种机制综合表现为"造态"，即完成一系列期望的管理行为的形态；演化层的进化与传承两种机制综合表现为"造势"，即在一种较大的时空范围的形势、趋向、过程。而造势与造态，正是企业文化所要求表现出来的功能：明确的价值观和行为规范。同时，机制的有效运行需要抓制约点，解决关键制约的问题。图 8-8 对协同机制研究进行了总结。

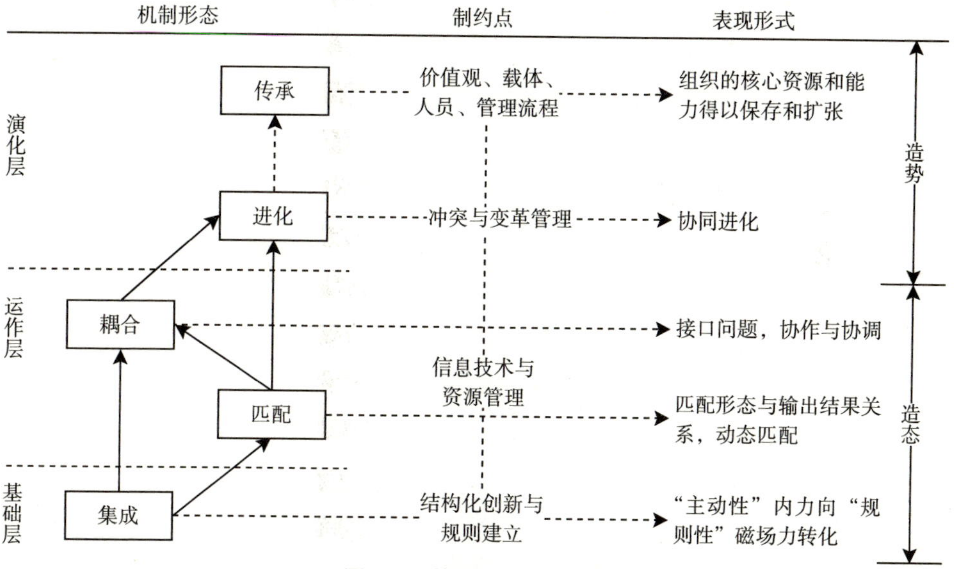

图 8-8　协同机制结构模型

六、总结与研究展望

首先根据研究命题在文献研究的基础上提出研究框架，通过多案例研究等方法对组织文化与群领导力协同进行了层次性分析，即起步—团队协同、运营—战略协同、变革—环境协同，从而深入到五种协同机制：集成机制、匹配机制、耦合机制、进化机制以及传承机制的研究。

对在组织文化与群领导力协同中扮演重要角色的变革（包括创新、冲突）的描述是分块的、非系统化的，没有进行整体的、历史的分析。此外，虽然本研究揭示了五种协同机制的作用，但需要深入案例分析，进行多重机制作用与演化研究。本研究结果的拓展也是未来研究的重要方面，在特定背景下借鉴和发展理论的同时，探究理论背后的假设前提和假设基础。

第九章　科技成果转化中的激励问题研究

第一节　成果转化中科技人员激励问题及建议

解决科技成果转化问题的着力点是建立长效的体制机制，而对科技人员的激励是其中的重要环节。1996 年 5 月我国颁布了《中华人民共和国促进科技成果转化法》（以下简称《转化法》），其中对成果转化过程中科技人员的奖励进行了规定和说明。近年来，随着形势的发展以及科技与经济的紧密结合，对《转化法》提出了新的需求。同时，在实践中《转化法》有关科技人员奖酬的规定和执行也暴露出一些不足，需要进一步研究完善对促进成果转化科技人员的激励措施，为相关法规政策的制定提供依据。

一、我国对科技人员促进成果转化激励的进展与现状

（一）国家政策法规始终重视解决成果转化中科技人员的激励问题

科技人员是成果的创造者，科技人员是否有积极性决定了成果转化的效率和效果。自改革开放以来，我国始终重视解决成果转化中科技人员的激励问题，有关政策法规逐步完善。

《转化法》的奖励范围包括为“完成该项科技成果及其转化做出重要贡献的人员”。其中第二十九条规定：“科技成果完成单位将其职务科技成果转让给他人的，单位应当从转让该项职务科技成果所取得的净收入中，提取不低于 20%的比例，对完成该项科技成果及其转化做出重要贡献的人员给予奖励。”第三十条规

定："企业、事业单位独立研究开发或者与其他单位合作研究开发的科技成果实施转化成功投产后，单位应当连续 3~5 年从实施该科技成果新增留利中提取不低于 5%的比例，对完成该项科技成果及其转化做出重要贡献的人员给予奖励。采用股份形式的企业，可以对在科技成果的研究开发、实施转化中做出重要贡献的有关人员的报酬或者奖励，按照国家有关规定将其折算为股份或者出资比例。该持股人依据其所持股份或者出资比例分享收益。"《转化法》中关于科技人员奖励的若干规定为后来各级政府制定科技人员激励相关政策法规与措施奠定了基础。

《专利法》(2008 年修正）规定了单位在发明创造被授予专利权后应当对职务发明创造的发明人或者设计人给予奖励和合理报酬。在职务发明报酬的方式上采取了单位规章制度规定、单位与职务发明设计人约定和法定标准相结合的模式，在报酬数额上采取按营业利润逐年提成与一次性给付二者择一的职务发明报酬给付方式。《专利法实施细则》(2010 年修订）对奖酬的发放时间、方式和数额做出了明确规定。

1999 年的《合同法》第三百二十六条规定："法人或者其他组织应当从使用和转让该项职务技术成果所取得的收益中提取一定比例，对完成该项职务技术成果的个人给予奖励或者报酬。"

2006 年发布的《关于企业实行自主创新激励分配制度的若干意见》规定了实施成果转化成功后，企业对知识产权人或关键研发人员实施技术折股、股权出售和奖励股权的具体办法。没有实施此类办法的企业，可以与关键研发人员约定进行奖励或分成。

（二）地方积极制定科技人员激励相关政策来促进成果转化

在国家政策的指引下，各省市把鼓励高校、科研院所和企业科技人员开展科技成果转化活动作为政策制定的重点。各省市在促进科技成果转化的条例或意见中，都制定了激励科技人员从事成果转化活动的相应条款。

2012 年出台的《广东省自主创新促进条例》规定，高校、科研机构职务创新成果转化奖励比例应当不低于 30%。四川省在《关于加强自主创新促进高新技术产业发展若干政策》中规定，产学研合作产生的科技成果转化取得效益后，高校（科研院所）可按销售额 5%或利润 5%~30%的比例提成，也可由企业一次性支付技术开发转让费用或按股分红，其收益 30%以上可用于奖励主要研究人员。高校、科研院所所占股份经协商可折价退出。

在对职务发明人的奖励方面，南京市更是有较大突破。《深化南京国家科技体制综合改革试点城市建设　打造中国人才与创业创新名城的若干政策措施》规定，允许和鼓励在宁高校、科研院所和国有事业、企业单位职务发明成果的所得收益，按至少60%、最多95%的比例划归参与研发的科技人员（包括担任行政领导职务的科技人员）及其团队拥有；允许科技领军型创业人才创办的企业，知识产权等无形资产可按至少50%、最多70%的比例折算为技术股份。河南省在《加强知识产权保护，发展知识产权经济》中做出明确规定，科技人员的职务科技成果可以获得不低于30%的股权；成果完成人直接实现产业化可以获得50%的股权（见表9-1）。

表9-1　地方促进科技成果转化中对科技人员的奖励政策

省（市）	对科技人员的奖励
北京	职务技术成果转让，卖方应从技术交易的净收入中拿出不低于20%的比例，奖励直接参加技术研发、咨询和服务人员
广东	高校、科研机构职务创新成果转化奖励比例应当不低于30%
江苏	法人或者其他组织许可他人或者以技术转让方式提供给他人实施职务科技成果的，应当从其所取得的使用费或者转让费中提取不低于20%的金额，奖励给职务科技成果的完成人和为成果转化做出重要贡献的其他人员
南京	允许和鼓励在宁高校、科研院所和国有事业、企业单位职务发明成果的所得收益，按至少60%、最多95%的比例划归参与研发的科技人员（包括担任行政领导职务的科技人员）及其团队拥有
黑龙江	以技术转让方式将职务科技成果提供给他人实施转化的，成果完成人可享有不低于转让所得税后净收入20%的收益
安徽	以技术转让或者许可使用方式提供给他人实施转化的，从转让或者许可使用所得净收入中提取不低于20%的比例用于一次性奖励。在研究开发和成果转化中做出主要贡献的人员所得奖励份额不低于奖励总额的50%
四川	产学研合作产生的科技成果转化取得效益后，高校（科研院所）可按销售额5%或利润5%~30%提成，也可由企业一次性支付技术开发转让费用或按股分红，其收益30%以上可用于奖励主研人员。高校、科研院所所占股份经协商可折价退出
重庆	高等学校和科研机构以职务科技成果向企业作价入股，可将因该成果所获股权的不低于20%但不高于70%的比例奖励有关科技人员。由职务科技成果完成人依法创办企业自行转化或以技术入股进行转化的，科技成果完成人最高可以享有该科技成果在企业中股权的70%

总之，1996年《转化法》对促进科技成果转化科技人员的激励提供了重要法律依据，并为后续有关政策法规的出台奠定了基础。《转化法》颁布实施以来，各

级政府把这部法律的贯彻实施作为实施创新驱动发展战略和深化体制改革、促进科技与经济紧密结合的一项重要任务，并且纷纷出台相应政策措施，进行了大量创新实践，重视调动科研单位、高等学校、企业等方面的积极性，落实和加大对科技人员的奖酬力度，极大地激发了科技人员的创新动力和活力，从而不断推动科技创新和成果转化工作的深入。

二、成果转化中科技人员激励存在的问题

奖励和报酬是激励科技人员推动科技创新和加快科技成果转化的重要措施。我国的《转化法》《专利法》等法律法规建立了科技人员在成果转化中获得奖励和报酬的基本制度。在这一制度框架下，企事业科技人员从事科技创新并进行成果转化的积极性不断提高，并取得了显著的成效。但从总体上看，在实践中仍存在着突出问题，主要表现为以下两个方面：一是权益得不到保障，机制缺乏。由于一些高校、科研院所、企业的科技成果转化利益共享机制缺乏、科技人员获得奖酬的权益得不到保障、股权激励措施落实不到位等原因，科技人员推动成果转化的积极性没有被充分调动起来。二是激励政策落实与国有资产管理的冲突。根据我们对北京、上海、南京、武汉等地公立高校、科研院所和国有企业的调研，虽然很多地方在国家政策的基础上提高了激励的幅度，但在落实激励政策时，考虑到国有资产管理相关规定，往往有导致“国有资产流失”的顾虑和现实困境，而难以推进，科技成果宁可闲置，此外，也导致各类“地下转化”现象的出现。而且，近年来针对科技人员奖酬执行出现的法律纠纷和案件屡见不鲜，并有逐年上升的趋势，其背后暴露出的激励政策法规标准执行不一致等问题都需要引起重视。

这些都造成了在实践过程中对科技成果转化的阻碍。究其根源，主要是在《转化法》法律规定中仍存在一些不足，表现为以下几个方面：

（一）缺少对推动科技成果应用转化主体和管理主体的相关规定

现有的一系列法律法规和行政文件虽然对科技成果的取得、实施、转化等问题做了规定，但是由于其保护主体范围较为狭窄，主要对成果完成人或发明人主体赋予了权利和义务，对于积极参加发明创造的准备主体、进行发明创造的创造主体、利用发明创造并应用于经济活动中的应用转化主体以及积极组织科技人员进行发明创造和推广应用的管理主体没有做出相关的规定或界定不清晰。

（二）科技成果转化后技术权益分配的标准不一致

对于科技成果实施后的利益分配问题,《转化法》《专利法》《专利法实施细则》《关于促进科技成果转化的若干规定》和《关于企业实行自主创新激励分配制度的若干意见》等都有所规定，并且标准不一致。单位自行转化科技成果后，给予成果完成人或发明人的奖酬从计算基准到计算期限的规定都不一致，仅计算基准就使用了“新增留利”（《转化法》）、“净收入”（《关于促进科技成果转化的若干规定》）、“营业利润”（《专利法实施细则》）、“研发成果销售净利润”（《关于企业实行自主创新激励分配制度的若干意见》）四个不同的概念，单位难以具体操作执行，也是诸多法律纠纷产生的根源之一。此外，由于一些地方规定的奖酬比例标准高于国家，因此一些地方的部属院校、科研机构、央企等存在执行标准统一协调的问题。

（三）多元激励措施尤其是股权激励得不到保障，落实困难

从《转化法》实施来看，企事业单位对完成科技成果及其转化做出重要贡献的人员奖励额度偏低，未能很好地落实《转化法》的规定。对以股份形式奖励成果持有人、技术折价入股以及收益分享等问题都没有一套规范的办法，无法有效地指导企业和有关部门开展激励方案拟订和审批工作，而且侵犯他人合法技术权益的现象时有发生。我国《专利法实施细则》规定的“一奖两酬”制度中，关于“一奖”（即无论成果转化与否都给予职务发明人的奖励）的法律规定较明确，涉及金额又较小，因此单位愿意贯彻，也容易落实；而“两酬”（即成果自行实施或对外转让这两种情况的报酬）的法律规定较模糊，涉及金额往往很大，单位或者是从经济利益上考虑不愿贯彻，或者是由于操作困难而不易落实。这些大大影响了科技人员进行科技成果转化的积极性。

（四）优先受让权的立法存在不足

职务发明人的优先受让权是指如果职务技术成果权利人要转让技术成果，职务技术成果完成人享有同等条件下优先受让的权利。设立此权的目的是，当单位实施不合理技术转让时，职务发明人可以行使此项权利，通过自己承让的方式来否决不合理的技术转让。目前，我国关于此项权利的规定体现在两部法律文件中。《合同法》第三百二十六条规定：“法人或者其他组织订立技术合同转让职务技术成果时，职务技术成果的完成人享有以同等条件优先受让的权利。”《关于国家科研计划项目研究成果知识产权管理的若干规定》第七条规定：“项目承担单位转让科研项目研究成果知识产权时，成果完成人享有同等条件下优先受让的权利。”《转化法》在此方面没有相关规定。

三、关于完善《转化法》对科技人员激励的几点建议

（一）充分借鉴国外关于职务发明人权益和程序性保障规定

从国际经验来看，通过法律法规保障科技人员获得奖酬的基本权益已成为普遍的做法，其中职务发明制度是鼓励科技人员发明创造的极为重要的制度，美国、德国、日本诸国均建立了较为完善的职务发明制度，无论是采用雇员优先归属原则的国家，还是采用雇主优先归属原则的国家，都十分注重发明人权益的保护。发达国家职务发明人的报酬制度具有以下几个共同特点：其一，职务发明人报酬的确定尊重双方的意愿自治，即允许雇主和雇员通过雇佣合同或特别协议约定；其二，法律一般不硬性规定职务发明人报酬的比例或具体的数额，而是规定一些确定报酬的标准或者报酬的最低额度，如发明人贡献度、专利权利转让金、专利实施所得收益等；其三，当没有约定或约定不成时，职务发明人报酬可以通过专门仲裁机构或法院诉讼解决。

另外，对于发明人的额外报酬各国也有相应原则性的规定。比如法国规定额外报酬应该考虑企业对发明的实际应用情况、发明者的贡献度、发明对于企业的价值、使用该发明的净收益及发明者的年收入等。德国的《雇员发明法》规定，额外报酬应该考虑该项发明的商业适用性，雇员在公司的职责和所处的位置，企业为发明做出的贡献等，在具体的职务发明报酬数额计算方面，实践中往往依照《雇员发明报酬指导意见》。日本则对额外报酬规定由发明授权补偿和收益补偿，并对专利权利金的计算做了规定。

在程序性保障方面，参照德国《雇员发明法》规定雇员的一些程序性权利，建议我国也增加科技人员在整个奖酬过程中的程序性权利，包括对报酬性质和数额的协商权、对报酬总额及各个共同发明人所获份额的知情权、对雇主及时确定和支付报酬的请求权、对报酬支付决定的异议权、重大情势变更情况下变更报酬的请求权及对已支付报酬的保留权。

（二）明确规定科技人员（包括技术转移转化服务人员）的收益分享权，采取单位规章制度规定、单位与科技人员约定和法定标准相结合的奖酬模式

《转化法》没有明确规定科技人员的收益分享权，仅规定其受奖励权，虽然

规定了奖励形式可以是提成、股份或出资比例，但奖励形式的选择权在单位而非受奖人，受奖人在整个奖励过程中是被动的。

建议首先规定科技人员（包括技术转移转化服务直接相关人员）拥有成果转化的收益分享权而不仅是受奖励权，然后规定他们奖酬的形式，这样一部分权利（报酬权）在科技人员离开单位或者死亡后，其本人或者继承人仍能够享有；其次明确推动科技成果应用转化主体和管理主体收益分享权的相关规定；最后法律还应该赋予科技人员“选择”收益分享形式的权利，而不能由单位单方面决定分配形式。同时，尊重单位与科技人员的意愿自治，采取单位规章制度规定、单位与科技人员约定和法定标准相结合的奖酬模式。

（三）进一步明确职务发明人报酬的形式和比例幅度

建议对《转化法》《专利法实施细则》和《关于促进科技成果转化的若干规定》涉及科技人员奖酬方面的有关法律规定进行修改和相互协调，尤其是对奖酬计算基准、计算期限的规定加以统一。参照《关于企业实行自主创新激励分配制度的若干意见》，对奖酬的上限做出明确规定，这可使科技成果完成单位得以把握提成或奖励的标准。

鉴于我国目前整体上对职务发明人、设计人报酬权益的保护意识不强的现实，建议在现有的科技成果转化奖酬体系中增加非强制性的“科技成果转化报酬计算指引”，充分发挥法律的指引性作用，为单位与科技人员约定报酬和法院等司法机构的司法实践提供具有法律效力的报酬计算指导，使其更加有利于化解相关纠纷。

（四）赋予科技人员在单位合法放弃职务成果专利申请权后的优先申请权

科技人员对科技成果的形成付出了大量的创造性劳动，而且本身更了解成果技术的应用性。因此，当研发单位放弃专利申请权时，科技人员在同等条件下享有优先申请权是完全合理的。《转化法》应当做出明确规定，当单位合法放弃职务成果专利申请权时，应赋予职务成果完成人优先申请权。

（五）在国有性质的无形资产管理上，针对成果转化设置例外条款

目前，高校科研机构以及国有企业成果转化积极性不高的一个症结是，落实激励政策与可能导致“国有资产流失”的现实困境。建议在知识产权等无形资产管理上，根据其特性与实物类资产有所区分，针对成果转化设置例外条款。例如，台湾地区的《科学技术基本法》第六条规定，政府资助公立研究机构获得的知识产权及成果，得将全部或一部分归属于执行研究发展的单位所有或授权使用，不受国有财产法的限制，其保管、使用、收益及处分不受国有财产法若干条款的限制。

第二节　健全要素市场决定报酬机制　加强科技人员成果转化激励研究

解决科技成果转化问题的着力点是建立长效的体制机制，而对科技人员的激励是其中的重要环节。中共十八届三中全会通过的《中共中央关于全面深化改革若干重大问题的决定》提出“健全资本、知识、技术、管理等由要素市场决定的报酬机制”，五中全会提出“实行以增加知识价值为导向的分配政策，提高科研人员成果转化收益分享比例”，进一步明确了由市场决定要素价格、评价成果价值、按经济贡献获取报酬的技术创新激励和分配制度，为技术创新和作为创新重要环节的科技成果转化明确了基础制度和改革的方向。

技术创新实现价值的根本途径在于成果的市场化应用。健全知识、技术、管理、技能等由要素市场决定报酬机制，主要是通过技术市场、资本市场和劳动力市场等要素市场实现知识、技术、管理、技能的价值，并以市场化的方式，将科技成果转化收益通过分红奖励、股权激励和委托研发项目等形式反馈科技人员、激励科技人员。

一、健全由要素市场决定报酬机制是激发人才创新创造活力的关键

要素市场的发展和完善对于实现知识要素的流动和应用、实现成果价值并最终保障对创新人才的激励具有重要意义。发挥人才在创新驱动中的本质核心作用，关键在于进一步建立健全要素市场，坚持市场化改革方向，从根本上激发人才的创新创造活力。

（一）要素市场机制的健全和完善为人才创新创造提供根本制度保障

创新驱动实质上是人才驱动。在市场经济条件下，发现和尊重人才需求，是发挥人才创新创造活力的关键。中共十八届三中全会提出的健全要素市场决定报

酬机制，就是从尊重人才的本质需求出发，遵循技术创新的基本规律，其重大意义在于解放了思想、明确了方向，要求我们紧紧把握人才激励的市场化改革方向。

要素市场决定报酬机制，从以下几个方面对人才的激励发挥作用：一是人才创新动力的源泉。技术创新不仅是科技研发的过程，也是市场价值的实现过程。可以说，技术创新的根本目标是市场价值的实现或者说获取利润。不能由要素市场来决定报酬，或者说技术创新的结果，包括科技成果不能在市场上实现价值，那么人才创新就失去了根本的动力。从这个角度来说，要素市场为人才创新提供利益实现和保障机制。二是创新实现价值的根本途径。创新实现价值的根本途径在于市场应用，中间要经过价值评价、发现用户、技术再开发、谈判交易等多个环节，要素市场集成了成果由创造到应用的诸多环节，通过市场机制为成果的转化和价值实现提供了平台，是创新最终价值实现的根本途径。从这个角度来说，要素市场为人才创新提供价格形成机制、供求对接机制以及价值发现机制。三是评价导向的最终尺度。人才的创新活动，以市场应用论英雄，以成果转化论成败。人才的创新创造如果不以市场为导向，导致的结果就是创新成果与市场需求和应用的脱节和错位。从这个角度来说，要素市场为人才创新提供评价导向机制。

（二）坚持市场化改革方向为人才创新创业提供激励

改革开放以来，我国在人才激励上坚持市场化改革方向，采取多种措施激发人才的积极性和创造性，在健全要素市场的报酬决定机制上逐步探索，不断探索完善促进科技成果转化的制度和政策，技术创新的市场导向机制初步形成。

一是要素市场已经成为推动技术创新的根本力量，技术创新的市场导向机制逐步形成。企业在研发中地位的提升反映了我国技术创新市场导向机制的形成。我国全社会研发经费支出快速增长，2016 年，我国全社会 R&D（研究与开发）经费支出达到 15440 亿元，比 2012 年增长了 50%，R&D 占 GDP（国内生产总值）比重 2.1%，其中企业投入占比超过 78%。随着全国技术市场管理和技术交易服务体系不断完善，依托中国技术交易信息服务平台和中国创新驿站网络，整合全国技术转移和创新服务资源，形成统一开放、网上网下结合、产学研中介等各方主体扁平化合作的全国大技术市场。2016 年全国技术合同交易额为 11407 亿元，比 2012 年增加了 77.2%。技术市场的服务体系初步完善，技术服务机构和创新载体发展迅速。目前全国共有各类技术转移转化服务机构 2 万余家，其中各级常设技术交易市场 200 多家，技术（产权）交易机构 30 余家，国家技术转移示范机构 453 家。

二是技术创新的市场化激励手段和机制进一步完善。通过明晰政府与市场的边界，充分发挥市场对技术研发方向、路线选择、要素价格和各类创新要素配置的导向作用。深入实施国家技术创新工程，进一步完善和落实激励企业创新的普惠性政策。改革产业化目标明确的技术创新项目形成机制，鼓励和引导企业结合国家战略和市场需求开展技术研发。加快建立协同创新机制，深化科研院所改革和高校科研体制改革，推动建立权责清晰、优势互补、利益共享、风险共担的产学研紧密合作机制。部分中央企业探索建立分类分层的科技创新和成果转化应用绩效考核机制，建立科技成果转化专项资金制度，将科技成果转化资金纳入预算管理，探索实施新技术推广应用问责制。

二、在创新创业中实现对科技成果转化的人员激励

1985 年科技体制改革以来，国家制定了一系列促进科技成果转化的法律和政策，从减拨事业费、培育技术市场到技术开发类院所转制、股权分红激励、科技金融结合等，我国科技成果转化政策体系逐步丰富和完善，科技创新能力显著增强，科技成果转化的效率和效益明显提高。知识、技术、管理、技能等由要素市场决定报酬机制不断完善，科技人员在创新创业中获得了越来越多的激励。

（一）完善政策法规，加大对科技人员转化科技成果的奖励力度

《促进科技成果转化法》（以下简称《转化法》）和《促进科技成果转化法》若干规定、《合同法》《专利法实施细则》《促进科技成果转移转化行动方案》等政策法规与行动，明确了对科技人员转化科技成果的奖励制度。2015 年修订的《转化法》规定，科技成果完成单位可以规定或者与科技人员约定奖励和报酬的方式和数额。将奖励和报酬的最低标准，由现行不低于职务科技成果转让或者许可净收入，或者作价投资形成的股份、出资比例的 20%提高至 50%，并明确国家设立的研究开发机构、高等院校规定或者与科技人员约定的奖励、报酬的方式和数额应当符合上述标准。为保证奖励和报酬落实到位，同时进一步明确了国有企业、事业单位给予科技人员奖励和报酬的支出不受当年本单位工资总额限制。在国家政策的指引下，各省市把鼓励高校、科研院所和企业科技人员开展科技成果转化活动作为政策制定的重点。北京“京校十条”、《上海建设科技创新中心的意见》、重庆出台股权和分红激励规定，在激励科技人员创业和成果转化上有了新的政策

突破。

（二）通过实施股权激励，给予科技人员更长期激励

股权激励、技术成果入股等政策，为激励人才创新提供了多种途径。在股权激励实施细则方面，2010 年、2011 年，财政部、科技部先后联合印发了《中关村国家自主创新示范区企业股权和分红激励实施办法》及其补充通知。有关地方也陆续出台了工商登记等配套政策，进一步规范和明确了试点工作操作流程。截至 2015 年底，中关村共有 105 项来自高校、科研机构和国有企业的股权和分红激励试点方案获得批复，共有 405 名科研和管理人员获得股权，激励总额约 2.24 亿元，平均激励额度 55.44 万元/人（施辉阳，2016）。在推动技术成果入股方面，修订后的《转化法》第十八条规定，国家设立的研究开发机构、高等院校对其持有的科技成果，可以自主决定转让、许可或者作价投资。

（三）发达国家普遍运用市场机制对科技人员转化成果进行激励

从国外实践来看，各国在健全和完善市场机制的基础上，进一步强化技术要素参与分配制度，完善技术转移和成果转化机制，保障人才创新权益。一是通过立法保障科技人员技术权益。美国、德国、日本等国制定和出台了一系列政策、法律，包括知识产权法、反垄断法、破产法、劳工法、资本市场规范法以及研发和技术转让政策等为技术要素参与分配、保障技术权益奠定了坚实的制度基础。二是在具体管理中明确创新人才的激励与分配机制。三是多种激励方式相结合促进成果转移转化。

三、加强科技人员成果转化激励迫切需要破除要素市场障碍

以技术市场、资本市场、劳动力市场为代表的要素市场的发育，对于知识、技术、管理、技能等智力成果的应用、价值实现，并将收益激励创新人才具有重要意义。但是，目前我国要素市场在发展上还存在着体系不健全、功能不完善等问题，尤其是围绕要素市场决定报酬机制，激励创新人才科技成果转移转化方面还存在很多体制机制障碍，我国技术要素参与分配的机制和政策体系急需健全。

（一）知识、技术等要素参与分配的市场机制有待完善

以技术市场为代表的要素市场实质是使知识和技术商品化，通过进入流通环节实现技术商品的价值和使用价值，从而为创新的激励提供经济源头。我国知识、技术等要素市场经过 30 年发展，取得了突出成就，但是在发展上还存在着

体系不健全、功能不完善等问题，具体表现如下：在认识上将技术市场功能局限在科技成果转移转化甚至技术交易上，影响了技术市场功能的发挥；技术市场服务体系市场化水平不足，缺乏集聚资本、人才、技术、企业家的能力，导致各创新要素分散、难以形成合力；技术市场服务机构和人员专业服务能力不足，对科技成果的评估评价能力不足，对知识、技术等要素的转移嫁接不够充分；技术市场本身的功能受到很大局限，自主发展机制还远未形成。这些问题，导致我们知识、技术、人才等要素市场发展不足，市场化水平不高，直接导致科技成果等市场化水平不够，价值难以实现，制约了创新人才通过创新创业实现激励的积极性。

（二）技术类无形资产参与成果转化责任与权利不对等

一是科研机构和高校创新产生的大量科技成果，如果不转化实施，科技人员和法人都不用承担任何责任。如果要通过转让或者技术入股形式转化实施，则需要承担来自主管部门和财政部门的国有资产管理的一系列责任，并承担来自审计、税务和工商等部门的管理压力。这导致科研机构和高等学校缺乏成果转化的积极性。二是高校、科研机构无形资产处置、投资审批环节多，审批程序和条件不明确。三是高校科技成果经学校资产公司转化为经营性资产有关操作程序和税收问题（中关村管委会，2015）。根据教育部《关于积极发展、规范管理高校科技产业的指导意见》（教技发〔2005〕2 号）的有关规定，高校除对高校资产公司进行投资外，不得再以事业单位法人身份对外进行投资。科技成果入股作为高校对外投资的一种方式，高校不能直接与外部企业进行投资合作。同时，科技成果通过无偿划转或投资方式从高校转移到资产公司形成股权过程中，会发生股权变现前就需缴纳企业所得税的问题，而高校预算中并无此项资金安排。

（三）股权激励政策面临系列制度障碍

一是企业、个人所得税政策影响单位技术入股和股权激励的动力。在企业所得税方面，根据财政部《关于非货币性资产投资企业所得税政策问题的通知》，高校、科研机构以科技成果对外投资转让所得，可分五年缴纳企业所得税。该政策并未从根本上解决高校、科研机构在没有取得现金收入的情况下，仍需缴纳税款问题。二是国有企业开展股权激励条件要求高、对象限制严，导致能够享受政策的企业少。现行试点政策规定，企业如果要实施股权激励政策，近三年税后利润形成的净资产增值额应当占企业近三年年初净资产总额的 20%以上，且实施激励当年应有未分配利润。从实践看，一些前期科研投入较大，尚未实现盈利或业绩增长不太明显的企业对实施股权激励的需求明显，但由于无法满足上述条件，无法实施股权激励。三是科技成果转移转化不成功的情况下，事业单位国有股权的退出和报损问题。

（四）由市场决定技术创新项目立项还存在诸多困难

我国对建立技术创新市场导向机制已经明确，但是在实际操作中还需从各个体制机制层面加以落实。一是很多面向产业化应用的科技项目立项、实施和评价过程中，产业化应用目标不明确。很多项目以通过验收为主要目标，而不是以市场化应用为最终结果。二是分类评价机制有待进一步完善，缺乏产业化应用的科技人才和项目评价导向机制。对科研单位和人员的考核评价中“重研究轻应用、重成果轻转化、重论文轻专利”等，缺乏对开展科技成果转化的引导和激励，在技术创新成果的评价方面，对成果的技术经济实用性、市场需求评价不足，存在评价方法单一、缺乏信誉度等弊端。三是激励创新的保障制度不足，科技人员创新失败缺少退路。科研人员创业失败以后没有保障，很多科技项目评价机制只许成功不许失败，影响对创新人才的激励。此外，在科技成果转化科技人员奖励落实中，相关法律奖励计算基准边界不清晰，科技成果转化后对技术权益分配的核算标准容易产生分歧，影响科研人员及团队的奖励落实。

四、政策措施建议

（一）完善奖励报酬及相关制度建设

完善奖励报酬制度，健全职务发明的争议仲裁和法律救济制度。对高等学校和科研院所等事业单位以科技成果作价入股的企业，放宽股权奖励、股权出售对企业设立年限和盈利水平的限制。落实国有企业、事业单位成果转化奖励的相关政策。完善职务发明制度，完善科技成果、知识产权归属和利益分享机制，提高骨干团队、主要发明人受益比例。

以放开搞活为导向，创新科研事业单位编制管理、岗位聘用、收入分配、职称评审、社保等制度，为科技人员创业扫清有形和无形的障碍。推动“互联网+”环境下众创、众包、众扶、众筹等新型孵化模式，为创新创业人才成长提供工作空间、网络空间、社交空间和资源共享空间。

（二）推进高校和科研机构技术类无形资产管理制度改革

落实新修订的《促进科技成果转化法》和《促进科技成果转化法》若干规定、

《促进科技成果转移转化行动方案》，改革体制机制，消除束缚人才创新创造的制度障碍，加快发展技术市场，健全技术转移机制，完善风险投资机制，加快促进科技成果资本化、产业化，健全知识、技术、管理、技能等由要素市场决定报酬机制，加大对科技人员的激励力度，提升“大众创业、万众创新”的质量和效益。

开展科研事业单位技术类无形资产管理制度改革。在总结、完善地方和国家自主创新示范区股权政策试点和改革经验的基础上，建议制定《事业单位国有技术类无形资产管理办法》，规范科研机构与高等学校技术类无形资产财务管理，引导和推动地方建立与技术类无形资产特征相适应的国有资产管理制度。

（三）完善股权期权激励政策，让更多科技人员获得股权

放宽实施股权激励的企业限制条件。从国际经验和国内实践来看，股权激励多用于成果转化周期长、风险大、起步困难多、经营前景不明朗的企业，而目前的政策门槛主要适用于经营绩效良好的企业。建议适当放宽企业实施股权奖励和出售的条件，进一步将政策调整为主要针对科技成果转化初期的企业群体。例如，将“企业近三年税后利润形成的净资产增值额应当占企业近三年年初净资产总额的20%以上”的条件调整为“企业资产质量和财务状况良好、近三年净资产稳定增长”，即不对企业近三年净资产增值比例做具体数量要求。

明确科研机构、高校及科技人员获得科技成果转化的股权暂不缴纳所得税。对高校、科研院所技术成果入股产生的企业所得税，以及科研人员股权激励产生的个人所得税，参照中关村示范区股权奖励个人所得税试点做法，将纳税时点调整至取得现金分红或转让股权环节。构建符合科技成果转化需求的国有股转持豁免制度，将从事科技成果转化的高校、科研机构及其独资设立的国有资产经营与成果转化企业纳入豁免范围。

（四）加快建立由市场决定技术创新项目立项、实施和评价的机制

完善企业参与科研组织、实施的制度。利用财政资金设立科技项目，制定相关科技规划、计划，编制项目指南应当听取相关行业、企业的意见。根据《国务院关于深化中央财政科技计划（专项、基金等）管理改革方案的通知》，对利用财政资金设立的具有市场应用前景、产业目标明确的科技项目，政府有关部门、管理机构应当发挥企业在研究开发方向选择、项目实施和成果应用中的主导作用。

推进产学研合作，规定国家鼓励企业与研究开发机构、高校及其他组织采取联合建立研究开发平台、技术转移机构或者技术创新联盟等产学研合作方式，共同开展研究开发、成果应用与推广、标准研究与制定等活动；鼓励研究开发机构、高校与企业及其他组织开展科技人员交流。

在成果评价上，注重科技创新实际贡献，应用研究由用户和专家等第三方评价，着重评价成果转化情况以及成果的突破性和带动性；产业化开发由市场和用户评价，着重评价对产业发展的实质性贡献（王志刚，2013）。在项目经费使用上，对由企业承担的科研项目，其经费管理制度区别于事业单位性质的高校和科研单位，给予企业更大的自主权，允许企业将研发人员的薪酬按照一定比例列入项目经费支出。

（五）进一步完善国有大型企业科技人才技术创新激励政策

完善国有企业知识、技术等要素参与分配的办法。加快修订《关于在部分中央企业开展分红权激励试点工作的通知》《关于企业实行自主创新激励分配制度的若干意见》等，完善技术收入分配、激励机制，允许对骨干科研人员给予持股奖励和期权激励。

第三节　奖励科技成果转化人员要突破工资总额限制

为了激发科技人员转化科技成果的积极性，《促进科技成果转化法》（1996）和国办转发七部门《关于促进科技成果转化的若干规定》（国办发〔1999〕29 号）规定了对职务科技成果完成人和转化人员的奖励制度。但是，由于国有企事业单位实行工资总额计划管理制度，使得落实科技成果转化的人员奖励及开展引智、产学研科技人员互聘等活动措施① 遇到一些问题。

一、工资总额管理的作用和现状

我国国有企事业单位的工资实行总额计划管理制度，每个单位都应当制订年

① 本部分研究的科技成果转化人员“奖励”的范围主要根据《科技进步法》（2007 年修订）第十五条、《促进科技成果转化法》（1996）第二十九条、第三十条和《关于促进科技成果转化的若干规定》（国办发〔1999〕29 号）第二条的规定，奖励主要来自企事业单位经营性资产取得的收入，如专利许可转让收入、营业利润等。而引智、产学研科技人员互聘等活动所涉及的奖励和报酬，其中“奖励”的来源范围可能要大于前者。

度工资总额计划，经主管部门批准后执行，各单位不得超计划发放工资。具体到员工的个人工资，由基本工资、各类补贴、岗位津贴和绩效奖励等组成，其中绩效奖励与员工个人或团队业绩挂钩，各单位可制定灵活的分配办法。

（一）对国有企事业单位[①]设置工资总额，目的在于维护社会公平、指导企事业单位健康发展

国家统计局于1990年1月发布了《关于工资总额组成的规定》，其中第三条规定，工资总额是指各单位在一定时期内直接支付给本单位全部职工的劳动报酬总额。工资总额的计算应以直接支付给职工的全部劳动报酬为根据。第四条规定，工资总额由六个部分组成：计时工资、计件工资、奖金、津贴和补贴、加班加点工资以及特殊情况下支付的工资。在实践中，国有企事业单位对职务科技成果完成人和转化人员的奖励均被视为奖金[②]，纳入工资总额计算范围。

对国有企事业单位工资总额的管理是国家对国民收入初次分配的一种干预，一方面对平衡行业间、企事业间、国家公务员与社会单位间的人员收入水平，确定社会消费水平起到积极作用；另一方面指导企事业单位在人力成本和绩效、工资增长机制等方面取得平衡，对于理顺分配关系、规范分配秩序、构建和谐的收入分配格局具有重要意义。

工资总额问题关乎利益和公平，国资委监管的企业和财政性资金设立的科研机构、高校对工资总额采用了不同的管理办法。工资总额的编制考虑了多重因素，在工资总额分配上，赋予了企事业单位工资分配的微观决策权，单位可以根据自身情况制定切合实际的具体分配办法，进一步体现按劳分配的原则。

（二）国资委监管企业实行的工资总额预算制管理

根据2010年出台的《中央企业工资总额预算管理暂行办法》，规定中央企业的工资总额预算应经国务院国资委核准或备案[③]后执行。在国资委核定的工资总

---

① 本部分研究涉及的科技成果转化的国有企事业单位主要有两类：一是由国务院国资委监管的企业，二是利用财政性资金设立的科学技术研究开发机构、高等学校。

②《中华人民共和国个人所得税法实施条例》第八条规定："工资、薪金所得，是指个人因任职或者受雇而取得的工资、薪金、奖金、年终加薪、劳动分红、津贴、补贴以及与任职或者受雇有关的其他所得。"根据上述规定，"工资、薪金所得"包含了"奖金"，奖金又称为奖励工资，是指支付给职工的超额劳动报酬和增收节支的劳动报酬。"工资、薪金所得"是由于"任职或受雇"取得的，也就是个人在企业中任职，完成企业某一岗位职责，例如，企业的财务人员，在财务部门任职，完成企业财务核算工作，取得的工资就属于工资、薪金所得。

③ 对法人治理结构健全、内部自我约束机制完善等具备条件的中央企业，可以实行备案制。

额外，不得再以其他形式在成本（费用）中列支任何工资性项目。工资总额预算在执行中出现国家宏观经济政策发生重大调整、市场环境变化以及其他特殊情况导致预算编制基础发生重大变化的，可以在当年8月底前向国资委申请对工资总额预算进行调整。工资总额预算经国资委核准或者备案后，由中央企业根据生产经营特点与内部绩效考核制度、薪酬分配制度，自行决定所属企业工资总额调控方式、内部收入分配结构和水平。

国资委按照提高企业核心竞争力和调节行业收入分配关系的总体要求，依据中央企业经济效益增长预测情况，参考国民经济发展宏观指标、社会平均工资、劳动力市场价位等因素，分行业制定和发布工资增长调控线。在实际操作中，企业工资总额由企业效益预算指标和工资总额预算指标构成，前者以国资委对企业的绩效考核指标为准，后者由企业根据本单位的实际情况，按照国资委每年度下达的统一计算公式进行计算和编制，报国资委审核，经本单位权力机构批准后形成工资总额预算指标。

（三）事业单位实行岗位绩效工资制度，对绩效工资进行总量调控

根据《全民所有制机关、事业单位职工人数和工资总额计划管理暂行办法》（原人事部1990年发布，人计发〔1990〕17号，以下简称《暂行办法》），全民所有制企事业单位职工人数和工资总额计划由各级政府人事部门负责编制和管理，实行统一计划、分级管理。编制程序实行自下而上逐级编制，各省、自治区、直辖市、计划单列市和国务院各部门汇总形成本地区、本部门的计划草案，报送人事部。人事部对各地区、各部门计划草案进行综合平衡，进行必要调整后逐级下达。对下达的工资总额计划，未经批准不得自行修改，不得超计划增资。如发现与实际不符确需调整时，应当于当年8月底前向人事部提出调整计划的报告，由人事部批复。人事部、财政部《事业单位工作人员收入分配制度改革方案》（国人部发〔2006〕56号）规定，事业单位实行岗位绩效工资制度。岗位绩效工资由岗位工资、薪级工资、绩效工资和津贴补贴四部分组成，其中岗位工资和薪级工资为基本工资。绩效工资主要体现工作人员的实绩和贡献。国家对事业单位绩效工资分配进行总量调控和政策指导。

2011年，中共中央、国务院《关于深化事业单位工作人员收入分配制度改革的意见》（国办发〔2011〕37号）规定，各地综合考虑经济发展、财力状况、物价消费水平、城镇单位在岗职工年平均工资水平、公务员规范后的津贴补贴水平等因素，合理确定本地绩效工资总体水平。根据合理调控事业单位收入水平差距的需要，确定当地事业单位本年度绩效工资水平控制线，各事业单位绩效工资水平原则上不得高于控制线，事业单位发放绩效工资不得突破核定的总量。

根据上述文件，事业单位绩效工资分为基础性绩效工资和奖励性绩效工资两部分。基础性绩效工资主要体现地区经济发展水平、物价水平、岗位职责等因素；奖励性绩效工资主要体现工作量和实际贡献等因素，根据绩效考核结果发放，采取灵活多样的分配方式和办法。绩效工资分配要向关键岗位、高层次人才、业务骨干和做出突出成绩的工作人员倾斜。

二、工资总额制度对科技成果转化的人员奖励及相关活动的影响

（一）工资总额与科技成果奖励政策的落实

对科技人员的奖励是推动科技成果转化的一个重要环节，在《促进科技成果转化法》第二十九条和第三十条[①]中进行了明确规定。在国家政策的指引下，各地方纷纷加大对科技人员的奖励力度。而在实践中，由于单位对科技成果转化人员的奖励也要纳入工资总额，落实科技人员的奖励势必要影响单位其他员工的正常收入。特别是对于全额拨款和差额拨款的事业单位，能够自行调节的绩效奖励工资仅占其工资总额的30%~40%，当奖励数额较大时就无法落实。

在调研中，一些国有企事业单位为了落实对职务科技成果完成人及其转化人员的奖励政策，采用了一些变通的做法，如将科技成果转化奖励转为专供被奖励科技人员支配的科研经费等；部分单位不得不突破工资总额的限制，使得国家工资总额计划管理制度被破坏；还有部分单位选择不再落实对科技人员的奖励政策。这些措施并没有从根本上解决问题，而且一些做法涉嫌违反国家规定。

（二）工资总额与高层次人才和拔尖人才的吸引、培养

在科技成果转化过程中，人才尤其是高层次科技人才所发挥的作用是毋庸置疑的。中国经济社会处于较快的发展时期，各行各业对高层次人才的需求大增。

---

①《促进科技成果转化法》（1996）第二十九条规定，科技成果完成单位将其职务科技成果转让给他人的，单位应当从转让该项职务科技成果所取得的净收入中提取不低于20%的比例，对完成该项科技成果及其转化做出重要贡献的人员给予奖励。第三十条规定，企业、事业单位独立研究开发或者与其他单位合作研究开发的科技成果实施转化成功投产后，单位应当连续3~5年从实施该科技成果新增留利中提取不低于5%的比例，对完成该项科技成果及其转化做出重要贡献的人员给予奖励。

企事业单位在引进、聘用高层次人才，以及对拔尖人才进行培养时，一方面需要良好的工资待遇；另一方面需要在分配方式和奖励措施上下功夫。

根据《关于工资总额组成的规定》第十一条规定，工资总额不包括根据国务院发布的有关规定颁发的发明创造奖、自然科学奖、科学技术进步奖和支付的合理化建议和技术改进奖等。《关于深化事业单位工作人员收入分配制度改革的意见》提出，对部分紧缺或者急需引进的高层次人才按国家有关规定经批准可实行协议工资、项目工资等灵活多样的分配办法，但由于人才引进和人才培养的薪酬、单位内部发放的奖金仍在工资总额内，如何处理奖励效果与队伍和谐的关系，要拉大收入分配的差距还是不能使收入差距过大，是在实践中面临的一个两难问题。

（三）工资总额与产学研科技人员的互聘交流

产学研合作是促进科技成果转化的重要途径，产学研之间科技人员的互聘交流是产学研合作的重要形式之一。根据《国家统计局关于认真贯彻执行〈关于工资总额组成的规定〉的通知》的解释，全部职工应包括固定职工、合同制职工、临时职工和计划外用工。国有企事业单位如果设立一定的岗位[①]短期聘用或临时聘用外部科技人员，这类科技人员的报酬[②]将计入工资总额内。因此，在这类岗位设置问题上，不得不考虑工资总额限制的影响。

三、国内政策突破与国际经验

（一）国内政策探索与突破

为了贯彻落实科技成果转化奖励政策，充分激发科技人员的创新积极性，多个地方开始探索对符合一定条件的科技成果转化项目或高层次人才不受工资总额限制。

（1）《上海市促进高新技术成果转化的若干规定》规定，经认定的高新技术成

---

① 在岗职工包括长期职工和临时职工，长期职工是指用工期限在一年以上（含一年）的在岗职工；临时职工是指用工期限在一年以内的在岗职工。

②《国家税务总局关于印发〈征收个人所得税若干问题的规定〉的通知》（国税发〔1994〕089号）第十九条，对工资、薪金所得与劳务报酬所得的区分问题进行了解释："工资、薪金所得是属于非独立个人劳务活动，即在机关、团体、学校、部队、企事业单位及其他组织中任职、受雇而得到的报酬；劳务报酬所得则是个人独立从事各种技艺，提供各项劳务取得的报酬。两者的主要区别在于，前者存在雇佣与被雇佣关系，后者则不存在这种关系。"

果转化项目所组建的企业不受工资总额限制，董事会可参照劳动力市场价格和当年政府颁布的工资增长指导线自行决定其职工的工资发放水平，并可全额列支成本。

（2）辽宁省《关于提高科技创新能力 加速老工业基地振兴的若干规定》提出，经认定的科技成果转化项目所组建的企业不受工资总额限制，企业可参照人才市场和劳动力市场价格以及当地政府当年颁布的工资增长指导线自行决定其职工的工资发放水平，并可全额列支成本。

（3）《安徽省人民政府关于进一步扶持高新技术产业发展的若干规定》第十八条规定，经认定的高新技术企业其工资发放不受工资总额限制，企业可参照市场劳动力价格和当年政府颁布的工资增长指导线自行决定其高级科技、管理人员和员工的工资发放水平，并可全额列支成本。

（4）《陕西省高新技术产业发展条例》规定，国企引进高新技术产业人才将不受用人单位工资总额制度限制，对高新技术产业人才可实行年薪工资、协议工资等工资制度。

在国家层面，实施《国家中长期科学和技术发展规划纲要（2006~2020年）》的若干配套政策第四十二条规定，海外高层次留学人才回国工作不受用人单位编制、增人指标、工资总额和出国前户籍所在地限制。人事部等16部门《关于建立海外高层次留学人才回国工作绿色通道的意见》也规定，海外高层次留学人才回国工作，经有关主管部门批准后，可不受工资总额等的限制。

在国资委开展的调研中，许多中央企业也建议对国有企业工资总额核定时，考虑企业用于科技创新和科技成果转化奖励的因素，在一定额度内不受工资总额的限制。财政部、国家发展改革委、科技部、劳动保障部《关于企业实行自主创新激励分配制度的若干意见》（财企〔2006〕383号）中规定，没有实施技术折股、股权出售和奖励股权办法的企业可以实施以下技术奖励或分成政策：①与关键研发人员约定，在其任职期间每年按研发成果销售净利润的一定比例给予奖励；②根据盈利共享、风险共担的原则，采取合作经营方式，与拥有企业发展需要的成熟知识产权的研发人员约定，对合作项目的收益或者亏损按一定比例进行分成或者分担。以上比例一般控制在项目利润或亏损的30%以内，相应支出不计入工资总额。

（二）国际经验借鉴

1. 公营公司[①]的工资收入分配普遍要接受政府部门监督，在工资总额的确定权上英美与法日等国家有所不同[②]

英美公营公司具有相对独立的工资总额确定权。美国政府主要采取把大部分公营公司出租给私人垄断组织的国有民营方式。还有一部分公营公司是由一些特别机构直接管理的，如国家宇航委员会管辖的武器研制和生产空间技术的企业等。对于出租的公营公司，美国政府把工资总额确定权留给了承租商。对于由特别管理机构管理的公营公司，主管部门也同样赋予这些部门工资总额确定的自主权。美国政府会对公营公司的工资总额或人工成本进行审计。英国在20世纪80年代私有化浪潮后，公营公司被政府主管部门赋予相对独立的工资总额确定权，政府主管部门要委派独立审计师对其进行人工成本和工资收入分配的审计。

法国、日本公营公司工资总额确定权受限制并接受政府部门审计和监督。法国公营公司工资总额的确定参照本国的公务员薪资体系。在公营公司工资总额确定权限受控制的前提下，工资收入分配方案的执行要接受政府部门的审计和监督。日本政府同样严格控制公营企业的工资总额，企业需要制订周密的人员计划确定工资总额。

新加坡对政府控股公司的工资总额实行严格的审批制。新加坡政府控股公司工资总额的审批权限归属于政府主管部门。工资总额方案经董事会讨论通过后，还需要上报财政部门进行审核批复并接受不定期检查。

2. 美国对国有科研机构实行差异化的工资总额管理及奖励制度

美国的国有科研机构分为两类：一类是联邦政府部门直辖直管的科研机构，这类机构和机构职员完全接受《联邦政府机构与雇员法》的管理，工资总额进入联邦预算；另一类是政府资助，委托政府之外的机构进行管理的科研机构（FFRDC[③]）。由于科研人员身份不同（前者为联邦公务员身份），在科技人员奖励

---

① 在美、英、法等发达国家，承担公共产品和公共服务的国企被称为公营公司或政府控股公司，可以大致分为两种类型：一种是国家独资的、通过委托—代理关系进行管理的独立法人企业，另一种是国家控股的以有限责任公司或股份有限公司形式存在的股份制企业。

② 本节美、英、法、日、新加坡的案例资料参考了“左宏，刚成军. 工资总额确定方式的国际国内比较与分析［J］. 国有资产管理，2008（10）.”和“魏云芳等. 公共企业的管理与分配［N］. 中国财经报，2006-12-28.

③ 全称为“Federally Funded Research and Development Center”，其中政府所有、合同运营的GOCO（Government Owned Contractor Operated）就是FFRDC的一种。

及分配方案上有所差异。一般来说，后者的奖励幅度更大且更为灵活一些。

以能源部的洛斯阿拉莫斯国家实验室为例，其合同雇员分为两类：第一类是承包方直接聘用的雇员，第二类是通过人才公司聘用和管理的员工。此外，还有约 120 名政府雇员负责购置实验室设备、监督经费使用及实验室的安全保密工作。在薪酬方面，能源部的国家实验室实行三种工资制度，联邦雇员实行联邦工资制度，在托管给大学的国家实验室和设施中工作的雇员实行类似大学的工资制度，托管给企业的雇员实行企业工资制度（白春礼，2013）。

四、有关建议

（一）鼓励企事业单位与科技人员充分考虑工资总额等因素，事先就科技成果转化奖励在规章制度中规定或进行约定

对于提供公共产品与服务的国有企事业单位，政府及主管部门对其工资总额的确定进行审批和监管的思路不变。在涉及科技成果转化的人员奖励时，采取单位规章制度规定、单位与科技人员约定优先的奖励模式。在进行约定和规定的同时，充分考虑单位工资总额等因素，尽量避免由于奖励超出工资总额可控范围而无法实施的情况。

（二）对推动科技成果转化的几类人才岗位设置，不计入用人单位工资总额或给予倾斜

（1）为科技成果转化做出突出贡献的高层次人才的引进不计入国有企事业用人单位的工资总额。

（2）为鼓励高校科研机构与企业科技人员的交流，建议科研机构、高校设立的聘用企业科技人员的岗位，以及国有企业设立的聘用科研机构、高校科技人员的岗位不计入用人单位工资总额。

（3）根据现有规定，对知识技术密集、高层次人才集中的事业单位，核定绩效工资总量时可给予适当倾斜，主要用于实施人员奖励政策。

（三）对完成科技成果及其转化做出贡献的人员的奖励按以下几种方案与单位工资总额进行协调

2011 年《关于深化事业单位工作人员收入分配制度改革的意见》提出，要“探索事业单位知识、技术、管理等生产要素参与分配的有效途径，使工作人员收入与岗位职责、工作业绩、实际贡献紧密联系，鼓励人才创新创造”，“对不同

类型事业单位探索实行不同的绩效工资总量管理办法”。根据上述文件精神，为了落实对科技成果转化人员的奖励政策，充分鼓励科技人员创新创造，建议：

方案一：在《促进科技成果转化法》修订中明确规定：“国有企事业单位对职务科技成果完成人和为科技成果转化做出重要贡献的人员的奖励不计入单位工资总额。”

方案二：参照美国《联邦技术转移法》的做法，允许国有企事业单位留存部分成果转化收益（按一定百分比）用于科技人员奖励，不计入工资总额。具体比例根据企业、事业单位（公益一类、公益二类等）性质不同再进行具体规定。

方案三：允许企事业单位按每年工资总额基数的一定比例计提科技成果转化的人员奖励基数或额度，不纳入工资总额。

（四）开展现代科研院所工资总额赋权试点

从建立和完善现代研发组织体系、加强现代院所制度建设的角度出发，建议在一些国有性质的新型研发组织中开展工资总额赋权试点，赋予这些单位相对独立的工资总额确定权（政府及主管部门保留指导和监督权），以解决人员结构、工资分配与奖励等问题。通过相关机制创新，推动创新人才培养和引进，加速科技成果转化。

第四节　科研事业单位科技人员技术入股问题研究

技术类无形资产是科研事业单位（主要指财政资助的科研机构与高校）开展创新活动所取得的主要成果。随着国家对科技领域的投入稳步增加，每年形成的技术类无形资产规模逐渐扩大。2012 年国家主体性科技计划项目共申请发明专利 15819 件，获得发明专利授权 5344 件。科研事业单位通过技术入股企业，尤其是高新技术企业，对建立产学研长效合作机制和利益纽带，加速科技成果转化为现实生产力具有重要意义。

一、技术类无形资产的特点及研究进展

1993 年，我国颁布的《企业会计准则》中将无形资产定义为：企业长期使用

而没有实物形态的资产，包括专利权、非专利技术、商标权、著作权、土地使用权、特许经营权、商誉等。2006 年实施的《企业会计准则——无形资产》中，将无形资产定义为“企业拥有或者控制的没有实物形态的可辨认非货币性资产”。结合上述定义，技术类无形资产不仅指专利、专有技术，还包括技术类商标、以计算机软件为主的科技类著作权、科技成果和以技术为核心的整体企业的商誉、商标等。国有技术类无形资产，简单地说，就是指企业、高校、科研院所拥有的专利权、非专利技术、技术秘密特许权等从权属关系上应该属于国家所有的无形资产。技术类无形资产根据不同管理的需要表现为不同的形式：

一是技术类无形资产是科技创新的产物，来源于科技创新活动，是研发的成果，主要形式包括专利、专有技术、技术类商标、以计算机软件为主的科技类著作权、科技成果和以技术为核心的整体企业的商誉、商标等。

二是技术类无形资产在法律上为知识产权。知识产权指的是专利权、商标权、版权（也称著作权）、商业秘密专有权等是人们对自己创造性的智力劳动成果所享有的民事权利。这些权利主要是财产权利。其中，专利权与商标权是需要通过申请、经行政主管部门审查批准才产生的民事权利，版权与商业秘密专有权则是从有关创作活动完成时起，就依法自动产生了。

三是技术类无形资产在会计上体现为一种特殊的无形资产。因其具有技术含量高、知识含量高、能够为持有者带来超额利润、价值转化过程风险较大、投入和产出呈现弱对应性等特点，对其价值核算往往是会计处理的一个重要内容。特别是要按照不同成长阶段对技术类无形资产的价值进行评估。

学者对技术类无形资产的研究主要集中在对无形资产的评估和管理。王君彩和罗晓文（2006）结合知识类无形资产的特点，从未来投资、专有人才、专门技术三个方面阐述了知识类无形资产的定价缺陷。薛史佳（2012）认为，需要从国有资产评估管理模式、评估范围、评估方法及相关配套措施等方面来完善国有无形资产评估的架构，才能解决我国国有无形资产评估实践中存在的问题。岳贤平（2010）对国内外知识产权交易过程中专利资产评估研究进行了述评。张莹（2011）对股东无形财产出资的相关法律问题进行了分析探讨，提出完善我国无形财产出资法律制度的建议。陈宝明（2014）提出国有技术类无形资产管理本质上是产权制度的安排，现行的国有技术类无形资产管理制度在一定程度上阻碍了成果转化。

关于技术类无形资产的入股存在的问题，赵捷等（2011）认为，目前高校科研机构技术入股主要存在的问题包括：高校科研机构所持股股权的归属、股权激励的比例及分配，以及技术入股中的审批程序问题。陈宝明（2012）认为，高校科研机构技术入股面临着国有资产管理、治理结构、税收等障碍。

二、科研事业单位技术入股存在的障碍

技术入股是在市场经济条件下进行成果转化的高级形式，是技术与资本结合的重要途径，有利于解决科技人员进行成果转化的根本动力问题（陈宝明，2012）。但在实际操作中，科研机构和高校在审批程序、评估作价、税收、股权激励等方面存在一些障碍，影响了科技人员的积极性，制约了科技成果转化，需要国家采取措施切实加以解决。

（一）技术入股审批程序复杂

近年来，科研人员、科技管理人员、投资者及一些人大代表和政协委员普遍反映技术入股审批程序复杂的问题。其中人大代表柳传志在"关于科技产业化问题及建议"中反映，中央级科研院所以科技成果入股，审批程序复杂，影响效率。政协委员黄伯云在"关于规范无形资产处置、推进战略型产业发展"的提案中提出根据技术类无形资产的特点制定相关管理政策。一些科研工作者也反映，技术类无形资产是与实物资产不同的一类资产，现有国有资产管理程序不符合技术类无形资产的特点。教育部针对全国百余所中央所属高校和31个省（直辖市、自治区）所属高校，及其教师、科研人员的一项问卷调查显示，71.24%的高校认为国有无形资产转让、投资入股的法律责任不清晰、程序复杂、周期长是制约科技成果转化的体制机制方面的主要障碍。

以某大学一项挂牌底价1000万元的光电与生物结合的技术转让项目为例，根据《中央级事业单位国有资产处置管理暂行办法》《教育部直属高等学校国有资产管理暂行办法》等关于国有资产管理的规定，该项目由于处置价值超过800万元，教育部审批后还要财政部审批，而且流程有两个阶段，一是行为审批，做不做要批，二是方案审批，做的话要评估、备案等。学校2013年1月上报材料，到7月底教育部通过审批，还要等待财政部审核。整个审批周期很长，流程复杂，影响了科技成果转化效率。

此外，一些高校也反映，目前的国有资产管理的备案制属于"事前备案"，

需要相关部门提供回执后才能够执行，从程序和时间消耗上与审批制度基本没有差别。

（二）强制性技术入股评估作价不尽合理

技术入股是非货币形式的出资，科学、合理、真实、公平地确定技术价值，有利于明确技术的真实资本和合理股份。在实践中，技术入股的作价方式主要有三种：评估作价、协商作价以及两种方式的结合。技术评估作价是资产评估机构①对出资人技术成果的价值进行确定的作价方式，根据我国《公司法》及财政部有关国有资产管理的规定，“作为出资的非货币财产应当评估作价”②。国有性质的技术类无形资产入股应采用评估方式。

目前的情况往往是交易双方协商在前，评估在后。如果评估价值与交易协商价值之间的差距过大，则难以通过审批程序。由于技术评估通常套用有形资产的评估方法，所选择的评估参数、所使用的评估标准缺少相关法律依据，评估人员的主观性很强，因此在很多情况下，技术持有方与技术评估方往往采取有限认定，即在某个范围内尽量使评估价值趋于协商价值。强制性评估并不能保障国有资产，因为由于强制性评估使出资程序复杂、烦琐和高成本，甚至进一步导致出资人、股东和评估机构串通，出资虚假评估报告的可能性。

（三）技术入股未获得收益即征所得税

当科技成果作价入股时，税收部门要求对这部分无形资产按其评估价值收缴所得税款。科技成果作价入股交易发生时，科技成果所有者并未获得收益，但需要缴纳税金，影响了单位出资入股的积极性。同时，以股份或出资比例等股权形式给予奖励的，获奖人按股份、出资比例分红，或转让股权所得时，应依法缴纳个人所得税。当科技成果作价入股时，税收部门要求对这部分无形资产按其评估价值收缴所得税款。科技成果作价入股交易发生时，科技成果所有者并未获得收益，但需要缴纳税金。

虽然1999年财政部、国家税务总局发布的《关于促进科技成果转化有关税收政策的通知》（财税〔1999〕45号文）规定了科研机构、高校转化职务科技成果

---

① 资产评估机构是指持有国有资产评估资格证书，具有法人资格的资产评估公司、会计师事务所、审计事务所、财务咨询公司以及经国有资产管理行政部门认定的临时评估机构。

② 《公司法》（2005年修订）第二十七条规定：“对作为出资的非货币财产应当评估作价，核实财产，不得高估或者低估作价。”

以股份或出资比例等股权形式给予个人奖励，获奖人在取得股份、出资比例时，暂不缴纳个人所得税，但该政策难以落实，政策配套性差是落实难的主要原因。

（四）一些股权激励的措施存在落实难

根据1996年《促进科技成果转化法》第三十条，以及《关于促进科技成果转化的若干规定》（国办发〔1999〕29号）的规定，“采用股份形式的企业实施转化的，也可以用不低于科技成果入股时作价金额20%的股份给予奖励，该持股人依据其所持股份分享收益。”其后，财政部、科技部出台的《中关村国家自主创新示范区企业股权和分红激励实施办法》（财企〔2010〕8号）第四十二条规定：“高等院校和科研院所经批准以科技成果向企业作价入股，可以按科技成果评估作价金额的20%以上但不高于30%的比例折算为股权奖励给有关技术人员。”其他如教育部的相关规定将比例提高到30%~50%。

从地方的实践来看，不少省市加大了包括技术入股以及股权或期权在内的激励幅度。例如《湖北省科学技术进步条例》第十五条规定：“鼓励成果完成人在本省转化成果，并最高可以享有成果在企业中所形成股权的70%。”南京《深化南京国家科技体制综合改革试点城市建设，打造中国人才与创业创新名城的若干政策措施》第三条规定：“允许科技领军型创业人才创办的企业，知识产权等无形资产可按至少50%、最多70%的比例折算为技术股份。”该文件实施细则第六条规定：“以自主创业方式转化的，可以将职务成果形成的股权按照不低于80%、最高不超过95%的比例，一次性奖励给职务成果完成人和为职务成果转化做出重要贡献的人员。”

这些政策在实际执行中，一方面，技术类无形资产入股前要评估，一经评估就是国有资产，根据目前的政策，难以将地方规定的50%~70%的比例落实到个人；另一方面，对于央属高校，50%~70%的比例超过了目前教育部的规定，上报审批很难获得批准。

三、原因分析与问题认识

技术成果的出资入股不同于货币、实物的出资，因为技术成果不是一个客观存在的实物，要发现其绝对真实价值相当困难，而且对其过高或过低的评价均会损害出资方的利益，引起各种纠纷。因此，必须对有关技术入股反映突出的几个问题做进一步的原因分析。

（一）明确科研机构与高校法人在技术入股等技术转移中的责任应是整个制度设计的核心

目前，科研机构、高校科技人员进行包括技术入股在内的技术转移中的问题症结之一在于科研人员、技术转移人员及机构、法人单位、政府主管部门的职责、义务、利益分配、激励机制不清晰。在现有体制下，存有大量科技成果的科研机构和高校如果不进行转化，不会遇到这些问题，也不用承担任何责任。对科技人员而言，他们既要做好科研，又要完成成果转化，这从整体上是不现实的，也不符合科技创新规律。科研机构、高校的技术转移责任不应该都是科技人员的责任。将技术转移作为法人的一项重要责任，明确法人的职责，这应该是制度设计的核心内容。随着技术转移链条的不断完善，技术入股等技术转移工作应交由专业化的转移机构，从而提高技术转移的效率。

（二）建立和完善适合技术类无形资产特点的技术入股管理程序是处理当前问题的关键

从目前我国科研机构、高校技术转移中国有资产管理的法律法规制度建设的实践来看，一方面，技术转移的核心问题是知识产权的问题，我国相关法律法规已经对知识产权权利归属进行了明确的规定。《科技进步法》《专利法》《关于国家科研计划项目研究成果知识产权管理的若干规定》都从主体上为知识产权归属问题提供了法律依据，授权财政性资金项目承担单位享有知识产权的所有权，提供了契约形式来明确国家、单位、发明人之间权利义务的可能。另一方面，从出资人资产管理角度，财政部对于国有技术类无形资产处置、入股进行审批合乎法律规定并参照了国际规则。

《中央级事业单位国有资产使用管理暂行办法》和《中央级事业单位国有资产处置管理暂行办法》均进行了相关规定。为规范无形资产的管理、使用和处置，财政部、教育部等有关部门发布了一系列办法和规定。需要根据技术类无形资产的特点，建立符合技术类无形资产特点的国有资产管理程序，完善技术入股的管理制度。

（三）通过立法确立国有无形资产处置和技术入股管理制度是解决当前争议问题的可行渠道

科研机构、高校技术类无形资产入股涉及国有资产管理、技术转移、科技人员股权激励等诸多方面的工作，涉及国有资产管理、财税、股票证券市场管理等多方面法律、法规和政策的衔接与配合。只有在法律层面确定国有无形资产处置和技术入股管理的有关制度，才能真正解决当前出现的一些问题。

四、政策建议

（一）在《促进科技成果转化法》修订中增加技术入股的管理制度

（1）建议在《促进科技成果转化法》修订中或者是制定专门的《技术出资入股管理条例》规范技术出资，尤其是国有技术类无形资产出资入股的行为，包括对高校、科研机构技术入股（包括对技术类国有无形资产处置）进行审批或备案，以及实施股权激励的依据、原则进行明确规定。

（2）鉴于法律效力以及政策配套性差等原因，《关于促进科技成果转化有关税收政策的通知》（财税〔1999〕45号文）并未得到很好的贯彻执行，建议在法律层面规定："科技人员以股份形式获得奖励，在取得股份时不缴纳个人所得税。当进行股权转让或取得分红时，依法缴纳个人所得税。"

（3）鼓励在现有资产评估机构建设的基础上，加强专业化的具有技术类无形资产评估功能的机构建设。

（二）优化相关制度管理流程

1. 优化审批备案流程

从优化目前技术入股（包括对技术类国有无形资产处置）的审批备案制度的角度出发，提出两种方案：

方案一：取消审批制度。将事前审批变为事后备案制度，高校、科研机构将科技成果转让或作价入股后，报主管部门和财政部门备案。

方案二：有条件地放开审批。例如，超过规定金额（500万元、800万元）的，按目前规定需要进入审批环节。建议可以有条件地放开审批，即通过技术交易市场公开交易的，不再走审批程序，仅进行事后备案；而不通过技术交易市场公开交易的，仍需要按规定程序通过有关部门审批。

2. 完善公示程序

我国《公司法》中要求非货币出资者的姓名或名称、出资额等都须在公司章程中得以记载，并且公司章程要在工商行政管理部门予以登记，但是没有其他的公示方式，也没有关于债权人如何获得公司章程文本的规定，需要加以补充。除了公司章程公示外，在公司营业执照上进行公示也能起到较为良好的效果（程俊松，2007）。如《中关村科技园区企业登记注册管理办法》第十五条规定："工商行政管理机关对以高新技术成果作价出资的，应当在《营业执照》'经营范围'栏的最后项下注明作为非货币出资的技术成果的价值金额、占注册资本的比例以及是否办理了财产转移手续的情况。"

（三）完善技术类无形资产定价机制

对技术类无形资产入股前进行作价是防止国有资产流失的重要手段，应进一步完善技术类无形资产定价标准和方法。

1. 以《科学技术研究项目评价通则》为基础建立评估标准

《科技进步法》第八条指出，国家建立和完善有利于自主创新的科学技术评价制度。《科学技术研究项目评价通则》（GB/T22900–2009）采用统一标准语言对科技项目和成果进行评价，为科研项目的量化、标准化评价提供了科学、规范的方法。针对技术类无形资产评估标准缺少相关法律依据，建议在此基础上建立起技术类无形资产定价标准和程序。

2. 结合验资制度并加强有关法律责任，有条件地承认协商作价的法律效力

协商作价方式是出资各方通过协商确定技术的价值。目前，这种作价方式在不少地方法规中都得到了反映。其灵活性不仅在于克服评估作价的困难，解决实务上的操作问题，更在于充分通过市场实现资源的合理流动和优化配置，有利于公司最大可能地引进先进技术，而且减少了技术出资的成本。但协商作价方式有可能出现出资人任意协商出资金额导致出资不实等行为。

建议结合验资制度并加强公司的技术价值审核法律责任，有条件地（在一定作价金额或者出资比例范围内）承认协商作价的法律效力。一方面，验资是公司设立的必经程序①。无论是评估还是验资均要对资产进行检查、评定，且最终都要做出报告作为证明文件。评估与验资的目的均是为了正确反映资产的真实价值。另一方面，可以借鉴日本公司法的相关规定，规定股东（有限责任公司技术入股之外的股东）、发起人（股份有限公司中技术出资人之外的发起人）、董事、

① 根据《公司法》（2005 年修订）第二十九条规定："股东全部缴纳出资后，必须经法定的验资机构验资并出具证明。" 验资是指注册会计师依法接受委托，按照我国《独立审计实务公告第 1 号——验资》的要求，对被审验单位的实收资本（股本）及其相关的资产、负债的真实性、合法性所进行的审验。其主要目的是验证被审验单位的注册资本是否符合法律法规的要求，各投资者是否按照合同协议、章程规定的出资比例、出资方式等足额缴纳资本。

监事对于技术价值审核的责任。否则，一旦发现技术实际价值与公司章程中所记载的价值严重不符，他们需要和技术出资人一起连带地承担差额补足责任。

3. 强制评估作价设定例外

根据前文所述，我国对于非货币财产出资的价值认定采取的是强制性的评估模式，强制性评估增加了国有资产确定的可能性，但是加大了公司设立成本，也不能很好地保障技术类国有资产出资的权益。从国外的经验来看，德国与我国一样采取了强制性评估的制度，此外另有两种模式：一是美国的董事会判断模式，但是这种模式需要有完善的公司治理结构相匹配。二是法国和日本的“强制性评估与例外不需要评估”模式①，即一般情况下需要强制性评估，但在某些法律所明确规定的情形下则可以选择性评估。这些情形归纳起来有两种，第一种是出资的财产总价值不超过一定数额，第二种是出资的财产价值虽然超过一定数额，但是得到了相关主体的证明，并进行了相关主体责任的规定。

建议参考法国和日本技术入股评估模式，采用强制评估与选择性评估相结合的模式。在技术作价不超过一定数额且出资总价值不超过一定比例的情况下允许选择性评估（如协商作价）②，选择性评估在一定情形下简化了公司设立程序，但是也必须有相关的法律责任制度设计作为依托。而且我国一些地方也进行了有益探索，如《中关村科技园区条例》出台后，北京市工商局适时推出了新的企业登记注册管理办法，规定技术作价在 50 万元以下的，可以不经过评估，只需提交一份有全体股东签名的确认书即可。这对于科研机构与高校技术入股，以及科技型中小企业发展具有良好的促进作用。

---

①《法国商事公司法》第四十条；《日本公司法》第二十八条至第三十六条。

②《法国商事公司法》（1967）第四十条规定，有限公司如果未来股东一致同意，且每一笔实物出资的价值不超过 5 万法郎且不经投资评估员评估的所有现物出资的总价值不超过公司资本的 1/2。

第十章　科技创新创业与开拓就业新空间

第一节　科技创新促进高质量就业的路径与对策研究

就业是民生之本，就业质量关系到经济发展方式的转变、创新型国家建设和全面小康社会建设。中共十八大报告中明确提出要“推动实现更高质量的就业”，这是党中央在科学研判我国当前形势基础上对今后就业工作提出的新要求。在新一轮产业革命与我国加快转变经济发展方式形成历史性交汇这样一个重要关口，实现高质量就业面临多重挑战和诸多新老问题交织。这就要求我们及早转入创新驱动发展的轨道，从国家促进创业和就业的大局出发，把科技创新的潜力更好地释放出来。

一、实现高质量就业面临的形势与挑战

（一）面临的形势

“更高质量就业”的内涵，就是要提供充分的就业机会、营造公平的就业环境、培育良好的就业能力、提供完善的就业服务、形成合理的就业结构、构建和谐的劳动关系，努力实现城乡各类劳动者充分就业、平等就业、稳定就业和体面就业（信长星，2012）。

一是以新技术为主导的创新创业型经济已经到来，并将在较长时间内持续。新一轮科技革命和产业变革正在蓬勃兴起，加速以高科技资本和新兴产业为主导的创业经济的发展，已经成为拓展国家竞争优势的重要战略举措。需要面向国民

经济主战场，加强创业就业与创新发展的战略谋划和系统布局，打造创新发展加速度，创造未来发展的新优势，支撑经济中高速发展和提质增效。

二是我国传统“人口红利”逐步减弱，推动经济结构转型的内涵和条件正在发生深刻变化。一方面，我国劳动力大量供给的状况已经呈现趋势性的下降（据联合国的测算，自 2010 年开始，中国 15~64 岁人口占总人口的比重就已经开始呈现趋势性的下降，将由 2010 年的 71.59%下降至 2015 年的 71.15%，再到 2020 年的 69.49%），我国法定退休年龄内的 15~59 岁劳动年龄人口从 2012 年开始出现绝对数量下降，2012 年比 2011 年减少 345 万人，2013 年又比 2012 年减少 244 万人，预计到 2020 年将降至 9.1 亿人左右，较 2012 年下降 2700 万人左右（李建伟，2014）。另一方面，进入 21 世纪以来，我国劳动力成本整体呈现出较为明显的上涨趋势。2001~2010 年全国城镇单位就业人员平均工资从 10834 元提高到 36539 元，年均名义增速为 14.6%，年均实际增速为 12.4%。在未来 10 年我国劳动力的成本将持续上升，廉价劳动力时代正逐渐消失。我国传统意义的上劳动力大量供给、低成本使用的“人口红利”时代正在逐渐改变。

三是劳动力供求的结构性失衡日益凸显，人力资本与产业结构不匹配矛盾突出。就业结构性矛盾凸显并有长期持续的可能，主要体现在高校毕业生、农村转移劳动力等重点人群的“就业难”，传统工业集聚地区和经济欠发达地区的“就业挤出”和就业渠道狭窄，以及劳动密集型行业、高新技术行业的人才短缺等方面（李爽，2014）。随着技术进步加快和产业优化升级，技能人才短缺问题将更加突出，高级工程师、高级技师和技师等岗位供给缺口将进一步拉大，难以适应技术进步和生产方式变革的挑战。

四是多年来我国持续实施就业优先发展战略，采取了一系列具有中国特色的积极就业政策。20 世纪末，我国出台了以“三条保障线”为主要内容的就业政策，主要为解决国企改革带来的大规模下岗失业问题。中共十六大提出“实现就业比较充分”，中共十七大提出“实现社会就业更加充分”，《“十二五”规划纲要》更是提出要实施就业优先战略。从 2008 年底开始，在全球金融危机背景下中央提出了实施“更加积极的就业政策”。中共十八大进一步提出了“推动实现更高质量就业”的目标，体现出在创新驱动发展、以人为本的原则指导下，实现从注重就业数量向就业数量与质量兼顾的转变。

（二）遇到的挑战

一是人口老龄化程度不断加深对就业市场的影响。2013 年，全国 60 岁及以上人口占总人口的比重达 14.9%，我国已全面进入老龄化社会。联合国预测未来几十年中，我国老龄化程度将不断加深，其速度和影响远远超出预期和国际经验。

二是经济出现“无就业增长”的苗头和趋势。联合国开发计划署在《2006 年亚洲太平洋地区人类发展报告》中将就业弹性下降或者经济增长的就业创造能力下降的现象称为“无就业增长”。在经济体制改革、产业结构转变等诸多因素影响下，我国经济增长的就业弹性自 20 世纪 90 年代开始呈现出下降趋势。2005 年之后的就业弹性徘徊在 0.06~0.08，说明我国经济增长创造就业的能力在下降，中国经济出现“无就业增长”的时代特征。

三是技术进步对劳动力挤出效应和替代效应在一定时期和条件下显现。尽管技术进步会衍生出更多的就业需求，但其前提是专业化分工的加速、技术的扩散应用渠道通畅等，如果这些前提没有同步实现，在短期内可能对就业造成比较明显的影响。例如，随着我国的劳动力成本不断上升，一些企业加快了智能机器对劳动力的替代。拥有 120 万工人的富士康，已着手研发自动化机器人来缓解日益增长的用工成本；海尔也开始对传统制造进行智能化升级，布局工业机器人，尽管海尔在 2013 年的全球营业额同比增加 20%，但却减少了 18.6%的员工（余竹，2014）。

二、实现高质量就业需要充分发挥科技创新的重要作用

实现高质量就业的目标，首先要在发展的基础上创造更加充分、更高质量的就业机会，同时，要在转变经济发展方式、调整经济结构的过程中不断优化就业结构，不断提升劳动者整体素质，提高劳动者收入水平和就业保障水平（信长星，2012）。为实现高质量就业，需要充分发挥科技创新的重要作用。

（一）科技进步巨大的创造效应对扩大就业、优化人才结构具有积极作用

对科技进步与劳动就业之间关系的研究，早在 18 世纪末期，随着工业革命时代的到来就受到广泛关注。迄今大多数的学者认为，在发达的市场经济条件下，科技创新短期会使失业增加，但从长期来看又可以创造新的就业岗位（可以认为，在短期科技进步使得资本有机构成、劳动生产率提高，从而导致对劳动力的需求下降；在长期科技进步促进经济增长加速、不断产生新的产业和新的就业

机会从而增加就业）。OECD（1996）基于其成员国200年的数据研究表明，创新、增长和就业之间存在高度的一致性，尽管短期内科技进步会对就业产生一定的负面影响，但相对于其巨大的创造效应可以忽略不计。

（二）依靠科技创新和提高劳动者素质，是实现劳动生产率增长、取得长远竞争优势的关键

一方面，转变经济发展方式，推进产业升级、科技进步和管理创新对劳动力和劳动者素质提出了更高的要求。依靠科技创新和提高劳动者素质，是实现劳动生产率增长的主要途径。根据蔡昉的研究，在制造业，职工受教育年限每提高一年，劳动生产率就会上升17%（蔡昉，2011）。另一方面，“人口红利”的内涵是人力资本，与“人口红利”相伴而来的劳动力成本优势，不仅在于劳动力数量的无限供给，更在于劳动力承载的受教育水平和技能的持续改善。劳动力不是同质的，劳动力成本的优势，既可以在较低工资和较低人力资本的组合上形成，也可以在较高工资和较高人力资本的组合上，通过提升劳动生产率形成（蔡昉，2012）。依靠科技创新提升人力资本是取得长远竞争优势的关键。

（三）科技创新开拓新的需求空间和培育新的业态，开辟新的就业岗位

利用科技创新开拓发展新的需求空间，改造生产过程和创造绿色就业，不仅成为调结构、转方式的重要方面，也是面向未来推动经济可持续增长、解决就业压力的关键环节。伴随着科技创新与商业模式的紧密结合，涌现出各种新业态和新经济增长点，创造了大量的就业岗位。例如，依托网络技术、信息技术的创新创业浪潮对就业产生了巨大的正向影响。根据《网络就业社保研究报告》（2014），2013年我国网络创业带动直接就业达到962.47万人，其中新创就业岗位470.68万个。

（四）科技创新通过市场机制引导劳动要素的流动与再配置，不断提升就业层次和质量

科技进步本身就可能产生技术和资本设备对劳动要素的替代，由于不同行业的技术创新步伐并不一致，行业间全要素生产率的增长率也不同，导致劳动要素在行业间的流动与再配置，从低生产率和收入增长的行业，向高生产率和收入增长的行业转移，由此导致新的产业逐渐成长，旧有产业逐渐被淘汰。同时，科技创新所引致的创造性毁灭机制是提高整体经济健康程度的重要环节。

（五）我国科技人力资源优势正在形成，科技人力资本红利将为经济平稳、健康和可持续发展奠定基础

正当我国劳动力低成本的比较优势逐步丧失时，我国开始逐步进入科技人力资本的红利期，新的比较优势正在形成。我国已经建立起较为完整的学科体系，拥有丰富的科技人力资源，科技人力资源总量已连续多年保持世界第一，且年均增长在10%左右。据预测，到2020年，我国从业人员中大专及以上文化程度的从业人数总量将增加到1.4亿人，届时将超过美国跃居世界首位，这将形成稳定和高质量就业的重要基石。

三、科技创新促进高质量就业的思路与着力点

未来一段时期，随着传统“人口红利”的逐步减弱，我国劳动人口总量、结构和质量处于由量变到质变的深刻变革之中。通过科技创新提高就业质量是全面建成小康社会的重要内容，是以科技创新为核心的全面创新的关键环节之一。要科学地把握我国劳动市场的新情况和新变化，更加重视和发挥科技创新的重要作用，把改革发展、科技创新和促进就业紧密结合起来，在保证就业稳定增长和解决就业结构矛盾的基础上，努力推动实现更高质量的就业，为经济平稳、健康和可持续发展奠定基础条件。主要任务和着力点包括：

（1）顺应人口转变和经济发展规律，延长传统人口红利和充分发挥科技人力资本红利，推动我国由二元经济发展模式转变到更加依靠全要素生产率的增长模式。

（2）在经济转型和结构调整中，加快实施有利于发挥劳动力比较优势的技术进步和产业升级战略。积极探索符合我国劳动力资源禀赋特点的产业技术发展路径，建立产品创新和需求扩大对劳动力总量和成本上升的补偿机制。

（3）使企业真正成为在扩大就业和促进高质量就业过程中积极创新的主体。充分发挥科技型中小企业、创新型企业、科技服务业机构在扩大就业和创造持续就业方面发挥的重要作用，建立企业持续技术创新与人才培养的良性互动机制。

（4）破除制度障碍，通过法规和政策引导促使劳动力转移和自由流动，促进社会创新系统的循环。

四、战略举措与对策建议

（一）借鉴国际经验，推动提高劳动力吸纳能力的先进适用型技术研发和推广，实现技术创新与就业增长的协同发展

世界主要经济发达国家都经历了劳动力就业结构的变革，日本、韩国学者从东亚和欧洲工业化道路的比较视角，认为日本、韩国企业的用人制度和使用“劳动密集型技术”创造性地解决了当时的劳动力就业问题，形成了符合国情的、高效率的产业发展模式。借鉴成功经验，选择符合我国资源禀赋特点的产业技术发展路径，推动提高劳动力吸纳能力的先进适用型技术的研发和推广。

（1）发挥国家科技专项的引领作用，面向劳动力吸纳型技术研发与应用充实调整有关专项，加快形成重点产品、技术系统和标志性工程。

（2）推进产学研用深度融合，开发重点针对小微企业、现代农业领域的劳动力吸纳型技术，深入挖掘就业潜力。

（3）高新区等创新载体扩大新产品劳动力吸纳型技术应用示范规模，实现技术创新与就业增长的协同发展。

（二）加大普惠性创新政策的实施，加快培育科技型中小微企业以促进社会就业

据统计，目前我国70%以上的城镇居民和80%以上的农民工都在小微企业就业。同样的资金投入，小微企业可吸纳的就业人员平均比大中型企业多4~5倍。尤其是科技型中小微企业对于扩大就业、拉动内需、促进经济结构调整具有重要作用。为加快科技型中小微企业创新发展，近年来科技部综合运用科技型中小企业技术创新基金、高新技术企业税收优惠、科技企业孵化器、中国创新创业大赛等政策措施，在培育科技型中小企业方面取得积极成效。建议进一步从资金、政策等多方面继续加大对科技型中小微企业的支持力度，加大政策的普惠性，充分发挥科技型中小微企业应对技术路线和商业模式变化的独特优势，扩大就业规模。

（1）实施科技型中小企业培育工程。采取更具弹性的就业政策，培育壮大科技型中小企业队伍。

（2）深化创新基金管理改革，改善科技型中小企业融资条件。进一步规范和加强中小企业发展专项资金的使用和管理。逐步扩大创业投资引导基金规模，调整引导基金管理方式，探索母基金运作模式；推动创新基金支持项目与市场化金

融机构、新三板市场、创业板等对接。

（3）加大需求端创新创业政策和政府采购政策的力度，向就业乘数高的科技型中小企业倾斜。

（三）加快发展科技服务业，优化就业结构

科技服务业对于扩大内需、吸纳高质量就业、培育壮大战略性新兴产业、促进产业结构优化升级具有重要作用。预计到2015年我国科技服务业规模将突破万亿元。近年来，科技部围绕加快科技服务业发展采取了一系列措施。国家“火炬”计划、科技型中小企业技术创新基金都设有专门资金支持科技服务业发展。在广州、杭州、青岛、成都等七个城市开展了现代服务业创新发展试点城市建设，以及中关村、东湖国家自主创新示范区开展的现代服务业综合试点，把促进发展、调整结构与扩大就业有机地结合起来，以产业发展和优化带动更高质量就业岗位的增加，实现产业结构与就业结构的互动调升、调优。建议围绕高质量就业，从多方面支持和培育发展科技服务业。

（1）积极培育由工业升级、与服务业融合后形成的就业新需求。鼓励研发服务外包、合同研发组织等服务新业态发展。例如“LUPA人才芯片工程”通过有针对性地培养中小企业转型升级急需的开发与应用人才，建立了统一培训、统一管理、集群开发、分散创业、统一外派的商业模式，创建了与中小企业新型的生产关系，探索出了一套“政府主导、企业运营、院校实施”的新教育就业模式。

（2）运用信息技术改造传统服务业，提高服务的信息化、网络化水平。例如，根据市场调研公司IDC的报告，到2015年时云计算服务将为全球创造近1400万个工作岗位，其中中国将获得460万个就业岗位。

（四）深化就业领域和教育体制改革，提高劳动者的人力资本、充分释放科技人力资本红利

（1）完善以市场为导向的就业机制。构建有利于劳动力要素自由流动、平等交换的市场体系。通过高素质劳动力的流动，提高劳动生产率，提高劳动力资源的配置效率和价值（余竹，2014）。

（2）推动教育体制改革，使受教育者的知识结构和能力结构更好地与劳动力市场衔接。推动继续教育和终身学习，为迎接老龄化做准备，进一步提高支撑产业整体转型升级的大量劳动力的素质，使我国丰富的人力资源成为制造业技术创新的战略资源。

（3）完善人才发展机制，探索充分发挥科技人力资本红利的有效途径。破除制约人力资本配置效率和生产效率的体制机制，站在国际化的高度，在规模基础上进一步提高科技人力资本存量的开发水平，包括打造全球性的中国国际人才网络，完善科技园体系和留学人员创业体系等。

第二节　以科技创新开启就业“新空间”的思路与对策研究

一、引言

以科技创新为核心的产业变革正在全球范围内孕育兴起，对经济、社会的发展所产生的重大影响，无不与劳动就业问题密切相关。新一轮科技革命和产业变革对传统就业方式的挑战，已经使就业成为全球性的社会问题。世界各国政府都从经济发展和社会稳定的高度来对待就业问题，并一直在寻求新的解决方式和对策。

对科技进步与劳动就业之间关系的研究，早在 18 世纪末期随着工业革命时代的到来就受到广泛关注。根据 Vivarelli 等（1996）、VanReenen（1997）、Smolny（2002）、Piva 等（2005）、姚战琪等（2005）、唐国华（2011）、刘悦（2012）、王光栋等（2014）的研究，可以认为在发达的市场经济条件下，在短期科技进步使得资本有机构成、劳动生产率提高，从而导致对劳动力的需求下降；在长期科技进步促进经济增长加速、不断产生新的产业和新的就业机会从而增加就业。OECD（1996）基于其成员国 200 年的数据研究表明，创新、增长和就业之间存在着高度的一致性，尽管短期内科技进步会对就业产生一定的负面影响，但相对于其巨大的创造效应可以忽略不计。

中国目前就业形势严峻，不仅存在结构性失业，而且还叠加着体制性失业及摩擦性失业，显性失业与隐性失业并存，劳动力供求总量矛盾和结构性失衡并存。面对挑战和巨大的就业压力，应牢牢把握新时期经济增长和就业之间的关系特征，充分发挥科技创新在增加就业、创造高质量就业以及推动大众创业方面的重要作用，以科技创新开启就业“新空间”。

二、面临的形势与挑战

（一）新一轮科技革命和产业变革对传统就业模式产生巨大挑战

新一轮科技革命和产业变革正在对就业结构变化、传统就业岗位提供和传统就业方式产生深远影响。

首先，在就业结构变化上，传统中产阶级工作岗位逐步被淘汰。美国进步中心报告指出，近年来工业自动化、网络等科技进步淘汰了大量传统中产岗位，客观上对各国促进就业努力带来挑战。最新研究显示，约1/4文字处理和资料输入工作，以及1/6电脑操作工作，预计在2022年以前将会消失。这些工作的消失，很重要的原因是由于增加运用网络和公司内部局域网络。网络的普及使得一些工作越来越多地转由客户自行处理，也使得一部分服务工作岗位消失。

其次，在就业岗位提供和就业方式上，科技创新与新经济的融合，对传统行业及就业产生了巨大冲击。例如，电商对传统零售业、Airbnb对酒店旅馆、无人驾驶汽车对司机工作取代的趋势。在新科技浪潮冲击下，占欧美劳动力市场10%的传统四大行业所提供的工作岗位持续减少。即使是需要较新技术的工作，例如文字处理、资料输入员，以及电脑操作员，也已被改善的软件和处理流程所取代。另外，“临时工作”与“临时工”取代了固定职业与稳定工作人员。等级制度、固定工作时间、固定工作地点和场所、位置和距离将不再重要。

最后，从历史来看，技术的周期性变革对经济增长与就业关系发挥着决定性的影响作用。历史上，每一次科技革命，都会引起产业结构调整，进而带动劳动力在产业间的再配置，引发社会就业形态的转变。科技创新所迸发的巨大创造效应在不断改变原有就业模式和就业结构的同时，推动其向着更高质量和更高层次迈进。例如1950~1965年经历的以微电子技术为标志的科技革命，使得当时工业化国家有8000多个旧有技术工种被淘汰，而伴随着新的需求空间开拓以及大量科技成果转化应用，推动新材料、生物工程技术、海洋开发技术、空间科学技术、环境保护技术等高科技产业的兴起，涌现出6000多个新的高级技术工种，在提高全社会劳动生产率的同时，为劳动力就业提供了新的广阔空间。

日本在战后的现代化建设过程中，之所以能卓有成效地解决人口的就业问题，正是由于电子技术、原子能利用技术、太阳能利用技术、航天技术、高分子合成技术的发展，从而在物质生产部门如雨后春笋般地相应出现了电子工业、原子能工业、航天技术、石油重化工业、合成纤维工业等一大批新兴工业，在吸收劳动力就业方面起到了重要的作用。

（二）经济“无就业增长”的严峻挑战

经济“无就业增长”（jobless growth）指经济快速增长的同时，就业增长速度偏低的现象，在指标上表现为就业弹性系数的下降。就业弹性系数是就业人数增长率与 GDP 增长率的比值，即 GDP 每增长 1 个百分点能够带动就业增长的比率，系数越大，说明经济增长对就业的带动能力越强，反之则越弱。一般来说，就业弹性系数在 0.1 以下，就可以认为经济增长对就业的带动作用减弱，从而出现“无就业增长”的趋势。

改革开放以来，中国的就业弹性系数始终保持较高的水平，“六五”、“七五”期间就业弹性系数较高，而在“八五”、“九五”期间开始接近 0.1，从总体上看，这一时期，在经济快速增长的同时，就业也能实现快速提高。“十五”之后，就业弹性系数下降到了 0.1 以下，而到了“十一五”、“十二五”期间，系数显著偏离 0.1 以下，说明中国经济增长创造就业的能力在下降（见表 10–1、图 10–1）。联合国开发计划署在《2006 年亚洲太平洋地区人类发展报告》中指出：“在东亚的成功故事背后，隐藏着“无就业增长”的挑战，尤其是中国。”肖六亿（2008）、赵颖等（2013）的研究也对中国“无就业增长”现象进行了研究。

表 10–1　中国不同时期的就业弹性系数变化情况

时间阶段	GDP 平均增长率（%）	从业人员增长率（%）	就业弹性系数
“六五”（1981~1985 年）	10.71	3.32	0.310
“七五”（1986~1990 年）	8.90	2.63	0.295
“八五”（1991~1995 年）	12.00	1.00	0.100
“九五”（1996~2000 年）	8.27	1.15	0.140
“十五”（2001~2005 年）	8.80	0.70	0.080
“十一五”（2006~2010 年）	11.20	0.39	0.035
2011~2014 年	8.00	0.38	0.048

资料来源：在张本波（2005）研究的基础上，笔者根据《中国统计年鉴》进一步整理。

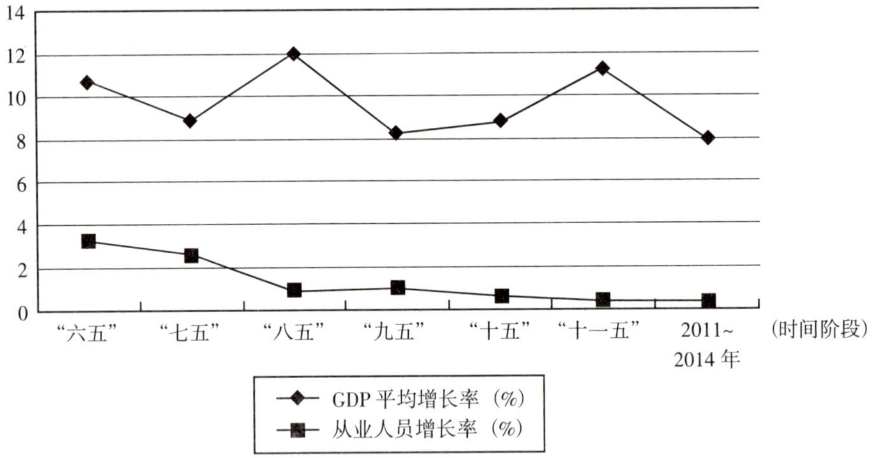

图 10-1 中国不同时期的经济增长与就业增长

资料来源：笔者根据《中国统计年鉴》整理。

“无就业增长”背后最突出的表现是中国创造就业的能力和实际就业需求量下降，经济结构和就业结构的矛盾严重制约了就业质量的提高。应当看到，中国每年新增就业人数规模正在呈现下降趋势，20 世纪 80 年代中国平均每年净增就业人数为 2239 万人，90 年代降至 734 万人，进入 21 世纪之后继续呈现稳步下降趋势。此外，中国还面临着诸多新老问题的多重挑战，包括劳动力成本上升趋势明显、传统人口红利逐步减弱，劳动力供求的结构性失衡日益凸显、人力资本与产业结构不匹配矛盾突出，技术进步对就业挤出效应和替代效应在一定时期和条件下显现等，对就业工作提出了严峻挑战。

（三）促进就业创业急需发挥科技创新的重要作用

当前，中国正处于工业化和现代化进程加速推进的时期，劳动力成本上升、“人口红利”的减弱，都要求经济发展尽快实现由要素驱动向创新驱动的转变。但在这一转变过程中，由于全社会劳动生产率的提高，就业弹性系数在一定时期必然呈现下降趋势。长期以来，中国过于依赖资本和要素驱动促进经济增长，例如 1991~2010 年的资本投入平均实际增速高达 17.5%，当生产要素中资本的增速远高于劳动力时，经济增长对于就业的带动能力不断减弱就成为必然，由此导致的经济社会问题需要引起高度重视。

经济进入“无就业增长”，迫切需要中国根据增长与就业的平衡关系选择未来的增长路径，而从增长的趋势来看，科技创新就是破解无就业增长难题的根本出路。由科技创新产生的巨大创造效应在带动就业、创造高质量就业方面始终发挥着积极作用，是实现增长动力转换、保持经济中高速发展和稳定扩大就业的重要动力。

三、新一轮科技革命和产业变革推动社会就业出现新态势与新特点

（一）新一代信息技术正在改变传统工业社会的生产与组织模式

目前，新一轮科技革命和产业变革正在孕育兴起，大数据、云计算、物联网等新一代信息技术向网络化、智能化、泛在化方向发展，正在改变着工业社会的经济结构、生产方式、组织形式和交易方式。信息与互联网技术正在推动世界进入“大数据”时代，而基于“大数据”的存储、挖掘、分析与应用将带动相关产业的发展；预计未来十年全球大数据将增加50倍，市场规模有望达到千亿元量级，从而对就业模式与就业结构产生深远的影响。据微软与市场调研公司IDC在2012年的预测，仅云计算服务一项，2012年将为全球创造670万个工作岗位，到2015年时将增加到1400万个，其中有460万个就业岗位在中国。

（二）跨产业领域和跨产业链环节的新业态和新模式成为产业升级和新就业岗位创造的重要方向

在新一轮产业变革中，科技创新的核心引领作用更加突出。科技交叉融合与群体跃进，通过模式和业态创新推动产业体系重大变化的趋势已经开始显现。以分布式能源、网络化制造与智能制造、物联网等为代表的跨产业领域（信息技术和智能制造技术对各产业领域的渗透融合）和跨产业链环节（服务环节与制造环节的一体化）（李伟，2015）的技术整合和模式创新，不仅成为产业升级的重要方向，而且还将带动智能电网、智慧城市、智能制造、智能交通、现代农业、电子政务、电子商务的迅速增长，正在创造新的职业和就业岗位。

（三）社会正处于向新的就业模式转变的过程之中，“新游牧时代”的就业特征凸显

工业革命推动了生产的社会化和一个以工资为经济来源的就业群体，而新科技革命将使得生产日益成为一个完整的信息网络下的个体化行为，并通过市场机制引导劳动力要素的转移流动与优化配置（彭希哲，2000）。如果说工业革命推动了生产集中化、企业内部分工细化和就业的集中、协作化，那么新科技革命和产业变革带来的是生产、就业分散化和就业社会化网络分工，互联网、3D打印

等新技术推动着就业的分散化、个性化、社会化。在不断提升就业层次和质量的同时，工作将不再仅遵循传统的工业思维模式开展，正规就业与非正规就业的界限正在模糊，部分时间工作制、兼职、灵活工作制、自我就业与创业等形式将逐步成为就业模式的主要形式（彭希哲，2000），社会就业进入一个“新游牧时代”。“新游牧族”的工作方式发生了颠覆性的变化，在现代信息技术手段和基础设施的支持下，工作信息能够快速、精准流动，生产线彻底打碎，让机器化大生产的手段能够被每个人所掌握。

（四）经济“无就业增长”是世界经济增长面临的普遍问题，经济增长中的结构性变化是导致无就业增长的最主要原因

经济“无就业增长”是世界经济增长面临的普遍问题，经济增长中的结构性变化是导致无就业增长的最主要原因。从东亚国家经济增长历史来看，初期都是依靠劳动密集型产业带动经济快速增长，继而带动就业快速增长，就业弹性系数较高的过程也就是所谓的释放“人口红利”的过程。随着经济增长和人民生活水平的提高，劳动力成本逐步上升，经济结构也从制造业为主向服务经济转型，带动经济增长的主要产业也从劳动密集型产业转化为资本、技术密集型产业，导致经济增长带动的就业率的提高逐步减缓，经济增长对于就业带动的效应日益不明显。在这一过程中，由于资本有机构成提高或者生产效率提升而导致劳动力相对过剩形成的“替代性失业”也逐步显现。

四、把握新的发展形势和重大机遇，以科技创新开启就业新空间的思路与路径

（一）指导思想

在新一轮科技革命和产业变革与中国加快转变经济发展方式形成历史性交汇这样一个重要关口，需要从国家促进创业和就业的大局出发，把科技创新的潜力更好地释放出来。

（1）解决就业问题，应牢牢把握新时期经济增长和就业之间的关系特征，充分发挥科技创新在增加就业、创造高质量就业以及推动大众创新创业方面的重要作用。

（2）科技进步和产业结构的调整与稳定就业岗位并不是相对立的。技术结构和技术周期决定了经济增长与就业的关系。科技进步和产业结构的调整会使现有

就业受到冲击，在创造新的就业模式和就业需求的同时使得目前就业大军中的一部分失去继续就业的能力和机会。但从社会整体上看这种转变的收益远远超过了成本。

（3）科学把握劳动市场的新情况和新变化，把改革发展、科技创新和促进就业紧密结合起来，面向国民经济主战场，加强创业就业与创新发展的战略谋划和系统布局，打造创新发展加速度，创造未来发展的新优势。

（4）合理把握新的发展形势下“创新驱动、转型升级、提质增效”与就业增长的政府与市场作用空间。创新政策作用的前提在于尊重产业发展和市场规律，形成良好的市场价格机制和教育培训机制，以及破除人力资源合理流动的各类障碍。

（二）战略路径

应当看到，就业结构如果不能及时适应经济和科技发展需求，就会在带来就业压力的同时对经济结构转型升级构成阻碍。特别是在当前新科技革命和产业变革加速形成的时期，把握经济和科技发展趋势，在缓解就业压力和促进结构调整两个方面充分发挥科技创新作用，具有更加重要的意义。

其一，充分认识和把握新一轮科技革命和产业变革对就业结构带来的历史性变革影响，是统筹经济、科技、就业发展，实施创新驱动发展路径的关键。当前和未来一段时期，全球将进入以新一代信息技术广泛渗透应用并与生物、新能源、新材料等技术群体性突破融合为主要特征的新一轮科技革命和产业变革时期。在这一时期，技术创新与商业模式、新资本、新兴消费需求紧密融合，新产业、新业态快速形成，智能化、小型化、专业化的产业组织特征日益明显。随着互联网开源软硬件技术平台面向大众普及和开放，创业成本和门槛大幅度降低，将专业技术人员的小众创新变成非专业人员广泛参与的大众创新，面向需求的微创新蓬勃发展。目前在民生、医疗、教育、金融等领域，互联网对传统行业的提升作用越来越明显，众多就业岗位被创造出来。据中国就业促进会预测，2015年网络零售平台将覆盖5亿消费者，交易额有望超过2万亿元，带动直接及间接就业3000万人（白天亮和张意轩，2013）。

其二，历经多年积累形成的科技人力资本，是中国解决经济转型发展中就业压力的立足点。应当看到，正当劳动力低成本的比较优势逐步丧失的同时，中国开始逐步进入科技人力资本的红利期，新的比较优势正在形成。中国已经建立起较为完整的学科体系，拥有丰富的科技人力资源，科技人力资源总量已连续多年保持世界第一，且年均增长在10%左右。科技人力资源总量的增加，意味着中国劳动力教育和素质结构发生根本性的变化，在未来一定时期内，低成本低素质劳动力优势将向低成本高素质劳动力优势转变，这将成为保障新常态下提升经济增长质量和实现结构性升级的重要基石。

其三，避免沿用传统工业时代就业观念以及单纯依靠经济扩张来解决就业问题，尤其是以抑制科技进步或降低社会劳动生产率来换取就业增长的错误思想。科技革命和产业变革不是以人的意志为转移，应面向未来，开创新形势下的就业新局面，把握新一轮科技革命和产业变革背景下就业分散、个性、创业化趋势，坚定地把推动"大众创新、万众创业"作为解决未来就业问题的重要渠道。进一步深化改革、破除制约新兴产业和业态发展的各种制度障碍，加强市场环境营造和政策激励，充分激发和释放全社会创新活力，为大众创新创业培育土壤，为就业增长开拓新空间。

其四，立足本国国情，有目标、有选择地吸收国际经验，找到适合中国的方式和方法。世界主要经济发达国家都经历了劳动力就业结构的变革，但由于各自的经济模式和劳动力市场的特征差异，各国或地区面临程度不同或形式不同的就业问题，所采用的经济和社会对策也不相同。在解决就业问题上，发达国家的经验可以借鉴，但绝不能盲目照搬。有学者对几个典型国家的创新带动就业模式进行了总结，见表10-2。

表10-2 典型国家以创新带动就业模式特征比较

国家	对中国有借鉴意义的模式	不适宜或短时期内不适宜中国的模式
美国	开展创新创业教育，建立公立科研机构工作者与企业的合理互动机制；大力推动信息产业发展，使用信息技术改造大批传统产业，利用高素质大学毕业生和发展高科技产业园紧密结合	以简化移民手续为主要途径，吸引先进技术投资者创办企业
德国	宏观政策支持，鼓励小企业创新与吸纳就业	应用研究多由企业及私人基金出资支持，新产品产业化带动就业
韩国	鼓励引进技术再创新，简化新企业设立流程，政府信息化平台创新提升劳动者培训和企业创业效率	建立政府出资支持的垄断金融、保险、房地产、实业生产等多行业的超大型企业集团大量吸纳就业

资料来源：在王琦和赖德胜等（2015）；刘毅和张宁（2015）研究的基础上，笔者有改动。

五、政策建议

（一）进一步破除制约人力资本配置效率和生产效率的体制机制，健全以技术市场、资本市场、劳动力市场为代表的要素市场

构建有利于劳动力要素自由流动、平等交换的市场体系，加强对非正规部门就业在机制和制度上的支持。以国际化视野进一步提高科技人力资本存量的开发水平，加强新技术应用所需要的职业技能培训，促进高质量就业。针对当前和未来一段时期内就业增长的需求和特点，探索充分发挥中国科技人力资本红利的有效途径，为科技人才创新创业提供更好的环境。

（二）加强具有较强劳动力吸纳能力的先进适用型技术研发和推广

在科技资源配置和研发方向选择上，坚持“高精尖”和劳动密集型创新并重，选择有助于扩大就业同时提升产业整体发展水平的技术战略和路线，加强具有较强劳动力吸纳能力先进适用型技术的研发和推广，发展具有较高知识含量的劳动密集型经济，充分发挥中国低成本高素质劳动力的优势，实现技术创新与就业增长的协同发展。

（三）推动科技创新基础设施和园区的建设，降低社会应用新技术创新创业的成本

使新一代信息技术更加广泛地渗透到人民的生产、生活中去，加快科技成果的转移转化，加强制造业与服务业的一体化布局，推动新型商业模式和技术创新融合创新，发展“创客空间”，鼓励众筹、众包等支持新的创新创业模式；形成创业主体大众化、孵化主体多元化、创业服务专业化、组织体系网络化、创业路径资本化、建设运营市场化、创业模式多样化的发展格局；大力推动科技型创业，创造更多的新兴就业；培育新型产业和就业载体，探索具有新兴产业培育发展、新型城市化建设和就业提供的自主创新示范区、高新科技园区发展模式。

（四）完善普惠性创新创业政策支持体系，将现行的创新创业优惠政策从实体延伸到网络创业等方面

一方面，结合《关于深化体制机制改革加快实施创新驱动发展战略的若干意见》（中发〔2015〕8号）文件实施方案、自主创新示范区建设实施方案、促进创客发展的若干措施及行动计划以及“互联网+”行动计划，在增强企业技术创新主体地位、强化创新人才激励、构建普惠性创新政策支持体系、促进开放创新、引导“大众创新、万众创业”等方面提出系统化的改革措施和政策建议，形成配套政策体系。另一方面，将现行的创新创业优惠政策如税收优惠、小额担保贷款和财政贴息政策，从实体创业延伸到网络创业、新型服务业态等方面。

第十一章　科技创新创业与打造经济发展新动能

第一节　基于知识创业与创新型集群的区域创新系统研究

一、引言

20 世纪末以来，世界经济由工业经济向知识经济过渡及转变，呈现出经济全球化和大规模的科技成果产业化两大趋势，知识和创新成为经济的决定力量。

在这样的大背景下，一方面，经济分布的地理集中程度越来越高，越来越凸显出区域化的特征。区域内的经济合作与组织学习日益强化，区域已成为经济协调的重要基础，而区域创新能力则成为区域获取竞争优势的决定性因素。面对知识经济的巨大挑战和机遇，围绕国家创新系统建设的总体目标及国家创新系统的“自下而上”的建构特征，构建符合国情和区情的区域创新系统已经成为各地区实现快速发展的战略选择。另一方面，集中于特定区域的产业集群与创业活动成为区域发展的主要推动力，它们不仅促进了所在区域经济量的增长，还吸收和凝聚了创新能量，促使区域内知识与信息的高效流动，成为创新的重要来源和载体。因此，产业集群与创业是区域创新系统构建中需要重点研究的内容。同时，针对区域内产业集群和创业活动的特点，加强相关区域创新政策研究，促进制度创新与制度环境建设，也是我国产业集群与创业研究的重要议题。因此，下面将从系统创新的视角分析产业集群与创业活动的特征及其互动关系，围绕创新活动主体关联机制及过程，将产业集群与创业纳入区域创新研究框架中，建立以知识吸纳与知识创新创造能力为核心，创新性集群与知识创业为主要表现形式的动态区域创新系统研究框架，指出其实现的关键环节以及相关的实施措施与建议。

二、创新型集群与知识创业

（一）创新型集群——创新集聚与传导

熊彼特（Schumpeter）在1912年出版的《经济发展理论》一书中强调了“创新不是随意地均匀分布于整个经济系统中，而是趋于在某些部门及其周围环境聚集”的观点。产业集群的出现，为创新活动的聚集提供了良好的载体，在这一点上，创新型集群更强调了产业集群的创新特性。传统意义上的产业集群指同一产业领域内相互联系的众多企业因空间集聚而形成的一种产业组织形态。随着知识经济的发展，集群概念更强调了企业之间的互动合作和知识交流，尤其是隐性知识的交流。后来的新熊彼特主义学者也认为，知识创造是一个“集体过程”，作为创新行为主体的企业必须与其他企业的专业化知识进行重新组合才能产生创新结果。根据集群的创新特性及对创新效果的促进，衍生出了创新型集群（innovative clusters）的概念（王缉慈和王敬甯，2007）。创新型集群的研究更侧重于从创新网络观和知识观层面来考察产业集群的创新特征与行为。

创新型集群不仅存在于高科技产业，也可能形成于传统产业内部。创新型集群的发展，首先是一个产业内创新集聚、知识吸引、消化与内部转移的过程。而随着集群的发展与规模的扩张，创新型集群通过与其他创新主体（区域内其他产业，大学、研究机构、金融机构、服务机构、政府）的交流与互动，促进集体学习，形成稳定的区域创新网络并推动其向纵深方向发展，从而推动制度创新、组织创新、金融创新等，这又是一个创新从产业内向外部传导、知识溢出的过程。另外，创新型集群为创业活动，尤其是知识创业活动提供了孕育的空间和新创企业成长的温床。

（二）知识创业——创新扩散与吸引

知识创业，或称知识溢出创业（knowledge spillover entrepreneurship），是将创业看作是知识溢出的一种形式，认为知识聚集环境更容易制造出创业机会（Audretsch，2007）。根据经典创业理论，创业是一个机会发现过程，知识和决策在其中扮演了重要角色，机会是创业的核心和关键问题。Audretsh 和 Keilbach

(2007) 的研究也实证了那些没有被商业化或没有被彻底商业化的知识是创业机会的重要来源，这些知识往往是在已经存在的企业中被创造出来的。

知识创业作为知识溢出的一种形式和结果，新创企业在将知识付诸商业化的过程中实现了创新的扩散。同时，知识创业过程也是创新能力吸引和凝聚的一个过程（Agarwal et al.，2007）。创新能力凝聚可能得益于一些外生性因素如波特钻石模型中涉及的如企业战略、需求条件、生产要素等，而核心的内生性变量应是产业知识的吸收与创新能力（芮明杰，2008）。从这一点来讲，知识创业活动可以看作是在区域创新网络下形成的若干吸引子，既可能巩固、拓展现有的创新型集群或创新网络，也可能在一定条件下发育或促成新的创新型集群出现。

（三）创新型集群与知识创业关联

通过前文的分析，一方面，产业的创新型集群能够培育和促进知识创业活动，并对新创企业的创新行为和创新战略提供有效的背景信息，这种背景信息多是以知识形式存在，为知识创业提供了有力保障与支持。另一方面，知识创业活动能够对创新型集群起到良好的促进作用。创新型集群作为产业集群的一种表现形式，在产业集群过程中，创业与创业精神作为一种必要的支撑力量，发挥着重要作用，创业精神的涌现大大影响着产业集群边界的拓展与经济性质的动态演进（张书军，2007）。创新型集群与知识创业的核心在于知识吸纳与知识创新创造，这也是产业竞争力、区域竞争力形成的核心内生要素。两者的关系如图 11-1 所示。

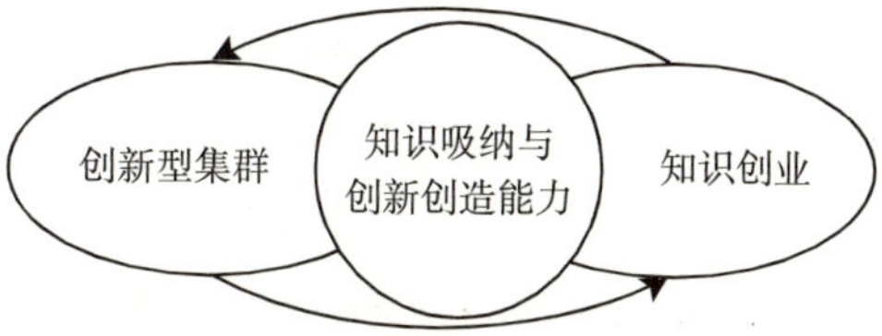

图 11-1　知识创业与创新型集群关系

三、基于创新型集群与知识创业的区域创新系统模型与机制

（一）模型构建

从系统创新和区域产业发展的视角，将创新型集群与知识创业纳入区域创新系统（regional innovation system，RIS）的研究框架中，围绕创新型集群、知识创

业及其他创新活动（包括服务模式创新），纳入多创新活动主体，包括企业、金融机构、中介服务机构、大学或研究机构以及政府，如图 11–2 所示。

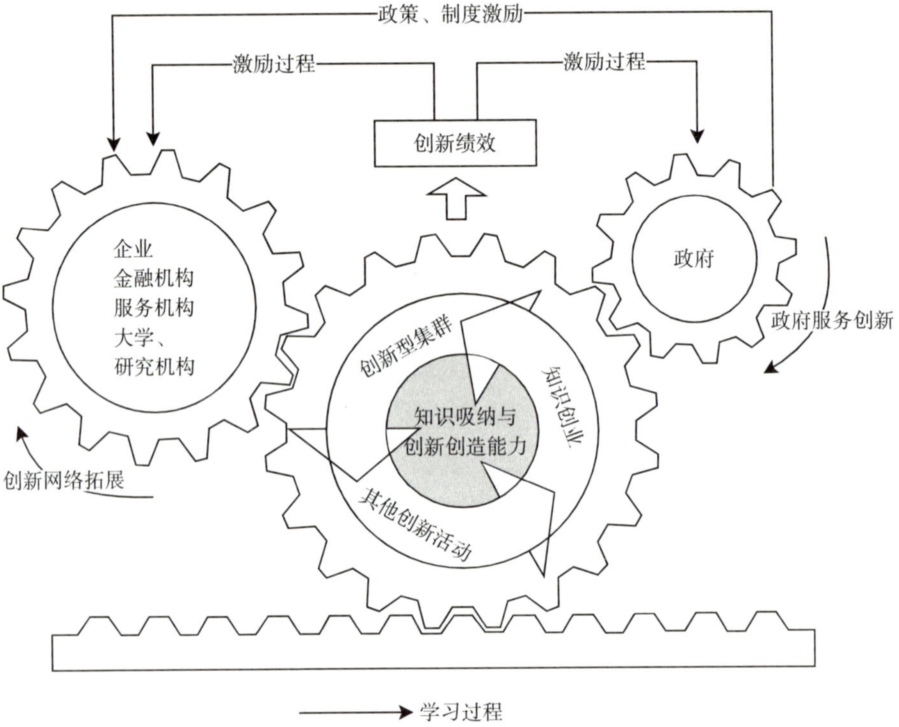

图 11–2　基于知识创业与创新型集群的区域创新系统模型

创新是知识流动和资源活化的动态过程（王缉慈等，2001），与以往主要侧重创新主体及其联系的创新系统模型不同，提出的区域创新系统模型以创新活动（创新型集群、知识创业及其他创新活动）为中心，基于创新活动本质（提升知识吸纳与创新创造能力），研究创新行为、创新绩效的关联机制及其动态过程。在整个创新系统中，创新活动背后存在两类机制在发挥作用——学习机制和激励机制；存在两类地位、作用不同的活动对象——企业、金融机构、服务机构、大学或研究机构为主体的Ⅰ类创新主体，以及以政府为代表的Ⅱ类创新主体，后者能够通过制度、政策等措施规制或激励前者的创新行为。政府在整个创新网络中影响了创新活动的集结、组织与协调；在取得创新绩效过程中促进两类创新主体的良性发展——创新网络拓展与政府服务创新，从而共同推动实现整个系统的演化与升级。

（二）学习机制与激励机制

1. 学习机制

伦德威尔（Lundvall，1992）认为，（国家）创新系统是一个社会系统，其中心活动就是学习，而学习又是一种社会活动，包括了参与创新过程中的主体之间的相互作用。区域创新系统作为国家创新系统的子系统，是国家创新系统的基础和有机组成部分，其学习机制主要通过吸纳、应用、创新、创造、扩散新的知识，提高创新主体的创新素质与能力。在区域创新系统模型中，学习过程通过创新主体内部及主体之间的交互作用发生，伴随着创新型集群、知识创业等创新活动及其相互转化作用的整个过程，促进了知识吸纳与创新创造能力的提高。

2. 激励机制

激励机制有两类作用方式。其一是创新型集群、知识创业等创新活动所产生的创新绩效对Ⅰ、Ⅱ类创新主体的激励作用。创新绩效是各类创新活动的直接及综合作用结果，Ⅰ类和Ⅱ类创新主体对创新绩效出于不同角度、不同层面的判断和衡量，从而激励的效果和呈现方式不同。其二是政府（Ⅱ类创新主体）通过制度、政策等措施对Ⅰ类创新主体从事创新活动的激励，与政策、制度设计的内容有关，与政府服务创新、政府自身职能转变有关。

四、结论与启示

通过创新提升区域竞争力的根本在于提升知识吸纳与知识创新创造能力，而产业创新型集群与知识创业是围绕这一根本，促进区域创新的重要环节和途径。通过区域创新系统的研究体系和视角，本研究解释了区域内产业创新型集群与知识创业现象及其相互影响，探讨了创新活动背后的学习、激励过程及其机制。通过研究得到以下结论和启示：

（1）创新型集群本质是基于产业集群的创新行为，知识创业本质是一种源于知识溢出效应的“机会型”创业（相对于“贫穷型”创业而言），它们之间存在着相互促进的密切联系。创新型集群与知识创业是推动现代产业体系动态演进的主要动力。创新型集群和知识创业不仅限于高技术产业，传统产业也可能形成创新型集群和孕育知识创业。

（2）建设创新型区域的重心不仅要根据区情选择发展高技术产业，加快技术创新，同时还要把目光放在现有产业的竞争力提升上。其中最核心的内生性要素是提高知识吸纳与创新创造能力，形成知识经济下产业的比较优势基础，促进创新型集群和知识创业的形成与发展，这对我国的传统产业升级具有一定的指导意义。

（3）政府的服务创新水平和能力，体现为政府的制度创新、体制创新和政策创新的水平与能力往往是制约区域发展的关键因素。本研究认为，政府的服务创新应围绕促进区域的知识吸纳与创新创造能力展开，适应创新网络发展需要，设计促进创新型集群和知识创业的公共服务与引导政策，促进高效流动的知识与信息成为创新和创业的重要来源。

第二节　知识创业与产业集群创新联动发展研究

一、引言

创新和创业精神（又称企业家精神）是国家和地区发展的主要推动力量，是理解改革开放以来中国经济飞速发展的一个关键概念和当前的时代主题之一。20世纪末以来，世界经济由工业经济向知识经济过渡及转变，知识和创新成为经济的决定力量。创新被认为是知识流动和资源活化的动态过程（王缉慈等，2001）。与知识经济密切联系的区域创新理论认为，区域内的知识生产和拥有是获取产业优势和竞争力的基础，在区域内某一产业内部和不同产业之间，各主体为获取知识所进行的各种正式和非正式的、互动的、有组织学习和集体学习，则是产业发展中最重要的活动（李青等，2004），知识创新与知识溢出则是这种有组织活动的最直接结果。这其中，知识作为重要的资源，一方面，区域所拥有的知识存量不仅成为重要的区位因素和创新环境的内容；另一方面，知识创新与知识溢出成为创业精神的重要源泉，不仅促进了所在区域经济量的增长，还吸收和凝聚了创新能量，促使区域内知识与信息的高效流动，加快了区域内和区域间知识吸纳与知识创新创造的过程，成为创新的重要来源和载体。通过创新提升区域竞争力的根本在于提升知识吸纳与知识创新创造能力，而发生在知识创新与知识溢出背景下的创业活动（即知识创业活动）与产业集群创新之间的关联与互动，是围绕这一根本，促进区域创新能力提升、推动现代产业体系动态演进的关键环节和主要动力。

二、知识创业的性质与特征

创业是国家或地区发展的主要推动力量，同时也是理解改革开放以来中国经济飞速发展的一个关键概念。创业作为区域经济增长的重要动力之一，虽然越来越多的研究探讨了创业对于区域创新增长的影响，但是这些研究还未将创业真正纳入区域创新的研究范畴中（Sternberg，2007）。区域创新领域著名学者 Cooke（2007）也指出，在今后的创新系统研究中需要给予创业充分的重视。而结合的难点在于研究视角的把握和关键环节的联系。

创业精神和创新是相辅相成的。大多数的产业创新诞生在现有的企业中，同时，发生在知识创新和知识溢出背景下的创业尤其值得关注，即创业活动作为知识溢出的一种形式（Audretsch，2007）。经典的创业理论认为，创业是一个机会发现过程，知识和决策在其中扮演了重要角色，机会是创业的核心和关键问题（Shane and Venkataraman，2000）。根据 Audretsch（2007）的实证研究，那些没有被商业化或没有被彻底商业化的知识是创业机会的重要来源，这些知识往往存在于现有的企业，而且知识聚集的环境更容易创造出创业机会。

知识创业作为知识溢出的一种形式和结果，其性质和特征可以归纳为以下几个方面：

（1）知识创业使得新创企业在将知识付诸商业化的过程中实现了创新的扩散。同时，知识创业过程也是创新能力吸引和凝聚的一个过程。知识创业活动可以看作是在区域创新网络下形成的若干吸引子，巩固和拓展了现有产业创新和区域创新网络的边界。

（2）知识创业并非是一种简单的个体行为，它非常依赖于生长的环境、网络、产业等，是创新环境、制度与知识创新综合作用的结果。知识创业适应了知识和技术的发展，在一定程度上打破了知识与技术发展的路径依赖性和产业创新的锁定效应。

（3）知识创业活动包含了显性和隐性两种类型知识的溢出。其中很重要的一个方面在于知识创业是一种隐性知识溢出以及转化为显性知识扩散的重要方式。隐性知识的传播与扩散对于区域创新理论研究具有重要意义。

（4）知识创业促进了创新，是推动产业结构升级和转型的重要力量，体现在：知识创业促进了知识的创新与扩散、组织创新与管理创新等，并进一步推动了创新的产业化。知识创业的核心在于产业知识的吸纳与创新能力的提升。

从最广泛的意义上讲，创业精神与创业活动可以被看作是与经济上有创造精神的人相关。而对知识创业的考察，实质上是将创业研究从微观提升到中宏观视角，将看似无序的个体（包括创业者和微观企业）的创业行为活动提升到产业和区域层面上来，从而在更高的层次上把握其规律性和脉络。因此，知识创业将是研究产业集群创新与区域创新网络的关键切入点和关键变量。

三、知识创业与产业集群创新联动

知识创业与产业集群创新存在着密切的联系，两者存在着联动机制，即在一种良性互动下，相互依赖、相互协调、相互促进发展的动态关联，如图 11-1 所示。知识创业与产业集群创新联动的核心在于知识吸纳与创新创造能力的提升。如硅谷的崛起被认为是创业精神与产业集群创新的典型体现（张景安等，2002）。Chiles 等（2004）也认为，产业集群创新不仅具备主流经济学所描述的区位效应、创新能力、竞争优势等静态特征，更是在独特的创业精神作用下的复杂动态过程。在产业集群中，创业与创业精神作为一种必要的支撑力量，发挥着重要作用，创业精神的涌现大大影响着产业集群边界的拓展与经济性质的动态演进（张书军等，2007）。

知识创业本质是一种源于知识溢出效应的“机会型”创业（相对于“贫穷型”创业而言），多是发生在产业内部，是产业集群创新的主要推动力量，这表现在：首先，在微观层面，知识创业通过组织和管理创新，形成对产业内外资源利用效率更高的新型企业；在经济行为上是通过创新手段开发、创造、填补市场上潜藏的或未得到满足的需求。其次，知识创业企业在产业内部形成知识创造、应用、转移和扩散的新的节点。通过对各种有利于产业创新性发展的资源的占有、组合、利用及流动，提高产业的整体竞争优势。而且，知识创业对产业组织形式和集群发展与演化不同阶段的模式变迁产生重要影响。

另外，产业集群在促进创业机制完善的同时（于国安，2006），能够产生更高水平的技术溢出和创新（Krugman，1991）。产业集群为知识创业活动提供了孕育的空间和新创企业成长的温床。如 Rocha 和 Sternberg（2005）对德国的研究发现：产业集群（cluster）对创业有显著的影响，而单纯的产业集聚（agglomeration）（没有形成网络和缺少互动）却不能对创业产生影响。该研究同时指出产业集群要比纯粹的市场机制更能够孕育创业。由于知识在沿着产业集群网络中进行扩散，培育了适合知识创业和新企业成长的土壤，并且这些知识创业企业建立在产业集群已有的资源、网络和知识基础上，因此大大增强了其存活的可能性与竞争力。

四、知识创业、产业集群创新联动与区域创新网络演化

区域创新网络是在一定地理区域内，促使知识快速扩散和最好实践的集体学习过程的经济、政治和制度的联系。区域创新视角下的产业发展是各主体通过创新网络内的互动合作实现的。产业集群活动是区域创新网络的重要组成部分。它是建立在系统内各主体的积极互动基础之上的，互动是创新的基础，互动即包括学习、结网和联盟行为，也包括创业活动。其中知识创业与产业集群创新的联动是推动区域创新网络演化的重要动力之一。

根据协同学支配原理，在一定的环境因素作用下，系统内部各部件由于它们阻尼性质的不同对环境作用的响应存在着差异。当系统逼近临界状态时这种差异会被放大，从而区分出快变量和慢变量这两类不同的变化模式，其中快变量数量多但不会左右系统的演化过程，而慢变量虽然数量少但却支配着系统的有序结构的形成和演化。对于区域创新网络这样一个开放性系统，环境适应性是其演化的根本目的，制度与技术创新是推动产业集群和区域创新网络演化过程的内在动力。知识创业与产业集群创新的联动是环境、制度与技术创新的综合作用的产物和载体，核心在于知识的吸纳与创新创造能力的提升。知识的吸纳与创新创造能力的提升在区域创新网络的演化中扮演着一种“慢变量”的角色，是主导区域创新网络的长期演化的决定性力量。

区域创新网络演化的影响因素包括知识创新与创造的环境、网络、产业等，其中区域创新环境、知识创业、产业集群创新是其中三类关键因素。区域创新网络的演化机制在于围绕知识吸纳与创新创造能力的提升，伴随着知识创业与产业集群创新的联动发展，区域创新环境、知识创业、产业集群创新这三元之间的相互作用如图 11-3 所示。

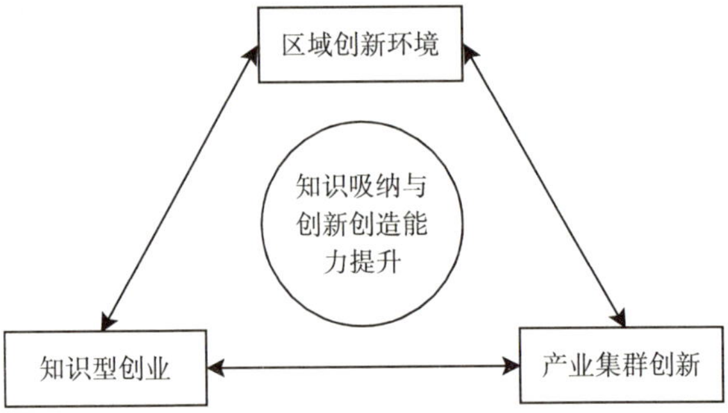

图 11-3　区域创新网络演化的三元交互模型

五、启示与建议

知识创新与创业是当前的时代主题。知识创业是发生在知识创新与知识溢出背景下的创业活动。关于知识创业的研究将考察创业活动的视角提升到产业和区域层面上来，是研究产业创新与区域创新网络的关键切入点和关键变量。知识创业与产业集群创新存在着相辅相成的联动机制。知识创业与产业集群创新的联动是推动区域创新网络演化的重要动力之一，核心在于知识吸纳与创新创造能力的提升。在此基础上，建立了区域创新网络演化的三元模型，通过知识创业、产业集群创新与区域创新环境互动关系的研究，为研究者探索其中的作用机制和演化过程提供了更精准的视角。

我国目前已经提出进入创新型国家行列的规划目标，这既是一项极其繁重而艰巨的任务，也是一项极其广泛而深刻的社会变革，从发展层次看，创新型国家建设的任务必须要落实到具体的区域，这就是要进行创新型区域的建设（林迎星，2006）。为创新区域战略与创新政策规划提供以下启示和建议：

（1）提高区域创新能力的核心在于提高知识吸纳与创新创造能力，不仅限于高新技术产业，传统产业内部也可能形成和促进知识创业与产业创新的发展。建设创新型区域的重心不仅要根据区情选择发展高技术产业，加快技术创新，同时还要把目光放在现有产业的竞争力提升上。

（2）区域的产业集群与知识创业活动成为区域发展的主要推动力量，它们之间的联动不仅促进了所在区域经济量的增长，还吸收和凝聚了创新能量，促使区域内知识与信息的高效流动，成为创新的重要来源和载体。因此，需要针对区域内产业集群和创业活动特点，加强相关区域创新政策研究，促进制度创新与制度环境建设。

（3）区域创新是一个互动发展的模式和过程，是建立在系统内各创新主体的积极互动基础之上的，区域层次的创新政策应当起到催化剂的作用，刺激和协调各创新主体的利益关系和互动，而非自上而下的线性指导模式。

（4）政府的服务创新应该适应创新网络发展的需要，设计促进区域的知识吸纳与创新创造能力的公共服务政策，促进高效的知识与信息成为创新和创业的重要来源；打造有效的资源平台和制度环境，促进资本、人才、科技和创业精神的有效对接。同时，创建创新型区域需要创造一种创新和创业精神的栖息环境，并培育有利于创新和创业发展的区域文化。

第三节　深入推进以科技创新为核心的结构性改革

一、引言

科技创新是在特定的社会条件制约下形成和发展的一个历史进程，正在从科学和技术变化的单元活动，发展为经济、科技、政治和社会行为的综合，融入整个社会体系的发展中。全球化的深入推进、新一轮技术革命正是引发原有技术经济范式变革的重要原因，是对人类经济、社会行为产生重大影响的技术体系变革。尽管新一轮技术革命与产业变革正在孕育兴起，但新技术与新兴产业发展也并非一帆风顺，只有当技术经济范式发生转换，即形成了与技术变革相适应的最佳惯行模式（Perez，2010），新兴产业才能取代传统产业，成为整个经济系统的主导。

技术经济范式变革是对人类经济、社会行为产生重大影响的技术体系变革，是经济周期与新一轮技术革命和产业变革综合影响的结果，代表的是新一代技术体系对全球经济发展的影响。技术经济范式变革是我国下一阶段发展面临的重大挑战之一，对科技发展及经济结构调整提出了更高的要求，其复杂深刻影响需要我们深入推进以科技创新为核心的结构性改革，主动布局科技创新供给，全面提升经济增长质量和国际竞争力。

二、技术经济范式变革及其趋势特征

（一）技术经济范式的内涵

1982 年，创新经济学家多西（Dosi）将科学哲学的“范式”（paradigm）概念引入技术创新研究中，提出了技术范式的概念，将其描述为基于自然科学的高度选择性原理的、解决特定技术经济问题途径的“图景”（或模式），以及那些以获取新的知识为目标，并尽可能地防止这些新知识过快地扩散到竞争者的特定规则。1986 年，弗里曼（Freeman）和佩雷斯（Perez）在继承多西“技术范式”的基础上，使用“技术经济范式”这一术语来描述被广泛传播的技术通过经济系统影响企业行为和产业的现实。在他们看来，技术进步是形成经济格局转换的基本动力。

一般而言，技术经济范式包括以下内涵：①以相互关联的各种技术所组成的一个或几个主导技术群构成了不同时代经济增长的技术基础。②范式的转换过程也是规则体系的变化过程，需要政府等权威部门的一系列政策协同。③随着主导技术群的变化，经济发展的技术基础也因之改变，经济发展的方式、轨道和规模也随之发生变化，从而导致技术经济范式的更迭（王春法，2003）。

所谓新技术经济范式，是由于科学技术的重大突破而形成的一定社会发展阶段的主导技术结构以及由此决定的经济生产范围、规模以及水平（王春法，2003）。技术经济范式的变革主要是指对整个经济行为产生重大影响的技术体系变革，其中包括多组渐进性创新和重大创新，并且最终可能包括若干新技术体系，实际上意味着相互关联的技术创新、组织创新和社会管理创新的结合。

（二）新技术经济范式发展趋势与特征

1. 创新要素大规模加速流入经济大循环，科学技术日益成为经济发展的主导要素并成为创造、发展和延续经济增长周期的核心力量

一是知识、资本、人才等创新资源在全球加速流动。随着新技术、新产品大规模加入经济循环，不断创造新需求、新市场，既能形成新的发展方向和增长点，也可校正经济发展的走向和提供增长动力。在新一轮产业变革中，以分布式能源、网络化制造与智能制造、物联网等为代表的跨产业领域和跨产业链环节的技术整合和模式创新，不仅成为产业升级的重要方向，而且还带动智能制造、智能交通、现代农业、电子政务、电子商务的迅速增长，正在创造出大量的新职业

和就业岗位。在科技创新推动下，我国新兴产业快速成长。例如，半导体照明在农业、医疗、交通、航空、航天等领域广泛应用，产业整体规模超过 4000 亿元，居于世界首位。2016 年 1~4 月，新能源汽车生产和销售量比上年同期分别增长 126.8%和 131.1%，远高于机械工业的平均水平，同时带动其他相关行业发展；全国规模以上电池制造企业累计主营业务收入同比增长 16.6%，实现利润总额同比增长 61.3%。北斗导航进入大范围应用，吸引数百亿元社会投资，服务车载用户 300 万以上。

二是科技成果转化应用周期逐步缩短，技术变革正在加速转换为现实生产力。新技术新产业厚积薄发，取代旧产业的“拐点期”变短。网络信息技术、大型科研设施开放共享、智能制造技术提供了功能强大的研发工具和前所未有的创新平台，加快产业转型和高新技术的孕育、转化和应用。

三是科技创新活动日益社会化、大众化、网络化，协同创新不断深化，大规模个性化定制、精准供应链管理、网络众包、协同设计、产业创新联盟等正在重塑产业价值链体系与产业组织形式，向开放化、网络化、集群化方向发展。

2. 以颠覆性创新的不断涌现为标志，主导技术群发生变化并构成了新时期经济增长的技术基础

一是新一轮产业革命的特征是“技术群”的突破，单项技术突破已难以支撑传统产业转型升级和新产业的产生和发展。以相互关联的各种技术所组成的一个或几个主导技术群构成了新时代经济增长的技术基础。一定时期内各国经济增长的方式、轨道和规模主要是由这些主导技术群所决定。二是颠覆性创新的不断涌现和广泛渗透是主导技术群变化的重要标志，也成为科技革命和产业变革时期的突出特征。例如，关键技术广泛渗透带动几乎所有领域发生了以绿色、智能、泛在为特征的群体性技术革命。三是随着主导技术群的变化，经济发展的技术基础也因之改变，经济发展的方式、轨道和规模也随之发生变化，从而导致世界技术经济增长范式的更迭。信息、生物、新能源、智能制造技术不断突破和相互融合，正在形成新的生产方式、产业形态、商业模式和经济增长点。

3. 新技术经济范式变化的广度和深度将带来生产方式、产业组织、创新治理等的一系列变革，加剧国家、区域发展的不平衡

一是新技术经济范式的衍生和快速发展几乎冲击所有国家的每一个工业部门，意味着原有技术基础、产业基础与制度基础以及相应的经济管理方式、组织

形式等方面的创新与变革。例如，在数字3.0时代，数字技术只控制机床等设备，而在数字4.0时代，数字技术控制的是整个产业链，甚至相关的社会活动。二是“赢者通吃”市场的崛起，尤其是在一些新兴产业领域，少数企业和产品主导了产业和市场的发展脉络。目前，跨国公司掌握全球80%的创新成果，每年研发投入占全球的1/3以上（张国华，2014）。既得利益者能够利用技术优势进一步巩固地位，形成“技术封建主义”，攫取更大社会财富和权力份额。三是在技术经济范式变化的过程中，一方面带来的机遇稍纵即逝，应对不当可能造成巨大沉淀投资和破坏，落入中等收入国家陷阱；另一方面使得在适合条件下技术对经济增长的推动呈几何甚至指数级倍数增长。无论是发达国家还是后发国家，由于既有的技术体系、产业结构以及制度结构、文化环境在空间分布上存在差异，会形成以国家、区域为单位的“马赛克”发展格局。

三、积极应对和引领技术经济范式变革需要深入推进以科技创新为核心的结构性改革

（一）以科技创新为核心的结构性改革成为各国应对新技术经济范式变革和推动经济增长的新动力

金融危机后续影响的持续、全球经济的低迷态势，以及面临着新一轮科技革命与产业变革的全新技术，技术变革中政府的作用明显加强，各国对培育经济增长新动能、抢占未来竞争制高点、打造高技术竞争优势更加重视，无论是国家战略部署、产业培育还是投资方式都表现出鲜明的创新导向，把发挥科技创新作用作为结构性改革的核心和重点。

1. 发挥科技创新作用成为各国推进结构性改革的核心

各国虽然推进结构性改革的路径和重点有所不同，但是无论是从国家重点任务部署上还是从培育产业和改进投资方式上，都凸显出明确的科技创新战略导向，把发挥科技创新作用作为结构性改革的核心路径。美国连续发布了三份国家创新战略文件，强调技术创新是经济增长的核心源动力，掀起“再工业化”风潮。德国着力集成政府与产业界力量实施工业4.0计划和高技术战略，顺应制造业智能、绿色化发展趋势，提升制造业科技含量，打造制造业新的竞争优势。日本发布的《科学技术创新综合战略》、推进《创新2025计划》，以及韩国的创造经济行动计划，都是把科技创新作为推动经济再生的引擎。各国所采取的创新战

略，实质就是在系统推进科技进步的同时，把发挥科技创新在推动经济转型升级上的作用作为战略的重中之重。

2. 发展新技术、新产业和新业态，为经济持续增长和结构优化注入新动能

当前，世界经济之所以还没有走出危机，主要原因在于经济结构还没有根据形势和需求变化进行根本性的调整，其关键就在于新兴产业的培育形成以及新增长部门对旧增长部门的替代。因此，大力推动新技术、新产业和新业态的发展，打造经济持续增长新动能，成为世界主要国家结构性改革的重要方向。各国对新兴技术和新产业的支持力度空前加大，纷纷围绕下一代信息技术、生物、新能源、电动汽车、智能制造、新材料、海洋、空间等重点领域加大科技创新投入，积极进行战略部署。美国在财政紧缩情况下仍大幅提高联邦研发预算，近几年分别启动"国家制造业创新网络计划"、"大数据研究和发展计划"和"国家战略计算计划"等，以先进制造、清洁能源、ICT 等新兴产业引领经济活动温和扩张。英国提出到 2020 年投入 300 亿英镑支持可再生能源发展；印度计划为新能源汽车基础设施、车辆补贴、汽车金融等注入 2300 亿卢比资金。随着新技术、新产品大规模加入经济循环，不断创造新需求、新市场，对促进世界经济恢复强劲、可持续增长将产生全局性的影响。

3. 加快对全球创新资源的整合与利用，扩大本国结构性改革的动力来源

全球化时代，创新要素加速流动，创新资源在全球范围内得到优化配置，任何一国封闭的结构性改革都难以取得实际的效果；反之，只有充分利用全球创新要素，包括人才、资本、市场、专利等，才能更加有助于各国经济增长新动力的形成。世界主要国家纷纷促进高端人才、高质量专利、风险投资等创新资源在本国的集聚和整合。美国出台新的移民改革法案，积极实施全球高层次人才培养和引进计划，提出"选择美国"计划吸引国际投资等；欧盟提出构建数字化统一市场，建立蓝卡制度，吸引亚非拉高层次技术人才；英国设立了"创新门户"组织吸引国际投资；巴西推出"科学无疆界计划"等。同时，一些发达国家实施新的技术转移战略和知识产权战略，设立专门知识产权收购机构（如韩国、法国），并鼓励企业积极利用外部资源，一批知识产权运营公司兴起并在全球范围内发掘优秀专利，进行产业链系统布局。

4. 破除发挥科技创新作用的体制机制障碍，激发社会创新活力

为充分发挥科技创新对推动经济增长的作用，各国加快体制机制改革，促进

科技创新与商业模式、金融资本的融合创新，加快科技成果转化、科技创新创业的一体化进程。美国深入推进知识产权制度改革，推动大量科技成果由基础研究走向应用，为经济增长带来新动力；为激发各类主体的创新活力，实施“创业美国”计划和“创客运动”，推动美国第三次创新创业浪潮。德国提出要加强科技界的创新导向，加大同经济界的创新联盟建设，加快科研机构发展衍生公司。在培育激发创新创业的市场环境方面，美国《复苏与再投资法案》《创业企业融资法案》的实施，为小企业平等参与创新活动、分享创新红利、获取安全便利的投融资渠道提供了保障。

（二）我国正面临技术经济范式变革及其复杂深刻影响

“十三五”及未来更长一段时期，我国将面临技术经济范式变革及其复杂深刻影响，在新一轮发展中面临巨大挑战。经过几十年的不懈追赶和积累，以超算能力、大型射电天文望远镜、量子卫星等为标志，我国的科技创新已经到了全面爆发的始点。随着经济快速发展，我国已进入原有比较优势下降，而新的比较优势亟待形成的新阶段。我国科技人力资源红利效应逐步释放，创新创业环境进一步优化，资本积累逐步增加，科技创新实力显著增强，这些都构成了我国新竞争优势的重要基础。我国经济发展已进入结构深度调整和新旧动力转换的重要时期，推进结构性改革刻不容缓。积极应对和引领技术经济范式变革，需要我们通过结构性改革推动技术体系重构和转型升级，扩大科技成果融入经济体系、形成坚实生产力的范围和规模，重点从以下两个方面入手：

1. 主动布局科技创新战略牵引和源头供给

当前，新一轮科技革命和产业变革与我国发展方式转型形成历史性交汇，抓住机遇就可能成为“赛场”上新的领跑者和比赛规则的制定者，抓不住就会错失良机，丧失主动权。我国进入创新驱动发展的战略窗口期，我国经济正在向形态更高级、分工更复杂、结构更合理的阶段演化，发展进入新常态，处于可以大有作为的重要战略机遇期，但发展的内涵、条件、方式和经济结构都发生了改变。我国科技整体处于从数量积累向质量提升的重要跃升阶段。全社会研发投入超过1万亿元，居世界第二，科技人力资源和研发人员总量居世界第一，本国人发明专利授权量居世界第二，一些重要领域跻身世界先进行列。我国巨大的市场规模、完备的产业体系、多样化的消费需求，使我国有更大的韧性和回旋余地，为新产业培育发展提供了广阔的市场空间。我们必须更加注重科技进步和全面创新，主动布局科技创新战略牵引和源头供给，推动经济发展方式从规模速度型粗放增长转向质量效率型集约增长，经济结构从增量扩能为主转向调整存量、做优增量并举的深度调整，经济发展动力从传统增长点转向新的增长点，走出一条以创新驱动推动信息化与工业化深度融合、工业化与城镇化良性互动、城镇化与农业现代化相互协调同步发展的新路。

2. 在供给侧结构性改革中充分发挥科技创新的核心引领作用

尽管我国在新能源、新材料、节能环保、生物产业、新能源汽车等新兴产业技术及产品上取得快速发展，这些行业的市场需求与行业规模正在持续扩张，对国民经济的渗透能力也正在进一步体现，但从整体上看，这些产业的核心技术、共性技术等仍未取得群体性、突破性进展。财政重点支持的一些技术仍然处于“尝试—纠错—尝试”阶段，一些被寄予厚望的颠覆式创新尚未完成优胜劣汰的市场选择（张国胜，2012）。同时，我国经济发展已进入结构深度调整和新旧动力转换的重要时期，推进供给侧结构性改革刻不容缓。充分发挥科技创新核心引领作用，对于推进供给侧结构性改革具有重要意义。

技术变革是促使供求关系发生变化的重要影响因素。在技术快速变革时期，新产品和服务的供给成为关键，一味扩大总需求刺激而不改善供给，新的消费需求得不到满足，流动性增加难以进入实体经济领域，只会导致经济泡沫更加严重。因此，在科技革命和产业变革时期，深化供给侧结构性改革成为推动经济增长的关键，这也成为世界主要国家的共同选择；要把持续增强创新能力、发挥科技创新作用作为打造经济增长新动力、促进经济结构调整和转型升级以及塑造我国新比较优势、先发优势的关键。

四、启示与建议

积极应对和引领技术经济范式变革，需要我们深入实施创新驱动发展战略，要具备一张蓝图干到底的战略定力，坚定地依靠科技创新推动结构性改革。一要主动布局科技创新供给，坚持通过结构性改革推动技术体系重构和转型升级，扩大科技成果融入经济体系、形成坚实生产力的范围和规模。二要在结构性改革中充分发挥科技创新的核心引领作用，把持续增强创新能力、发挥科技创新作用作为打造经济增长新动力、促进经济结构调整和转型升级以及塑造我国新比较优势的关键。三要主动适应经济社会发展条件变化，把握关键环节，加快培育新兴产业和业态，充分整合和集聚全球创新资源，深化体制机制改革，充分激发创新潜力和活力，全面提升经济增长质量和国际竞争力。

（一）着力打造新的比较优势

着眼于长期竞争优势的提升，一是继续用好“人口红利”（我国在劳动力成本上升的同时，2012~2015 年连续四年劳动年龄人口下降），更加注重依靠“人才红利”和传统生产要素升级。二是改造升级传统优势产业，通过“转型升级”和“提质增效”，打造产业集群和产业链的新比较优势，以劳动生产率和产业协同效率的提升来对冲抵消成本上升的影响。三是释放改革红利，优化创新生态环境，推进新一轮高水平改革开放，把我国打造为全球创新要素集聚的高地。

（二）着力释放新的发展动能

一是实施跨越经济周期的科技创新战略，加快面向 2030 年重大科技项目和工程的部署，强化科技创新的战略牵引和源头供给。面向世界科技前沿和经济社会发展主战场，在国家战略必争领域超前布局，与已经部署的项目形成梯次接续的系统布局，带动形成新产品、创造新产业、培育新动能。二是加强资本与科技创新的结合，促进传统生产要素升级，推动比较优势换挡。利用我国资本密集优势，引导社会资本支撑创新，促进新产业、新业态的培育和成长，加快发展我国具有独特优势的高资本投入和高技术密集型产业，包括高铁、核电、基础设施等，释放新的发展动能。

（三）着力推进国内消费转型升级

我国已进入大众消费的新时代，城乡居民消费结构正在由生存型消费向发展型消费升级、由物质型消费向服务型消费升级、由传统消费向新型消费升级，并且这一趋势越来越明显，速度越来越快。能否在消费结构升级中释放巨大的消费需求潜力，由此形成经济转型升级的强大动力，需要生物医药产业、健康服务产业、新一代信息技术产业、智能制造产业等进行技术突破来提供科技支撑。

建议围绕现代农业、人口健康、节能环保、新型城镇化、智能制造、大数据、新能源等重点领域加大科技创新投入，积极构筑竞争新优势，塑造更多依靠创新驱动、更多地发挥先发优势的引领性发展。

（四）着力构建以企业为主体的技术创新体系

技术经济范式变革的实质是对全社会经济行为产生重大影响的技术体系变革，其中包括多组渐进性创新和颠覆性重大创新，并且最终可能形成若干新的主导技术体系。需要我们在提升企业创新能力和产业核心竞争力上取得更大进展，建立健全科学合理、富有活力、更有效率的技术创新体系，与经济发展深度融合，激发全社会创新活力，在更高层次上嵌入世界产业链条。

建议以加快实施新一轮技术创新工程为抓手，深入实施以质取胜和市场多元化战略，产业政策的着力点从结构性产业政策更多地向功能性政策转变（王岳平，2013），组建产业创新联盟，带动中小企业协同创新，带动产学研结合，促进创新集群效应和积极布局全球产业链。

（五）着力打造低成本高效率的创新创业服务网络

新技术经济范式下的产业发展是各主体通过创新网络内的互动合作实现的，互动是创新的基础，包括学习、结网、集聚和联盟等行为，为个体和企业拓展更广泛的获取知识和技术的途径。

建议加强新修订《促进科技成果转化法》《实施〈促进科技成果转化法〉若干规定》与《促进科技成果转移转化行动方案》落实力度，加强部门协同与地方配套政策支持，构建低成本高效率、促进产业不断升级的开放型创新创业服务网络，将人才、技术、信息、金融等各类要素尤其是知识性要素在产业内聚集和进行高效配置，使内外优势资源在合作竞争的过程中形成创新极和创新场，实现资源的聚合聚变效应。

附录 A　文献数据表（非完整版）

阶段	作者	年代	类型*1	（认知）内容	关键概念或变量	研究方法及样本*2	期刊*3
Prefounding							
	Bird	1988	J/T	Content/Process	entrepreneurial intention		AMR
	Shapero	1982	M/T	Content	entrepreneurial event model		
	Ajzen	1991	J/T	Content	theory of planned behavior		OBHDP
	Kolvereid	1997	J/E	Content	attitude, control, intention	Q：143名大学生	ETP
	Krueger	1993	J/E	Content	entrepreneurial experience	Q：126名商科学生	ETP
	Boyd and Vozikis	1994	J/T	Content	self-efficacy, intention		ETP
	Katz	1992	J/T	Content/Process	heuristics, intention		ETP
	Busenitz and Lau	1996	J/T	Content/Process	culture,heuristics,schema		ETP
	McGrath and Macmillan	1992	J/E	Content	beliefs, culture, deviance	Q：9个国家700名以上企业家	JBV
	Cooper, et al.	1988	J/E	Content	optimism, success factors	Q：2855名企业家	JBV
	Gatewood, et al.	1995	J/E	Content	attibutions, persistence	Q：142名SBDC客户	JBV
	Jenkins and Johnson	1997	J/E	Content	intentions, growth	Causal mapping study: 30名企业家	JMS
Founding and Postfounding							
Scanning	Specht	1987	J/E	Process	tolerance for ambiguity	Q：109个高层管理团队	ETP
	Lang, et al.	1997	J/E	Process	threats and opportunities, search	Q：671名企业家	JSBM
	Pineda, et al.	1998	J/E	Process	search intensity, extensiveness	Q：131名企业家	JSBM
	Cooper, et al.	1995	J/E	Process	experience, familiarity, search	Q：1176名企业家	JBV
	Busenitz	1996	J/E	Process	alertness	Q：176名企业家	JSBM
	Johnson and Kuehn	1987	J/E	Process	firm size, external search	I：626名高管(132家小企业,36家大企业)	JSBM
	Smeltzer, et al.	1988	J/E	Process	source formality, env.stability	Semi-I：88名企业家	JSBM
	Brush	1992	J/E	Process	source formality, performance	Q：66家新成立公司高管人员	JSBM
	Mohan-Neill	1995	J/E	Process	firm size and age, scanning	Q：68家公司管理者	JSBM
	Schafer	1990	J/E	Process	strategy, source formality	Q：339名企业家	ETP
	Kaish and Gilad	1991	J/E	Process	alertness, information cues	Q：51名企业家36名经理	JBV
Interpretation	Smith, et al.	1988	J/E	Process	firm size, comprehensiveness	F：28名企业家和职业经理	JBV
	Busenitz and Barney	1997	J/E	Process	heuristics	Q：176名企业家和若干经理人	JBV
	Palich and Bagby	1995	J/E	Process	categorization, opportunities	Q：92名创业者和非创业者	JBV
	Baron	1998	J/T	Content/Process	biases, attributions		JBV
	Eisenhardt	1989	J/E	Process	decision speed, performance	Multiple-case study：8家企业	AMJ
	Vincent	1996	J/E	Process	ethnicity, decision policies	Q：163名企业家	JSBM
	Manimala	1992	J/E	Content/Process	innovativeness, heuristics	Modified case survey：新企业138个决策	JBV
Action	Wofford and Goodwin	1994	J/T	Content/Process	working memory,schemata, script		LQ
	Wofford and Goodwin	1998	J/E	Content	schemata, script	Q：1家机构的96名经理和158名下属	LQ
	Gartner, et al.	1992	J/T	Content/Process	equivocality		ETP
Learning							
	Hill and Levenhagen	1995	J/T	Content/Process	metaphors, mental models		JM
	Minniti and William	2001	J/T	Content/Process	entrepreneurial learning		JM
	Giola and Manz	1985	J/T	Content/Process	script, vicarious learning		AMR
	Baum, et al.	2000	J/E	Content/Process	experiential and vicarious learni	Statistic data from 557家连锁医疗机构	ASQ
	Denrell	2003	J/T	Content	Vicarious learning		OS

注：*1　第一个字母代表文献出版方式，**J：** Journal; **M：** Manuscript; **C：** Conference proceedings, et al.

第二个字母代表研究类型，**T：** Theoretical; **E：** Empirical

*2　**Q：** Questionnaire　**I：** Interview　**Semi-I：** Semi-structured interviews　**F：** Field Study

*3　**AMR：** Academy of Management Review　**OBHDP：** Organizational Behavior and Human Decision Process

ETP： Entrepreneurship: Theory and Practice　**JBV：** Journal of Business Venturing

JMS： Journal of Management Study　**JSBM:** Journal of Small Business Management

AMJ： Academy of Management Journal　**JM：** Journal of Management

LQ： The Leadership Quarterly or Leadership Quarterly（两者为同一期刊）**OS：** Organization Science

ASQ： Administrative Science Quarterly

附录 B 相关研究学者的观点

B.1 基于认知观的创业问题研究焦点（Baron，2004b）

与创业研究领域的三个基本问题相关的认知因素

三个基本问题（相关的认知因素列在每个问题的下方）		
为什么一些人而不是其他人成为创业者？	为什么一些人而不是其他人意识到了机会？	为什么一些创业者要比其他创业者更成功？
降低风险感知（创业者要比其他人对风险感知的程度要低）	基本知觉过程（认识机会的人在对象或模式识别上比其他人更精通）	反事实思维（成功的创业者比那些不太成功的创业者使用反事实思维来制定改进的任务策略要好得多）
展望理论（如创业者会放大一些小概率事件）	信号察觉理论（如识别机会的人员更加精通将“命中”与“假警报”区分开来）	处理方式（系统性 vs. 启发式）（成功的创业者更善于在这两种处理方式之间进行切换）
对各类认知偏差更加敏感（如，乐观偏见，情感注入，计划谬误，控制错觉）	焦点调节理论（如善于识别可行机会的人会显示促进和预防焦点的混合模式）	对某些认知偏差的易感性降低（如成功的创业者更能避免诸如沉没成本之类的偏见）
创业警觉模式（识别机会的人有更加发达的警觉模式）		

资料来源：Baron R.A. The cognitive perspective：A valuable tool for answering entrepreneurship's basic “why” questions [J]. Journal of Business Venturing，2004（19）：221-239.

B.2 共同方法偏差的潜在来源（Podsakoff 等（2003）转引自杜建政等（2005））

潜在来源	定 义
共同评定者效应	指由于变量指标从相同受测者中获取而导致预测源和效标变量之间的人为共变
一致性倾向	指受测者对项目的反应保持一致性的倾向
内隐观（包括错觉相关）	指受测者认为某种特质、行为和（或）结果存在共变关系
社会赞许动机	指一些受测者对项目反应时更多地考虑社会能否接受，而非依据其自身的真实感受
宽待偏向	指受测者倾向于将社会赞许的特质、态度和（或）行为归于熟悉和喜爱的人
默认偏向（答是与答否）	指受测者不考虑问卷项目的内容而回答“同意”（或“不同意”）的倾向
心境（消极或积极）	指受测者在消极（或积极）心境下会消极（或积极）地看待自身和周围事物
短暂的心情	指近期扰动心情的事件影响了受测者看待自身和周围事物的方式
项目特征效应	指单纯由于项目所具有的特性影响受测者对项目的理解和反应而导致的人为共变
项目的社会赞许性	指项目的表述方式更多地反映了社会所赞许的态度、行为和立场
项目的暗示性	指项目可能会传递如何对其反应的隐含线索
项目的模糊性	指项目存在歧义使受测者按某种猜度进行反应或对不同理解作出随机反应
共同的量表形式	指使用相同量表形式（如 Likert 量表、语义区分量表等）的问卷而导致的人为共变
共同的量表锚定	指问卷中重复使用同样的锚定点（如非常、总是、从不等）
项目词性的肯定与否定	指在问卷中使用肯定（或否定）词性的项目也可能导致人为的相关
项目背景效应	指单纯由于某项目与构成测验的其他项目的关系而影响受测者对此项目的理解与反应
项目的启动效应	指预测源（或效标）变量在问卷中的位置而使受测者感到此变量更为重要且与其他变量隐含着因果关系
项目的嵌入环境（变色龙效应）	指中性项目嵌于肯定（或否定）词性项目中会被赋予肯定（或否定）的色彩
背景诱发的心情	指首先遇到的项目（或项目集）所诱发的心情影响受测者对剩余项目的反应
量表长度	指量表项目较少时受测者在对项目进行反应的过程中会想到先前对其他项目的反应
各类构想项目的混合	指不同构想的项目混合在一起可能会减小构想内的相关，增大构想间的相关

续表

潜在来源	定　义
测评背景效应	指在相同背景下进行测评而导致的人为共变
预测源与效标变量同时测评	指不同构想的测评在同一时间进行可能会导致独立于构想内容本身之外的人为相关
预测源与效标变量同地测评	指不同构想的测评在同一地点进行可能会导致独立于构想内容本身之外的人为相关
预测源与效标变量同方式测评	指不同构想的测评以同一方式进行可能会导致独立于构想内容本身之外的人为相关

附录 C　本书所使用的研究量表许可证明

C.1　创业自我效能（DeNoble 编制）

Ding

I am willing to work with you. However we are experiencing severe fires in San Diego with many people evacuating their homes. Our campus is closedfor the rest of the week. I may not have access to my computer with the files I need until next week. Please stay in touch and I will send you the instrument as soon as I have access to my office.

Alex

Alex F. DeNoble，Ph.D.

Professor of Management & Entrepreneurship

San Diego State University

C.2　科尔伯学习风格（Kolb's LSI）

Dear Mr. Ding,

Congratulations! Your research request regarding use of the Learning Style Inventory（LSI）has been approved. Attached you will find two documents（.pdf files—Adobe Acrobat 4.05）:

……

These files are for data collection only. This permission does not extend to including a copy of these files in your research paper. It should be sufficient to source it.

We wish you luck with your project and look forward to hearing about your results. Please email a copy of your completed research paper to Jennifer_

Salpietro@Haygroup.com or mail it to the following address:

LSI Research Contracts
c/o Transforming Learning
HayGroup
116 Huntington Avenue, 4th floor
Boston, MA 02116

If you have any further questions, please let me know.

Regards,

Jennifer Salpietro
Transforming Learning

C.3　创业意向研究问卷（Liñán 编制）

Dear Ding Ming Lei:

Thank you very much for your interest in our work.

There is no problem in you using the EIQ, but I ask you to keep us informed about the usage and results you get.

Please find attached a paper in which the central elements of the EIQ were tested and included in the appendix. The paper has been accepted for publication in Entrepreneurship Theory & Practice journal. Please cite as follows:

Liñán, F. & Chen, Y.W. (forthcoming): "Development and cross-cultural application of a specific instrument to measure entrepreneurial intentions", Entrepreneurship Theory & Practice.

If you need the full questionnaire, please let me know.

Prof. Dr. Francisco Liñán
Universidad de Sevilla // University of Seville
Av. Ramon y Cajal, 1
E41018-Sevilla (Spain)

附录 D　本书所使用的部分研究量表（非完整版）

D.1　KAI 量表（Kirton Adaptation-Innovation Inventory）

F01-您考虑问题的出发点是遵守规章制度

A. 完全不符合；B. 不符合；C. 较不符合；D. 较符合；E. 完全符合

F02-您思考问题总是十分彻底

A. 完全不符合；B. 不符合；C. 较不符合；D. 较符合；E. 完全符合

F03-您容易受到信息激发而感到兴奋

A. 完全不符合；B. 不符合；C. 较不符合；D. 较符合；E. 完全符合

F04-您在面对权威时总是小心谨慎地处理

A. 完全不符合；B. 不符合；C. 较不符合；D. 较符合；E. 完全符合

F05-您喜欢具体的、细节性的工作

A. 完全不符合；B. 不符合；C. 较不符合；D. 较符合；E. 完全符合

F06-您有原创性的想法

A. 完全不符合；B. 不符合；C. 较不符合；D. 较符合；E. 完全符合

F07-您不知疲倦地获取各种细节信息

A. 完全不符合；B. 不符合；C. 较不符合；D. 较符合；E. 完全符合

F08-您可以被激发出很多不同的设想

A. 完全不符合；B. 不符合；C. 较不符合；D. 较符合；E. 完全符合

F09-您倾向于接受有方法套路的、系统化的事情

A. 完全不符合；B. 不符合；C. 较不符合；D. 较符合；E. 完全符合

F10-您用全新的观点看待老问题

A. 完全不符合；B. 不符合；C. 较不符合；D. 较符合；E. 完全符合

F11–您时刻准备与已有的工作模式保持匹配

A. 完全不符合；B. 不符合；C. 较不符合；D. 较符合；E. 完全符合

F12–您在同一时刻可以产生若干种新想法

A. 完全不符合；B. 不符合；C. 较不符合；D. 较符合；E. 完全符合

F13–在没有得到正式允诺前，您绝不开展工作

A. 完全不符合；B. 不符合；C. 较不符合；D. 较符合；E. 完全符合

D.2　LSI 量表（Learning Style Inventory）

填写说明：

（1）这里的“学习”是一个广泛的概念，不仅指的是看书本、写作业，还指传递和掌握社会文化历史经验的所有活动，包括对知识，技能、熟练动作，智能，道德品质和行为习惯的学习。学习可以发生在任何时刻，比如第一次学骑自行车，在与同学聊天中学到的电脑技巧等都是学习。学习可以通过您的直接经验（如解决问题、亲自操作）进行，还可以通过观察或听取发生在他人身上的事情而学习。

（2）本部分共 12 题，每个题目有 ABCD 四个选项，每个选项代表一种学习上的偏好，请根据每个选项与您符合的程度，对其进行排序，请勿重复排列或漏填。

例 1　您较喜欢吃的水果是什么？A. 西瓜　B. 苹果　C. 草莓　D. 香蕉

如果您喜欢吃的水果依次是苹果、香蕉、西瓜、草莓，您填写的答案将是：B>D>A>C

例 2　当我学习时：

A. 投入其中　B. 喜欢观察　C. 喜欢对事物做评价　D. 积极活跃

如您认为 C 最符合您，D 次之，A 再次之，B 最不符合，您填写的答案将是：C>D>A>B

请注意：您的答案是直接反映您较喜欢如何去做，而不是思考应如何做才对，因此，答案无对错之分。

下面请开始正式内容：

L01–当我学习时：（　　）>（　　）>（　　）>（　　）

A. 我喜欢加入自己的感受　　B. 我喜欢对观点进行思考

C. 我喜欢实际操作　　D. 我喜欢聆听与观察

……

参考文献

[1] Agarwal R., Audretsch D.B. and Sarkar M.B. The process of creative construction: Knowledge spillovers, entrepreneurship and economic growth [R]. SSRN working paper No.1027901, SSRN, Nov.2007.

[2] Aguilar F. Scanning the business environment [M]. New York: Macmillan, 1967.

[3] Ajzen I. Attitudes, traits, and actions: Dispositional prediction of behavior in social psychology [J]. Advances in Experimental Social Psychology, 1987 (20): 1-63.

[4] Ajzen I. Perceived behavioral control, self-efficacy, locus of control, and the theory of planned behavior [J]. Journal of Applied Social Psychology, 2002, 32 (4): 665-683.

[5] Ajzen I. The theory of planned behavior [J]. Organizational Behavior and Human Decision Process, 1991 (50): 179-211.

[6] Aldrich H. E. and Wiedenmayer G. From traits to rates: An ecological perspective on organizational foundings [A]. Katz J A and Brockhaus Sr. R H (eds.), Advances in Entrepreneurship, Firm Emergence, and Growth [M]. pp. 45-195. Greenwich, CT: JAI Press, 1993.

[7] Allinson C. W. and Hayes, J. The cognitive style index: A measure of intuition-analysis for organizational research [J]. Journal of Management Studies, 1996 (33): 119-135.

[8] Anderson J. C. and Gerbing, D. W. Structural equation modeling in practice: A review and recommended two-step approach[J]. Psychological Bulletin, 1988 (103): 411-423.

[9] Anderson L. and Bateman, T. Cynicism in the workplace: Some causes and effects [J]. Journal of Organizational Behaviour, 1997 (18): 449–469.

[10] Audretsch D. B., Keilbach M. The theory of knowledge spillover entrepreneurship [J]. Journal of Management Studies, 2007, 44 (7): 1242–1254.

[11] Backhaus K. and Liff J. P. Cognitive styles and approaches to studying in management education [J]. Journal of Management Education, 2007 (31): 445–466.

[12] Bagozzi R. and Yi Y. Assessing method variance in multitrait–multimethod matrices: The case of self–reported affect and perceptions at work [J]. Journal of Applied Psychology, 1990 (75): 547–560.

[13] Bagozzi R. P. and Foxall G. R. Construct validation of a measure of adaptive–innovative cognitive styles in consumption [J]. International Journal of Research in Marketing, 1996 (13): 201–213.

[14] Bagozzi R. P. and Foxall G. R. Construct validity and generalizability of the Kirton Adaption–Innovation Inventory [J]. European Journal of Personality, 1995 (9): 185–206.

[15] Bagozzi R., Baumgartner H., and Yi Y. An investigation into the role of intentions as mediators of the attitude–behavior relationship [J]. Journal of Economic Psychology, 1989 (10): 35–62.

[16] Baker L. and Brown A. L. Metacognitive skills and reading [A]. In Pearson, P. D. ed. Handbook of Reading Research [M]. New York: Longman, 1984: 353–387.

[17] Bandura A. A social cognitive view on shaping the future [C]. Proceedings of the Korean Psychological Association 50th Anniversary Conference, Seoul, Korea: HK Mun Publishing, 1996.

[18] Bandura A. Human agency in social cognitive theory [J]. American Psychologist, 1989 (44): 1175–1184.

[19] Bandura A. Self–efficacy: Toward a unifying theory of behavioral change [J]. Psychological Review, 1977 (84): 191–215.

[20] Bandura A. The social foundations of thought and action [M]. Englewood Cliffs: Prentice–Hall, 1986.

[21] Baron R. A. Cognitive mechanisms in entrepreneurship: Why and when entrepreneurs think differently than other people [J]. Journal of Business Venturing, 1998 (13): 275-294.

[22] Baron R. M. and Kenny D. A. The moderator-mediation variable distinction in social psychological research: Conceptual, strategic, and statistical considerations [J]. Journal of Personality and Social Psychology, 1986, 51 (6): 1173-1182.

[23] Baron R.A. Potential benefits of the cognitive perspective: Expanding entrepreneurship's array of conceptual tools [J]. Journal of Business Venturing, 2004a (19): 169-172.

[24] Baron R.A. The cognitive perspective: A valuable tool for answering entrepreneurship's basic "why" questions [J]. Journal of Business Venturing, 2004b (19): 221-239.

[25] Bass B.M., Avolio B. J. Transformational leadership and organizational culture [J]. Public Administration Quarterly, 1993, 17 (1): 112-121.

[26] Baum J. R. and Locke E. A. The relationship of entrepreneurial traits, skill, and motivation to subsequent venture growth [J]. Journal of Applied Psychology, 2004, 89 (4): 587-598.

[27] Baum J., Li S.X., Usher J.M. Making the next move: How experiential and vicarious learning shape the locations of chains' acquisitions [J]. Administrative Science Quarterly, 2000 (45): 766-801.

[28] Baumol W.J. Entrepreneurship, management and the structure of payoffs [M]. Cambridge, Mass: MIT press, 1993.

[29] Bennis Warren. On becoming a leader [M]. Reading MA: Addison-Wesley, 1989.

[30] Bentler P. M. and Bonett D. G. Significance tests and goodness of fit in the analysis of covariance structures [J]. Psychological Bulletin, 1980 (88): 588-606.

[31] Betz N. E. and Hacke G. The relationship of career-related self-efficacy expectations to perceived career options in college women and men [J]. Journal of Counseling Psychology, 1981 (28): 399-410.

[32] Betz N. E. and Hackett G. Applications of self-efficacy theory to un-

derstanding career choice behavior [J]. Journal of Social and Clinical Psychology, 1986(4): 279-289.

[33] Bird B. and Brush C. G. A gendered perspective on organizational creation [J]. Entrepreneuriship: Theory and Practice, 2003, 26 (3): 41-65.

[34] Bird B. Implementing entrepreneurial ideas: The case for intention [J]. Academy of Management Review, 1988 (13): 442-453.

[35] Bird B. The operation of intentions in time: The emergence of the new venture [J]. Entrepreneurship: Theory and Practice, 1992, 17 (1): 11-20.

[36] Boyd N. G. and Vozikis G. S. The influence of self-efficacy on the development of entrepreneurial intentions and actions [J]. Entrepreneurship: Theory and Practice, 1994 (18): 63-90.

[37] Brautigam D. Substituting for the state: Institutions and industrial development in Eastern Nigeria [J]. World Development, 1997, 25 (7): 1063-1080.

[38] Brigham K. H. et al. A person-organization fit model of owner-managers' cognitive style and organizational demands [J]. Entrepreneurship: Theory & Practice, 2007, 31 (1): 29-51.

[39] Brockhaus R. H. and Howrwitz P. S. The psychology of the entrepreneur [A]. in Sexton, D. L. and Smith, R. W. (eds.) The Art and Science of Entrepreneurship [M]. Cambridge, MA: Ballinger, 1986.

[40] Brockhaus Sr. R H. Risk-taking propensity of entrepreneurs [J]. Academy of Management Journal, 1980 (23): 509-520.

[41] Brown A. L. Metacognition, executive control, self-regulation and even more mysterious mechanisms [A]. In Spiro R. J. , Bruce B. C. and Brewer W. F. eds. Theoretical issues in reading comprehension : Perspectives from cognitive psychology [M]. Artificial Intelligence, Linguistics and Education. Hillsdale, NJ: Erlbaum, 1982.

[42] Browne M. W. and Cudeck R. Alternative ways of assessing model fit [A]. In: Bollen K. A. and Long J. S. eds. Testing Structural Equation Models [M]. Newbury Park, CA: Sage, 1993: 136-162.

[43] Brush C. Marketplace information scanning activities of new manufacturing

ventures [J]. Journal of Small Business Management, 1992 (30): 41-54.

[44] Bryne B. M. A primer of LISREL: Basic applications and programming for confirmatory factor analytic models [M]. Spriger-Verlag New York Inc., 1989.

[45] Busenitz L. Research on entrepreneurial alertness [J]. Journal of Small Business Management, 1996 (34): 35-44.

[46] Busenitz L., Lau C. M. A cross-cultural cognitive model of new venture creation [J]. Entrepreneurship: Theory and Practice, 1996 (20): 25-39.

[47] Busenitz L.W. and Barney J.B. Biases and heuristics in strategic decision making: Differences between entrepreneurs and managers in large organizations [C]. Academy of Management Best Papers Proceedings, 1994: 85-69.

[48] Butter E. H. Examining female entrepreneurs's management style: An application of a relational frame [J]. Journal of Business Ethics, 2001, 29 (3): 253-270.

[49] Carlota Perez. Technological revolutions and techno-economic paradigms [J]. Cambridge Journal of Economics, 2010, 34 (1): 185-202.

[50] Carter N. M., Gartner W. B., Shaver K. G. and Gatewood E. J. The career reasons of nascent entrepreneurs [J]. Journal of Business Venturing, 2003 (18): 13-39.

[51] Chaganti R., Decarolis D. and Deeds D. Predictors of capitial structure in small ventures [J]. Entrepreneurship: Theory and Practice, 1995, 20 (2): 7-18.

[52] Chemers M. M., Watson C. B. and May S. T. Dispositional affect and leadership effectiveness: A comparison of self esteem, optimism, and efficacy [J]. Personality and Social Psychology Bulletin, 2000, 26 (3): 267-277.

[53] Chen C. C., Greene P. G. and Crick A. Does entrepreneurial self-efficacy distinguish entrepreneurs from entrepreneurs from managers? [J]. Journal of Business Venturing, 1998 (13): 295-316.

[54] Chiles T. H., Meyer A. D., Hench T. J. Organizational emergence: The origin and transformation of Branson [J]. Organization Science, 2004, 12 (3): 53-75.

[55] Clogg C. C., Petkova E. and Shihadeh E. S. Statistical methods for analyzing collapsibility in regression models [J]. Journal of Educational Statistics, 1992, 17

(1): 51–74.

[56] Coffield R., Moseley D., Hall E. and Ecclestone K. Should we be using learning styles [M]. Trowbridge, Wiltshire: Cromwell Press Ltd., 2004.

[57] Conger Jay A., Fulmer Robert M. Developing your leadership pipeline [J]. Harvard Business Review, 2003, 81 (12): 76–84.

[58] Cooke P. Regional innovation, entrepreneurship and talent systems [J]. International Journal of Entrepreneurship and Innovation Management, 2007, 7 (2): 117–139.

[59] Cooper A., Folta T. and Woo C. Entrepreneurial information search [J]. Journal of Business Venturing , 1995 (10): 107–120.

[60] Cortina J. M., Chen G. and Dunlap W. P. Testing interaction effects in LISREL: Examination and iljustration of available procedures[J]. Organizational Research Methods, 2001, 4 (4): 324–360.

[61] Cote J. and Buckley M. Estimating trait, method, and error variance: Generalizing across 70 construct validation studies [J]. Journal of Marketing Research, 1987, 24 (August): 315–318.

[62] Covin J. G. and Slevin D. P. Strategic management of small firms in hostile and benign environments [J]. Strategic Management Journal, 1989 (10): 75–87.

[63] Crampton S. and Wagner J. Percept–percept inflation in microorganizational research: An investigation of prevalence and effect [J]. Journal of Applied Psychology, 1994 (79): 67–76.

[64] Creswell J. W. Qualitative inquiry and research design: Choosing among five traditions [M]. Thousand Oaks, CA: Sage, 1998.

[65] Crotty M. The foundations of social research: Meaning and perspective in the research process [M]. London: Sage, 1998.

[66] David R. The relative contributions of cognitive style and self–consciousness to interpersonal behavior in a learning task [D]. New Haven, Connecticut: Yale University, Ph.D. thesis, 1989.

[67] Day David V., Gronn Peter, Salas Eduardo. Leadership capacity in teams [J]. Leadership Quarterly, 2004, 15 (6): 857–880.

[68] De Noble A. F., Jung D. I. and Ehrlich S. B. Entrepreneurial self-efficacy: The development of a measure and its relationship to entrepreneurial action [A]. in Reynolds R. D., Bygrave W. D. and Manigart S. et al. eds. Frontiers of entrepreneurship research [M]. Waltham, MA: P&R Publication Inc., 1999b: 73-87.

[69] De Noble A. F., Jung D. I. and Ehrlich S. B. Initiating new ventures: The role of entrepreneurial self-efficacy [C]. Paper presented at the Babson Research Conference, Babson College, Boston, MA, 1999a.

[70] Denis Jean-Louis, Lamothe Lise, Langley Ann. The dynamics of collective leadership and strategic change in pluralistic organizations [J]. Academy of Management Journal, 2001, 44 (4): 809-837.

[71] Denrell J. Vicarious learning, undersampling of failure, and the myths of management [J]. Organization Science, 2003, 14 (3): 227-243.

[72] Dewey J. Philosophy and civilization [M]. New York: Minton, Black & Company, 1931.

[73] Dienesch Richard M., Liden Robert C. Leader-member exchange model of leadership: A critique and further development[J]. Academy of Management Review, 1986, 11 (3): 618-634.

[74] Ding Minglei, Wang Yunfeng, Zhao zhao. Self-efficacy and cognition based perspective on entrepreneur's decision and learning processes in nascent firm [C]. IEEE Grey System and Intelligent Services, Nanjing, Nov.18-20, 2007.

[75] Dosi G. Technological paradigms and technological trajectories [J]. Research Policy, 1982, 11 (3): 147-162.

[76] Doty D. H. and Glick W. H. Common methods bias: Does common methods variance really bias results? [J]. Organizational Research Methods, 1998, 1 (4): 374-406.

[77] Drnovsek M. and Glas M. The entrepreneurial self-efficacy of nascent entrepreneurs: The case of two economies in transition [J]. Journal of Enterprising Culture, 2002, 10 (2): 107-131.

[78] Drucker P. F. Management's new role [J]. Harvard Business Review, 1969 (47): 49-54.

[79] Dutton J. and Jackson S. Categorizing strategic issues: Links to organizational action [J]. Academy of Management Review, 1987 (12): 76–90.

[80] Eby L. T. and Dobbins G. H. Collectivistic orientation in teams: An individual and group–level analysis [J]. Journal of Organizational Behavior, 1997 (18): 275–295.

[81] Eckhardt J. T. and Shane S. Opportunities and entrepreneurship [J]. Journal of Management, 2003, 29 (3): 333–349.

[82] Eisenhardt K. Better sotries and better constructs: The case for rigor and comparative logic [J]. Academy of Management Review, 1991, 16 (3): 620–627.

[83] Eisenhardt K. Building theories from case study research [J]. Academy of Management Review, 1989, 14 (4): 532–550.

[84] Eisenhardt K. Making fast strategic decisions in high–velocity environments [J]. Academy of Management Journal, 1989 (32): 543–576.

[85] Ensley Michael D., Pearson Allison, Pearce Craig L. Top management team process, shared leadership, and new venture performance: A theoretical model and research agenda [J]. Human Resource Management Review, 2003, 13 (2): 329–346.

[86] Epitropaki Olga, Martin Robin. Implicit leadership theories in applied settings: Factor structure, generalizability, and stability over time [J]. Journal of Applied Psychology, 2004, 89 (2): 293–310.

[87] Erikson T. Towards taxonomy of enterprise development [J]. Journal of Small Business and Enterprise Development, 2003, 10 (1): 106–112.

[88] Fayolle A. and Gailly B. Using the theory of planned behaviour to assess entrepreneurship teaching programs: A first experimentation [C]. IntEnt 2004 Conference, Naples (Italy), 2004, 5–7 July.

[89] Fiedler Fred E. Research on leadership selection an training: One view of the future [J]. Administrative Science Quarterly, 1996, 41 (2): 241–250.

[90] Fiedler Fred E., House Robert J. "Leadership theory and research: A report of progress" in Cooper Cary L., Robertson Ivan T. (eds), Key Reviews in Managerial Psychology [M]. Chichester, U.K.: Wiley, 1994: 97–116.

[91] Fishbein M., and Ajzen I. Belief, attitude, intention and behavior: An introduction to theory and research [M]. Reading, MA: Addison-Wesley, 1975.

[92] Fisher G., Bibo M. No leadership without representation [J]. International Journal of Organisational Behaviour, 2000, 6 (2): 307-319.

[93] Flavell J. H. Metacognitive aspects of problem solving [A]. In Resnick, L. B. ed. The Nature of Intelligence [M]. Hillsdale, NJ: Erlbaum, 1976.

[94] Forbes D. P. Cognitive approaches to new venture creation [J]. International Journal of Management Review, 1999, 1 (4): 415-439.

[95] Forbes D. P. The effects of strategic decision making on entrepreneurial self-efficacy [J]. Entrepreneurship: Theory and Practice, September 2005: 599-626.

[96] Freedman L. S. and Schatzkin A. Sample size for studying intermediate endpoints wihin intervention trials of observational studies [J]. American Journal of Epidemiology, 1992 (136): 1148-1159.

[97] Fried V. H. Defining a forum for entrepreneurship scholars [J]. Journal of Business Venturing, 2003 (18): 1-11.

[98] Fuller J. B., Patterson C. and Hester K., et al. A quantitative review of research on charismatic leadership [J]. Psychological Reports, 1996 (78): 271-287.

[99] Gartner W. "Who is an entrepreneur?" is the wrong question [J]. American Journal of Small Business, 1988 (13): 11-32.

[100] Gartner W. Some suggestions for research on entrepreneurial traits and characteristics [J]. Entrepreneurship: Theory and Practice, 1989, 14 (1): 27-38.

[101] Gartner W. Words lead to deeds: Towards and organizational emergence vocabulary [J]. Journal of Business Venturing, 1993, 8 (3): 231-239.

[102] Gartner W., Bird B., and Starr J. Acting as if: Differentiating entrepreneurial from organizational behavior [J]. Entrepreneurship: Theory & Practice, 1992 (16): 13-31.

[103] Gartner W., Shaver K., Gatewood E., Katz J. Finding the entrepreneur in entrepreneurship [J]. Entrepreneurship: Theory and Practice, 1994 (18): 5-9.

[104] Gerstner C. R. and Day D. V. Meta-analytic review of leader-member exchange theory: Correlates and construct issues [J]. Journal of Applied Psychology,

1997 (82): 827-844.

[105] Ghosh B. C. and Kwan W. An analysis of key success factors of SMEs: A comparative study of Singapore/Malaysia and Australia/New Zealand [Z]. Working Paper, 1996.

[106] Giola D.A., Manz C.C. Linking cognition and behavior: A script processing interpretation of vicarious learning [J]. Academy of Management Review, 1985, 10 (3): 527-539.

[107] Gist M. E. and Mitchell T. R. Self-efficacy: A theoretical analysis of its determinants and malleability [J]. Academy of Management Review, 1992 (17): 183-211.

[108] Glick Norman D. Situational leadership in cross-cultural environment: The relationship between cross-cultural experience, culture training, leadership style, and leader-effectiveness in the U.S. foreign service [D]. U.S.A.: Nova Southeastern University, DBA thesis, 2001.

[109] Goldsmith R. E. and Kerr J. Entrepreneurship and adaption-innovaton theory [J]. Technovation. 1991, 11 (6): 73-382.

[110] Greenberger D. B. and Sexton D. L. An interactive model of new venture initiation [J]. Journal of Small Business Management, 1988, 26 (3): 1-7.

[111] Grigorenko E. L. and Sternberg R. J. Thinking styles [A]. in Saklofske, D. H. and Zeidner, M. eds. International Handbook of Personality and Intelligence [M]. New York.: Plenum Press, 1995: 205-229.

[112] Grootaert C. and Bastelaer T. V. Understanding and measuring social capital: A synthesis of findings and recommendations from the social capital initiative [W]. The World Bank, Social Capital Initiative, Working Paper No. 24, 2001.

[113] Hackett G., Betz N., Casas J. and Rocha-Singh I. Gender, ethnicity and social cognitive factors predicting achievement [J]. Journal of Counseling Psychology, 1992 (39): 527-538.

[114] Haggbloom S. J., Warnick R. and Warnick J. E. The 100 most eminent psychologists of the 20th century [J]. Review of General Psychology, 2002 (6): 139-152.

[115] Hair J. F. Jr., Anderson R. E., Tatham R. L. and Black W. C. Multivariate data analysis (5th ed.) [M]. Upper Saddle River, NJ: Prentice-Hall, 1998.

[116] Hambrick D. Environmental scanning and organizational strategy [J]. Strategic Management Journal, 1982 (3): 159-174.

[117] Hao Zhao, Seibert S. E. and Hills G. D. The mediating role of self-efficacy in the development of entrepreneurial intentions [J]. Journal of Applied Psychology, 2005, 90 (6): 1265-1272.

[118] Harris S. G. and Mossholder K. W. The affective implications of perceived congruence with culture dimensions during organizational transformation [J]. Journal of Management, 1996, 22 (4): 527-547.

[119] Hart S. L. and Quinn R. E. Roles executives play: CEOs, behavioral complexity, and firm performance [J]. Human Relations, 1993 (5): 543-575.

[120] Heifetz Ronald A., Laurie Donald L. The work of leadership [J]. Harvard Business Review, 2001, 79 (11): 131-141.

[121] Hmieleski K. M. and Corbett A. C. Proclivity for improvisation as a predictor of entrepreneurial intentions [J]. Journal of Small Business Management, 2006, 44 (1): 45-63.

[122] Hofstede G. Culture and organizations: Software of the mind [M]. London: McGraw-Hill, 1991.

[123] Hollander Edwin P. Style, structure, and setting in organizational leadership [J]. Administrative Science Quarterly, 1971, 16 (1): 1-9.

[124] Honig B., Davidsson P. and Karlsson T. Learning strategies of nascent entrepreneurs [J]. Journal of Competence-Based Management, 2005, 1 (3): 67-88.

[125] House R. J. and Shamir B. Towards the integration of transformational, charismatic, and visionary theories [A]. in Chemers M. M. and Ayman R. (eds). Leadership Theory and Research: Perspectives and Directions [M]. Academic Press, San Diego, Calif., 1993: 81-108.

[126] Howell Jane M., Shamir Boas. The role of followers in the charismatic leadership process: Relationships and their consequences [J]. Academy of Management Review, 2005, 30 (1): 96-112.

[127] Hu L. and Bentler P. M. Cutoff criteria for fit indices in covariance structure analysis: Conventional criteria versus new alternatives [J]. Structural Equaton Modeling, 1999 (6): 1-55.

[128] Hu L. and Bentler P. M. Fit indices in covariance structure modeling: Sensitivity to underparameterized model misspecification [J]. Psychological Methods, 1998 (3): 424-453.

[129] Huff A. A current and future agenda for cognitive research in organizations [J]. Journal of Management Studies, 1997 (34): 947-952.

[130] Hughes R.L. et al. Leadership: Enhancing the lessons of experience [M]. The McGraw-Hill Companies, 2002.

[131] Hunt J.G., Boal K.B., Sorenson R.L. Top management leadership: Inside the black box [J]. The Leadership Quarterly, 1990, 1 (1): 41-65.

[132] Huxham Chris, Vangen Siv. Leadership in the shaping and implementation of collaboration agendas: How things happen in a (not quite) joined-up world [J]. Academy of Management Journal, 2000, 43 (6): 1159-1175.

[133] James L. R. and Brett J. M. Mediators, moderators and tests for mediation [J]. Journal of Applied Psychology, 1984, 69 (2): 307-321.

[134] James L. R., Mulaik S. A. and Brett J. M. A tale of two methods [J]. Organizational Research Methods, 2006, 9 (2): 233-244.

[135] Ji Li, William K.L. Koh, Heng Sok Hia. The effects of interactive leadership on human resource management in Singapore's banking industry [J]. International Journal of Human Resource Management, 1997, 8 (5): 710-719.

[136] Johnson J. and Kuehn R. The small business owner's search for external information [J]. Journal of Small Business Management, 1987 (25): 53-60.

[137] Jöreskog K. G. Structural equation models in the social sciences: Specification, estimation and testing [C]. Proceedings of the Symposium held at Wright State Univerisity, Dayton, Ohio, June 1976: 14-18.

[138] Judd C. M. and Kenny D. A. Process analysis: Estimating mediation in treatment evaluations [J]. Evaluation Review, 1981, 5 (5): 602-619.

[139] Judge T. A., Jackson C. L. and Shaw J. C. et al. Self-efficacy and work-

related performance: The integral role of individual differences [J]. Journal of Applied Psychology, 2007, 92 (1): 107-127.

[140] Jung D. I., Erhlich S. B. and De Noble A. F. Entrepreneurial self-efficacy and its relationship to entrepreneurial action: A comparative study between the US and Korea [J]. Management International, 2001, 6 (1): 41-53.

[141] Kaiser H. F. An index of factorial simplicity [J]. Psychometrika, 1974, 39 (1): 31-36.

[142] Kaish S. and Gilad B. Characteristics of opportunities search of entrepreneurs versus executives: Resources, interest, and general alertness[J]. Journal of Business Venturing, 1991, 6 (1): 45-61.

[143] Katz J. A psychosocial cognitive model of employment status choice [J]. Entrepreneurship: Theory and Practice, 1992 (16): 29-37.

[144] Kennedy J., Drennan J., Renfrow P. and Watson B. Situational factors and entrepreneurial Intentions [C]. Paper presented at the 16th Annual Conference of the Small Enterprise Association of Australia and New Zealand, 2003.

[145] Kim M. and Hunter J. Relationships among attitudes, intentions and behavior [J]. Communication Research, 1993 (20): 331-364.

[146] Kirton M. J. A theory of cognitive style [A]. in Kirton, M. J. ed. Adaptors and Innovators: Styles of Creativity and Problem Solving [M]. London: Routledge, 1989a.

[147] Kirton M. J. Adaptors and innovators in organizations [J]. Human Relations, 1980 (33): 213-224.

[148] Kirton M. J. Adaptors and innovators: A description and measure [J]. Journal of Applied Psychology, 1976 (61): 622-629.

[149] Kirton M. J. Have adaptors and innovators equal levels of creativity? [J]. Psychological Reports, 1978 (42): 695-698.

[150] Kirton M.J. Adaptors and innovators at work [A]. In Kirton, M.J. (Ed.) Adaptors and Innovators: Styles of creativity and Problem solving [M]. New York: Routledge, 1989b: 56-78.

[151] Kirzner I. Perception, opportunity and profit: Studies in the theory of

entrepreneurship [M]. Chicago: University of Chicago Press, 1979.

[152] Kirzner I. Perception, opportunity and profit: Studies in the theory of entrepreneurship [M]. Chicago: University of Chicago Press, 1979.

[153] Knapp T. J. Who's who in American introductory psychology textbooks: A citation study [J]. Teaching of Psychology, 1985 (12): 15-17.

[154] Knight F. Risk, uncertainty and profit [M]. New York: Houghton-Mifflin, 1921.

[155] Kolb D. A. and Wolfe D. M. Professional education and career development: A cross sectional study of adaptive competencies in experimental learning [Z]. ERIC Document Reproduction Service No.ED209493, 1981.

[156] Kolb D. A. Experiential learning: Experience as the source of learning and development [M]. New Jersey: Prentice-Hall, 1984.

[157] Kolb D. A. Learning style inventory: Self-scoring inventory and interpretation booklet [M]. Boston: Mcber and Company, 1985.

[158] Kolb D. A. Learning style technical manual [M]. Boston: Mcber and Company, 1976.

[159] Kolb D. A. Management and learning process [J]. California Management Review, 1976 (3): 21-31.

[160] Kolvereid L. Prediction of employment status choice intentions [J]. Entrepreneurship Theory and Practice, 1996, 21 (1): 47-57.

[161] Kotter John P. A force for change: How leadership differs from management [M]. New York: The Free Press, 1990.

[162] Krueger Jr. N. F. and Brazeal D. V. Entrepreneurial potential and potential entrepreneurs [J]. Entrepreneurship: Theory and Practice, 1994, 18 (3): 91-104.

[163] Krueger Jr. N. F. and Dickson P. How believing in ourselves increases risk taking: Self-efficacy and perceptions of opportunity and threat [J]. Decision Science, 1994 (25): 385-400.

[164] Krueger Jr. N. F. The cognitive infrastructure of opportunity emergence [J]. Entrepreneurship Theory and Practice, 2000, 24 (3): 5-23.

[165] Krueger Jr. N. F. What lies beneath? The experiential essence of entrepreneurial thinking [J]. Entrepreneurship: Theory and Practice, 2007, 31 (1): 123–138.

[166] Krueger Jr. N. F., Reilly M. D. and Carsrud A. L. Competing models of entrepreneurial intentions [J]. Journal of Business Venturing, 2000 (15): 411–432.

[167] Krueger N.F. The cognitive psychology of entrepreneurship [A]. in Acs, Z. J. and Audretsch, D. B. (Eds). Handbook of Entrepreneurship Research [M]. New York: Springer, 2003: 105–140.

[168] Krugman P. Geography and trade, cambridge [M]. Massachusetts: MIT Press, 1991.

[169] Kutschera I. Cognitive style and decision making: Implications of intuitive and analytical information processing for decision quality [D]. Oregon, USA: University of Oregon, Ph.D thesis, 2002.

[170] Lakoff G. and Johnson M. Metaphors we live by [M]. Chicago: Chicago University Press, 1980.

[171] Lakoff G. and Johnson M. Philosophy in the flesh [M]. New York: Basic Books, 1999.

[172] Landy F. J. Psychology of Work Behavior [M]. Pacific Grove, CA: Brooks/Cole, 1989.

[173] Lang J., Calantone R. and Gudmundson D. Small firm information seeking as a response to environmental threats and opportunities[J]. Journal of Small Business Management, 1997 (35): 11–23.

[174] Lau C. M. and Busenitz L.W. Growth intentions of entrepreneurs in a transitional economy: The people's republic of China [J]. Entrepreneurship: Theory and Practice, 2001, 26 (1): 5–20.

[175] Lebas M., Weigenstein J. Management control: The roles of rules, markets and culture [J]. Journal of Management Studies, 1986, 23 (3): 259–272.

[176] Levinthal D. A. and March J. G. The myopia of learning [J]. Strategic Management Journal, 1993 (14): 94–112.

[177] Liñán F. and Chen Y. W. Development and cross-cultural application of a

specific instrument to measure entrepreneurial intentions [J]. Entrepreneurship: Theory and Practice, 2008 (in press) .

[178] Liñán F. and Chen Y. W. Testing the entrepreneurial intention model on a two-country sample [W]. Universitat Autònoma de Barcelona. Departament d'Economia de l'Empresa (Working Paper 06/07), 2006.

[179] Liñán F., Urbano D. and Guerreno M. Regional variations in entrepreneurial cognitions: Start-up intentions of university students in Spain [Z]. Universitat Autònoma de Barcelona. Departament d'Economia de l'Empresa (Working Paper 07/08), 2007.

[180] Lincoln Y. S. and Guba E. G. Paradigmatic controversies, contradictions, and emerging confluences. In N. K. Denzin and Y. S. Lincoln (eds.), Handbook of Qualitative Research (2nd ed., pp.163-188) [M]. Thousand Oaks, CA: Sage, 2000.

[181] Lindsay N. J., Lindsay W. A., Jordaan A. and Mapunda G. Indigenous nascent entrepreneur self-efficacy and perceived individual success [J]. Internatonal Journal of Entrepreneurship and Small Business, 2007, 4 (5): 605-619.

[182] Litwack J. M. Issues in the creation of fiscal legality in the economies of the former USSR [J]. Eastern Economic Journal, 1993, 19 (3): 335-345.

[183] Livingstone L. P., Nelson D. L., Barr S. H. Person-environment fit and creativity: An examination of supply-value and demand-ability version of fit [J]. Journal of Management, 1997, 23 (2): 119-146.

[184] Lucas W. A. and Cooper S. Y. Enhancing self-efficacy to enable entrepreneurship: The case of CMI's Connections [W]. MIT Sloan Working Paper 4489-04, 2004.

[185] Luthans F. and Iibrayeva E. S. Entrepreneurial self-efficacy in central Asian transition economies: quantitative and qualitative analyses [J]. Journal of International Business Studies, 2006, 37 (1): 92-110.

[186] Luthans F. and Lockwood D. L. Toward and observation system for measuring leader behavior in natural settings [A]. in Hunt, J. G., Hosking, D. and Stewart, R. (Eds), Leaders and Managers [M]. Pergamon, New York, 1984: 122.

[187] Luthans F. Stajkovic A. D. and Envick B. Effects of general and social self-efficacy on entrepreneurial behaviors and performance [C]. Proceedings of Annual Meeting of the Decision Sciences Institute, San Diego, CA, Nov. 22 - 25, 1997.

[188] Luthans F. Successful vs. effective real managers [J]. Academy of Management Top-level Manager, 1988, 2 (2): 127-132.

[189] MacKinnon D. P., Lockwood C. M. and Hoffman J. M. A new method to test for mediation [C]. Paper presented at the annual meeting of the society for Prevention Research, Park City, UT, June 1998.

[190] MacKinnon D. P., Lockwood C. M., Hoffman J. M., West S. G. and Sheets V. A. Comparison of methods to test mediation and other intervening variable effects [J]. Psychological Methods, 2002, 7 (1): 83-104.

[191] MacMilllan I. C. The emerging forum for entrepreneurship scholars [J]. Journal of Business Venturing, 1993 (8): 377-381.

[192] Mandy E.G. Van Der Velde, Paul G.W. Jansen, Claartje J. Vinkeburg. Managerial activities among top and middle managers: Self versus other perceptions [J]. Journal of Applied Management Studies, 1999, 8 (2): 161-174.

[193] Manimala M.J. Entrepreneurial heuristics: A comparison between high PI (pioneering-innovative) and low PI ventures [J]. Journal of Business Venturing, 1992 (7): 477-504.

[194] Markman G. D. and Baron R. A. Person-entrepreneurship fit: Why some people are more successful as entrepreneurs than others [J]. Human Resource Management Review, 2003 (13): 281-301.

[195] Mertens D. M. Research methods in education and psychology: Integrating diversity with quantitative and qualitative approaches [M]. Thousand Oaks, CA: Sage, 1998.

[196] Minniti M. and William B. A dynamic model of entrepreneurial learning [J]. Entrepreneurship: Theory and Practice, 2001, 25 (3): 5-16.

[197] Mintzberg H. Retrospective commentary on "The manager's job: Folklore and fact" [J]. Harvard Business Review, March/April 1990: 170.

[198] Mintzberg H. The manager's job: Folklore and fact [J]. Harvard Business Review, 1975, July/August: 49-61.

[199] Mintzberg Henry. The manager at work-determining his activities, roles, and programs by structured observation [D]. Massachusetts, U.S.A.: Massachusetts Institute of Technology, 1968.

[200] Misumi Jyuji, Peterson Mark F. The performance-maintenance (PM) theory of leadership: Review of a Japanese research program [J]. Administrative Science Quarterly, 1985, 30 (2): 198-223.

[201] Mitchell R. K., Busenitz L., Lant T., Mcdougall P. P., Morse E. A., and Smith J. B. Toward a theory of entrepreneurial cognition: Rethinking the people side of entrepreneurship research [J]. Entrepreneurship Theory and Practice, 2002, 27 (2): 93-104.

[202] Mitchell R. K., Busenitz L.W., Bird B. et al. The central question in entrepreneurial cognition research 2007 [J]. Entrepreneurship: Theory and Practice, 2007, 31 (1): 1-27.

[203] Mitchell R. K., Smith B., Seawright K. W., and Morse E. A. Cross-cultural cognitions and the venture creation decision [J]. Academy of Management Journal, 2000, 43 (5): 974-993.

[204] Mitchell R.K., Busenitz L. W., Bird B., Gaglio C. M., McMullen J. S., Morse E. A. et al. Are entrepreneurial cognitions universal? Assessing entrepreneurial cognitions across cultures [J]. Entrepreneurship: Theory and Practice, 2002, 26 (4): 9-32.

[205] Mohan-Neill S. The influence of firm's age and size on its environmental scanning activities [J]. Journal of Small Business Management, 1995 (33): 10-21.

[206] Morano C. L. Appraisal and coping: Moderators or mediators of stress in Alzheimer's disease caregivers [J]. Social Work Research, 2003, 27 (2): 116-128.

[207] Mudd S. Kirton's A-I theory: Evidence bearing on the style/level and factor composition issues [J]. British Journal of Psychology, 1996 (87): 241-254.

[208] Nee V. and Young F. W. Peasant entrepreneurs in China's second economy: An institutional analysis[J]. Economic Development and Cultural Change, 1991,

39 (2): 293–310.

[209] Nee V. Organizational dynamics of market transition: Hybrid forms, property rights and mixed economy in China [J]. Administrative Science Quarterly, 1992, 37 (1): 1–27.

[210] Neuman W. L. Social research methods: Qualitative and quantitative approaches (4th ed.) [M]. Boston: Allyn and Bacon, 2000.

[211] Neupert K. E., Krueger N. F. And Chua B. L. Entrepreneurial self–efficacy and it's relationship to business plan competitions: An international examination [A]. in Hamid Etemad ed. International Entrepreneurship: The Globalization of SME's Orientation, Environment and Strategy [M]. Edward Elgar Publishing Ltd., 2004: 126–141.

[212] Nisbett R. and Ross L. Human inference: Strategies and shortcomings of social judgment [M]. Englewood Cliffs, NJ: Prentice–Hall, 1980.

[213] Norman G. R. and Streiner D. L. Biostatistics: The bare essentials [M]. St.Louis, MO: Mosby, 1994.

[214] North D. C. Institutions, institutional change and economic performance [M]. Cambridge: Cambridge University Press, 1990.

[215] North D. C. Understanding the process of economic change [M]. Princeton: Princeton University Press, 2005.

[216] O'Reilly C. A., Ⅲ Chatman J., Caldwell D. F. People and organizational culture: A profile comparisons approach to assessing person–organization fit [J]. Academy of Management Journal, 1991 (34): 487–516.

[217] Palich L. and Bagby D. Using cognitive theory to explain entrepreneurial risk–taking: challenging conventional wisdom [J]. Journal of Business Venturing, 1995 (10): 425–438.

[218] Parry Ken W. Grounded theory and social process: A new direction for leadership research [J]. Leadership Quarterly, 1998, 9 (1): 85–105.

[219] Passio K. and Hytti U. Entrepreneurship programme for PHD students–A Longitudinal study of entrepreneurial intentions [Z]. Small Business Institute, Business Research and Development Centre, Turku School of Economics, Working Pa–

per, 2006.

[220] Paul Schonsleben. With agility and adequate partnership strategies towards effective logistics networks [J]. Computers in Industry, 2000 (42): 33-42.

[221] Peirce C. S. The fixation of belief [J]. Popular Science Monthly, 1877, 12: 1-15. Reprinted CP 5: 358-387.

[222] Peng M. and Shekshnia S. V. How entrepreneurs create wealth in transition economies [J]. Academy of Management Executive, 2001, 15 (1): 95-110.

[223] Pettigrew Andrew M. "Conclusion: Organizational climate and culture: Two constructs in search of a role." in Schneider, ed., Organizational Climate and Culture [M]. 1985.

[224] Phelan S. G. Developing creative competence at work: The reciprocal effects of creative thinking, self-efficacy and organizational culture on creative performance [D]. Los Angeles, CA: California School of Professional Psychology, Ph.D. thesis, 2001.

[225] Phillips D. C. and Burbules N. C. Postpositivism and educational research [M]. Lanham, MD: Rowman & Littlefield, 2000.

[226] Pineda R., Lerner L., Miller C. and Phillips S. An investigation of factors affecting the information-search activities of small business managers [J]. Journal of Small Business Management, 1998 (36): 60-71.

[227] Podsakoff P. M. and D. W. Organ. Self reports in organizational research: Problems and prospects [J]. Journal of Management, 1986, 12 (4): 531-544.

[228] Podsakoff P. M., Mackenzie S. B. and Paine J. B. Organizational citizenship behavior: A critical review of the theoretical and empirical literature and suggestions for future research [J]. Journal of Management, 2000 (26): 513-563.

[229] Podsakoff P. M., Mackenzie S. B. and Podsakoff N. P. Common method biases in behavioral research: A critical review of the literature and recommended remedies [J]. Journal of Applied Psychology, 2003, 88 (5): 879-903.

[230] Politis D. The process of entrepreneurial learning: A conceptual framework [J]. Entrepreneurship: Theory and Practice, 2005 (July): 399-424.

[231] Pretorius M., Neiman G. and van Vuuren J. Critical evaluation of two

models for engtrepreneurial education—An improved model through integration [J]. International Journal of Educational Management, 2005 (19): 413-427.

[232] Rae D. Understanding entrepreneurial learning: A question of how [J]. International Journal of Entrepreneurial Behaviour & Research, 2000, 6 (3): 145-159.

[233] Rae D. Using a life-story approach in reaching entrepreneurial learning: The development of a conceptual model and its implications in the design of learning experiences [J]. Education + Training, 2000, 42 (4/5): 220-227.

[234] Rayner S. G. Reconstructing style differences in thinking and learning: Profiling learning performance [A]. Riding, R. J. and Rayner, S. G. (eds). International Perspectives on Individual Differences, Vol. 1: 181-213. Stamford, CT: Ablex, 2000.

[235] Reskog K. G. and Rbom D. LISREL 8: Structural Equation Modeling with the SIMPLIS Command Language [M]. Chicago: Scientific Software International, 1993.

[236] Riding R. J. and Rayner S. G. Cognitive styles and learning strategies [M]. London: David Fulton, 1998.

[237] Riding R. J. Cognitive style: A review [A]. in Riding, R. J. and Rayner, S. G. eds. International perspectives on individual differences. Vol. 1: Cognitive style [M]. Ablex Publishing Corporation, 2000: 315-344.

[238] Riding R. J. On the nature of cognitive style [J]. Educational Psychology, 1997 (17): 29-49.

[239] Robinson P. B., Stimpson D. V., Huetner J. C. and Hunt H. K. An attitude approach to the prediction of entrepreneurship [J]. Entrepreneurship Theory and Practice, 1991, 15 (4): 13-31.

[240] Rocha H., Sternberg R. Entrepreneurship: The role of clusters; theoretical perspective and empirical evidence from Germany [J]. Small Business Economics, 2005, 24 (3): 267-292.

[241] Rosener J. Ways women lead [J]. Harvard Business Review, 1990, 68 (6): 119-125.

［242］ Rotter J.B. Generalized expectancies for internal versus external control of reinforcement ［J］. Psychological Monographs： General and Applied， 1966 （80）： 8-16.

［243］ Sathe Vijay. Culture and related corporate realities ［M］. Homewood, Ill.： Richard D. Irwin， 1985.

［244］ Schafer S. Level of entrepreneurship and scanning source usage in very small businesses ［J］. Entrepreneurship Theory and Practice， 1990 （15）： 19-32.

［245］ Scherer R.， Adams J.， Carley S.， and Wiebe F. Role model performance effects on development of entrepreneurial career preference［J］. Entrepreneurship Theory and Practice， 1989 （13）： 53-81.

［246］ Schumpeter J. Capitalism， socialism and democracy （3rd edition） ［M］. New York： Harper & Row， 1950.

［247］ Schwartz H.， Davis S.M. Matching corporate culture and business strategy ［J］. Organizational Dynamics， 1981， 10 （1）： 30-48.

［248］ Sequeira J. M. The effect of network ties and entrepreneurial self-efficacy on immigrant new venture intentions ［D］. Arlington， Texas： The University of Texas， 2004.

［249］ Shane S.， Venkataraman S. The promise of entrepreneurship as a field of research ［J］. Academy of Management Review， 2000， 25 （1）： 217-226.

［250］ Shane S. A. Who is publishing the entrepreneurship research ［J］. Journal of Management， 1997 （23）： 83-95.

［251］ Shane S. and Venkataraman S. The promise of entrepreneurship as a field of research ［J］. Academy of Management Review， 2000， 25 （1）： 217-226.

［252］ Shapero A. Social dimensions of entrepreneurship ［A］. In Kent， C.， Sexton， D. and Vesper， K. （eds）. The Encyclopedia of Entrepreneurship ［M］. Englewood Cliffs， NJ： Prentice Hall， 1982.

［253］ Shapira Z. Organizational decision making ［M］. New York： Cambridge University Press， 1997.

［254］ Shaver K. and Scott L. Person.， process， choice： The psychology of new venture creation ［J］. Entrepreneurship： Theory and Practice， 1991 （16）： 23-45.

[255] Shaw M. J. Information-based manufacturing and the Web [J]. International Journal of flexible Manufacturing Systems, 2000, 9 (2): 115-120.

[256] Simon M. et al. Cognitive biases, risk perception, and venture formation: How individuals decide to start companies [J]. Journal of Business Venturing, 2000, 14 (5): 113-134.

[257] Sims Jr., Henry P., Manz Charles C. Observing leader verbal behavior: Toward reciprocal determinism in leadership theory [J]. Journal of Applied Psychology, 1984, 69 (2): 222-232.

[258] Smeltzer L., Fann G. and Nikolaisen V. Environmental scanning practices in small business [J]. Journal of Small Business Management, 1988 (26): 55-62.

[259] Smith K., Gannon M., Grimm C. and Mitchell T. Decision making in smaller entrepreneurial and larger professionally managed firms [M]. Journal of Business Venturing, 1988 (3): 223-232.

[260] Soble M. E. Asymptotic confidence intervals for indirect effects in structural equation models [A]. in: Leinhardt S. (ed.) Sociological Methodology 1982 [A]. Washington, DC: American Sociological Association, 1982: 290-312.

[261] Soble M. E. Direct and indirect effects in linear structural equation models [A]. in: Long, J. S. (ed.) Common Problems/Proper Solutions [M]. Beverly Hills, CA: Sage, 1988: 46-64.

[262] Specht P. Information sources used for strategic planning decisions in small firms [J]. Entrepreneurship Theory and Practice, 1987 (11): 21-34.

[263] Stajkovic A. D. and Luthans F. Social cognitive theory and self-efficacy: Going beyond traditional motivational and behavioral approaches [J]. Organizational Dynamics, 1998, 26 (4): 62-74.

[264] Stein K. Individual perception of business contexts: The case of small-scale entepreneurs in Tanzania[J]. Journal of Developmental Entrepreneurship, 2002, 7 (3): 283-305.

[265] Sternberg R. Entrepreneurship, proximity and regional innovation systems [J]. Tijdschrift voor Economische en Sociale Geografie (Journal of Economic & Social Geography), 2007, 98 (5): 652-666.

[266] Sternberg R. J. and Grigorenko E. L. Are cognitive styles still in style? [J]. American Psychologists, 1997 (52): 700-712.

[267] Sternberg R. J. and Horvath J. A. Tacit knowledge in professional practice: Researcher and practitoner perspectives [M]. Mahwah, New Jersey: Lawrence Erlbaum Associates, 1999.

[268] Stevenson H. H. and Gumpert D. E. The heart of entrepreneurship [J]. Harvard Business Review, 1985, March-April: 85-94.

[269] Stevenson H. H. and Harmeling S. Entrepreneurial management's needfor a more "Chaotic" theory [J]. Journal of Business Venturing, 1990, 5 (1): 1-14.

[270] Stogdill R. D. Personal factors with leadership: A survey of the literature [J]. Journal of Psychology, 1948 (28): 35-71.

[271] Sun R., Zhang Xi and Mathews R. Modeling meta-cognition in a cognitive architecture [J]. Cognitive Systems Research, 2006 (7): 327-338.

[272] Takyiasiedu S. Some sociocultural factors retarding entrepreneurial activity in sub-saharan Africa [J]. Journal of Business Venturing, 1993, 8 (2): 91-98.

[273] Tennant M. Psychology and adult learning [M]. London: Rontledge, 1988.

[274] Thomas A. S., and Muller S. L. A case for comparative entrepreneurship: Assessing the relevance of culture [J]. Journal of International Business Studies, 2000, 31 (2): 287-301.

[275] Thomas J., Clark S. and Gioia D. Strategic sensemaking and organizational performance: linkages among scanning, interpretation, action and outcomes [J]. Academy of Management Journal, 1993 (36): 239-270.

[276] Tsui A. S., Zhi-Xue Zhang et al. Unpacking the relationship between CEO leadership behavior and organizational culture [J]. The Leadership Quarterly, 2006, 17 (2): 113-137.

[277] Uphoff N. Understanding social capital: learning from the analysis and experience of participation [A]. In Dasgupta, P. and Serageldin I. (eds.), Social Capital, A Multifaceted Perspective [M]. Washington: The World Bank, 2000: 215-249.

[278] Van Eerde W. and Thierry H. Vroom's expectancy models of work-related criteria: A meta-analysis [J]. Journal of Applied Psychology, 1996, 81 (5): 575-586.

[279] Vecchio Robert P. Entrepreneurship and leadership: Common trends and common threads [J]. Human Resource Management Review, 2003, 13 (2): 303-327.

[280] Vincent V. Decision making policies among Mexican-American small business entrepreneurs [M]. Journal of Small Business Management, 1996 (34): 1-13.

[281] Walsh James P. Managerial and organizational cognition: Notes from a trip down memory Lane [J]. Organization Science, 1995, 6 (3): 280-321.

[282] Whetten D. A.架设跨情景的学术对话 [A]. 徐淑英，刘忠明. 中国企业管理的前沿研究 [M]. 北京：北京大学出版社，2004.

[283] Whisman M. A. and McClelland G. H. Designing, testing, and interpreting interactions and moderator effects in family research [J]. Journal of Family Psychology, 2005, 19 (1): 111-120.

[284] William J. The principles of psychology [M]. 1890. Classics in the History of Psychology, an internet resource developed by Christopher D. Green of York University, Toronto, Ontario.

[285] Wilson F., Kickul J. and Marlino D. Gender, entrepreneurial self-efficacy, and entrepreneurial career intentions: implications for entrepreneurship education [J]. Entrepreneurship: Theory and Practice, 2007, 31 (3): 387-406.

[286] Witkin H. A. Role of field-dependent and field-independent cognitive styles in academic evolution: A longitudinal study [J]. Journal of Educational Psychology, 1977a, 69 (3): 197-211.

[287] Witkin H. A., Goodenough D. R. Field-dependence and interpersonal behavior [J]. Psychological Bulletin, 1977b, 84 (4): 661-689.

[288] Witkin H. A., Moore C. A., Goodenough D. R. and Cox P. W. Field dependent and independent cognitive style and their educational implications [J]. Review of Educational Research, 1977c, 47 (1): 1-64.

[289] Wofford J.C. and Goodwin V. L. A cognitive interpretation of transactional

and transformational leadership theories [J]. The Leadership Quarterly，1994，5 (2)：161-186.

[290] Wofford J.C.，Goodwin V. L. and Whittington J. L. A field study of a cognitive approach to understanding transformational and transactional leadership [J]. Leadership Quarterly，1998，9 (1)：55-84.

[291] Wood R. and Bandura A. Social cognitive theory of organizational management [J]. Academy of Management Review，1989 (14)：361-384.

[292] Wortman M. S. Jr. A unified framework，research typologies，and research prospectuses for the interface between entrepreneurship and small business [A]. in Sexton D. and Smilor R. W. eds. The Art and Science of Entrepreneurship [M]. Cambridge，MA：Ballinger Publishing Company.

[293] Yin Robert. The case study crisis：Some answers[J]. Administrative Science Quarterly，1981，26 (3)：58-65.

[294] Zahra S. A.，Jennings D. F. and Kuratko D. F. The antecedents and consequences of firm-level entrepreneurship：The state of the field [J]. Entrepreneurship Theory and Practice，1999，24 (2)：45-63.

[295] Zimmerman B. J. and Schunk D. H. Albert Bandura：The man and his contributions to educational psychology [A]. in Zimmerman B. J. and Schunk D. H. (eds.) Educational Psychology：One-hundred Years of Contributions [M]. Mahwah，NJ：Erlbaum，2003：431-457.

[296] 阿玛尔·毕海德 (Bhide Amar V.). 新企业的起源与演进 (The Origin and Evolution of New Businesses，The Oxford University Press，2000) [M]. 魏如山，马志英译. 北京：中国人民大学出版社，2004.

[297] [美] 埃德加·H. 沙因. 企业文化与领导 [M]. 朱明伟，罗丽萍译. 北京：中国友谊出版公司，1989：250.

[298] [美] 埃德加·H.沙因 (Schein E. H.). 企业文化生存指南 (The Corporate Culture Survival Gudie：Sense and Nonsense about Culture Change，John Wiley & Sons，Inc. company，1999) [M]. 郝继涛译. 北京：机械工业出版社，2004.

[299] 白春礼. 世界主要国立科研机构概况 [M]. 北京：科学出版社，2013.

[300] 白天亮，张意轩. 网络就业，美丽刚开始——到 2015 年，仅网络零售

平台将吸纳3000万人就业［N］. 人民日报，2013-05-15（第023版）.

［301］班杜拉（Bandura，A.）. 思想和行动的社会基础——社会认知论（Social Foundation of Thought and Action：A Social Cognitive Theory，Prentice Hall，Inc. 1986）［M］. 林颖等译. 上海：华东师范大学出版社，2001.

［302］班杜拉（Bandura，A.）. 自我效能：控制的实施（Self-Efficacy：The Exercise of Control，Worth Publishers and W. H. Freeman and Company，1997）［M］. 缪小春等译. 上海：华东师范大学出版社，2003.

［303］彼得·德鲁克（Drucker，P. F.）. 21世纪的管理挑战（Management Challenges for the 21st Century，1999）［M］. 北京：机械工业出版社，2007.

［304］彼得·德鲁克（Drucker，P. F.）. 创新与企业家精神（Innovation and Entrepreneurship：Practice and Principles，1985）［M］. 北京：机械工业出版社，2006.

［305］彼得·圣吉（Senge，P）. 第五项修炼——学习型组织的艺术与实务（The Fifth Discipline，1995）［M］. 郭进隆译. 上海：上海三联书店，1998.

［306］蔡昉. 超越人口红利［M］. 北京：社会科学文献出版社，2011：196-197.

［307］蔡昉. 中国人口与劳动问题报告（No.13）人口转变与中国经济再平衡［M］. 北京：社会科学文献出版社，2012：129-130.

［308］蔡淑薇. 高中职学生学习风格、自我调整学习与学业成就之关系［D］. 彰化：国立彰化师范大学辅导与咨询商系研究所硕士学位论文，2004.

［309］蔡続容. 创业家之认知与行为意向之研究：计划行为理论与社会认知理论之应用［D］. 高雄：国立高雄第一科技大学硕士学位论文，2001.

［310］陈宝明. 加快国有技术类无形资产管理改革的对策研究［J］. 科技创新与生产力，2012（9）：6-10.

［311］陈宝明. 我国技术入股面临的主要障碍与解决途径［J］. 科技与法律，2012，100（6）：39-42.

［312］陈春花，赵曙明，赵海然. 领先之道［M］. 北京：中信出版社，2004.

［313］陈沛绮. 项目经理之人格特质、学习风格与冲突处理方式关系之研究［D］. 台湾：国立交通大学管理学院硕士学位论文，2004.

［314］陈维政，忻蓉等. 企业文化与领导风格的协同性实证研究［J］. 管理世

界，2004（2）：75-83.

［315］陈晓萍，徐淑英，樊景立. 组织与管理研究的实证方法［M］. 北京：北京大学出版社，2008.

［316］陈晓萍. 领导者行为与员工离职［A］. 中国企业管理的前沿研究［M］. 徐淑英，刘忠明编. 北京：北京大学出版社，2004：293-311.

［317］陈永霞，贾良定等. 变革型领导、心理授权与员工的组织承诺：中国情景下的实证研究［J］. 管理世界，2006（1）：96-105.

［318］陈禹. 复杂适应系统（CAS）理论及其应用——由来、内容与启示［J］. 系统辩证学学报，2001，9（4）：35-39.

［319］程俊松. 高新技术出资入股法律问题研究［D］. 华中科技大学硕士学位论文，2007.

［320］狄恩·乔斯佛德，玛丽·乔斯佛德（Dean Tjosvold and Mary Tjosvold）. 领导心理学（Psychology for Leaders：using motivation，conflict and power to manage more effective）［M］. 陈美岑译. 汕头：汕头大学出版社，2003.

［321］丁明磊，王云峰. 创业自我效能：一个探索企业家认知及创业行为的视角［C］. 第二届（2007）中国管理学年会，2007 年 11 月 21~23 日，南京.

［322］丁岳枫. 创业组织学习与创业绩效关系研究［D］. 浙江大学管理学院博士学位论文，2006.

［323］杜建政，赵国祥，刘金平. 测评中的共同方法偏差［J］. 心理科学，2005，28（2）：420-422.

［324］樊建芳. 基于认知风格的组织学习管理干预［J］. 中国软科学，2003（8）：69-73.

［325］范巍，王重鸣. 创业倾向影响因素研究［J］. 心理科学，2004，27（5）：1087-1090.

［326］范巍，王重鸣. 创业意向维度结构的验证性因素分析［J］. 人类工效学，2006，12（1）：14-16.

［327］范玉顺，李建强. 企业集成与集成平台技术［M］. 北京：机械工业出版社，2004.

［328］弗雷德·鲁森斯（Luthans F.）. 组织行为学（Organizational Behavior，9th ed.，The McGraw-Hill Companies，Inc. 2003）［M］. 王垒等译. 北京：人民邮电

出版社，2003.

[329] 傅强. 同创集团的企业文化理论［J］. 科学管理研究，1998，16（3）：76-78.

[330] 富萍萍，James L. Farr 等. 高新技术企业中的高层管理团队（TMT）的特征和过程［A］. 中国企业管理的前沿研究［M］. 徐淑英，刘忠明编. 北京：北京大学出版社，2004：337-371.

[331] 高晓杰，曹胜利. 创新创业教育：培养新时代事业的开拓者——中国高等教育学会创新创业教育研讨会综述［J］. 中国高教研究，2007（7）：91-93.

[332] 高宣扬. 结构主义［M］. 台北：远流出版事业股份有限公司，1990.

[333] 韩巍. 基于文化的企业及企业集团管理行为研究［M］. 北京：机械工业出版社，2004：26.

[334] 何斌. 创业策略、创业认知与绩效关系研究［D］. 杭州：浙江大学管理学院硕士学位论文，2004.

[335] 侯杰泰，温忠麟，成子娟. 结构方程模型及其应用［M］. 北京：教育科学出版社，2004.

[336] 吉布森（Gibson R.）. 结构主义与教育［M］. 石伟平等译. 台北：五南图书出版公司，1995.

[337] 贾良定，唐翌等. 愿景型领导：中国企业家的实证研究及其启示［J］. 管理世界，2004（2）：84-96.

[338] 科技部创新发展司，中国技术市场管理促进中心. 2015 年全国技术市场统计年度报告［EB/OL］. http：//www.sinotechmart.org/chinajishushichangguanli/tjsj/201508/933936c53a524c4ea2bca7e54b32b7f1.shtml，2015-08-04/2015-08-07.

[339] 科技部网站. 技术市场"十二五"发展规划［EB/OL］. http：//www.most.gov.cn/tztg/201302/ t20130226_99791.htm，2013-02-26/2015-04-03.

[340] 克里斯托弗·弗里曼，卡洛塔·佩雷斯. "结构调整危机：经济周期与投资行为". 技术进步与经济理论［M］. G. 多西等编，北京：经济科学出版社，1992：58-74.

[341] 赖丁，雷纳（Riding，R. J. and Rayner，S. G）. 认知风格与学习策略：认知学习和行为中的风格差异（Cognitive Styles and Learning Strategies，London：David Fulton，1998）［M］. 庞维国译. 上海：华东师范大学出版社，2002.

［342］李超平，孟慧，时勘. 变革型领导对组织公民行为的影响［J］. 心理科学，2006，29（1）：175–177.

［343］李超平，时勘. 变革型领导的结构与测量［J］. 心理学报，2005（6）：803–811.

［344］李超平，时勘. 变革型领导与领导有效性之间关系的研究［J］. 心理科学，2003（1）：115–117.

［345］李建伟. 就业“利好”惠泽你我［EB/OL］.（2014–07–25）. 环球网，www.huanqiu.com.

［346］李克建. 结构主义、后结构主义与教育研究：方法论的视角［D］. 华东师范大学博士学位论文，2007.

［347］李青，李文军，郭金龙. 区域创新视角下的产业发展：理论与案例研究［M］. 北京：商务印书馆，2004.

［348］李伟. 转型发展背景下的产业结构与就业空间研究［J］. 上海城市规划，2015（2）：7–11.

［349］李幼蒸. 结构与意义——人文科学跨学科认识论研究［M］. 北京：中国社会科学出版社，1996.

［350］林邦杰. 因素分析及其应用［A］. 陈定国，黄俊英编，企业研究应用大全（第二册）. 台北：大世纪：19/1–19/37.

［351］林迎星. 区域创新优势［M］. 北京：经济管理出版社，2006.

［352］刘军，富萍萍，吴维库. 企业环境、领导行为、领导绩效互动影响分析［J］. 管理科学学报，2005，8（5）：61–68.

［353］刘毅，张宁. 产业升级与就业扩张［J］. 学术交流，2015（6）：140–144.

［354］龙立荣，方俐洛，凌文辁. 企业员工自我职业生涯管理的结构及关系［J］. 心理学报，2003，34（2）：183–191.

［355］龙立荣. 结构方程心理学方法变革的逻辑［J］. 自然辩证法通讯，2001，23（5）：26–30.

［356］鲁迅. 热风［M］. 北京：人民文学出版社，1973.

［357］伦德威尔. 创新是一个相互作用的过程［A］. G. 多西等主编. 技术进步与经济理论［M］. 北京：经济科学出版社，1992.

［358］罗伯特·K. 殷. 案例研究设计与方法（第 3 版）［M］. 周海涛主译. 重

庆：重庆大学出版社，2004.

[359] 罗伯特·巴泽尔，布拉德利·盖尔. 战略与绩效——PIMS 原则 [M]. 北京：华夏出版社，2000.

[360] 罗长海，林坚. 企业文化要义 [M]. 北京：清华大学出版社，2003：54.

[361] 孟慧. 变革型领导风格的实证研究[J]. 应用心理学，2004（2）：18-22.

[362] 苗青. 基于规则聚焦的公司创业机会识别与决策机制研究 [D]. 杭州：浙江大学管理学院博士学位论文，2006.

[363] 苗青. 基于认知观的创业过程研究 [J]. 心理科学，2005，28（5）：1274-1276.

[364] 倪宁，王重鸣. 创业学习研究领域的反思 [J]. 科研管理，2005，26（6）：94-98.

[365] 彭台光，高月慈，林钲棽. 量化研究中的共同方法变异（CMV）：问题本质、影响、测试和补救 [R]. 义守大学管理学院报告，2007.

[366] 彭希哲. 变革中的劳动就业 [J]. 复旦学报，2000（4）：92-99.

[367] 皮亚杰（Piaget，J.）. 结构主义 [M]. 倪连生，王琳译. 北京：商务印书馆，1984.

[368] 钱永红. 创业意向影响因素研究 [J]. 浙江大学学报（人文社会科学版），2007，37（4）：144-152.

[369] 邱皓政. 结构方程模式：Lisrel 的理论、技术与应用 [M]. 台湾：双叶书廊有限公司，2003.

[370] 人民网.一些传统中产阶级工作将消失 包括文字处理 [EB/OL]. http://world.people.com.cn/n/2015/0310/c157278-26670001.html，2015-03-10/2015-06-10.

[371] 芮明杰. 价值链全球分布下的中国产业竞争力问题 [C]. 2008 年两岸产业效率与产业发展研讨会主题报告，天津：南开大学，2008.

[372] 施辉阳. 中关村股权和分红激励试点工作情况介绍 [R]. 落实《促进科技成果转化法》研讨会，2016-05-20.

[373] 斯蒂芬·P. 罗宾斯. 组织行为学 [M]. 北京：人民大学出版社，1997：526.

[374] 宋合义，刘阿娜. 不同组织文化中影响领导者有效性的性格因素研究

[J]. 管理工程学报，2005，19（3）：111-114.

[375] 孙海法，伍晓奕. 企业高层管理团队研究的进展 [J]. 管理科学学报，2003，6（4）：82-89.

[376] 孙隆基. 中国文化的深层结构 [M]. 桂林：广西师范大学出版社，2004.

[377] 托马斯. 大师论领导 [M]. 王媛媛译，北京：华夏出版社，2006：55.

[378] 王春法. 新经济：虚幻与真实——经济大国的复兴之路 [M]. 北京：中共中央党校出版社，2003：15-18，27.

[379] 王缉慈，王敬甯. 中国产业集群研究中的概念性问题 [J]. 世界地理研究，2007，16（4）：89-97.

[380] 王缉慈等. 创新的空间——企业集群与区域发展 [M]. 北京：北京大学出版社，2001.

[381] 王君彩，罗晓文. 知识类无形资产的定价缺陷探析 [J]. 中央财经大学学报，2006（9）：88-92.

[382] 王琦，赖德胜等. 科技创新促进创业就业模式的国际比较 [J]. 山东社会科学，2015（3）：149-156.

[383] 王永贵，黄清河，郑焕强. 基于资源观的竞争优势（上、下）[J]. 当代财经，2001，No.3&No.4：54-59，60-65.

[384] 王岳平：促进结构性政策向功能性政策转变 [J]. 宏观经济管理，2013（8）：30-31.

[385] 王云峰. 领导力理论溯源及创业领导研究方向 [J]. 技术经济，2008（in press）.

[386] 王志刚. 健全技术创新市场导向机制 [J]. 求是，2013（23）：18-22.

[387] 王重鸣，梁立. 风险决策中动态框架效应研究 [J]. 心理学报，1998，30（4）：294-400.

[388] 王重鸣. 心理学研究方法 [M]. 北京：人民教育出版社，1990.

[389] 魏云芳等. 公共企业的管理与分配 [N]. 中国财经报，2006-12-28（004）.

[390] 温忠麟，侯杰泰，张雷. 调节效应与中介效应的比较和应用 [J]. 心理学报，2005，37（2）：268-274.

[391] 温忠麟，张雷，侯杰泰，刘红云. 中介效应检验程序及其应用[J]. 心理学报，2004，36（5）：614–620.

[392] 温忠麟，张雷，侯杰泰. 有中介的调节变量和有调节的中介变量[J]. 心理学报，2006，38（3）：448–452.

[393] 翁雅欣. 成人学习者知识论信念与学习型态关系之研究——以硕士在职专班学生为例 [D]. 台湾：国立中正大学成人及继续教育研究所硕士学位论文，2004.

[394]《我国社会形势跟踪、预测和对策研究》课题组（执笔人李爽）. 2014 年上半年就业形势分析和下半年工作建议 [EB/OL].（2014–08–05）. 中国改革论坛网，http：//www.chinareform.org.cn.

[395] 吴美连. 人力资源管理研究中的共同方法变异 [R]. 中原大学报告，2007.

[396] 吴敏. 企业领导行为作用机制研究 [D]. 成都：四川大学工商管理学院博士学位论文，2005.

[397] 吴明隆. SPSS 统计应用实务 [M]. 北京：科学出版社，2003.

[398] 吴明隆. SPSS 统计应用实务 [M]. 北京：中国铁道出版社，2001.

[399] 吴维库，刘军等. 以价值为本的领导行为与团队有效性在中国的实证研究[J]. 管理世界，2002（8）：97–104.

[400] 席酉民，韩巍. 基于中国文化的领导[J]. 西安交通大学学报（社会科学版），2001，21（4）：10–13.

[401] 肖六亿. "无就业增长"与技术进步的实证检验 [J]. 统计与决策，2008（8）：119–122.

[402] 肖智星，陈春花. 组织文化视野下的领导行为方式研究[J]. 科技进步与对策，2001（11）：91–93.

[403] 谢洪梅. 经理人的学习风格及其分布研究 [D]. 上海：华东师范大学职业教育与成人教育研究所硕士学位论文，2005.

[404] 忻蓉，徐淑英等. 国有企业的企业文化：对其维度和影响的归纳性分析 [A]. 中国企业管理的前沿研究 [M]. 北京：北京大学出版社，2004：372–397.

[405] 信长兴. 人社部：更高质量就业怎样实现——人力资源和社会保障部

副部长信长星访谈 [EB/OL]. 人民网，www.people.com.cn，2012-11-22.

[406] 徐长江，时勘. 领导者组织文化匹配模式的研究构思 [J]. 管理评论，2003，15 (7)：45-50.

[407] 徐淑英. 全国首届研究生暑期学校专题报告 [R]. 西安：西安交通大学，2005.

[408] 薛史佳. 我国国有企业国有无形资产评估法律问题研究 [D]. 杭州：浙江大学硕士学位论文，2012.

[409] 亚当·斯密 (Smith，A.). 国民财富的性质和原因的研究 (An Inquiry into the Nature and Causes of the Wealth of Nations，1776) [M]. 郭大力，王亚南译. 北京：商务印书馆，1974.

[410] 杨俊，张玉利. 国外 PSED 项目研究述评及其对我国创业研究的启示 [J]. 外国经济与管理，2007，29 (8)：1-9.

[411] 杨治良，郭力平. 认知风格的研究进展 [J]. 心理科学，2001，24 (3)：326-329.

[412] 姚本先. 心理学 [M]. 北京：高等教育出版社，2005.

[413] 姚艳虹等. 基于认知图示的交易型与变革型领导行为差异分析 [J]. 科技进步与对策，2005 (9)：172-174.

[414] 伊丹广之. 隐性资产 [A] //安德鲁·坎贝尔，凯瑟琳·萨姆斯·卢克斯. 战略协同 (2ed) [M]. 任通海，龙大伟译. 北京：机械工业出版社，2000.

[415] 于国安. 创业机制与企业集群成长互动机制分析 [J]. 经济问题，2006 (2)：23-25.

[416] 余竹. 影响就业的基本因素已发生重大变化 [N]. 上海证券报，2014-09-05.

[417] 袁闯. 混沌管理 [M]. 杭州：浙江人民出版社，1997：2.

[418] 约翰·P. 科特 (Kotter，J. P.). 变革 (Leading Change，Harvard Business School Press，1996) [M]. 罗立彬等译，北京：机械工业出版社，2005.

[419] 约翰·P. 科特 (Kotter，J. P.). 变革之心 (The Heart of Change：Real-Life Stories of How People Change Their Organizations，Harvard Business School Press，2002) [M]. 刘祥亚译，北京：机械工业出版社，2003.

[420] 约翰·P. 科特. 现代企业的领导艺术 [M]. 史向东，颜艳译. 北京：华

夏出版社，1997.

[421] 约翰·W.克雷斯威尔（Creswell，J. W.）. 研究设计与写作指导：定性、定量与混合研究的路径（Research Design：Qualitative，Quantitative，and Mixed Methods Approaches，2nd edition，Thousand Oaks，CA：Sage，2003）[M]. 崔延强主译. 重庆：重庆大学出版社，2007.

[422] 岳贤平. 国内外知识产权交易过程中专利资产评估研究评述 [J]. 中国科技论坛，2010（8）：152-157.

[423] 张本波. 中国就业弹性系数变动趋势及影响因素分析 [J]. 经济学动态，2005（8）：31-36.

[424] 张鼎昆，方俐洛，凌文辁. 自我效能感的理论及研究现状 [J]. 心理学动态，1999（1）：39-43.

[425] 张福墀. 管理场论纲 [M]. 北京：企业管理出版社，1995.

[426] 张国华. 厘清创新全球化理念 [N]. 东方早报，2014-12-16.

[427] 张国胜. 技术变革、范式转换与战略性新兴产业发展 [J]. 产业经济研究，2012（6）：26-32.

[428] 张景安，亨利·罗文等. 创业精神与创新集群——硅谷的启示 [M]. 上海：复旦大学出版社，2002.

[429] 张雷，雷雳，郭伯良. 多层线性模型应用 [M]. 北京：教育科学出版社，2003.

[430] 张书军，王珺，李新春，丘海雄. “产业集群、家族企业与中小企业创业国际研讨会”综述 [J]. 经济研究，2007（5）：154-158.

[431] 张曙光. 中国制度变迁的案例研究 [M]. 上海：上海财经大学出版社，1996.

[432] 张莹. 无形财产出资法律问题研究 [D]. 西安：西北大学硕士学位论文，2011.

[433] 张玉利，薛红志，杨俊. 论创业研究的学科发展及其对管理理论的挑战 [J]. 外国经济与管理，2007，29（1）：1-9.

[434] 张玉利，薛红志，杨俊. 企业家创业行为的理性分析 [J]. 经济与管理研究，2003（5）：9-13.

[435] 张玉利. 创业研究：如何走出学术殿堂 [R]. 南开大学讲义.

[436] 张玉琳. 组织创业精神导向、市场导向以及组织学习类型对组织绩效之关系探讨 [D]. 台北：国立政治大学企业管理研究所博士学位论文，2003.

[437] 张玉山，蔡敦浩，刘常勇. 台湾创业教育与创业研究面临的问题与挑战 [J]. 创业管理研究，2007，2 (3)：149-172.

[438] 赵捷等. 科技成果转化中的技术入股问题研究 [J]. 科学学研究，2011，29 (10)：47-51.

[439] 赵颖，王亚丽. 中国存在无就业增长吗——来自工业两位数行业的证据 [J]. 产业经济研究，2013 (6)：48-55.

[440] 郑美玲. 女性创业家创业经验与生命历程之研究 [D]. 嘉义：国立中正大学企业管理研究所硕士学位论文，2001.

[441] 中关村科技园区管委会. 推进体制机制改革和政策创新 持续构建创新创业生态系统——中关村促进科技成果转移转化的经验、问题和建议 [R]. 2015-07-02.

[442] 中国人才网. 择天下英才而用之——中共十八大以来习近平关于人才工作重要话语摘编 [EB/OL]. http：//rencai.people.com.cn/n/2015/0807/c244801-27424584.html，2015-08-07/2015-08-12.

[443] 中国人大网. 促进科技成果转化法修正 [EB/OL]. http：//www.npc.gov.cn/npc/lfzt/rlys/node _26814.htm，2015-08-29/2015-10-02.

[444] 中国信息产业网. 2015 年云计算将为全球创造 1400 万个工作岗位 [EB/OL]. http：//www.cnii.com.cn/index/content/2012 -03/06/content_961657.htm，2012-03-06/2015-01-08.

[445] 中央政府门户网站. 中共中央关于全面深化改革若干重大问题的决定 [EB/OL]. http：//www.gov.cn/jrzg/2013-11/15/content_2528179.htm，2013-11-15/2015-07-20.

[446] 周浩，龙立荣. 共同方法偏差的统计检验与控制方法 [J]. 心理科学进展，2004，12 (6)：942-950.

[447] 朱青松，陈维政. 员工价值观与组织价值观：契合衡量指标与契合模型 [J]. 中国工业经济，2005 (5)：88-95.

[448] 左宏，刚成军. 工资总额确定方式的国际国内比较与分析 [J]. 国有资产管理，2008 (10)：64-66.